매춘의

―

사회학

Prostitution Sex work, policy, and politics

매춘의
사회학

매춘,
성노동,
페미니즘 정치

틸라 샌더스 · 매기 오닐 · 제인 피처 지음 │ 고경심 · 문현아 · 박주영 · 오김숙이 · 천명자 옮김

한울
아카데미

Prostitution: Sex Work, Policy & Politics (2nd Edition)

by Teela Sanders, Maggie O'Neill and Jane Pitcher

이 책을 성노동자의 권리를 위해 애쓰는
모든 사람들에게
연대의 마음을 담아 바친다.

번역을 시작한 게 2013년 말이니 꽤 오래 걸렸다. 그 사이, 2012년 9월에 성 판매로 기소된 한 여/성노동자가 위헌 제청을 신청해 시작된 '성매매특별법' 위헌심판 심리가 2016년 3월에 헌법재판소의 합헌 결정으로 마무리되었다. 하지만 '성매매특별법'의 위헌성 여부에 대한 논의는 우리 사회에서 이제 막 첫걸음을 뗀 것일 뿐이다. '왜 내가 범죄자인가?'라는 그녀의 질문이 충분히 답해지거나 사라진 것은 아니기 때문이다. 앞으로도 한터여성종사자연맹이나 성노동자권리모임 지지 같은 성노동자운동단체들이 '성매매특별법'에 대한 위헌 소송을 시도할 것으로 보인다.

여전히 수많은 여/성노동자들이 일상적으로 인권을 박탈당하고 있다. 공권력 집행이라는 이름으로 행해지는 단속·구속과 같은 국가권력에 의한 폭력, 업주나 구매자에 의해 현장에서 일어나는 폭력과 착취, 여/성노동자를 둘러싼 사회적 낙인과 편견·시민권의 배제가 지속되고 있다. 다행히도 여/성노동자들은 페이스북의 '성노동자 대나무숲', '성 판매 여성 안녕들 하십니까', '모던바 근무자의 업무일지'와 같이 온라인을 통해 목소리를 내며 권리찾기 싸움을 이어갔다. 또 2015년에는 국제앰네스티가 성노동의 비범죄화를 지지하는 결정을 내려 여/성노동자의 인권이란 무엇인가를 국제사회가 그 기초부터 다시 생각해 볼 수 있는 계기가 되었다.

피해자 대 범죄자, 폭력 대 노동, 강제 대 자발 등 이들을 둘러싼 이야기가 이것 아니면 저것이라는 이분법적 시각에서 논의될 때 여/성노동자의 삶은 파편적으로 전유되고 축소되어 버린다. 이런 시각에서는 이들의 삶도 매춘 현장도 오독되기 쉽다. 이 책의 저자들이 서두에서 말하는 것처럼, 이러한 양극화된 시각은 성 서비스 거래가 사회적 구성물이자 특정한 사회관계의 산물임에도 불구하고, 마치 본래적으로 여성에게 '폭력'이자 '피해'이거나 반대로 원천적으로 '쾌락'이자 '해방'이라고 왜곡한다.

여/성노동자들을 피해자와 범죄자 중 하나로 규정하는 '성매매특별법'도 이러한 이분법의 논리 위에 서 있다. 이들은 법에 정해진 피해자의 조건에 합당하지 않을 때 범죄자가 된다. 하지만 이들이 현실에서 피해자이기만 한 것은 아니다. 더구나 돈을 벌기 위해 그 일을 한다고 해서 범죄자가 되는 것은 더욱 부당한 일이다. 이들의 삶의 맥락을 담기에 '성매매특별법'이 규정하는 '피해자' 조항은 얼마나 협소한가?

그렇다면 이들이 현실의 담론과 행위 사이에서 직면하는 분열적 상황은 어떻게 바뀔 수 있을까? 이들의 삶이 놓여 있는 다양성과 다층적 맥락을 삭제하지 않은 채 두텁게 설명할 수 있는 방법은 무엇인가? 법에서 정한 '피해자'의 요건에 적합한 여성을 가려내고 나머지 여/성노동자들을 단속하고 처벌하는 대신, 이들이 삶의 요구에 좀 더 부합한 정책은 어떻게 가능할까? 이들이 하는 일과 그 현장에서 벌어지는 폭력과 착취를 분리해 사고할 수는 없을까?

나아가, 우리가 매춘이나 성노동에 대해 안다는 것은 무엇을, 어떻게 안다는 것인가? 그 현장에 대해 알게 된 지식은 누구의 눈과 입을 통해 나온 이야기인가? 또 매춘이나 성노동을 단지 불법이자 부도덕의 관점으로 읽는 현실에서, 그 일들이 일어나는 현장을 연구한다는 것은 무엇을 의미하는가? 과연 주류의 관점이나 사회적 낙인 형태의 '선험적 규정'을 넘어선 연구는 가능한가?

이 책은 내게 그동안 여/성노동자들을 만나며 품게 된 이러한 불편한 질문들에 대해 하나의 해결책으로 다가왔다. 저자들은 성노동이 놓여 있는 복잡성과 다양성을 반영할 수 있는 현실을 탐구하자고 주장한다. 서로 다른 현장에서 일하는 성노동자들은 그 일을 한다는 공통점을 가짐에도 불구하고 구체적 경험이나 피해와 착취의 정도, 행위성과 선택의 면에서 큰 차이를 보이기 때문이다. 그래서 이 현장에 관한 연구는 당사자들의 다양한 일 경험, 이를 재현하는 방식, 성 산업의 작동, 관련된 정치 지형 등을 분석할 필요가 있다.

그러한 작업의 결과로서 이 책은 성노동이 일어나는 다양한 공간, 성 산업이 놓인 문화적 맥락, 서로 다른 현장에 있는 성노동자들의 경험, 아동과 청소년에 대한 상업적 성 착취 문제에 대한 접근, 성 서비스를 구매하는 사람들의 유형 분석, 국제 성노동자운동의 현황, 국제 이주와 인신매매나 매춘/성노동의 관계, (주로 영국과 유럽에 기초해) 매춘을 둘러싼 사회 정책, 법제도와 지역사회와의 관계를 복합적으로 다룬다. 제1장에서 제시하는 것처럼, 무엇보다도 매춘 또는 성노동을 둘러싼 '옳고 그름'을 넘어서서 그 현장에 사회학적으로 접근해야 한다는 입장이 기본 관점으로 놓여 있다. 젠더 관계, 섹슈얼리티, 노동과 같은 이론적 쟁점을 성 산업의 중심 역학으로 바라보며 이 일이 놓여 있는 광범위한 맥락을 연구하고, 성노동이 교환되는 복합적인 조건을 논의할 필요성 말이다. 또한 지역적·지구적 맥락에 따라 달라지는 성 산업의 다양성과 성노동자가 겪는 경험의 복합성도 함께. 이러한 의도를 살리려 한 번역서의 제목이 『매춘의 사회학』이다. 바로 매춘을 다면적이고도 복합적인 사회현상으로 바라보는 현장 연구의 취지와 당사자의 삶에서 출발하는 페미니즘 연구의 흐름과 같은 문제의식이다.

이 책은 매춘 또는 성노동 문제에 관한 교과서로 유용하다. 저자들은 각 장마다 추가로 읽을거리 목록을 제공하고 단계별로 생각해 볼 거리를 제시하며 친절한 선생의 역할을 한다. 마지막 장에서는 매춘 현장 연구에서 고려해야 할 방법론적 쟁점으로 페미니즘 인식론과 방법론을 제시한다.

이 책에서 매춘은 prostitution을, 성노동은 sexwork를 번역한 말이다. 우리 사회에서 매춘이냐 성매매냐 성노동이냐는 해묵은 논쟁이다. 시간이 흐르면서 논쟁은 지속되는 한편 균열이 생기고 다른 모양새로 바뀌고 있다. 이 책은 균열 쪽에 힘을 보태고 싶어 시작한 번역 작업이다. 물론 우리 사회에서 다양한 용어가 등장하며 각축해 온 역사적 맥락과 그 의미들을 둘러싸고 벌어지는 의미투쟁과 실천의 역동을 함께 살펴야 한다.

　　매춘賣春이란 말은 '봄'이라는 은유로 성적 거래를 은폐한다고 비판받았다. 그러나 그 일을 하는 당사자가 판매하는 게 무엇인가에 대해서는, '성매매'란 말에서 제시하는 '성性'으로 볼지, '성노동' 담론에서 지적하는 성적인 '서비스노동'으로 볼지, '봄'이라는 상징이 포괄하는 또 다른 무엇으로 볼지는 이론의 여지가 있다. 이 책의 제목으로 '매춘'이란 말을 사용하는 이유는, 이 말이 오랜 시기에 걸쳐 우리 사회에서 사용되어 온 역사성을 갖는 데다 이 말에 들러붙어 있는 사회적 낙인을 포함한 의미의 변화를 시도하며 전유하려는 의도이다. 대만의 유구한 성노동자단체인 코스와스COSWAS, 日日春關懷互助協會가 명칭에 '日日春'이란 말을 담고 있는 것도 이와 같은 맥락으로 볼 수 있다.

　　우리는 번역 과정에서 성노동 현장에 만연한 폭력과 착취의 현실과 함께, 자신의 노동으로 살아가는 이들이 시민권을 확보하는 데에 성노동 담론이 갖고 있는 정치적 유의미성에 대해 여러 차례 토론하고 공유했다. 또한 우리는 '폭력이냐 노동이냐'라는 무한대립적 양상을 넘어, 이 일을 하며 살아가는 사람들의 사회적이고도 개인적인 삶에 놓여 있는 다면성과 다중적 정체성을 인정하는 것의 중요성을 우선적으로 바라본다.

　　그런데 우리 사회에는 성노동이란 말을 쓰는 것 자체만으로 '성노동 옹호론자'라는 편견 어린 시선과 비난이 존재한다. 이는 매우 흥미로우면서도 우려스러운 현상이다. 성노동이란 말은 매춘, 성매매 등 다른 용어와 달리 이 일이 갖고 있는 노동의 성격을 드러내는 말로, 그 일에 대한 지지나 반대 자체를 담고 있지 않다. 또 성노동이란 말을 쓴다고 해서 그 일을 미화하거나 그 현장에 존재하는 폭력이나 피해, 착취를 부정하는 것도 아니다. 도리어 성노동을 이야기하는 것은 그 일 자체와 폭력이나 착취를 구분 가능하게 해, 노동자로서의 권리투쟁과 폭력·착취에 대한 법적 대응이라는 실천을 가능하게 하는 개념이다. 다시 말해, 성노동이라고 부른다고 해서 그것 자체를 지지하거나 반대하는 게 아니다. 성소수자처럼, 성노동자의 존재 자체를 지지하거나 반대할 수는 없는 노릇이기 때문이다. 부디 성노동이란 용어나 성노동 담론에 대한 오해가 거두어지고 좀 더 풍부하고 포용적인 토론으로 나아가길 바란다.

'여/성노동자'라는 별나 보이는 호칭에 대한 설명도 덧붙인다. 이 말을 쓴 의도는 현재 이 일이 놓여 있는 불균형과 모순을 드러내기 위함이다. 대부분 성노동자는 여성이며 그 노동의 구매자는 남성이라는 점, 즉 성노동에 배태되어 있는 젠더 불균형과 젠더 권력이다. 또한 신자유주의 경제질서에서 성노동이 다양한 형태로 확대되는데도, 여/성노동자들은 노동자로 호명되거나 인정되지 못한 채 시민권에서 배제되는 현실의 불편부당함을 드러내기 위함이다.

우리 번역진들이 만난 인연은 한참 전으로 거슬러 올라간다. 2000년대 중반쯤부터 문현아, 천명자 선생님과 나는 여/성노동자들을 만나러 현장을 오가고 인권 모임에 참여했다. 또 산부인과 의사인 고경심 선생님은 진료를 받으러 오는 사람들 가운데 여/성노동자들의 어려움을 살피고 지지하려는 뜻을 갖고 있었다. 2010년쯤 문현아 선생님의 제안으로 고경심 선생님의 산부인과 병원을 근거로 여/성노동자와 만나 무언가를 해보자며 모이게 되었다. 우리는 수차례 논의해 여/성노동자에 대한 설문조사를 진행했으며, 2011년 부산에서 열린 제10회 아시아태평양국제에이즈대회ICAAP에서 그 결과를 발표했다. 또 성소수자와 사회적 약자의 권리 문제에 관심을 갖고 있던 건강과 대안의 박주영 선생님과 이현애 선생님이 번역에 합류해 든든한 힘이 되어 주었다.

무려 8년 전에 여러 어려움을 따져보지 못한 채 단지 의미가 크니 번역하면 좋겠다는 제안을 선선히 받아들여 현실적 가능성을 모색하고 공동작업을 해주신 번역진분들께 깊은 감사를 드린다. 그리고 이 책의 출판을 긍정적으로 검토하고 출판 작업에 박차를 가할 힘을 주신 한울엠플러스(주)와 편집자 분께도 감사를 드린다. 끝으로, 이 작업이 여/성노동자들이 살아가는 다충적이고 복잡한 삶의 맥락에 접근하는 하나의 길이 될 수 있기를, 그래서 그들의 삶이 조금이나마 가벼워지는 데 기여할 수 있기를 바라는 모든 번역진의 마음을 담는다.

2022년 5월
번역진을 대신해 오김숙이 씀

감사의 말

책 표지의 사진을 인쇄하도록 허락해 준 케이트 그린에게 감사드린다. 이 사진은 '변화를 위해 함께 하자' 라는 참여 행동 연구 프로젝트에서 나왔는데, 이 프로젝트는 매기 오닐과 로지 캠벨이 이끄는 영국 월솔 남부 건강지원활동단Health Action Zone: HAZ과 월솔 청년 예술가, 지역 지원 기관, 지역 주민과 지역노동자(Safety Soapbox)들과 협력해 재정 지원을 받았다. 여기 나오는 사진들(〈그림 3-1〉, 〈그림 4-1〉, 〈그림 10-1〉)은 케이트 그린이 친절하게 허락해 주어서 인쇄되었다. 이 사진들은 성노동자들과 지역 주민들의 공유와 표현의 산물이며 이 예술 프로젝트에 참여한 모든 분들께 감사드린다.

    매기와 텔라는 성 산업과 우리들의 작업에 날카롭고도 비판적인 관심을 보여준 과거와 현재의 학생들에게 감사를 드린다. 우리는 우리들의 연구를 가르칠 수 있는 특권을 받았고, 바라건대 다른 사람들의 의식을 고취시켰으면 한다. 우리는 특별히 수전 로페즈엠버리에게 감사드린다. 그녀의 지식과 시간과 전문성은 제6장을 쓰는 데 기여를 했다. 그녀의 성노동자 권리를 위한 꾸준한 노력은 용기를 준다.

    마지막으로 가장 중요하게 저자들은 수년간 우리들의 연구에 정보를 제공하고 시간과 지식과 관점을 제시해 주신 성노동자와 지지 프로젝트 임원들에게 감사를 드린다.

차례

제 1 장

성노동의 사회학

The Sociology of Sex Work

이 장에서는 매춘과 성 산업에 대한 서로 다른 이론적·사회학적/범죄학적 관점의 논쟁을 살펴보려고 한다. 또 사회학과 페미니즘 논쟁에서 서로 다르게 쓰는 언어와 그 복잡한 의미에 대해 소개한다. 그리고 성노동에 종사하는 여성에 관한 이론과 그 이론이 기초하고 있는 근거나 이데올로기적인 도덕을 살펴보며 '여성에 대한 폭력' 또는 '노동으로서 성'이라는 매춘에 대한 양극화된 두 관점을 넘어서고자 한다.

우선 '매춘인the prostitute'[원문에서 비어로 쓰이는 경우는 '매춘부'로, 일반적 표현일 경우 '매춘인'으로 번역했다]의 위치를 간략히 확인하기 위해 의학·법·정치의 공식 담론에서 언급된 '매춘인'에 대한 역사 문헌을 살펴볼 것이다. 다음으로, 매춘과 성노동에 관한 주요 이론을 살펴보고 이와 관련한 경험 연구를 소개한다. '매춘부 몸prostitute body'에 관한 페미니즘 논쟁은 '행위성과 선택' 대 '피해자와 착취'라는 양분된 시각을 드러낸다. '노동으로서 성'이라는 관점은 성노동자 운동과 권리를 위한 캠페인과 함께 등장했다. 앞서 언급된 논쟁을 분석하는 과정에서, '착취' 또는 '선택'이라는 이분법을 넘어 성 서비스를 판매하는 여성·남성·청소년의 삶을 설명하는 이론의 미묘한 차이를 살펴본다. 끝으로, 철학·범죄학·사회학의 논쟁을 포함해 여러 문헌이 최근 성노동의 사회학을 이끌어왔으며, 성노동의 사회학이 전 지구적이고 지역적인 성 산업의 정치와 결합된다는 점을 서술하려고 한다.

역사적으로 구성된 '매춘인'

매춘과 연관된 의미는 사회적으로 구성되는데, 현대 담론에서처럼 매춘이 항상 일탈 행동으로 여겨진 것은 아니다. 오래된 역사 기록에 따르면 매춘은 신전에서 발생한 것으로 보인다. 매춘부를 방문하는 행위는 여신에게 찬가를 바치는 의미다. 실제로 초기에 알려진 신 가운데 하나는 여성 매춘인인 이난나Innana[수메르인의 숭배를 받은 그들의 신화 속에 등장하는 여신]였다(Bassermann, 1993). 그 뒤 매춘의 형태는 비너스 '숭배'로 언급되는 종교에서 나타난다. 신전 매춘에 대한 증거는 메소포타미아와 중동의 모든 고대사에 존재한다. 여신 숭배는 지속되었지만, 고대 이스라엘에서 밀교erotic religion에 대한 반발이 일어난 기원전 1200년 무렵에 매춘에 대한 반발이 시작된다(Eisler, 1995). 기원후 350년에 기독교가 로마에서 신전 매춘을 금지하고, 여성의 섹슈얼리티를 비롯해 모든 섹슈얼리티가 점차 폄하되면서 매춘을 부정적으로 보는 태도가 확산된다. 제6장에서 자세히 설명하겠지만, 그 뒤 성노동자는 자신의 권리를 위해 단결하기 시작했으며, 전 역사에 걸쳐 드물게나마 억압에 대한 저항을 보여주었다. 매춘은 빅토리아 시대, 특히 전쟁 시기에 가혹하게 규제되었는데, 매춘부가 군인 사이에 성병을 퍼뜨린다고 사회적으로 비난받았기 때문이다. 제7장에서 살펴보겠지만, 성노동을 규제하는 현 담론과 법률은 도덕에 둘러싸임으로써 일탈 집단을 계속해서 유지하고 관리한다.

'매춘인'은 '창녀'라는 이미지로 역사 속에서 구성되었다. 이 이미지는 문헌, 미디어, 공식 정치 담론에서 문화 상상력을 지배했다. 게일 페터슨Gail Pheterson에 따르면 "매춘부는 낙인찍힌 여성의 원형"이며, 이때 매춘부는 그녀의 지위를 부도덕하게 만드는 음란함unchastity으로 정의된다(Pheterson, 1989: 231). '매춘부' 또는 '창녀'는 순수한 여성성의 이미지를 나타내는 '성녀Maddona' 이미지와 대비된다. '성녀/창녀' 이분법에 따라 매춘 여성의 지위는 부도덕한 성적 행동으로 규정되고, 누구나 멀리해야 하는 실패한 여성성의 사례로 제시되었다(Pheterson, 1993).

매기 오닐Maggie O'Neill에 따르면 매춘부의 지위와 재현은 공공의 이미지에서도 그대로 유지되는데(O'Neil, 2001: 124~153), 이는 전통, 근대, 탈근대에 이르기까지 여성을 재현하는 일련의 담론을 통해 이루어졌다. 그래서 매춘을 상징적으로 재현하는 문화 텍스트를 시기별로 살펴보는 것이 중요하다. 매춘부는 도덕적으로 비난받는 불순하고 타락한 피해자이자 '창녀 낙인'과 주변화로 고통받는 한편(Pheterson, 1989), 매혹과 욕망을 불러일으키는 몸-대상 body-object이 된다. 우리는 '창녀'나 성의 구매와 관련된 매혹과 욕망을 비롯해 여성 성노동자를 미화하는 수많은 사례를 볼 수 있다(Corbin, 1990; Stallybrass and White, 1986). 오늘날 매춘은 탈근대 여가 현상의 일부로 여겨지기도 한다. 그러나 여전히 "질병의 대상이자 동경의 대상, 위협하는 대상이자 치유하는 대상이라는 식으로 '매춘인'을 바라보는 이분법적 시각이 있으며, 여기서 나온 반응 가운데 하나가 바로 매춘에 대한 공식적·비공식적 규제"다(O'Neill, 2001: 130).

현재 매춘부로 일하는 여성은 여성성 규범을 위반한 '나쁜 여자'로 인식되고, 정책 결정자들의 적절한 조치의 부족과 경찰 단속으로 국가에 의해 점점 더 범죄화되고 있다. 범죄자/피해자 논리는 정책이 빈곤, 지구화, 자본주의, '성이 팔리는' 소비 자본주의라는 폭넓은 맥락에서 여성과 남성의 삶의 복잡함을 다루는 데 실패하게 만든다고 비판받는다(Scoular and O'Neil, 2007). 오늘날 성노동자의 경험은 지난 세기 매춘부의 경험과 별반 다르지 않다. 매춘에 관한 역사 기록에서 볼 수 있듯, 사회의 낙인과 배제 그리고 점점 불안정해지는 개인의 안전이 현재 성노동자에게도 여전히 중요하다.

어쩌면 우리는 앞으로 성 시장 개방과 성 산업의 성장으로 '성인 유흥' 산업에 대한 규제와 통제 완화를 기대할 수도 있다(Brents and Sanders, 2010). 그렇다면 우리는 매춘을 어떻게 이론화할 것인가, 또 사회학과 범죄학은 무엇을 제안할 수 있을까?

매춘의 이론화

킹슬리 데이비스Kingsley Davis는 "매춘이 서구 문명에서 철저히 불법화되고 많은 비난을 받았음에도 불구하고 왜 여전히 성행하는가?"라고 질문한다(Davis,

1937: 744). 그는 ≪미국 사회학 리뷰American Sociological Review≫에 쓴 논문에서 기능주의적 접근을 제시한다. 성 판매와 성 구매의 복잡함은 제도로서의 매춘이 유용한 기능을 한다는 사실로 요약된다. 즉, '필요악'이다. 이러한 기능주의 접근과 더불어 체사레 롬브로소Cesare Lombroso와 굴리엘모 페레로Guglielmo Ferrero는 병리학적 접근을 제시한다. 1893년 이탈리아어로 출판된 『여성 범죄자, 매춘인, 보통 여성Criminal Woman, the Prostitute and the Normal Woman』은 여성이 성을 파는 이유에 대해 병리학적으로 접근한다. 롬브로소는 '범죄학의 아버지'로서 범죄 연구에 과학적 방법을 적용한 사람으로 알려져 있는데, 그의 이론에 따르면 범죄자는 만들어지는 것이 아니라 태어나는 것이다. 즉, 원시 시대로 돌아가 근거를 찾자면 범죄자는 '정상인'보다 작은 머리, 큰 턱, 많은 체모를 가지고 태어난다. 이 책은 중요한 텍스트로 간주되었고, 일부 생물학적 실증주의 학자에게 영감을 주었다. 이 책에 의하면 여성 매춘인은 모든 여성 범죄자 중에서, 심지어 미치광이보다도 훨씬 작은 두개골을 갖고 있다. "거의 모든 기형은 여성 범죄자 가운데 특히 매춘부에게 나타나며, 범죄자와 매춘부 두 부류는 정상인 여성에 비해 퇴행하는 특성이 있다"라고 그들은 말한다 (Lombroso and Ferrero, 2004: 8). 이는 여성 범죄자의 사악한 성향이 남성 범죄자를 능가한다는 주장으로 이어진다.

메리 매킨토시Mary McIntosh는 기능주의 및 병리학 모델에 대해 반박을 했다(McIntosh, 1978). 그녀는 이른바 '성 해방의 시대'에 남성이 성 서비스를 요구하고 여성이 그것을 공급하는 이유를 지적하며 엄밀한 사회학 분석을 제시한다. 그녀에 따르면 여기에는 남성의 성욕이라는 이데올로기에 일부 책임이 있다. 세실리에 회이고르드Cecilie Høigård와 리브 핀스테드Liv Finstad는 문화기술지ethnography 접근을 통해 성노동자가 범죄의 하위문화 환경과 관련된다고 주장한다(Høigård and Finstad, 1992). 아일린 매클라우드Eileen McLeod는 페미니즘과 사회주의 연구를 통해 성노동을 하게 되는 경제 조건이 존재한다며 하위문화 이론을 전개한다(McLeod, 1982). 자본주의 사회의 맥락에서 "여성이 놓이는 불리한 위치는 매춘 경험에서 근간이 된다. …… 여성이 매춘에 진입하는 것은 빈곤과 관련된 경험 또는 빈곤의 위협에 저항하는 행동이라는 특징을 갖는다"(McLeod, 1982: 26). 매클라우드는 다음과 같은 성노동자의 경험을 강조하며, 성적 노동을 하게 되는 경제적 이유를 설명한다.

나는 단순히 돈 때문에 한다. 6년 동안 사무 보조와 공장 일을 한 후 실업 상태가 되었다. 그때 친구 집에 있었는데, 고객 중 하나가 친구에게 전화해서 "네 친구가 마음에 든다"라고 말했다. 그때 나는 정말 절망적인 상황이었으며, 그것을 계기로 이 일을 하게 되었다(McLeod, 1982: 62).

매춘에 대한 페미니즘 분석은 매클라우드의 초기 작업 이후 진척되어, 성노동자의 권리와 성을 판매하는 여성의 중층적 주체 위치에 대한 포괄적 이해뿐 아니라 가부장제 이론과 경제/빈곤 분석을 결합시켜 하위문화 체계를 만들었다(O'Neill, 2001, 2007a).

현대 사회의 매춘에 관한 초기 페미니즘 분석은 환원주의 접근 방식을 통해 매춘을 일탈 행동이나 성 노예로 바라보았다(Barry, 1979; Dworkin, 1981; Høigård and Finstad, 1992; Jarvinen, 1993 참조). 최근에 매춘은 소비문화의 맥락에서, 그리고 남성 섹슈얼리티를 특권화하는 사회 인식 속에서 사회적·경제적 필요에 대한 이성적인 (그리고 합리적인) 대응으로 간주되었다(O'Connell Davidson, 1998; O'Neill, 2001; Pheterson, 1986; Phoenix, 1999). 페미니즘 연구는 특권화된 남성 섹슈얼리티라는 측면에서 여성에 대한 폭력과 섹슈얼리티, 포르노그래피 논쟁에 초점을 맞췄다(Hanmer and Maynard, 1987; Segal and McIntosh, 1992 참조). 조 브루이스Jo Brewis와 스티븐 린스테드Stephen Linstead는 노동 절차상 측면에서 성노동의 임시적 특성에 대해 흥미로운 연구를 진행했다(Brewis and Linstead, 1998). 재키 웨스트Jackie West는 호주, 뉴질랜드, 네덜란드, 영국의 비교분석 사례를 통해 성노동에 대한 규제의 정치학을 살펴보았다(West, 2000).

웨스트는 국내 정치, 성노동자 집단의 특성, 규제 맥락의 복잡한 상호 교차에 대해 분석했다. 그는 매춘의 유형별 차이가 커지면 합법화와 비범죄화 decriminalization 사이의 경계가 모호해진다고 밝혔다. 웨스트의 분석은 성노동 담론의 복합적 함의를 보여준다. 그 예로 노동법 개혁에 대한 논쟁, 위트레흐트Utrecht[네덜란드 남서부의 도시]처럼 지역이 중심이 되어 매춘 허용 구역을 이끌어낸 성노동자 담론의 중요성, 투자 장려 산업의 성장과 합법화의 결합, 주류 여가 산업과 매춘의 연계가 점점 확대되고 있다. 웨스트는 매춘의 규제 변화에 대해 성노동자 집단과 성노동자 담론이 갖는 영향력을 집중 분석한다. 제6장에서 살펴보겠지만, 성노동자 담론의 영향은 매춘의 사회학에서 중요함에도 아직 제대로 이론화되지 못했다.

조애나 피닉스Joanna Phoenix에 따르면 일부 여성은 삶의 사회적·물질적 조건 때문에 매춘을 하게 된다(Phoenix, 1999: 3). 그녀는 문화기술지 연구를 통해 여성 개인에게 영향을 미치는 구조를 분석하고, 매춘의 의미를 둘러싼 주관적·상징적 특징에 대해 분석했다. 그리고 오닐(O'Neil, 2001, 2007a, 2008)은 특히 지식 생산에 개입되는 페미니즘 이론이나 연구에서의 인식론적·방법론적 쟁점을 문제시하며, 매춘을 하는 여성과 청소년을 제대로 재현할 수 있는 보다 참여적이고 협력적이며 함께하는 방법을 개발해야 한다고 제안한다. 여기에는 참여 행동 연구participatory action research: PAR를 통한 작업, 또는 공연 예술가나 사진가와 공동으로 진행하는 창의적 방법론이 포함된다. 오닐은 '매춘인'과 '매춘'이라는 범주에 대해서도 문제를 제기하는데, 주관성이나 차이 등 그동안 소홀히 취급된 젠더 이슈를 다루기 위해 여성의 생생한 경험, 활용 가능한 문헌이나 창작물을 통한 자기 성찰적인 문화기술지 분석을 제시한다.

틸라 샌더스Teela Sanders는 폭력, 거리 매춘, 탈매춘, 고객 등에 초점에 맞추어 현대 성 산업에 대한 페미니즘 분석을 전개한다(Sanders, 2005a, 2008a). 샌더스는 사회학·범죄학 분석과 활동가로서의 작업을 결합시킨 성노동자 출신 이론가 중 한 명이다. 샌더스는 매춘을 '일탈'로 보는 시각에서 벗어나 성적 노동에 참여하는 개인의 경험과 내러티브를 강조하며, 직업으로서 성노동과 몸 노동·감정 노동의 유사성을 분석한다.

그러나 여러 페미니즘 입장이 있음에도 매춘에 대해서는 양극화된 두 입장이 두드러지고, 그에 따라 대중도 이 논의를 중심으로 매춘을 이해한다. 양극화된 입장은 매춘에 대한 복잡한 논의를 피해가기 위해 다음 몇 가지 주장으로 요약된다. 첫째, 매춘하는 여성은 성 산업을 관리하고 조직하는 (대체로 남성인) 사람에게 착취된다. 매춘과 이를 포함한 성 산업은 모든 여성에게 영향을 미치며, 젠더화된 관계를 만드는 가부장 제도로서 매춘을 강화한다. 둘째, 현대 사회의 많은 여성에게 매춘은 노동의 형태로 자유롭게 선택된 것이다. 그리고 성 산업에서 일하는 여성은 다른 노동자와 마찬가지로 노동하는 과정에서 위협을 느끼지 않고 착취와 폭력을 당하지 않을 자유와 권리가 있다. 더 나아가 성노동 또는 에로틱 노동erotic labour은 실제로 "여성을 위한 해방의 영역terrain"으로까지 설명되기도 한다(Chapkis, 1997: 1). 이처럼 양극화된 관점은 너무나 극단화되어서 성 산업에서 일하는 노동자의 다양성뿐 아니라 경제적 조건과 남녀 불평등의 관련성을 제대로 포착하지 못한다.

성 판매라는 주제는 여러 해 동안 급진주의·사회주의·자유주의·신자유주의·포스트모더니즘 페미니스트 사이에 지속되어 온 논쟁 주제였다. 여기에서 양극화된 관점은 어떻게 등장했는가? 영국과 유럽을 비롯해 전 지구적으로 성 판매 여성의 신체에 각인된 규제 양식은 이러한 이분법을 가로지르는 공통점이다. 따라서 페미니즘 논쟁은 성노동자의 몸에 새겨지며 이루어진다. 그래서 매춘 관련 정책뿐 아니라 이론에서도 여성의 몸이 지속적으로 문제가 된다. 매춘을 이해하려는 이론적 틀에서 젠더와 권력 관계가 핵심적이었음에도 이러한 이론적 양극화 속에서 남성 성노동자와 트랜스젠더 성노동자는 문제시된 적이 없었다(Comte, 2014). 그러므로 이론, 더 나아가 정책에서 초점이 된 것은 바로 여성의 몸, 여성의 섹슈얼리티와 성적 몸의 활용이다.

성노동과 매춘에 관한 페미니즘 논쟁 ─────────

공과 사의 영역에서 여성에게 불이익을 주는 가부장 문화의 불평등 문제를 제기한 초창기 페미니스트에게 매춘은 이데올로기적·정치적 관심사였다. 매춘을 이론화한 초기 서구 페미니스트는 여성의 몸이라는 장소를 '대상화된 여성female object'으로 간주했다.

1970년대에는 사회적 구성으로서 젠더라는 관점을 통해 사회와 문화에서 여성의 위치를 제대로 이해할 수 있게 되었다. 이처럼 성과 젠더의 차이를 강조하는 입장은 '차이의 페미니즘'(이를테면 유색인 여성, 레즈비언, 성 산업 여성)에 의해 뒷받침되었다. 차이의 페미니즘은 여성의 재생산 역할에 대한 본질주의 입장을 비판하며 남성과 여성의 성sexes 차이를 덜 강조하게 되었다. 이에 따라 생물학에서 분리되어 신체를 어떻게 바라볼 것인지에 대한 새로운 관점이 나타났고, 매춘에 대한 이론화에도 변화가 생겼다.

섀넌 벨Shannon Bell은 플라톤 철학부터 페미니즘에 이르는, 그리고 미디어의 묘사로부터 비롯된 정보와 역사 시대의 영역을 가로질러 매춘인 담론에서 어떻게 매춘부 몸prostitute body이 타자화되었는지 분석했다(Bell, 1994: 2). 벨은 '매춘부'의 몸이 '타자화' 과정을 통해 어떻게 지속적으로 구성되었는지 제시한다. 이 과정은 '좋은/나쁜', '건강한/병든', '행위자/피해자'와 같은 방식으로 완벽한 여성을 의미하는 이미지와 실패한 매춘부 몸을 대비시키며 이루어졌다.

벨은 "매춘부 몸은 하나의 정체성으로, 매춘은 일탈의 섹슈얼리티로 구성되었다"라고 지적한다(Bell, 1994: 12). 이는 지그문트 프로이트Sigmund Freud, 해블록 엘리스Havelock Ellis, 윌리엄 액턴William Acton의 것처럼 1900년대에 널리 알려진 텍스트 중에서도 특히 의학·법학 담론에서 가장 두드러지게 드러난다. 벨은 이러한 텍스트를 분석하며 다음과 같이 결론 내린다. "매춘부 몸은 부르주아 주체와 대비되는 부정의 정체성으로 생산되었다. 즉, 근대 몸/몸

정치의 잔해 속에서 외부로부터만 채워질 수 있는 텅 빈 상징symbol이자 자신의 리비도의 몸을 재생산의 몸으로 승화시키는 표시sign가 된다"(Bell, 1994: 72). 간단히 말해, 벨은 실패한 매춘부 몸이라는 사라지지 않는 이미지가 사회의 모든 여성이 여성이라는 재생산적 성 역할을 수행하고 다른 형태의 욕망을 억압해야 하는 상징이자 신호가 된다고 주장한다. 1980년대 제2물결 페미니즘 시기에도 남성 작가, 비평가, 정책 결정자 이외에 많은 사람이 매춘부 몸에 대한 '타자화'를 지속했다.

제2물결 페미니즘은 특히 여성에 대한 남성의 통제권을 보장하는 억압적인 제도를 통해 폭넓은 젠더 관계에서 매춘을 바라보았다. 캐럴 페이트먼Carole Pateman은 『남과 여, 은폐된 성적 계약The Sexual Contract』에서 남성이 여성의 몸에 접근할 권리를 사회가 허용함에 따라 결혼 계약은 가부장제의 근본이 된다고 설명했다(Pateman, 1988). 페이트먼은 매춘이 가부장적 억압의 연장이며, 매춘 제도가 여성의 성행위를 구매할 특권을 남성에게 부여한다고 보았다. "매춘은 가부장적 자본주의에 통합된 일부다. …… 남성은 자본주의 시장에서 여성의 몸에 대한 성적 접근권을 구매할 수 있다"(Pateman, 1988: 189). 나아가 페이트먼은 매춘의 '계약적' 측면을 강조한다. 즉, 매춘 계약이 매춘인과 고객 사이의 자유로운 교환이자 거래로 간주될 수 있다는 것이다. 페이트먼은 자본주의에서 임금노동자가 처한 지위와 상태를 비난하는 전통 마르크스주의 관점에 입각해 논쟁을 이어간다. 그녀는 매춘의 성적 계약을 임금노동자와 고용주 사이의 평범한 고용계약과 비교한다. 그리고 매춘 계약이 고용계약의 모든 문제점을 상징적으로 드러낸다고 설명한다. 매춘인의 이미지는 임금노동자의 상태를 반영하고, "가부장적 자본주의는 보편적 매춘 체계로 묘사된다"(Pateman, 1988: 201). 페이트먼 외에도 매춘이 궁극적으로 여성을 억압한다는 관점을 지지하는 사람이 있다. 그중 페이트먼은 경제 논리를 통해 결론을 도출하지만, 다른 사람은 젠더와 권력 관점을 통해 결론에 이른다. 캐서린 매키넌Catharine MacKinnon을 예로 들 수 있다(MacKinnon, 1987,

1989). 매키넌은 사회가 여성의 섹슈얼리티를 어떻게 남성의 욕망의 대상으로 구성하는지 보여주는 극단의 사례로서 매춘을 강조한다.

이러한 페미니즘 관점에 대한 비판도 존재한다. 이를테면 페이트먼(Pateman, 1988)은 (나쁜) 매춘부와 (좋은) 아내로 분리하는 방식을 받아들이며 여성에 대한 '타자화'를 유지한다. 반면 제인 스쿨러Jane Scoular는 이러한 단순한 지배 이론이 어떻게 젠더화된 권력 역동성을 중층적으로 결정하는지, 그래서 매춘과 여성을 단지 그 성행위로 환원시키는지를 설명한다(Scoular, 2004: 345). 그에 따라 스쿨러는 이렇게 여성을 본질화하는 방식이 "남근중심주의의 상상계 너머로 나아가지 못한다"라고 밝힌다(Scoular, 2004: 345). 나아가 급진주의 페미니즘 이론은 여성의 정체성을 돈·문화·인종 구조의 영향과 무관한 단 하나의 특징으로 환원시켜 버린다고 주장한다.

급진주의 페미니즘은 1980년대 이후 발전했으며, 매춘을 성 노예제와 지역적·지구적 차원에서 발생하는 전반적인 여성 억압과 연결시키는 최근 페미니즘 논쟁에서 나타나고 있다. 캐슬린 배리Kathleen Barry는 "인간이 몸으로 환원되고 동의 여부와 무관하게 다른 사람의 성 서비스를 위해 대상화될 때 인간에 대한 폭력이 발생한다"라며 매춘을 성 착취로 정의한다(Barry, 1995). 배리는 매춘이 성 착취가 되는 4단계 과정을 ① 거리 두기, ② 이탈, ③ 부조화, ④ 육체 이탈로 묘사한다. 배리는 이 과정을 통해 여성의 몸이 대상화되고 매춘은 인간에게서 성을 분리한다고 주장한다. 재니스 G. 레이먼드Janice G. Raymond, 멜리사 팔리Melissa Farley, 실라 제프리스Sheila Jeffreys도 매춘이 근본적으로 성 착취인 경우 여성이 매춘에 동의하는 것은 이론적 모순이라며 비슷한 논의를 전개했다(Raymond, 1999; Farley, 2004; Jeffreys, 1997). 나아가 팔리(Farley, 2005)는 매춘이 사회에서 '매춘인' 자신과 여성의 지위에 해가 된다는 이론적 입장을 개진한다. 제프리스(Jeffreys, 2008)는 매춘을 합법화하거나 규제 조치를 취하는 국가가 매춘 알선업자로 기능하며 여성에 대한 남성 지배를 지속시킨다고 주장했다.

이 논의는 폐지주의 또는 금지주의 관점으로 알려져 있는데, 단지 매춘 근절에 초점을 두고 여성의 피해자화victimhood와 여성이 겪는 고통에 집중하기 때문이다. 이 논의에 따르면 매춘의 본질은 남성을 위해 여성의 몸을 상품화하는 것으로 동의 자체가 불가능하다. 이 같은 피해자화 설명은 남녀 간의 구조적이며 권력적인 불평등 때문에 여성은 '성적 대상sex object'이 될 뿐 결코 '성노동자'가 될 수 없다고 주장한다(Barry, 1979; Dworkin, 1996).

이처럼 억압과 폭력을 매춘에 내재된 성격으로 규정하는 이론은 일부 성노동이 지닌 고통과 어려움의 맥락에서 어느 정도 받아들여진다. 일부 학자는 특히 거리 성노동이 폭력, 살인, 약물 사용(May and Hunter, 2006; Surratt et al., 2004), 심약한 건강 상태와 HIV(Jeal and Salisbury, 2013; Rusakova, Rakhmetova and Strathdee, 2014), 그밖에 사회적 박탈을 나타내는 여러 지표와 관련된다고 주장한다. 그러나 이런 현실에도 불구하고 [약물] 남용과 중독의 동기 및 결과는 일부 사람에게 국한된 이야기에 불과하다. 따라서 성노동의 생존 전략을 선택이나 동의의 결여, 혹은 자발성과 단순히 연관 짓는 것에 대한 비판이 계속되고 있다(Phoenix, 2007/8). 콩트(Comte, 2014)는 폐지주의 관점이 남성 성노동자가 어떻게 대체로 무시되는지, 그 결과 성노동에 대한 우리의 이해를 어떻게 재구성하는지를 지적한다. 매춘의 부정적 측면은 단면에 불과하다. 성노동에 종사하는 사람이 다양한 경험을 표현하게 될수록 학대, 억압, 지배의 이야기에서 멀어지기 때문이다.

피해자화 논리에 대한 비판

벨(Bell, 1994)은 페이트먼과 매키넌의 서사narratives를 분석해 1980년대에 지배적이었던 이들의 관점이 사실상 '매춘부 몸'을 재생산한다고 결론 내린다. 벨은 남성적 담론에서 매춘인을 무력한 피해자로 위치 짓는 사유의 흐름이 실제로도 여성의 목소리를 침묵시키고 여성의 행위성을 거부케 하며, 그 결과

'매춘부 몸'을 재생산한다고 주장한다. 마찬가지로 리사 마Lisa Maher는 성을 판매하는 여성이 피해자에 불과하며 무력하고 자신의 상황을 통제하지 못한다는 입장을 취하면서, 여성을 선택할 수도 없고 책임감도 없는 존재로 내버려둔다(Maher, 2000: 1). 덧붙여 정책 측면에서 매춘을 관리하고 그에 대한 적절한 해결책을 모색한다는 맥락에서 보더라도, 매춘 근절이라는 방식은 보다 폭넓은 사회 불평등에 대한 적절한 해결책이 되지 못한다. 이런 이유에서 '피해자화' 논리는 일부 페미니즘 사상과 여성 인권 단체의 도전을 받았다.

여성이 매춘에 동의할 수 없다는 생각을 강력하게 비판하는 주장도 있다. 성노동자와 고객이 맺는 관계에 대한 연구에 따르면, 성노동자가 고객에게 권력을 넘기는 것이 고객이 항상 성노동자를 완전히 지배하는 방식은 아닌 것으로 나타났다(Hart and Barnard, 2003 참고). 이를테면 일부 급진적 비판자들이 언급하는 것과 같이, '자아 판매selling the self'를 막기 위해(Brewis and Linstead, 2000b) 접촉 금지 신체 부위bodily exclusion zones(Sanders, 2005b)를 두거나 성 서비스 판매와 자아를 구분하는 전략을 취한다.

상업적 성 관계를 고려할 때 염두에 두어야 할 매우 중요한 역학이 있다. 계급, 권력, 부富라는 요소는 고객-성노동자 관계에 영향을 미치는 젠더 및 인종 관계와 상호작용한다. 줄리아 오코넬 데이비드슨Julia O'Connell Davidson은 성 판매를 뒷받침하는 시장 관계의 기반을 형성하는 사회적·정치적 불평등을 비판한다(O'Connell Davidson, 2002). 그녀는 성적 능력이 합법적인 상업 거래로 제공되는 재산으로서 구성될 수 있는지 여부를 문제 삼으며, "개인에 대한 명령권의 이전"으로서 노동이 갖는 복합성, 특히 성적 노동의 복합성을 강조한다(O'Connell Davidson, 2002: 85).

그녀(O'Connell Davidson, 1998)는 마르크스주의 관점에서 노동이 사람에게서 분리되는 것이 아니라 노동의 구매 과정을 통해 구매자가 그 개인에 대한 직접적 권한을 행사한다고 설명한다. 매춘에 대한 오코넬 데이비드슨의 논의는 다음과 같이 이어진다.

(매춘은) 개인의 몸에 대해 권한을 행사할 수 있도록 특정한 통제력을 허용하는 제도다. ······ 그는 매춘부 신체의 구멍을 활용하며, 매춘부가 웃고 춤추며 옷을 차려입고 채찍질하며 엉덩이를 때리고 안마와 수음을 하도록 돈을 지불한다(O'Connell Davidson, 1998: 10)

오코넬 데이비드슨은 매춘 관계에 존재하는 권력 관계를 보다 엄밀하게 검토한다. 그녀는 여성이 선택하기 위해 필요한 조건과 성 거래에서 판매자와 구매자의 권력 불균형에 주목한다. 이는 여성과 남성 사이의 거래에서 어떻게 권력이 작용하는지에 대한 몇 가지 흥미로운 질문으로 이어진다. 판매자와 구매자라는 경제적이고 계약적인 관계에 대한 가정은 캐럴 페이트먼의 저작(Pateman, 1988)에서 발전되어 왔다. 그녀는 매춘은 고용처럼 보일 수 있지만, 성적 거래에서는 상호작용이 결여되어 있어 다른 고용 형태와는 다르다고 주장한다. 페이트먼의 요점은 이것이다. 그 거래 관계가 너무나 문제가 되므로, 매춘에서 상품화되는 여성의 몸은 사람들이 고용 관계에서 몸과 노동력을 사용하는 방식과 같은 것으로 간주될 수 없다는 것이다.

피해자화 모델에 대한 비판은 성노동에 대한 이론 논쟁에서 작동해 온 '취약성' 개념에 대한 비판적 분석에서 제기된다. 이 개념은 개입과 정책 및 실천에 관한 담론에도 깊이 박혀 있다(Scoular and O'Neill, 2007). 먼로와 스쿨러(Munro and Scoular, 2012)는 '취약성'이라는 말이 어려움에 처한 사람들에게 적용되기도 하지만, 개인이 자신들의 상황 및 선택과 전후 사정에 책임을 지도록 하는 통제 수단의 의미로도 부가적으로 사용된다고 분석한다. 브라운과 샌더스(Brown and Sanders, 2017)는 '취약성' 개념이 경찰이나 지방정부 같은 주요한 이해당사자들 사이에서 작동할 때 어떻게 주변화된 집단에게 (약물 치료와 주택 공급 같이) 필요한 자원을 지원할 수 있는지를 살펴본다. 그러나 동시에 돌봄/통제의 연쇄도 분명한데, 이 집단들의 행동이 변화되지 않을 때는 제재가 주어진다.

발상의 전환
행위성, 선택, 차이 ─────────

1960년대 말과 1970년대 초에 급진주의 페미니스트와 급진주의/문화주의 페미니스트 사이에서 시작된 페미니즘의 균열은 노동으로서 성노동이라는 주제에 관한 담론에서 새로운 격론으로 이어졌다. 제2물결 페미니즘의 출현은 성노동 권리 담론 개발의 신호탄이 된다. 이것은 급진주의 페미니즘이 제안하는 논의에 대한 반격이었다. 급진적 페미니즘의 논리는 '성을 긍정하는' 페미니스트의 논의가 여성의 지위를 손상시키고, 성 산업에 종사하는 여성의 경험·생활·정치력에 위해가 된다고까지 이야기한다.

성노동자의 '피해자화' 논리에 반대해 1970년대에 등장한 이 주장은 오히려 여성의 경험을 기반으로 인권, 성 해방sexual freedom, 다양성이라는 관점을 이끌고 있다. '성을 긍정하는' 관점은 지금은 성 서비스에 수반되는 노동 과정과 경제 관계에 대한 다양한 분석으로 대체되어 덜 지배적이지만, 1970년대에 성노동으로 역량이 강화된 사람들의 비판적 목소리에서 시작된 언어에 대한 조명으로 진전되어 왔다.

'노동으로서 성sex as work'이라는 이데올로기적 전환은 언어의 변화에서 상징적으로 드러난다. '매춘부'라는 용어는 문제적이라고 논의되어 왔는데, 매춘부라는 용어가 모든 여성으로부터 이 범주의 여성을 분리시키고 '매춘부'라는 정체성으로만 그녀의 실존을 설명하기 때문이다. '1849년 부랑자법Vagrancy Act 1849'에 도입된 '매춘부common prostitute'라는 용어는 그 말의 경멸적이고 낙인적인 성격이 공식적으로 인정되면서 결국 '2008년 형사이민법Criminal Justice and Immigration Act 2008'에서는 삭제되었다. 또 '매춘부'란 말의 역사적 유산은, 극악하다고 여겨지는 여성 집단에 대한 '교화reformation'의 필요성과 그들의 범죄 및 일탈을 의미하는 법적 용어였다. 이러한 말은 이 여성 집단에 낙인을 찍는 주된 방식이었다.

1980년대에 언어에 주목하기 시작하면서 '매춘부'라는 말을 당연하게 수용했던 게 문제인 것으로 여겨졌다. '성노동자'라는 용어는 성적 노동이 일로 간주되며, 여성의 정체성이 단지 신체 역할에만 국한되지 않음을 밝히기 위해 고안되었다. 코요테Call Off Your Old Tired Ethics: COYOTE['낡고 고루한 윤리를 버리자'를 뜻함]의 구성원이자 스칼렛 할럿Scarlot Harlot으로도 알려져 있는 캐럴 리Carol Leigh(Delacoste and Alexander, 1987 참고)는 1980년대에 '성노동'이라는 개념을 고안했다. 매춘부라는 말에 내포된 '수치심, 가치 없음, 비행'의 의미 대신 오히려 "역설적으로 급진적인 성적 정체성과 …… 매춘부를 '서비스 노동자'이자 '돌봄 수행 전문직'으로 규범화하는 대안적 틀"을 캐럴 리는 이 개념으로 주장했다(Bernstein, 1999: 91). 이 새로운 용어는 노동권이 부여된 노동자로서의 인정을 추구하는 운동을 굳건하게 했다(더 자세한 내용은 제6장 참고).

급진주의 페미니즘에 대한 반격backlash은 매춘 여성을 단지 남성의 억압 대상이자 수동적 '피해자'로 보고 여성의 '행위성'을 부정한다는 맥락에서 진행되었다. '행위성'에 관한 논쟁은 기본적으로 여성의 자유의지, 자신의 상황에 대해 결정할 능력, 자신의 몸을 사용하는 방식과 연관된다. '선택'의 입장 'choice' argument으로 알려진 이 주장은 여성이 구조적 제약(예를 들어 빈곤이나 복지 수혜로 인한 억압적 조건이나 취업 기회 같은 경제적 구조)을 인식할 수 있다고 강력하게 주장한다. 이 입장은 여성이 성 산업을 직업으로 선택하는 것이 미용사나 간호사를 선택하는 것과 똑같다고 단순히 주장하는 것은 아니다. 여성이 매춘에 진입하는 경로는 다양하지만(제3장 참고), 동의와 선택의 요소를 인정하는 것이 '성노동' 논쟁의 핵심이다. 피닉스(Phoenix, 2009: 38)는 여성이 매춘을 유지하는 조건이 분명히 존재하므로 일부 여성에게 매춘은 제한된 경제적·사회적·물적 조건에서 '타당하다'고 설명한다. 시카고의 게토화된 구역을 다룬 연구 결과에 따르면 빈곤, 위험, 결핍이 구조적으로 만연한 저임금 경제에서 살아가는 남성과 여성에게 성노동은 합리적인 '자원 교환'으로 설명된다(Rosen and Venkatesh, 2008). 두 저자가 그들의 삶의 맥락에서 이 결정을 합리적으로 해석하는 이유는 "성노동이 돈, 안정성, 자율성, 직업적 만족감을 아주 최소한이나마 보장하기" 때문이다(Rosen and Venkatesh, 2008: 418). 여성은 구조(일례로 빈곤한 상황을 바꾸거나 가족과 더 나은 생활을 누리기 위해)를 인식하는 한편, 성 산업에서 성적·육체적 노동의 기회를 인식하며 일하기를 선택한다.

연구자에게 이 이론의 뉘앙스는 매우 중요하다. 이 이론적 입장이 단순한 '자유의지'라는 개념을 넘어서기 때문이다. 예를 들어 웬디 챕키스Wendy Chapkis(Chapkis, 1997: 67)는 인종, 성, 계급에 의해 위계화된 사회에서는 단지 소수의 개인에게만 허용된 '자유로운 선택'이 아니라 '합리적 선택'으로 매춘을 한다고 설명한다. 카리 케슬러Kari Kesler(Kesler, 2002: 223)는 여성이 제한받지 않고 자유롭게 선택하는 것이 아니라, 모든 비매춘부 여성이 결혼이나 고용 관계에 들어갈 때와 마찬가지로 현 가부장적 자본주의 체제의 특정한 제약 속에서 궁극적으로 결정하게 된다고 요약한다. 일부 이론가는 여성이 보다 폭넓은 맥락에서 자신의 상황·생존·미래에 대해 결정한다고 설명하며, 매춘을 성 착취와 강제로 환원하는 급진주의 페미니즘 관점에서 멀어진다.

개발도상국 여성이 극도의 빈곤과 굶주림, 게다가 HIV 감염 위험까지 있는 상황에서 가혹한 선택을 해야 할 때, 또 생존을 위해 성적인 육체를 이용해야만 하는 조건에 대해 논의할 때 행위자성과 선택에 대한 논쟁은 한층 가열된다(Shannon et al., 2014; Wojcicki and Malala, 2001). 로지 캠벨Rosie Campbell(Campbell, 2000: 479)은 남아프리카 금광 지역의 성노동자를 연구하며 성노동자의 무력함powerlessness만을 이야기하는 것이 '지나친 단순화'라고 결론 내린다. 로(Law, 2000: 98)는 동남아시아 섹스 관광지에서 일하기 위해 여성이 그 주변 지역으로 어떻게 이주하는지 설명한다. 그러나 이 여성들은 가난한 경제 상황과 신식민지neo-colonialism 국가의 경제구조에 적극적으로 대응한다고 간주되기보다, 여러 공식 기관에 의해 국경을 넘어 인신매매되고 매춘을 강요받는 수동적 피해자로 규정된다.

'노동으로서 성'과 '선택'의 관점에 입각한 앞의 주장은 성노동 커뮤니티에서 나온 것이며, 이러한 입장을 뒷받침하는 데 성노동자의 증언은 매우 중요한 역할을 한다. 포르노 배우, 핍쇼peep show[구멍을 통해 들여다보는 스트립쇼] 노동자, 성 서비스 제공자로 일하는 네이글(Nagel, 1997: 2)과 몇몇 페미니스트는 '경제적·인종적 특권' 때문에 본인의 선택으로 성 거래에 참여하는 사람이 있음을 인정한다. 그러나 그렇지 않은 여성도 상당수 존재한다. 성노동자의 증언에서는 다양한 경험이 현실로 잘 드러난다. 그 범위는 착취와 억압, 생존 전략부터 '선택'의 스펙트럼 어딘가에 놓이는 여성까지 다양하다(예를 들어 Delacoste and Alexander, 1988; Nagel, 1997; Ditmore et al., 2010 참고).

성 산업에서 일하는 여성을 둘러싼 이론적 사유의 전환은 비정부기구 및 시민 단체의 정치적 입장과 풀뿌리 활동을 통해 잘 드러난다. 로(Law, 2000)는 (인도네시아 발리, 필리핀, 태국 등) 동남아시아의 성노동자와 지원 단체에 대한 연구를 통해 HIV/AIDS 프로그램을 실행하는 비정부기구의 담론적 실천·태도·활동이 '매춘인'을 항상 피해자로 보는 지배적 관점에서 변화하고 있음을 보여준다. 이 변화는 여성이 HIV로부터 안전하게 스스로를 지키기 위한 '역량 강화'의 실천적 중요성practical priorities에서 기인한다. 이 입장은 [피해자에 대한] 피해 최소화 입장harm reduction perspective[제7장 참고]의 공격을 받았다. 참여 교육participatory education에서 '행위자 중심성'을 강조하는 것은 '피해자화' 논리에 입각한 이들에게는 매춘을 장려하는 것처럼 간주되었기 때문이다.

'노동으로서 성' 개념의 한계

'노동으로서 성' 담론(Brewis and Linstead, 2000a 참고)은 성노동자가 수행하는 기술, 일, 감정 노동, 육체적 재현presentation에 주목해 정당한 성노동을 가능하게 하는 법적·사회적 변화의 이론적 토대가 되었다. 성노동자 권리 운동은 일부 진전을 보였고, (예를 들어 독일과 뉴질랜드 등) 일부 국가에서는 노동 조건과 고용에 대한 권리가 보장되었다(제6장 참고). 그러나 성노동자가 권리를 인정받기보다 범죄화되는 상황에 놓인 영국과 같은 나라에서 '노동으로서의 성' 개념은 이론적·실천적 차원 모두에서 매우 문제가 된다.

'노동으로서 성'이라는 주장이 갖는 복잡성 가운데 하나는 노동의 성격 자체에 있다. 윅스(Weeks, 2011)는 '매춘'을 '성노동'으로 대체하는 것은 도덕 담론을 경제 담론으로 이동시키며 성노동자를 시민에 포함시키므로 중요하지만, 많은 형태로 노동 자체에 내재하는 착취와 강제 문제에 도전하지 않는다고 설명한다. 윅스(Weeks, 2011)가 지적하는 것처럼, 일터는 불평등과 지배의 핵심 장소다. 경제적 필요라는 지점은 성노동으로의 전환에 영향을 줄 수 있지만 그 노동을 하는 유일한 이유가 될 수 없으며, 대부분의 사람들이 경제적 이유 때문에 유급노동을 수행한다는 점을 지적하는 게 중요하다. 윅스(Weeks, 2011: 37)는 "우리는 해야만 하니까 일을 한다. 그러나 우리 중 일부는 임금노동에 근거한 경제 가운데 어디에서 일할지 선택할 수 있고, 소수는 특정한 고용 조건의 상당 부분을 결정할 권력을 가지며, 그보다 소수는 일을 할지 말지 에 대한 선택권을 가질 수 있다"라고 지적한다.

매춘과 일반적 고용 관계 사이에는 큰 차이가 존재한다. 성노동자는 강탈당하거나, 공격받거나, 강간당하거나, 심지어 살해당할 가능성이 크기 때문이다(Kinnell, 2008). 오코넬 데이비드슨(O'Connell Davidson, 1998: 64)이 성노동을 다른 직업과 다르다고 말하는 이유도 바로 폭력 때문이다. 그녀는 배관공, 영업직 종사자, 부동산 중개인과 같이 낯선 사람을 만나러 혼자 주택에 들어가는 직업을 가진 사람은 다양한 형태의 폭력을 당하거나 심지어 사망에 이르기도 한다고 지적한다. 하지만 고객이 불만을 느끼면 서비스 제공자를 때리고 강간하며 살인할 수 있다는 생각은 오직 성노동에서만 만연해 있다. 이는 "'더러운 배관공'에게는 용인되지 않는 적대감이 오직 '더러운 창녀'에게는 허용되는 대중적 도덕 심리" 때문이다(O'Connell Davidson, 1998: 64). 문화·사회·정치의 측면에서 '성노동자'에 대한 사회적 용인이 이루어지지 않는 것은 성 산업 분야에서 일하는 모든 여성이 여전히 '창녀라는 낙인'과 연결된 사회적 낙인의 영향을 받는다는 것을 의미한다(Weitzer, 2017). 연구 결과에 따르면 동의와 선택이 있었는지 또는 낙인에 대한 저항이 존재하는지 여부와 무관하게, 정당하고 허용되는 일반 고용 관계에서 일하는 경우와 성 산업에서 일하는 경우의 차이가 분명하게 드러났다.

이분법을 넘어서

'피해자'와 '노동자'로 구분하는 방식은 "행위성을 이분화"하는 경향이 있으며(Maher, 2000: 1), 성노동자의 경험을 규정하는 권력과 저항의 복합성을 무시한다는 이유로 비판받았다. 영국 도심의 노숙인 여성에 관한 연구는 여성 중 상당수가 거리 성노동을 한다고 밝혔는데, 이들이 성노동을 하는 동기가 구조적인 가정 폭력과 강제적이며 학대하는 파트너와 어느 정도 관련이 있음을 밝혔다(Harding and Hamilton, 2008). 그러나 이런 상황에 대한 해석은 '학대'와 '강제'가 반드시 피해자화로 이어질 필요가 없다고 강조한다. 이런 식으로 인식 틀을 잡으면 여성의 입장을 제대로 파악하지 못해 (사회복지 업무와 같은) 실질적 지원에서 초기 개입을 잘못 시작하기 때문이다. 오히려 저자는 "성노동을 하기로 한 여성의 선택이 그녀의 지위를 약화시킨다 해도 그 결정을 존중하는 것이 여성을 가치판단하지 않는 태도의 핵심이다"라고 주장한다(Harding and Hamilton, 2008: 15). 번가이 등(Bungay et al., 2011)은 성노동을 하는 것이 구조적이고 대인관계적인 강압 또는 다른 사람의 자율적 선택에 의한 일 가운데 하나로 설명하는 이분법적 이론이 그 사안을 현실적으로 이해하는 것을 가로막는 원인이라고 지적한다. 번가이 등(Bungay et al., 2011)은 하버마스Jürgen Habermas의 생활세계 관점 이론을 사용한 분석을 통해 경제와 법, 대인관계적 요인이 개인의 의사결정에 중요함을 논증한다.

'착취'와 '선택' 중 하나를 택하는 관점을 넘어 대안적 방식으로 성 산업 내 약자의 입지를 이해할 수도 있다. 조애나 피닉스와 세라 오턴Sarah Oerton (Phoenix and Oerton, 2005: 97)은 매춘하는 사람을 피해자로 환원시키는 일차 원적인 단순화를 비판한다. 두 저자는 성 산업에서 여성을 '피해자'로 규정하는 것이 더 많은 지원과 복지 혜택welfare interventions을 제공하는 듯 보이지만, (반복되어) '피해자화'하는 공식 담론은 매춘 여성과 청소년에 대한 정부 규제, 범죄화, 배제를 오히려 정당화한다고 주장한다. 두 저자는 이에 대해 두 가지 이유를 제시한다. ① 피해자라는 수사는 상황의 책임을 개인에게 돌리기 위해 사용된다(예를 들어 그들은 피해자이기 때문에 매춘을 한다). ② 개인을 탓하기 위해 '동의', '자발', '강제' 개념이 단순화된다. '피해자화' 방식을 채택하는 공식 기관들은 이 논의를 활용해 여성이 매춘을 계속하려고 '선택'한다고 본다. 이 때문에 형사 정책 제도criminal justice system로 여성의 행동을 바꾸기 위한 제재, 처분명령, 강제 약물 치료, 기타 '지시'를 동원할 수 있다(제7장 참고).

'피해자화' 철학의 또 다른 문제점은 이 접근이 개별 여성을 매춘의 책임자로 돌린다는 데 있다. 이 철학은 거리 매춘부prolific street prostitutes의 명단을 없애면 지역에서 매춘 문제가 해결된다는 식으로 이어진다. 어떤 해결책도 성 산업이 존재하는 폭넓은 사회적 함의와 근거를 거론하지 않으며, 오히려 매춘이라는 '사회문제'가 '문제 여성'으로 개인화된다(Scoular and O'Neill, 2007 참고). 스쿨러와 오닐은 매춘부를 타자others로 낙인찍는 정책·실천·재현의 이데올로기적 효과를 비판하며, 성노동자를 연구·논쟁·대화의 (대상이 아닌) 주체로 참여시키는 포용의 정치politics of inclusion를 주장한다.

퀴어 이론처럼 섹슈얼리티와 성 정체성에 관한 보다 최근의 이론들은 성 노동 담론의 새로운 측면을 조명한다. 그들은 이성애 규범에 기반한 가족관계와 섹슈얼리티, 젠더 정체성의 전통적 이분법 개념에 대한 대안을 제공하며, 이성애 정상성과 사회적 배제 개념에 도전한다. 퀴어 이론가들은 젠더와 섹슈얼리티는 유동적이고 임시적이며, 특정 담론이나 각본을 통해 재연된다고 주장한다. 버틀러(Butler, 1993)는 문화적 규범은 그에 순응하는 '인사이더들'과 섹슈얼리티의 다른 형태를 제공하는 '아웃사이더들'의 차이를 드러내며 섹스와 젠더의 이성애 규범성을 구현하도록 '수행한다'고 주장한다. 또한 루빈(Rubin, 1999: 151) 같은 이론가들은 근대 서구 사회에 도입된 '성 가치의 위계적 체계'에 주목하는데, 그 체계의 정점에는 출산할 수 있는 결혼 관계 내 이성애가 자리하며 그밖에 다른 안정적인 일대일 관계가 그 뒤를 따른다. 성노동자와 다른 사회적으로 주변화된 집단들은 그 위계의 밑바닥에 자리한다. 필 허버드Phil Hubbard(Hubbard, 2002)는 퀴어 이론은 '좋은' 섹슈얼리티와 '나쁜' 섹슈얼리티 간의 단순한 구분을 전제로 하는 이른바 허용되는 섹슈얼리티 형태의 도덕적 개념에 이의를 제기한다고 언급한다. 펜들턴(Pendleton, 1997)은 성노동에 퀴어 이론을 적용하며, '좋은 아내good wife'라는 사회적 개념은 그 반대 개념인 '창녀whore' 없이는 존재할 수 없음을 지적하는데, 여기서 창녀는 단지 매춘부뿐 아니라 십대 비혼모와 같이 타락한 여성fallen women을 포함한다. 이성애 정상성 담론에 도전하는 퀴어 이론은 성노동자를 일탈자나 피해자로 보는 대신 다양한 성적 행위자들 가운데 한 집단으로 제시하며, 순수한/타락한 여성성 또는 좋은/나쁜 섹슈얼리티와 같은 인습적인 이분법적 구분에 맞선다. 펜들턴(Pendleton, 1997)은 여성 성노동자들은 전형적인 이성애에서 여성적 역할을 패러디하고 수행하고 돈을 받음으로써 이성애 규범에 도전한다고 주장한다. 매케이(McKay, 1999)는 매춘을 노동으로 보는 퀴어 이론에서 (이성애적인) 여성과 남성 사이에 이루어지는 전통적인 경제적 거래는 전복적이라고 본다. 더욱이 최근 들어 퀴어 이론은 상업적 성이 이루어지는 다양한 장소 및 형태와 서로 다른 부문에 있는 노동자들에게 적용되고 있다(Laing et al., 2015).

노동이 놓여 있는 광범위한 맥락

웨스트와 오스트린(West and Austrin, 2002)은 착취냐 선택이냐 하는 이분법적 경향으로 인해 성 산업의 중심 역학인 젠더 관계, 섹슈얼리티, 노동이 이론 논쟁에서 간과된다고 지적한다. 저자는 노동, 직업, 네트워크라는 렌즈를 통해 성 산업을 이해할 수 있는 더욱 치밀한 접근이 필요하다고 주장한다. 앳킨스(Adkins, 1995)와 맥도웰(McDowell, 1997)의 연구를 기반으로 웨스트와 오스트린(West and Austrin, 2002: 486)은 성 산업 내의 젠더 관계는 정체성이 만들어지는 측면과 시장이 작동하는 광범위한 네트워크 안에서 이해되어야 한다고 주장한다. 성 산업이 이러한 방식으로 연구되어야 한다고 주장하는 샌더스(Sanders, 2008b)는 부차적 산업이 성 산업을 둘러싸고 확대일로에 있는 비공식 경제를 양산하며 성 산업을 어떻게 지탱하는지 탐구한다. 부동산, 광고, 보안업, 운송업, 미용 산업, 유흥업 및 접객업 등 여섯 분야의 부차적 산업은 성 시장이 돌아가도록 지원하는 역할을 한다. 여섯 개의 지원 산업은 성노동자는 아니지만 성 산업에서 서비스를 제공하는 남성과 여성 모두에게 일자리를 제공한다.

현재 이론가들은 경제관계에 주된 초점을 두며 관계에 대한 전통적 마르크스주의자들의 개념을 넘어서고자 노력한다. 코티스와런(Cotiswaran, 2010)은 성노동과 성노동을 하는 개인을 이해하는 데에 교차성이 중요한 렌즈가 될 수 있다며 유물론적 페미니즘 분석을 끌어들인다. 코티스와런(Cotiswaran, 2010)은 인도 뭄바이에서 매춘업소 노동자들과는 매우 다른 성적인 노동으로 간주되는 댄싱 바 여성 노동자들을 세밀하게 분석하며, 양자가 놓여 있는 광범위한 경제구조상의 위치가 다르므로 국가와의 관계도 다르다고 지적한다.

성노동을 하는 원인을 이해하기 위해서는 기존에 주어진 유연하며 보수가 많은 노동이 갖는 제한된 성격 등 더 넓은 사안을 살펴보는 일이 필요하다. 마 등(Maher et al., 2012)은 (성노동이 합법인) 호주 빅토리아에서 부모와 학생들이 매춘업소에서 일하는 이유를 분석한다. 참가자들은 접대나 아이 돌봄, 사무직과 같이 전형적으로 젠더화된 노동이 아니라, 괜찮은 보수를 받는 유연한 노동을 하려는 욕구를 가진다. 개인이 일하기로 결정하는 맥락을 보는 것은 성 산업을 이해하는 데에 매우 중요하다.

성노동의 사회학

스쿨러(Scoular, 2004)는 매춘이라는 주제를 서로 다르게 해석하는 다양한 페미니즘 이론가들을 살펴본다. 스쿨러(Scoular, 2004: 343)는 다양한 이론적 시각을 검토하며, 매춘을 단 한 가지 방식이 아니라 "매춘이 구현되는 다양한 방식"으로 봐야 한다고 결론 내린다. 카말라 켐파두Kamala Kempadoo와 조 도즈마Jo Doezema(Kempadoo and Doezema, 1998)는 성 산업에서 일하는 사람들이 그들의 제한된 환경이나 조건에서 자신의 경험을 이해하는 사례에 대해 알려준다. 이 책은 성적 노동이 교환되는 복합적인 조건을 논의하고 지지한다. 또한 서구 사회를 중심으로 두지 않는 관점 아래 지구적 차원에서 작동하는 초국가·사회문화·경제구조 속의 성노동이 어떻게 생활양식의 지역적 맥락, 가족 형태, 성 규범과 가치, 인종주의 경험, 식민지 역사, 성차별주의의 영향을 받는지 강조한다. 이와 같이 성별화된 불평등을 넘어서는 또 다른 형태의 권력에 대한 논의가 매춘의 옳고 그름에 관한 이론화에서 핵심이 될 필요가 있다. 스쿨러는 이 차이를 강조하며 "변혁적 페미니즘 이론을 위한 담론적 공간"을 제안한다. 이 페미니즘 이론은 "대항 헤게모니가 갖는 파괴적 잠재력을 활용하고 위계적 관계에 도전하는 '저항' 주체 개념을 활용"한다(Scoular, 2004: 352).

로널드 웨이처Ronald Weitzer(Weitzer, 2000: 3)는 페미니즘 논쟁에서 드러나는 차이를 "성적 대상 대 성노동자" 사이의 '성 전쟁sex war'으로 부른다. 이러한 관점의 차이는 지역적·지구적 맥락에 따라 달라지는 성 산업의 다양성과 성노동자가 겪는 경험의 복합성을 반영한다. 다음의 핍쇼 노동자의 이야기는 경험에 대한 일반화가 불가능하며, 다양성을 인식하지 못하는 경직된 입장으로는 성 산업의 본질이나 착취, 동의, 선택에 대해서도 제대로 설명할 수 없다는 것을 보여준다.

표준화된 성노동자는 없다. 모든 여성이 나름의 이유로 일하고, 소진·쾌락·권력 그리고/혹은 트라우마에 나름대로 대응하며, 노동과 노동하는 장소에 대한 자신만의 생각을 갖고 있다. 이 노동은 억압적일 수도 있고 자유로울 수도 있다. 또 다른 형태의 생산 라인 직업일 수도 있으며, 꽤 잘 버는 예술 행위일 수도, 거리에서 볼 수 있는 기분 전환용일 수도, 소외된 사람을 위한 치유 사회사업일 수도 있다. 각 여성은 이 상황에 적응하기 위해 무엇을 하고 있는가? 강하게 부인하기, 완벽한 유머 감각을 기르기, 상호 의존하기, 강한 힘을 기르기, 자아를 초월하기일까? 확실하게 말할 수 있는 단 한 가지 공통점은 우리 모두 돈을 벌기 위해 여기에 이렇게 있다는 것이다(Funari, 1997: 28).

성 산업을 이해할 수 있는 향후 이론의 인식 틀은 아마도 성 산업을 둘러싸고 활발하게 전개되는 국제적인 사회운동을 통해 구축될 것이다. 이 사안이 갖는 복합성은 바로 성 산업에서 일하며 살아가는 사람들 자신의 경험과 가슴에서 우러나오는 정체성의 정치에서 가장 분명하게 드러난다. 성노동에 대한 낙인, 범죄화, 쳇바퀴 도는 듯한 현대의 정책 논쟁으로 인해 끊임없이 곁길로 새고 있지만, 연구의 초점이 우리가 알지 못하거나 가장 적게 이해하는 것으로 돌려질 필요가 있다. 노동하고 경제적으로 생존하며 생활양식을 선택하는 모든 가능성에 거시적 구조의 힘이 영향을 미치듯이, 지리, 젠더, 계급, 인종 같은 여러 변수도 이 선택에 강력한 영향을 미친다. 덧붙여 국가는 억압적인 동시에 변혁적인 기제로 작동하므로 성노동자의 지위, 특히 그들의 권리와 정의에 대한 경험에 결정적 영향을 미치는 중요한 역학을 제공한다.

읽을거리

Scoular, J. 2016. *The Subject of Prostitution*. London: Routledge.
☞ 이 책은 매춘의 현황에 대해 진전된 사회 이론 분석을 제공하며, 성노동 연구, 사회법학 연구와 법률을 동시에 참고함으로써 더 풍부한 논쟁과 설명을 제공한다. 또, 각 국가의 법률 및 국제법의 변화를 보여주고, 매춘을 가부장적인 성적·경제적 관계의 전형으로 보는 급진적 페미니스트들의 보호 그리고 성노동자들의 힘이라는 경합적인 요구에 응하는 법의 능력과 현대 시민권 담론을 살펴본다.

Scoular, J. and M. O'Neill. 2007. "Regulating prostitution: social inclusion, responsibilization and the politics of politics of prostitution reform." *British Journal of Criminology*, 47(5), pp.764~778.
☞ 이 논문은 현대 사회에서 성노동자를 통제하는 복지국가의 사회 정책적 접근을 보여주기 위해, 형사 사법 제도가 선량한 시민이라는 기대에 부합하지 않는 여성의 행동을 통제하기 위해 어떻게 동원되어 왔는지 그 방식을 살펴본다.

Comte, J. 2014 "Decriminalisation of sex work: feminist discourses in light of research." *Sexuality & Culture*, 18(1), pp.196~217.
☞ 이 논문은 매춘 및 성노동과 관련되어 있는 세 가지 주요 이데올로기로 폐지주의, 성 긍정 페미니즘, 비범죄화를 정리하며, 관련 쟁점에 대한 현대 페미니즘의 관점들을 상세하게 분석하고 다양한 비판적 견해들을 제공한다. 또 억압과 행위성이라는 이분법을 직접적으로 다루어, 이 문제와 관련된 다양한 의견과 그 근거를 이해할 수 있도록 한다.

웹사이트

성노동자들의 이야기(Whores of Yore): www.thewhoresofyore.com
☞ 성노동에 대한 현 사안과 서로 다른 관점 등을 들을 수 있는 사이트이다.

유럽성노동(Sex Work Europe): www.sexworkeurope.org
☞ 유럽성노동은 「유럽성노동자권리선언문(Declaration of the Rights of Sex Workers in Europ)」과 「유럽성노동자성명서(Sex Workers in Europe Manifesto)」를 기초로 한 유럽성노동자권리국제위원회(ICRSE)의 사이트다. ICRSE는 네트워크 구성원 간에 조직 활동과 성과에 관한 소식을 공유하고 긍정적 이미지를 촉진시키도록 협력하는 한편, 성노동자의 권리를 침해하고 위협하는 정책 제안에 반대하는 전국 캠페인을 지원한다. 또 이 웹사이트를 통해 전 유럽의 성노동자권리단체뿐 아니라 많은 성노동자와 지지자, 그리고 대중과 소통을 도모하고자 한다.

국제 성노동 프로젝트 네트워크(Global Network of Sex Work Projects): www.nswp.org

생각해 볼 거리

① 성노동자들의 경험을 설명하려는 이론적 관점에 대해 이야기해 보자.

② 성노동자의 권리란 무엇이며 그것이 중요한 이유는 무엇인가?

③ 현대의 사회 정책과 형사 사법 정책은 성 산업에 어떻게 접근해 왔는가?

제 2 장

상업과 성에 대한
문화적 맥락

The Cultural Context
of Commerce and Sex

이 장에서는 성 산업이 놓인 문화적 맥락과 서로 다른 성 시장 유형이 갖는 복합성을 탐구하고자 한다. 먼저, 상업화된 성을 분석하기 위해 성 산업의 문화적 맥락이라는 시각이 왜 필요한지 분석한다. 둘째, '직접' 성노동과 '간접' 성노동에 대한 정의와 다양한 성 시장 유형을 설명한다. 셋째, 성노동이 이루어지는 공간과 시장이 구성되는 방식을 서술하기 위해 서로 다른 성 시장의 직업적 특성을 알아본다. 넷째, 인터넷과 기술의 역할을 주요한 변화의 동력으로 자세하게 다룬다. 끝으로, 성 산업이 확장될 것인지 여부에 대해서도 검토한다.

성, 상업, 문화

성 산업이 놓인 맥락은 상업화된 성의 본질, 형태, 조직적 특징, 일반적 특성에 주요한 영향을 미친다. 오닐(O'Neill, 2000: 1)은 여성의 생생한 경험과 사회 영역을 대표하는 '보완된 방법론'을 통해 "변화하는 시대에 발맞추는 페미니즘적·사회문화적 매춘 분석"이 필요하다고 말한다. 성 산업 문화의 맥락은 지역과 지역적 특성에 따라 다를 수 있으며, 국가별로도 차이가 있다. 지역과 국가 차원에서 서로 다르게 작동하는 맥락과 영향력을 고려하지 않으면 성 산업과 같은 비공식 경제에서 발생하는 정보와 지식은 편향되고 왜곡될 수 있다. 예를 들어 로라 어거스틴Laura Agustin(Agustin, 2005: 618)은 학계, 연구자, 정책 입안자의 성 산업에 대한 전반적인 지식 생산을 비판한다. 이러한 지식 생산은 성과 상업의 부분적인 특징만을 강박적으로 이해한 뒤 양산한 것으로, 균형 잡히지 않은 관점이라는 것이다. "도덕적 혐오와 암묵적 관용이라는 역설적 조합이 성 산업을 통제할 수 없는 수준의 지하경제로 양산시켰으며 이와 관련된 현실에 대한 연구도 제약하고 있다." 성 산업에 대한 지식은 대체로 '매춘', 특히 '거리 매춘street prostitution'이라는 협소하게 상업화된 성에 집중되고 있다. 이러한 관점은 상업과 성 사이의 폭넓은 역학 관계에 대한 연구라기보다 두 사람(구매자로서 이성애 남성과 판매자로서 여성)의 형식화된 상업적 교환을 언급함으로써 성노동의 단 한 가지 측면만 다루고 있다.

이같이 편향적 지식을 바로잡으려면 '매춘'에 집중하는 것이 중요하다. 즉, 사실상 돈을 위해 성을 판매한다는 것이 초점이다. 문제는 판매자와 구매자의 미시적 관계와 성 산업이 놓여 있는 더 광범위한 사회적·경제적 상황이 분석되지 않는다는 것이다. 예를 들어 어떤 성적 행위가 판매되고 누가 이 결정에 영향을 미치는가? 요구되는 성적 행위는 무엇이며, 이 행위는 어떻게 수행되고 경험되는가? 더욱이 상업화된 성의 구성에 개입되는 (여성 혹은 남성 성노동자뿐 아니라) 모든 당사자가 맥락화될 필요가 있다. 각각의 시장은 그 시장이 놓인 지리적 공간에 따라 나름의 특징과 미묘한 차이가 있다. 그 차이는 사적 공간이든 공적 공간이든, 불법이든 합법이든, 아니면 일부는 불법이고 일부는 합법인 '중간grey' 지대인지 여부와 관계없이 나타난다. 또한 해먼드와 애트우드(Hammond and Attwood, 2015)는 상업적 성에 관한 문화 연구가 정책 분야에서 고려될 필요가 있다고 개진한다. 즉, 정책적 함의가 성노동, 섹슈얼리티, 더 광범위한 문화적 변화의 교차성과 관련해 토론될 필요가 있다.

성 산업을 매춘, 특히 거리 매춘으로 축소시키면 다양한 사회 분야에서 작동하는 폭넓은 의미의 성 산업을 탐구하기보다 '위험한' 여성이라는 고정관념을 영속화하고 관련된 보건 및 사법 당국의 우려만을 충족시킬 뿐이다. 전체로서 성 산업을 연구하지 않는 것은 성 산업의 여러 유형 사이에 잘못된 이분법을 생산할 위험이 있다. 어거스틴(Agustin, 2005: 619)은 이렇듯 협소한 접근 방식을 벗어나기 위해 성 산업에 대한 문화연구 방식을 제안한다. 이 방식은 "폭넓은 의미에서 상업화된 성을 탐구하되, 인종, 계급, 젠더, 정체성, 시민권의 이슈를 빠뜨리지 않으면서도 예술, 윤리, 소비, 가족생활, 엔터테인먼트, 스포츠, 경제, 도시 공간, 섹슈얼리티, 관광, 범죄와 교차하는 지점"을 검토한다.

성 산업의 문화적 맥락을 언급한다는 것은 전체 성 산업을 개인의 일상과 비즈니스와의 관계를 통해 탐구한다는 의미다. 성 산업의 사회문화적 맥락은 성을 사고판다는 것의 의미를 결정하며, 그 결과 지역화된 맥락에 기초해 가치와 해석이 서로 다르게 내려진다. 문화적 맥락이 중요한 또 다른 이유는 성의 소비에 대한 사회적 의미가 문화별로 다르기 때문이다. 사회적 의미 또한 정치 환경에 영향을 받으며, 대체로 변화와 흐름의 과정에 놓여 있다. 예를 들어 서양의 도시에서 랩댄싱lap dancing 바가 등장함에 따라 이런 유형의 행위가 일상적인 밤 문화의 일환으로 주요하게 자리 잡으면서, 이러한 종류의 노동이 밤 문화 경제에서 점점 더 주류가 되고 있다(Sanders and Hardy, 2013, 2014). 3장과 5장에서 볼 수 있는 것처럼, 이 밖에 또 다른 문화 변동으로는 성인 전용 업소, 온라인을 통한 포르노그래피 접속, 여성의 성적 쾌락을 위한 온라인 업소의 등장을 들 수 있는데, 이는 성적 소비가 어떻게 현대 자본주의의 핵심을 이루었는가를 보여준다(Taormino et al., 2013).

사회적 맥락은 가장 광범위한 의미에서 규정되어야 한다. 성 시장의 작동과 조직 방식, 그 안에서 일하는 사람의 경험이 사회적 맥락에서 결정되기 때문이다. 하코트 등(Harcourt et al., 2005)은 성 시장에 중요한 영향을 미치는 요인으로 다음을 제시한다.

> 전형적으로 성노동자를 제재하는 사회적·법적 규제는 매춘 행위를 다른 지역으로 옮기거나 노동 조건을 바꾸는 방식으로만 성공을 거둘 뿐이다. 모든 국가와 그 국가 내 모든 지역에는 고유의 역사적·사회적·경제적 요인, 법체계와 집행 구조가 있으며, 이에 따라 서로 다르게 구성되는 성 산업이 있다(2005: 201).

성 산업 분석에서는 성 산업 외부에서 생활하고 관계 맺는 경험을 하며 살아가는 개인의 입장에 대한 분석이 종종 간과된다. 이에 대한 깊이 있고 복합적인 분석의 필요성은 3장에서 논의한다.

마찬가지로 법에 대해 개괄하는 7장에서 법률과 관련 정책, 가이드라인, 치안 유지 활동은 문화적 맥락에 가장 중요한 영향을 미치는 것 중 하나임을 상기하는 게 중요하다. 법적 맥락이 성노동자들이 살아가는 매일의 경험에 어떤 영향을 미치는가를 살펴보게 하는 유용한 렌즈가 바로 노동 조건이다. 제인 피처Jane Pitcher와 마르얀 웨어스Marjan Wijers(Pitcher and Wijers, 2014)는 네덜란드와 영국의 실내 성노동자에 대한 연구에서 경험적 자료를 사용해 매춘업소와 독립적인 노동자의 경험을 비교분석한다. 연구 결과, 영국의 매춘업소는 비공식적이고 규제받지 않으며 부분적으로 불법인데, 그곳에서 일하는 경우 '비전문적이며 강압적인 관리 관행'에 크게 종속될 수 있는 것으로 나타났다(Pitcher and Wijers, 2014: 559). 네덜란드는 매춘업소가 허가제로 규율되는 사업으로서, 이러한 법적 맥락에서는 폭력과 위험 그리고 착취를 줄이도록 함으로써 노동자의 고용, 건강, 안전의 권리를 어느 정도까지 증대해야 한다. 물론 그럼에도 성노동자들의 노동 지위를 향상시키기 위한 진전은 더 이루어져야 한다. 법적 맥락의 강력한 효과는 2003년 성노동을 비범죄화한 뉴질랜드의 경우에 여전히 가장 명백하다. 거의 20년이 지난 지금, 폭력은 사라지지는 않았으나(Armstrong, 2014) 성노동자의 건강과 복지, 법적 지위가 현저히 개선되었음을 볼 수 있다(Abel et al., 2010; Abel, 2014).

성 시장

여기에서는 상업화된 성이 조직되는 시장의 유형과 현황, 각 시장의 유사점과 차이점을 살펴본다. 성 산업의 광범위한 규모와 성의 상업화가 발생하는 다양한 장소와 공간은 서로 다른 성 시장의 가시적/비가시적 특징을 통해 나타난다.

성 서비스의 유형: 직접/간접 성노동

돈, 선물, 그 밖의 지불 형태로 교환되는 성 서비스는 일반적으로 '직접' 성노동과 '간접' 성노동으로 구분된다. 직접 성 서비스는 특히 신체적 성 접촉이 돈으로 교환되는 것으로, 상업화된 성 유형에 해당된다. 반드시 성기 삽입을 의미하는 것은 아니지만, 일정 정도의 성기 접촉은 여기에 포함된다. 대체로 직접 성 서비스는 매춘업소나 거리 매춘으로 알려진 성 시장에서 제공된다.

상업화된 거리 매춘은 공간이 정해져 있는 실내 시장과 분명히 구분된다. 성노동자는 대체로 고객과 짧은 시간(약 10분)을 보낸다. 남성의 이성애적 성 구매라는 맥락에서 볼 때, 서비스는 단적으로 '손작업hand relief'과 구강성교 fellatio가 있으며, 자주는 아니지만 삽입을 하는 경우 다른 서비스는 제공되지 않는다. 서비스는 주로 야외나 차에서 제공되며, 가격은 실내 서비스에 비해 저렴하다. 실내에서 제공되는 서비스는 지배domination와 결박bondage 같은 더 정교한 유형이며 장시간 지속될 수 있다. '여자친구 대행girlfriend experience: GFE' 은 전통적으로 종래의 남녀 관계를 말하며, 친밀감의 표현이나 키스, 애무 서비스를 포함한다. 이 서비스는 에스코트 서비스를 찾는 남성에게 인기가 있다. 그러나 자료를 살펴보면 가장 많이 요청하는 서비스는 구강성교다 (Monto, 2001; Sanders et al., 2017).

성 판매가 단지 '선교사 체위missionary position'와 같은 '관습적' 이성애 성행위나 질 삽입을 수반한다는 가정을 넘어설 필요가 있다. 상업화된 성은 성행위로 교환되는 모든 형태를 포함하기 때문에, 많은 경우 옷을 다 벗지 않아도 된다. 어떤 서비스가 가능한지는 대체로 노동자 개인이 결정한다. 샌더스 (Sanders, 2005: 150~153)는 매춘업소 노동자와 에스코트 서비스 노동자가 자신의 신체에서 고객이 접근 가능한 부분과 그렇지 않은 부분을 나누어 허용하는 '접촉 금지 신체 부위'가 어떤 방식으로 결정되는지 설명한다. 어떤 신체 부위나 일부 성행위가 왜 '금지off limits'되는지에 대해서는 개인마다 무수히 많은 이유가 있다. 오닐(O'Neill, 2001: 84)은 다음과 같이 설명한다. "몸은 거래 도구다. 자기 자신은 가족, 파트너, 자아를 위한 것이다." 일부 성노동자는 상업 행위에 키스를 포함시키지 않지만, 더 깊은 사회적·감정적·신체적 경험을 제공하기 위해 서비스의 자연스러운 요소로 포함시키는 성노동자도 있다. 일부 성노동자가 고객에게 제공하는 친밀성의 수준은 감정 노동의 형태를 띠는데, 이를 근거로 레버와 도니크(Lever and Dolnick, 2000)는 성 서비스를 '경청하는 직업'의 하나로 언급했다. 이것은 비단 남성과 여성 사이의 상업적 성에만 국한되는 게 아니라 성별화된 관계를 가로질러 적용된다. 월비(Walby, 2012)는 성인 서비스를 판매할 때 정서적 친밀성이란 측면에서 남성 성노동자의 노동을 밝힌 중요한 연구다.

간접 성 서비스는 성기 접촉을 포함하지 않는 모든 유형의 성 서비스를 지칭하지만 교환되는 것은 본질적으로 성적인 것이며, 돈이나 선물로 교환된다. 랩댄싱, 스트립쇼, 에로틱 전화방 서비스, 마사지, 결박은 간접 성노동의 사례다.

성노동이 일어나는 공간

금전을 목적으로 하는 성 서비스는 전통적으로 '거리'에서 진행되었다. 도시의 후미진 골목에 자리한 '홍등가red light district'는 미디어에서 성 산업을 나타내는 지배적인 문화 이미지가 되어왔다. 학술 연구뿐 아니라 공공 정책이나 단속도 대체로 거리의 성 시장에 집중되어 있다. 이는 역사적으로 거리의 여성 성노동자를 '위험 집단'으로 간주했기 때문이다(Lupton, 1999). 성병, 약물 사용, HIV/AIDS는 거리의 여성 성노동과 자주 연관되어 왔다. 그 이유는 연구나 보고서에서 여타 성 시장의 특징에 비해 거리 성노동이 과잉 재현되는 데 있다. 성노동자와 건강의 문제는 제3장에서 자세히 논의할 것이다.

크리스틴 하코트Christine Harcourt와 바실 도너번Basil Donovan(Harcourt and

Donovan, 2005: 202)은 전 지구적으로 다양한 상업적 성이 이루어지는 현장을 구체적으로 언급하며 '직접' 성노동과 '간접' 성노동으로 유형화한다. 우리는 〈표 2-1〉과 〈표 2-2〉에, 성 산업을 연구해 온 우리의 자체적 연구와 경험에 의지해 이 성 시장의 주요 유형과 특징을 단순화시켜 제시했다(Pitcher, 2015a; Sanders et al., 2017).

훨씬 더 많은 장소에서 상업적 성이 나타나지만, '매춘'이 아니라는 이유로 성 산업의 일부로 간주되지도 광고되지도 않는 경우가 있다. 즉, 스윙어 클럽swinger club[섹스 클럽의 다른 표현으로, 연회비제로 운영하는 클럽], BDSMbondage, domination, sadism, masochism(결박·지배·가학·피학)[지배와 복종, 롤플레잉, 기타 인간 상호작용을 포함하는 다양한 성적 활동을 지칭] 클럽, 골프 '캐디' 걸이 이에 해당하며, 라스베이거스 같은 활기 넘치는 관광지에서 흔히 볼 수 있는 여성의 성애화된 노동도 포함된다. 일본 도시의 게이샤げいしゃ, 카리브해 같은 휴양지의 남성 '비치보이beachboy[관광지 해변에서 여성 고객을 찾는 남성 매춘인](Allen, 2007), 남성 관광객이 돈을 매개로 남성 성 파트너를 만나는 '게스트하우스', 필리핀의 바bar 같은 곳에서 일하는 '접대 노동자'(O'Connell Davidson, 1998: 26), 아프리카 지역에서 일하는 '비어걸beer girls' 등이 해당된다. 이는 각 지역에서 돈을 벌기 위해 성을 거래하는 다양한 활동 유형이다. 쿠식 등(Cusick et al., 2003)은 무수한 성 시장의 유형 중 하나로서 마약을 얻으려고 마약상이나 마약 사용자와 섹스하는 것을 '생존형 섹스survival sex'라고 부른다.

지구 전역의 사회 네트워크나 지역 공동체, 사교장 등지에서 성적 서비스는 다양한 형태로 교환되며 여러 이름으로 불린다. 하코트와 도너번(Harcourt and Donovan, 2005: 203)은 특히 개발도상국의 난민 캠프처럼 열악한 지역에서는 현금보다 음식과 안전이 거래 수단으로 더 선호된다고 지적한다.

표 2-1
직접 성노동의 현장

시장 유형	특징	지리적 특성
거리	눈에 띄는 호객 행위. 섹스를 위해 차나 공공장소 사용. 가격이 낮고 짧은 시간 성 서비스가 이루어짐. 휴대전화를 통해 더 용이해짐	전 세계에서 이루어지지만 불법인 곳이 많음
매춘업소 (일부 국가에서는 사우나나 마사지 업소로 알려져 있음)	여성 여럿이 접객원과 함께 섹스를 목적으로 일하며 보안이 제공되기도 함. 거리보다 안전하며, 일부 국가에서는 규제 또는 허가됨	전 세계에 걸쳐 있음. 독일, 네덜란드, 호주 일부에서 합법화되었고, 뉴질랜드에서는 비범죄화됨
에스코트 서비스	독립적으로 일하거나 소개소를 통함. 호텔과 집에 방문. 인터넷으로 광고함. 가격이 높고 다양한 성 서비스를 제공함	전 세계에 걸쳐 있으나 서구에서 지배적임
개인 건물이나 주택	사업을 위해 임대함. 개인이 하거나 여럿이 협력해서 일할 수 있음. 'SM'을 비롯해 다양한 서비스를 제공함. 재택근무	전 세계에서 이루어짐. 개인 사업은 대체로 합법임
집	지역 커뮤니티/네트워크에 있는 고객과 성노동자 사이에 비공식적·임시적으로 개별 연결됨	공식적인 성 시장은 아니지만 전 세계적으로 흔함

표 2-2
간접 성노동의 현장

시장 유형	특징	지리적 특성
랩댄싱, 스트립쇼	에로틱 댄싱 쇼를 하는 전문 클럽이나 호텔/클럽/술집. 호텔의 판타지룸이나 파티룸에서 사적으로 열리기도 함	서구 도시와 마을
결박과 지배	특정한 장소·클럽·개인 파티에서 주로 비접촉형 전문 서비스를 제공함	서구 국가
에로틱 전화방	성 판타지를 묘사하는 고급 전화 서비스. 최근엔 문자나 컴퓨터를 통한 섹스토크 서비스가 개발됨	서구 국가
웹캠	웹캠 모델이 공적·사적 공간을 통해 온라인 라이브 쇼를 함. 또한 영상이 고객에게 판매됨	온라인으로 국경을 넘어 접속되며 글로벌 시장이 형성됨

도시와 지역의 상황들

성이 판매되는 공간이 〈표 2-1〉과 〈표 2-2〉에 적힌 시장에만 국한된 것은 아니다. 성노동자와 고객이라는 환경의 맥락을 반영하는 여러 형태가 존재하므로 성 시장의 문화적 맥락을 강조할 필요가 있다. 예를 들어 하코트와 도너번(Harcourt and Donovan, 2005: 202)은 미국에서는 성노동자가 고속도로를 따라가다 생활무전기를 통해서 트럭 운전사와 접촉해 화물 트럭 휴게소에서 서비스를 제공한다고 설명한다. 이들은 남성 지배적인 운송 부문에 대해서도 언급한다. 성노동자는 배, 트럭, 기차를 타고 승무원이나 승객에게 서비스를 제공하기도 하며, 정류장이나 터미널에서 호객 행위를 한다(Harcourt and Donovan, 2005: 202).

어거스틴(Agustin, 2005)은 스페인에서 진행한 인류학적 관찰 연구를 토대로 개별 국가에서 성 산업이 존재하는 다양한 방식을 밝혔다. 그녀는 스페인에서 상업과 성이 만나는 무수한 지역의 사례를 제시하기보다 대표적인 네 곳을 사례로 든다. 대규모의 고속도로 클럽, 개인 집, 농촌의 작은 농가, 국제적으로 널리 알려진 해변이 여기 해당된다. 이 중 '고속도로 클럽'은 상업화된 성의 판매자와 구매자가 자리하는 다채로운 문화적 맥락을 보여준다.

> 스페인과 프랑스를 연결하고, 동쪽으로는 독일과 다른 나라, 서쪽으로는 포르투갈로 연결된 8차선 도로를 따라 자동차와 트럭이 부르릉거리며 달린다. 유럽 경제의 동력이 되는 장거리 운전에서 트럭 기사들은 오랜 고독을 휴식과 재충전의 기회로 달랜다. 작은 지방도로나 고속도로를 따라 늘어선 건물은 스페인 사회에서 비공식적 창녀촌 puticlubes 으로 알려져 있다. 그러나 이 호텔 단지 hotels de plaza 는 단순한 창녀촌이 아니라 고용 관계가 내재된 곳으로서, 성을 판매하는 이들도 3주 동안 거주 비용을 지불하며 지내는 곳이다. 이 단지에는 50명 이상의 노동자가 머물 수 있으며 …… 근처에 많은 클럽이 있어 말 그대로

에로틱 쇼핑 단지를 이루고 있다. 이 단지는 여러 층에 달하는 건물에 화려한 장식, 비디오, 라이브 쇼, 거품 욕조, '에로틱' 음악을 갖추고, 화려한 과시적 소비의 현장을 보여준다. 여기에서 고객은 보통 음료 가격의 10배 이상을 지불한다. 이는 단지 소유주의 주요 수입원이기 때문에 여기서 일하는 여성은 되도록 많은 음료를 팔아야 한다. …… 간접비가 높은 이런 사업이 지속되려면 대규모 인력이 구비되어야 한다. 이들은 이주민을 고용하기 때문에 지역 경찰, 출입국 관리 직원과 돈독한 관계를 유지해야 한다. 3주를 일한 뒤 노동자는 다른 곳으로 옮겨가므로 고객은 항상 새로운 노동자를 만날 수 있다(Agustin, 2005: 623).

이 질적 연구 사례는 성 시장이 도시·교외·시골 지역에 따라 어떻게 다른지 설명한다. 스콧 등(Scott et al., 2005)은 거의 연구되지 않은 지역, 즉 호주의 뉴사우스웨일스주 외곽의 농촌 매춘에 대해 언급했다. 스콧은 도시에서 일한 적 있는 성노동자가 지역 규모는 작지만 여전히 성 서비스 수요가 있고 경쟁력과 기회가 더 많은 농촌 지역으로 이동한다고 밝혔다. 실내 성노동 시장에서는 재택근무가 증가하고 있다. 프라이어와 크로프스(Prior and Crofts, 2015)는 호주 뉴사우스웨일스주처럼 섹스사업sex businesses이 합법인 일부 주에서의 자택에서 제공하는 성 서비스가 어떻게 증가해 왔는지 주목한다. 이 경우 여성 및 남성 성노동자들이 자신의 거주지에서 일함에 따라, [섹스사업은] 가정이라는 사적 세계에서 일어나는 준공공사업이 된다.

랩댄싱, 스트립 클럽, 야간 경제

성 산업은 매우 거대하고 상징적인 글로벌 산업부터 소규모 회사, 소매상에 이르는 매우 다양한 성 상품, 이미지, 서비스, 유흥으로 이루어져 있다. 랩댄스와 스트립으로 알려진 에로틱 댄스 산업은 간접 성 서비스 산업의 한 분야다. 이러한 간접 성노동은 댄서가 사례를 받고 나체 또는 반나체로 음악에 맞춰 에로틱하게 춤을 추는 개별화된 스트립쇼의 형태다. 이 성노동은 대체로 여성이 남성을 위해 서비스를 제공하는 형태를 띠는데, 여성 고객을 위한 남성 스트립쇼를 제공하는 곳도 있다. 여성 개인을 위해 나체의 남성이 제공하는 에로틱 댄스나, 결혼식 전날 축하연hen nights에서 여성 관객 다수를 위해 추는 고전적인 '치펜데일Chippendales' 스타일의 공연은 성인 유흥 분야에서 상당히 대중화되어 있다. 그러나 남성 스트립쇼는 기본적으로 이성애 규범적이며 여성 관중들은 짜 맞춘 듯한 반응을 제공함으로써 젠더의 전통적 구축은 강화된다. 그리고 대부분의 여성들은 남성 스트립쇼를 '섹시한 공간'으로 경험하지 못한다(Pilcher, 2011).

존스 등(Jones et al., 2003)에 따르면 이러한 '엔터테인먼트'는 1990년대 미국에서 '랩댄스 클럽'이 규제된 형태로 인가받는 야간 경제가 됨에 따라 영국으로 건너간 것이라고 한다. 영국 정부가 '2009년 치안 및 범죄법Policing and Crime Act 2009'으로 성적 유흥업소 허가제를 도입함에 따라 허가제에 변화가 일어나자(Hubbard and Colosi, 2015), 댄서들의 노동 조건이 심각하게 악화되었는데(Lister, 2015), 댄서의 공급이 관련 산업을 유지하는 데 필요한 수입 또는 관례의 수준보다 훨씬 중요하기 때문에 랩댄스 산업은 침체를 보여왔다(Sanders and Hardy, 2012). 한편 전국적으로 유명한 '슈퍼 클럽'도 있다. 미국 회사 스피어민트 라이노Spearmint Rhino는 잉글랜드와 스코틀랜드에 걸쳐 아홉 개에 달하는 랩댄스 클럽을 소유한 회사로, '초호화판 인테리어'로 장식한 곳에서 '아름다운 댄서'와 더불어 '잊지 못할 밤'을 제공한다고 선전한다(http://www.spearmintrhino.co.uk). 이 웹사이트는 댄서를 보호하는 클럽 에티켓을 다음과 같이 명시한다. "고객은 공연이 진행되는 동안 자리에 앉아 있어야 한다." "가격은 댄서가 동의해야 하며, 댄서는 누구를 위해 공연할지에 관한 재량권을 갖는다." "사진과 비디오 촬영은 금지되며, 댄서에게 치근덕거려서는 안된다." 산업을 규제하려는 데 맞서 집단적으로 저항의 목소리를 내게 되면서, 유럽 전역에서 노동자를 충원하고 끌어들이는 업체와 더불어 이 산업도 조직화되고 있다. 이미 콜로시(Colosi, 2010)가 언급했던 것처럼, 스트립 노동을 하는 동기는 단지 돈 문제만이 아니다. 그 일을 하는 성노동자들은 스트립 노동이 상대적으로 보수가 좋을 뿐더러 매우 유연한 노동이므로 일하게 된다는 점을 볼 수 있다. 케이트 하디Kate Hardy와 틸라 샌더스(Hardy and Sanders, 2015)는 '직업적 댄서' 외에, 젊은 여성들이 자신의 노동과 경력, 소비, 교육이 서로 연관된 미래 목표를 달성하는 한 방법으로써 전략적으로 노동과 소득을 고려하며 스트리퍼로 일한다는 점을 밝혔다.

댄서와 남성 고객의 상호작용 역학에 대해서는 다양한 방식의 연구가 진행되었다. 랩댄서로서 참여 관찰과 문화기술지 방식을 활용한 연구자는 랩댄서 조직에 대해 보다 깊은 통찰을 보여준다(Egan, 2003; Frank, 1998). 일례로 대니엘 이건Danielle Egan(Egan, 2005)은 고객과 댄서의 상호작용을 관찰하면서 댄서가 에로틱 서비스를 통해 성적 흥분이나 환상뿐 아니라 감정 노동의 서비스도 제공한다고 결론짓는다. 이건은 '감정 소비'라는 개념을 고안해서 단골 고객이 성적인 것 이상의 심리적 열망과 요구에 깊이 자리한 상업적·경제적 교환에 어떻게 참여하는지 설명한다(더 자세한 논의는 5장 참고).

마찬가지로 여성 댄서와 남성 고객 사이의 권력 관계와 갈등은 복잡한데, 이들의 미시적 상호작용 관계에 대한 이론화가 사회학자의 관심사로 떠오르고 있다. 미시적 상호 관계에는 여성 댄서가 경제적 특권을 지닌 남성을 위해 신체 일부를 상품화하는 것, 즉 젠더 불평등이 함축되어 있다. 하지만 그 관계는 단순히 착취냐 역량 강화empowerment냐의 문제가 아니며, 그보다 훨씬 복잡하다. 데쇼텔과 포시스(Deshotels and Forsyth, 2006)는 댄서가 고객과의 미시적 상호작용에서 성적 권력을 갖기 위한 감정 노동의 하나로 '전략적 추파 던지기'를 한다고 언급한다. 이건(Egan, 2003)은 댄서가 금전 수익과 단골 고객을 만들기 위해 남성 판타지를 만들고 이를 충족시키고자 어떻게 거래에 능동적으로 참여하는지 설명한다.

관찰과 면접을 통한 질적 연구에서는 댄서가 고객을 관리하기 위해 개발하는 전략을 보여준다. 스피베이(Spivey, 2005)는 나체의 댄서가 고객의 희롱에 저항하기 위해 공간적 거리 두기, 말 한마디로 접근하지 못하게 만들기 verbal one-liners, 신체적 공격성, 동료와의 연대 등을 전략으로 활용한다고 설명한다. 여성 댄서가 일하면서 통제와 역량 강화를 할 수 있다는 근거도 있지만, 낙인이라는 문제는 여성의 삶에 지속적인 영향을 미친다. 톰슨과 해러드(Thompson and Harred, 1992)는 생계형 스트리퍼가 '타락한' 직업에 종사한다는 이유로 낙인찍힌다는 점을 밝힌다. 톰슨 등(Thompson et al., 2003)은 10년 후 같은 질문을 통해 댄서가 여전히 만연한 낙인을 경험했고, 그것이 그들의 정체성과 일상생활에 분명한 영향을 미친다고 밝혔다. 우리는 성노동자가 직면하는 계속되는 낙인에 관한 자세한 논의를 통해, 성노동을 둘러싼 태도나 규제의 변화에도 불구하고 그 이슈가 개인에게 깊은 분열을 안겨준다는 점을 알 수 있다(Weitzer, 2017).

직업 문화

많은 실내 성노동 업소, 특히 여성 혼자 또는 소규모로 일하는 마사지 업소는 '일상적인' 사업 특성이 주류 사업의 시스템·규칙·조직과 흡사하다. 예를 들어 메이 등(May et al., 2000: 26)은 업소 주인이 다음과 같은 내규를 갖고 운영한다고 설명한다. "미성년자를 고용하지 않으며, 항문 성교는 허용하지 않고, 항상 콘돔을 사용하며, 일하는 곳에 파트너가 들어올 수 없고, 바가지를 씌우지 않으며, 예의와 시간을 지키고, 만취자나 18세 미만 손님은 받지 않는다." 버밍엄과 머지사이드주에서 수행한 샌더스와 캠벨(Sanders and Campbell, 2007)의 질적 연구에서도 이러한 규칙을 볼 수 있다. 성노동자와 고객의 마약 사용은 마사지 업소와 독립된 공간에서는 매우 드문 일이다. 이런 규칙은 근무표를 짜고 고객을 선별하기 위한 평가를 진행하며 접객원을 고용해 일상

활동을 관리하게 만드는 일과 함께(Whittaker and Hart, 1996 참고), 마사지 업소의 환경을 다른 작업장의 직업 문화와 비슷하게 맞춰준다. 그러나 제삼자를 위해 일하는 사람들에게는 (대부분의 노사 관계와 마찬가지로) 그들이 원하는 방식으로 일할 자유에 대한 다른 제약이 있으며, 영국에서는 시장이 규제되지 않기 때문에 열악한 노동 조건과 착취 관계의 범위가 훨씬 광범위하다. 마찬가지로 오키스턴(Orchiston, 2016)은 호주의 법제도에서 매춘업소 노동자들이 처한 불안정한 노동 조건의 의미 그리고 그들 중 다수가 노동법의 보장을 받지 못하고 있음에 대해 이야기한다.

에스코트 서비스를 하거나 자신의 집에서 독립적으로 일하는 사람들은 노동 조건과 자신의 스케줄 및 노동 형태를 정하는 일상을 통제하는 면에서 서로 다른 위치에 놓여 있다. 피처(Pitcher, 2015b)는 영국의 실내 환경에서 성인 성노동자 여럿이 함께 일할 경우에 더욱 범죄화되는 법적 맥락으로 인해, 제약을 받는 집단적 형태뿐 아니라 자가 고용으로 일하는 경우에도 다양한 노동 관계와 사업 관계에 놓인다고 지적한다.

성노동 업소와 성노동 일상에 대한 규제와 규칙, 그리고 직업 문화의 상당 부분은 위험 관리 차원에서 진행된다. 루이스 등(Lewis et al., 2005)은 에스코트, 에로틱 댄스, 마사지, 거리 노동처럼 다양한 시장이 조직되는 방식을 설명하며, 상업화된 성 거래가 일어나는 장소에 따라 위험 관리가 어떤 영향을 받는지 알려준다. 예를 들어 고객이 업소를 방문하는지 아니면 성노동자가 고객을 방문하는지, 또 성노동자가 혼자 일하는지 아니면 업소나 대행업체에서 일하는지에 따라 위험 관리가 달라진다. 바버라 브렌츠Barbara Brents와 캐스린 하우스벡Kathryn Hausbeck(Brents and Hausbeck, 2005)은 네바다주의 합법적 매춘 시스템에 대한 연구에서 업소 주인이 엄격한 감시를 하지만 협상 과정을 둘러싸고 명확한 노동 규칙이 있으며 문제 고객을 처리하기 위해 성노동자와 경찰이 서로 연대한다는 점을 지적한다. 버디 시스템buddy system은 경험이 풍부한 노동자와 초보자가 함께 일하도록 짝지어 주는 것이다. 경험 많은 노동자는 초보자에게 고객을 어떻게 다루고 안전을 지켜야 하는지 가르쳐 주는 자칭 트레이너가 된다.

거리에서 일하는 노동자 사이에도 직업 규칙과 지켜야 할 행동 양식이 있지만, 때때로 공공질서나 경찰을 고려해야 하므로 그 규칙과 실행이 변칙 적용될 수 있다. 소피 데이Sophie Day(Day, 2007: 66)는 15년 이상 런던에서 진행한 인류학 연구를 돌아보며, "신뢰를 바탕으로 개별화된 경제 관계"가 어떻게 성노동 네트워크의 토대가 되는지 설명한다. 개인은 주로 둘씩 짝을 지어 일하며, 자신을 보호하기 위한 절차와 규칙을 지키고, 어떤 고객을 선택할지 현명하게 결정한다. 자동차 등록 번호 기록하기, 여럿이 함께 고객 데리러 가기, 행선지 알리기, 남성이 집단으로 있는 자동차를 타지 않기 등은 일반적인 거리 성 시장의 몇몇 규칙이다.

인터넷과 기술의 기능

최근 역사에서 성 산업의 조직과 특성에 대한 가장 큰 영향을 미친 요인 가운데 하나는 의심할 여지없이 인터넷과 온라인을 통한 상업적 성으로의 움직임이다. 앤절라 존스Angela Jones(Jones, 2015a)는 지난 20년간 이 움직임의 중요성은 온라인 성노동이 작동하는 방식에 대한 답변보다 더 많은 질문을 던졌다. 우리는 소수의 연구를 통해 디지털 기술을 통한 성노동이 광고와 일의 관리에서 더 신중하고 접근 가능하며 효과적이므로 어떤 부분(예를 들어 거리)에서는 전통적 형태의 성노동이 인기가 줄어들었음을 알 수 있다. 이러한 변화는 다음과 같이 크게 두 가지로 요약할 수 있다.

• 신문 광고처럼 전통적 수단을 사용해 온 성노동자가 인터넷을 통한 기술적 변화를 경험하고 있다. 인터넷에서 성노동자들은 대형 플랫폼에

프로필을 유료로 광고하거나 독립적인 에스코트 서비스를 하는 경우 자신의 웹사이트를 설계하고 관리한다.

• 성노동자들은 전화나 SMS를 비롯한 디지털 기술을 통해 웹캠 서비스를 하거나 성적인 의사소통을 하는 등 온라인을 통해 매우 용이해진 새로운 시장을 개척한다.

남성 에스코트는 한참 전부터 온라인과 스마트폰 앱을 통해 광고하고 있는데, 관련 연구는 남성 에스코트가 여성 성노동자와 어떻게 다른 이슈를 만나는지 보여준다(Lee-Gonyea et al., 2009). 파슨스(Parsons, 2004)와 프루이트(Pruitt, 2005)은 게이와 양성애 남성을 위한 서비스를 온라인으로 광고하는 남성 성노동자의 등장에 주목하는데, 그 공간은 디지털 기술을 통해 접근하기 쉬우며 야간 레저 경제night-time leisure economy의 실시간 공간보다 익명성이 더 보장된다.

웹캠 서비스는 인터넷이 일상적 의사소통을 위한 매체로서 중요해지면서 지난 10년간 성장한 새로운 시장이다. 웹캠 모델은 자신의 프로필과 사업을 광고하는 온라인 플랫폼에 수수료를 지불하며 성적인 판타지와 퍼포먼스(예를 들어 자위 쇼)의 판매를 기본으로 한다. 이는 온라인 중계방송으로, 고객은 모델을 보면서 서로 다른 서비스에 대해 다양한 금액을 지불하거나 사적인 쇼를 구매하고 들어가는 '공간room'에 입장할 수 있다. 이러한 사적인 일대일 쇼에서는 더욱 에로틱한 퍼포먼스가 제공되며, 모델과 구매자 간에 얼굴을 보여주며 실시간 채팅이 이루어지기도 한다(Jones, 2015b).

이 일은 '성적인 노동erotic labour'으로서 전적으로 디지털 기술 때문에 일어난 시장의 발달과 성 시장의 다양성의 증거이며, 그에 대해 흥미로운 사회학적 질문들이 제기된다. 존스(Jones, 2015b)는 온라인 성노동에 관한 많은 연구들이 인터넷 활용이 경제적 이익의 증가를 낳을 수 있다는 측면에서 새로운 기회에 초점을 맞춘다고 주장한다. 샌더스(Sanders, 2009)도 마찬가지로 온라인 고객들이 온라인 소비를 추구하는 성격 때문에 보수가 높은 직업을 가진 사람들이 많을 것이라고 믿는 온라인 성노동자 사이에 공통된 주제를 살펴본다. 이 작업은 성노동이 아닌 노동과 비교할 때 가능한데, 샌더스(Sanders, 2009)는 현대 사회에서 온라인 성노동은 경제 및 노동 형태와 같이 더 거대한 구조에 포함되며, 결과적으로 "여성은 성 산업을 저임금·비숙련의 장시간 고용에 대한 실행 가능한 대안으로 생각하고 있다"(2009: 317).

웹캠이 노동 장소가 됨에 따라, 노동이 단지 '온라인'에서 수행되는지에 대한 질문이 제기된다. 디지털 세계는 그들의 노동 관계, (대부분 업무가 집에 기반하므로) 노동 장소와 집을 구분하는 감각, 직업 정체성에 어떤 영향을 미치는가? 나아가, 존스(Jones, 2015b)는 모델이 돈을 더 많이 벌도록 하는 '인종의 브랜드화ethnic branding'가 도입되어서 성인 웹캠 서비스에 인종화된 위계질서가 있다고 설명한다. 같은 연구에서 존스(Jones, 2015b)는 검은 피부를 가진 모델은 흰 피부를 가진 사람에 비해 웹캠 광고에서 관심을 덜 받으며 돈도 적게 번다고 밝힌다. 이러한 '인종'의 위계는 성 시장의 다른 분야에서도 보고된 바 있지만[예를 들어 샌더스와 하디(Sanders and Hardy, 2014)는 스트립 산업에서 이에 관해 논의함], 인종적 위계가 온라인으로 이동한 것은 디지털이 어떻게 인종적 고정관념을 영속시킬 수 있는지를 보여준다.

온라인 환경에 대한 다른 분석으로는 온라인 성노동의 해로운 영향을 다룬 것을 볼 수 있다. 파즈닉 등(Pajnik et al., 2016: 360)은 그리스, 프랑스, 슬로베니아의 온라인 성노동 환경을 분석하며, 디지털의 발달은 '젠더 불평등의 새로운 형태'를 창출한다고 결론 내린다. 여기에서 연구자들은 "젠더 고정관념화의 새로운 형태, 고객에게 성노동자에 대한 통제를 실행하도록 부여된 새로운 형태의 권력, 성차별주의적 수사학을 공개적으로 표현하는 새로운 경로 …… 그리고 새로운 형태의 디지털 관리자와 제공자에 대한 새로운 형태의 의존"과 같은 착취적 관계를 구체적으로 언급한다. 성노동이 오프라인에서 온라인으로 이동하는 과정에서 일어나는 착취적 조건의 가능성이 지속된다는 증거들이 있지만, 또한 독립적인 성노동자들이 자신의 노동에 대해 통제할 수 있는 개인의 힘과 집단적 힘을 보여주는 사례도 있다(Sanders et al., 2016). 샌더스 등(Sanders et al., 2016)은 영국에서 인터넷에 기반해 일하는 성노동자 240명에 대한 조사를 통해, 높은 수준의 직업 만족도와 어떻게 일할지에 대한 결정의 자율성을 비롯해 노동 조건이 상대적으로 긍정적이라고 보고한다.

이 분야에 대한 지식은 아직 낮은 상태이며, 이는 존스(Jones, 2015a: 558~559)가 사회학자들이 현대 성 산업을 진짜로 이해하기 위해서 대답을 필요로 하는 몇 가지 중요한 질문을 제기하도록 이끈다.

- (매춘인뿐만 아니라) 여러 유형의 성노동자들이 인터넷을 어떻게 사용하는가?
- (예를 들어 독립적인 일처럼) 고립된 공간에서 일하는 것은 성노동자의 네트워크 능력에 어떤 영향을 미치는가?
- 지역의 경제적·정치적·사회적 풍토는 성노동자들이 온라인으로 이주하도록 결정하는 데 어떤 영향을 미치는가?
- 온라인 성노동자들에게 영향을 주는 새로운 위험과 기존의 위험은 무엇인가?
- 예를 들어, 고객이 다른 고객과 성노동자에 대한 정보를 공유하는 '신상 털기doxing'(때때로 스토킹의 의도로 사용됨)의 경우, 자율성과 사생활 보호는 어떠한가?
- 법 집행기관은 온라인 성노동에 대한 활동을 어떻게 전환시키는가?
- 시스여성과 시스남성이 아닌 트랜스젠더와 다른 퀴어 성노동자를 위한 인터넷 수단은 무엇인가?
- 인종화된 담론은 온라인 시장에 어떤 영향을 미치는가?
- 나이, 인종, 국적, 젠더에서 서로 다른 성노동자들은 각기 어떻게 인터

넷을 사용하는가?

　여성 및 남성 성노동자가 고객과의 상호작용과 자신의 노동 환경을 능동적으로 제어하고 성노동에 대한 기준이나 규정을 어느 정도 개입 가능하게 하는, 인터넷과 성 산업 간의 상호작용을 드러내는 연구가 시작되고 있다 (Sanders, 2009). 샌더스 등(Sanders et al., 2016)은 영국의 독립적인 성노동자 연구 사례를 통해 (예를 들어 수수료 부과, 특정 고객을 거절하거나 언제 어디서 일할지를 결정할 수 있는 재량 등) 높은 수준의 직업 만족도와 노동 조건에 대한 제어를 보여준다. 그러나 동시에 이 성노동자 집단이 경험하게 되는 범죄에 대한 염려도 존재하는데, 경찰이 이들이 겪는 범죄를 진지하게 받아들이는 신뢰의 문제와, 온라인 기술과 결부된 새로운 범죄 형태 때문이다.

　그러나 이러한 위험에도 불구하고 신기술은 전 지구적으로 성노동자에게 일할 기회를 만들어준다. 비나(Veena, 2007)는 태국 방콕에서 인터넷을 통해 일하는 프리랜서 성노동자 10명을 대상으로 소규모의 질적 연구를 수행했다. 인터넷은 혼자 일하는 여성이 사업을 조직하는 도구로서, 성노동자에게 기술 사용에서 오는 기본적 혜택을 제공한다. 비나는 성노동자가 인터넷을 통해 비용을 절감하고 이익을 극대화할 수 있다고 설명한다. 오프라인에서 제삼자를 통해 고객을 만나는 삼각 구도는 비용을 발생시키기 때문이다. 재정적으로 독립된 경우 여성은 더 많은 돈을 벌 수 있다. 비나의 연구는 성노동자에게 '사생활 보호.'(Veena, 2007: 105)가 금전적 이득 이상으로 인터넷 사용의 주요 장점이라고 말한다. 이들 중 많은 성노동자가 학생이고, 대학교 커뮤니티에서 자신이 성노동을 한다는 점을 숨기고 싶어 했다. 샌더스 (Sanders, 2005: 68)의 연구 결과도 이와 일치한다. 그녀는 인터넷을 기반으로 독립적인 에스코트 서비스 일을 하는 성노동자에 대해 연구했다. 인터넷의 성노동 커뮤니티는 여성들이 안전 문제를 논의하고, '안전한' 고객을 선택하는 전략과 조언을 나누는 주요 공간이 되었다.

엘리자베스 번스타인Elizabeth Bernstein(Bernstein, 2007)은 일부 성 산업이 전문화되고 있음을 명확히 보여주는 증거가 인터넷과 기업적 활동이라고 밝힌다. 성 산업이 주류 고용 시장의 특징을 반영한다는 점을 보여주는 사례로서 웹사이트 에스코트서포트닷컴EscortSupport.com이 바로 전문화의 증거다. 번스타인(Bernstein, 2007: 482)은 "광범위한 온라인 커뮤니티에서 이 사이트를 통해 성노동자가 정보와 네트워크를 교환할 수 있다"라는 점을 들어 이 사이트를 좋은 사례로 설명한다. 성 산업의 기업화와 주류화는 성 산업이 얼마나 현대 사회의 노동과 소비 패턴을 따르는지 보여주는 적절한 사례라고 볼 수 있다.

인터넷의 발달과 함께 시장이 커진 남성 성노동자의 사례가 보고되고 있다. 월비(Walby, 2012)는 소셜미디어 커뮤니케이션이 일반화된 온라인 세계와 남성 성노동 문화가 유사하다고 지적한다. 나아가 매클레인(McClean, 2015)은 성노동자 되기가 인터넷으로 인해 매우 용이해졌음을 호주 남성 성노동자의 맥락에서 보여주는데, 프로필이 만들어지는 속도와 남성 성노동자에 대한 잠재적 고객 그리고 최소의 간접비 등을 그 요인으로 제시한다. 인터넷은 새로운 상업적 성 공간을 제공하는데, 이 공간은 전통적이고도 새로운 기술의 비즈니스 모델을 활용해 자본의 전 지구적 이동으로 성공적이고 기업가적인 비즈니스를 구축할 능력을 갖고 있다. 동시에 새로운 착취의 위험도 존재하는데, 이는 온라인 시장이 상업적 성의 전 지구적 속성과 유동성 그리고 엄청난 양 때문에 감시 가능성을 넘어 규제되지 못한 채 남아 있기 때문이다.

후기 자본주의의 성 서비스
호황 산업인가? ─────────────

라이프스타일로서의 소비, 경제력, 마케팅과 수익을 위한 장치 모두가 섹슈얼리티, 성행위, 성 산업에 영향을 준다. 브렌츠와 하우스벡(Brents and Hausbeck,

2007: 427)은 합법화되고 규제된 네바다주의 매춘 시스템과 라스베이거스에서 번창하는 성애화된 관광에 대해 설명한다. 브렌츠와 샌더스에 따르면 "상업화된 형태로서 성적 비즈니스는 지역화된 맥락에서 제도화된 소비의 장 안에 자리 잡아야 한다. 이 비즈니스가 전 지구적인 후기 자본주의적 문화와 경제와 서로 맞물리기 때문이다". 그들은 이러한 경향이 일부 주에서 성 산업의 주류화가 이루어지는 데 기여한다고 밝힌다. 그럼에도 "성 산업의 수용성은 섹슈얼리티에 대한 자유주의적 태도만큼이나 사회적 계급과 인종 그리고 민족성에 관한 것이다"(Brents and Sanders, 2010: 16).

다시 말해 전 지구적 규모로 성 산업이 확대되는 것을 제대로 이해하기 위해서는 자본주의 경제구조와 문화적 실천을 결합해 검토해야 한다. 번스타인(Bernstein, 2001)의 주장에 따르면 광고와 문화 생산 메커니즘에서의 성, 특히 여성의 신체화가 활용되는 경우의 급증은 에로틱한 것을 점점 수용 가능한 것으로 만들고, 에로틱한 욕망을 정상화하며, 이 욕망을 남성에게 (여성은 더욱더) 더 많이 추구하도록 부추기는 결과로 이어지고 있다.

후기 자본주의와 인터넷 기술의 등장은 성 산업의 규모와 성격을 바꾼 중요한 동력이다. 인터넷은 장벽 없이 성 서비스를 홍보·추구·협상·배치하는 능력을 의미한다. 디지털 기술은 시간·공간·지리에 따른 한계가 없다는 것을 의미하며, 의사소통을 규제받지 않는다는 것은 국가가 개입할 여지가 거의 없다는 뜻이며, 그 맥락에서 번스타인(Bernstein, 2001)이 말한 "고삐 풀린 성 소비 윤리"라고 볼 수 있다. 더욱이 주류 관광지와 유흥 지역은 점점 성 소비가 주로 이루어지는 장소로 수렴되고 있다. 브렌츠와 하우스벡(Brents and Hausbeck, 2007: 437)은 "성 산업을 후기 자본주의 산업의 '타자'로 규정하는 것은 더 이상 유용하지 않다"라고 결론짓는다. 성은 현대 사회에서 상품으로 규정되며, 다양한 서비스 상품처럼 시장에서 포장·유통되어 판매 가능한 것이 되었다. 번스타인(Bernstein, 2007: 475)이 "성 거래의 새로운 '품격 respectability'"이라고 지칭한 것처럼, 에로틱 노동의 '전문화'라는 변화는 웹사이트와 성노동자 권리 운동을 통해 명백히 드러난다. (주로) 여성의 신체를 상품화하고 성을 소비 가능한 상품으로 만드는 후기 자본주의 사회의 '주류화' 경향은 다소 괴로운 현실로, 현대 젠더 정치는 이 점을 문제 삼고 있다.

향후 정책과 연구 과제

상업적 성의 문화적 맥락에 관한 문헌을 살펴보면 다음 영역에 초점을 맞추어 새로운 방향의 연구와 이론이 필요하다고 결론 내릴 수 있다.

- 성 시장, 규제, 공식·비공식 경제 맥락에서의 거시 분석
- 성 산업의 조직과 인터넷 및 커뮤니케이션 기술의 역할
- 남성의 성 서비스, 성인 유흥 상품 및 서비스의 소비자로서의 여성
- 남성 성노동 분야: 이주민, 섹슈얼리티, 고객
- 트랜스젠더 성노동 분야: 참가자, 구매자, 시장의 위치
- 전 지구화와 성 산업

읽을거리

Jones, A. 2015. "Sex work in a digital era." *Sociology Compass*, 9(7), pp.558~570.
☞ 이 논문은 인터넷과 디지털 기술, 성 산업 간의 관계와 관련된 폭넓은 질문에 대해 사회학적 윤곽을 제공한다.

Minichiello, V. and J. Scott(eds). 2014. *Male Sex Work and Society*. New York: Harrington Park Press.
☞ 이 분야 전문가가 편집한 선집으로, 남성 성노동과 관련한 다양한 이슈와 남성 성노동 유형이라는 상업적 성의 현대적 성격 등 남성 성노동에 관한 다양한 내용을 보여준다.

Pitcher, J. 2015. "Direct sex work in Great Britain: reflecting diversity." *Graduate Journal of Social Sciences*, 11(2), pp.76~100.
☞ 이 논문은 영국 성 산업의 여러 부문에서 여성, 남성, 트랜스젠더 성노동자의 상대적 비율을 조사한 두 연구조사와 실내에서 일하는 성인 성노동자의 노동 경험을 통해, 영국 성노동자 수에 대한 오해의 여지가 있는 그림을 제시하기 위해 부정확하거나 부분적인 정보가 어떻게 사용되었는지 논한다. 또한 성노동자의 수를 추정하는 방법론적 문제를 논의하고, 영국에서 실내 및 거리 부문의 여성과 남성, 트랜스젠더 성노동자의 수에 대한 새로운 추정치를 제시한다.

Sanders, T., L. Connelly and L. Jarvis-King. 2016 "On our terms: working conditions of internet-based sex workers in the UK." *Sociological Research Online*, 21(4), p.15.
☞ 웰컴트러스트(Wellcome Trust) 프로젝트 조사 결과는 직업 만족도, 노동 조건 경험, 고객과의 관계, 일을 하며 겪은 범죄, 경찰과의 관계를 비롯해 인터넷 기반 성노동자의 다양한 문제에 관해 보고한다.

웹사이트

- 인터넷이 성 산업에 미친 영향을 더 찾아보려면 www.beyond-the-gaze.com에서 비욘드 더 게이즈 프로젝트(Beyond the Gaze project)를 살펴보라.
- 남성 성노동자가 운영하는 블로그를 볼 수 있는 www.beyond-the-gaze.com/을 참고하라.
- 성 산업에 참여하는 학생들에 관한 정보는 트레이시 사가르(Tracy Sagar)와 데비 존스(Debbie Jones) 교수가 함께 한 웹사이트 www.thestudentsexworkproject.co.uk/를 찾아보라.
- 성노동과 범죄, 안전이란 주제에 관해 더 살펴보려면 성노동자에게 스마트폰을 통해 위험인물 등의 안전 경고를 제공하는 영국 성노동 프로젝트 네트워크(UK Network of Sex Work Projects:

UKNSWP)의 내셔널 어글리 머그(National Ugly Mugs: NUM) 관련 웹사이트 https://uknswp. org/um/를 방문하라.

생각해 볼 거리

① 현대 서구에서 성 산업이 갖는 특징은 무엇인가?
② 우리가 남성 성노동에 대해 알고 있는 것은 무엇이며, 여성 성노동과는 어떻게 다른가?
③ 디지털 기술은 어느 정도로, 그리고 어떤 방식으로 성노동의 구조적 특징을 변화시켰는가?

제 3 장

성노동자와 성노동

ex Workers and Sex Work

이 장에서는 성 산업의 복합적인 성격과 성 산업에 종사하거나 관리하는 사람에 대한 최근 연구와 문헌을 개괄하고자 한다. 이 장에서는 여성, 남성, 트랜스젠더 성노동자에 대해 논의하며, 성노동의 다양한 양상을 소개할 것이다. 성 산업에 진입 또는 탈퇴하는 경로와 성 시장 안의 노동 이동에 대해서도 소개하려 한다. 또한 이 장은 기존의 성 산업에 대한 고정관념에 문제를 제기하며, 성 산업으로 유인하는 역할을 하는 파트너, 업주, 마약상 등을 비롯해 성 산업에서 일하는 사람들의 다양성에 대해 설명할 것이다. 더불어 건강과 약물 사용, 폭력과 안전 등을 주요 주제어로 다루려고 한다.

성노동자의 사회인구학적 특성

성 산업 진입

성 산업의 규모나 구성을 보여주는 납득할 만한 전 지구적 통계는 존재하지 않는다. 하지만 일부 국가 차원의 연구에서 서로 다른 계산법을 사용해 특정 상업적 성 시장을 측정하려고 시도해 왔다. 예를 들어 20세기 말 영국의 성노동자 수는 약 8만 명이다(Home Office, 2004). 이 수치는 17개 도시 지역 조사 프로젝트에서 추산한 것으로, 실제보다 과소 추정된 것이다(Sanders, 2005a). 비슷한 방법을 사용해 이 조사를 갱신한 영국 연구에서는 약간 높은 수치로 나왔지만 눈에 띄게 다르지는 않았다(Cusick et al., 2009; Pitcher, 2015a). 1998년 네덜란드에서 진행한 연구에서는 성노동자가 약 2만~3만 명이라고 추산했다(Outshoorn, 2004). 태국에 관한 연구는 1992년 여러 분야에 있는 성노동자가 12만~15만 명 정도라고 추산했는데, 이 수치는 갱신되지 않고 있다(Singh and Hart, 2007). 성노동자의 규모를 추정하는 방법론이 문제인데, 많은 성 산업이 숨겨져 있기 때문이다. 또 부분적으로는 여러 국가에서 성노동자에게 적용되는 법률의 맥락 때문이기도 하다.

정확한 통계 정보가 부족함에도 불구하고, 특정 지역에 기반해 전 세계에서 성노동자 집단의 노동하는 삶을 탐구한 많은 소규모 연구들이 있다. 전통적으로 성노동은 여성만의 직업으로 여겨졌고, 학문 연구나 정책은 거리성노동자를 중심으로 성 산업에 종사하는 소녀와 여성에 초점이 맞추어져 있었다. 그러나 이는 성 산업의 전체 모습을 반영하지 못한다. 성을 판매하는 남성이 있다는 점을 간과할 뿐만 아니라 전체 성노동자 가운데 거리 성노동자는 소수에 지나지 않고, 실내에서 일하는 성노동자가 훨씬 많기 때문이다. 미국, 호주, 영국에 걸친 연구에서 여성 거리 성노동자는 전체 성 산업에서 일하는 여성의 10~30%에 지나지 않는다고 추산되었다(Satz, 2006; Perkins and Lovejoy, 2007; Pitcher, 2015a; Weitzer, 2005). 일부 연구는 전문 프로젝트 자료에 의존하고 있는데, 그 프로젝트들은 독립적인 에스코트나 다른 실내 성노동자과 함께 작업할 가능성이 적기 때문에 실내 노동자의 비율은 그러한 방법으로 과소 추정될 수 있다. 또 지역별 차이도 존재한다. 예를 들어 코티스와란(Kotiswaran, 2011)은 인도 북부의 성 시장은 남부와 비교했을 때 다른 구조라고 지적한다.

마찬가지로, 남성 성노동에 관한 연구 수가 늘고 있음에도 남성과 트랜스젠더 성노동자를 다룬 연구 수는 적다. 또 대부분 실내 환경에서 일하는 경우에 초점을 맞추고 있다(예를 들어 Koken et al., 2004; Smith et al., 2008; Walby, 2012; Minichiello and Scott, 2014; McLean, 2015를 참고하라). 세계 도처에서 이루어진 연구들은 남성 성노동의 전 지구적 성격을 지적한다(예를 들어 Geibel et al., 2007; Kong, 2008; Padilla et al., 2008; Nureña et al., 2011). 성노동은 주로 여성의 직업으로 여겨지지만, 일부 국가 단위 연구에 따르면 여성 성노동자들은 전체 성노동자 가운데 80~90%를 차지한다고 추정되고 있다(예를 들어 Outshoorn, 2004; Pitcher, 2015a). 웨이처(Weitzer, 2005)가 지적하는 것처럼, 성 산업에 대한 연구에서는 여성 성노동자뿐 아니라 남성과 트랜스젠더 성노동자가 일하는 상황을 조사하는 게 중요하다.

역사적으로 성노동자는 질병을 퍼뜨리는 사람, 사회악, 공공의 골칫거리로 간주되다가 최근에는 비참한 상태에서 '구제되어야 하는' 피해자로 여겨져 왔다. 대부분의 정책 관련 논의에서 성 산업에 일하는 사람들의 정체성은 하나의 인격체이자 이성적인 주체이기보다는 성을 판매하는 노동과만 연결되는 경향이 있었다. 그러나 성노동자가 '평범한' 사람이라는 사실이 강조될 필요가 있다. 성을 파는 것은 성노동자 정체성을 규정하는 유일한 특성이 아니라 그들 삶의 일부에 불과하기 때문이다. 데이(Day, 2007)는 성노동자를 '공공의public' 몸으로 규정하는 낙인에 대해 논의하고, 성노동자 여성이 도구적 합리성을 이용해 자신의 사생활과 공적인 생활을 구분한다고 설명한다. 일반인들과 마찬가지로 성노동자의 사생활 역시 여러 요인에 의해 형성된다. 즉, 서로 다른 섹슈얼리티, 부모, 동료, 형제자매와 같은 가족관계, 불임이나 부모 되기 등의 요소에 영향을 받는다.

여러 인구 집단을 다룬 연구들에 따르면 성노동자는 다양한 배경을 가지고 다양한 경로를 통해 성노동에 진입한다(Bernstein, 2007b; Ditmore et al., 2010). 특히 청소년 성 판매와 거리 성노동자를 하는 이들에 관한 일부 연구는 이들의 대부분이 처음 성 산업에서 일을 시작할 때 18세 이하였다고 밝혔다(예를 들어, Cusick et al., 2003; Gaffney, 2007; Pearce et al., 2002). 그러나 이들이 모든 부분 성노동자들의 전형이 아닐 수 있다. 특히 실내에서 일하는 성인 성노동자에 관한 연구에 따르면 성 산업에 진입하는 평균 연령은 앞서 청소년이나 거리 성노동자의 경우보다 높을 것이라고 지적한다(Sanders, 2005a; Jeal and Salisbury, 2007). 어린 시절에 학대나 착취를 당해서 그 일을 한다는 되풀이되는 이미지도 있지만, 성노동에 진입하는 이유는 매우 다양하다. 성인의 성 산업 진입이 반드시 피해를 당하거나 강제에 의한 것만은 아니라는 점도 여기서 다룰 것이다.

여성 성노동자

성 산업에 종사하는 여성은 다양한 집단으로 구성된다. 일하는 장소와 방법뿐 아니라 연령, 배경, 인간관계, 섹슈얼리티와 관련해 그 구성은 매우 다양하다. 이 장에서는 여성이 성을 파는 다양한 방식을 살펴보려 한다. 대다수여성 성노동자는 실내에서 일하며, 거리 성노동자가 최근 줄어들고 있는 추세인데도, 정부 정책의 주된 관심은 거리 성노동자에 집중되었다. 거리 성노동자와 실내 성노동자를 구분하는 확실한 기준은 없지만, 실내 성노동자와비교할 때 거리 성노동자에게만 해당되는 쟁점이 있다는 점은 분명하다.

거리 성노동자

거리 성노동은 대도시나 소도시에서 이루어지며, 몇몇 국가의 경우 고속도로나 역, 그밖에 다른 공공장소에서도 이루어진다(Harcourt and Donovan, 2005; Kotiswaran, 2011). 그리고 일부 국가에는 고속도로와 역, 공공 거리 성노동자에 대한 전국적인 연구가 없어서 이들 여성의 숫자를 정확히 계산하기어렵다. 영국에서 진행된 개별 사례 연구나 통계를 보면 하룻밤에 일하는 여성의 수는 작은 마을의 경우 한 자리 수부터 큰 도시의 경우 100명 이상으로추산된다(Home Office, 2004; Matthews, 2005). 경찰 통계는 실제 여성 노동자 수보다 적은데, 체포 또는 불법으로 경찰에 고발된 공식적인 숫자를 근거로 하기 때문이다. 특정 지역에 관한 개별 프로젝트 통계나 연구에서 나타나는 수치는 공식적으로 보고된 숫자보다 훨씬 많다.

소규모 지역 사례 연구에 따르면, 거리에서 일하는 여성의 상당수가 18세 이전에 성노동에 진입한다(Pearce et al., 2002; Dodsworth, 2013; Irving and Laing, 2013). 영국이나 다른 국가에서 일하는 거리 여성 성노동자는 실내 노동자보다 약물, 특히 '1급class A' 약물[마약 성분이 가장 강한 약물로, 소지만으로도처벌이 가능하다]인 코카인과 헤로인 등을 사용하는 경향이 많다. 이 밖에 노숙이나 부채 등 추가적인 문제를 다룬 연구도 있다(O'Neill and Pitcher, 2010; Thukral and Ditmore, 2003; Abel and Fitzgerald, 2008; Harding and Hamilton, 2009; O'Neill et al., 2016).

거리에서 일하는 모든 여성에게 약물 중독이나 약물 관련 문제가 있지는 않다. 또한 어린 나이에 강제로 성노동을 시작한다는 고정관념이 들어맞지 않는 경우가 상당히 많다는 점을 강조할 필요가 있다(Brooks-Gordon, 2006). 거리 노동이 독립성을 보장해 준다고 여기기 때문에 일부 여성은 실내보다 거리에서 일하기를 더 선호한다(Pitcher et al., 2006). 매키거니와 바너드(McKeganey and Barnard, 1996)에 따르면, 여성들이 거리에서 성노동을 하는 이유는 사우나나 마사지실에서 일하는 시간에 비해 노동 시간이 유연하고 관리자에게 수수료를 지불하지 않아도 되는 등 매우 다양하다.

실내 성노동자

여성 실내 성노동자는 다음과 같은 다양한 조건에서 일한다.

- 허가받은 매춘업소, 사우나, 마사지 업소
- 무허가 사우나 또는 다른 업소
- 단독 또는 두세 사람이 함께 임대하는 월셋방이나 집
- 자기 집에서 일하는 경우
- 호텔이나 고객의 집으로 출장 가는 경우(독립적으로 또는 에이전시를 통함)
- 랩댄서, 스트리퍼, 클럽이나 바의 접대 노동자

세계적 규모에서 여성 실내 성노동자를 집계한 통계는 아직 없다. 개별 국가의 통계도 범위가 작거나 한 지역에 집중되어 있을 뿐이다.[*] 실내 노동

---

[*] 예를 들어, 퍼킨스와 러브조이(Perkins and Lovejoy, 2007)는 시드니에서 진행한 연구에서 호주에

은 지역 주민이 민원을 제기하는 빈도가 낮아 거리 성노동에 비해 경찰의 간섭을 덜 받는 편이다(Cooper, 2016).

한 연구에 따르면 여성 실내 성노동자의 연령은 여성 거리 성노동자보다 많다(Jeal and Salisbury, 2007). 예를 들어 여성 실내 성노동자에 대한 연구에 따르면 20대 또는 그 이후에 성노동을 시작할 가능성이 가장 높은 것으로 나타났다(Comte, 2014). 영국의 대도시에는 1990년대 이후 성 산업에 진입하는 이주 노동자의 수가 증가하고 있으며, 어떤 지역은 실내 성노동자의 절반 이상이 이주민인 경우도 있다(Austin, 2006; TAMPEP, 2007). 이주 노동자와 '인신매매' 성노동자를 구분하는 것도 중요하지만, 인신매매로 진입하는 성노동자뿐 아니라 이주 성노동자에 대한 연구는 미미한 실정이다(Agustin, 2006). 영국이나 기타 유럽 국가로 들어온 이주민은 합리적 선택을 통해 성 산업으로 들어올 수 있고, 저임금과 때로는 더 착취적인 노동 형태를 피해 이를 선택했을 수 있는데, 여기에 대한 분석은 많지 않다(Scambler, 2007; Mai, 2009). 인신매매로 성 산업에 진입하는 경우와 그렇지 않은 경우를 명확히 구분하는 것은 어렵다. 그 때문에 이주 노동을 노예나 인신매매와 구별하지 않고 통합해 연구한다(O'Connell Davidson, 2006; Day, 2010).

여성이 매춘업소에서 일하는 것은 제삼자가 안전을 보장하고 고객을 중개·알선하는 역할을 하기 때문이다(Pitcher, 2015b). 매춘업소의 관리인은 수수료를 받는다. 예를 들어 성노동자의 소득이나 수수료의 일부는 방이나 장소 임대료로 지불된다. 매춘업소의 근무 시간은 대체로 정해져 있지만, 노동 방식과 수수료 비율은 어느 정도 유연하게 적용된다(Pitcher, 2015b). 그럼에도 네덜란드와 같은 몇몇 나라에서는 매춘업이 합법임에도 고용관계가 늘 명확

서 전국적으로 (매춘업소와 거리 성노동자를 포함한) 약 9500명의 여성 가운데 '콜걸'로 일하는 여성을 약 2400명으로 추정한다. 피처(Pitcher, 2015b)는 영국에서 최소 8만 5000명 이상의 성노동자 가운데 실내 성노동자는 72%를 차지하며, 실내 성노동자 가운데 여성이 약 80%라고 추정했다.

한 것은 아니며, 또한 고용주의 보호 없이 성노동자가 자영업자로서 활동할 수 있어도 근무 시간이나 여타 조건을 선택할 자유가 부족하기도 하다(Pitcher and Wijers, 2014).

'고용된' 형태의 성노동보다 혼자 일하는 성노동을 선호하는 여성도 있다. 혼자 일하는 성노동은 에스코트 서비스를 포함해 집 또는 다양한 환경에서 이루어진다. 대다수 '유리방' 성노동자window sex worker는 자영업자다(Ousthoorn, 2004).

독립적인 성노동자에 관한 연구에 따르면 이 분야는 경제 상황과 일에 대한 통제 및 선택의 정도에서 거리 성노동자뿐 아니라 '고용된' 형태의 성 산업 분야에서 일하는 많은 여성들과도 현저히 다를 수 있음을 보여준다(Brewis and Linstead, 2000; Perkins and Lovejoy, 2007; Pitcher, 2015b). 또, 실내 성노동자가 제공하는 서비스에는 상당한 다양성이 있으며, 독립적인 노동자처럼 산업의 최상위 분야에서 일하는 사람들은 감정적 친밀감이 더 큰 전문적 서비스를 제공할 수 있다(Bernstein, 2007a; Hoang, 2010; Brents and Hausbeck, 2010). 많은 독립적인 노동자와 일부 매춘업소 노동자들이 비장애인 고객뿐 아니라 장애인 고객에게도 서비스를 제공한다(Owens, 2015). 인터넷은 상대적으로 저렴한 비용으로 마케팅과 의사소통을 용이하게 했으며, 이는 광범위한 사람들이 독립적으로 일할 기회를 갖게 할 수 있다(Bernstein, 2007b; Pitcher, 2015b). 하지만 선호하는 노동 방식은 법적 제약에 의해 금지될 수 있다. 예를 들어 영국에서 매춘업소의 정의는 집단적 방식으로 확대될 수 있으며, 이는 함께 일하고자 하는 독립적인 노동자들에게 장벽으로 작용할 수 있다(Cruz, 2013; Pitcher and Wijers, 2014).

골목 주점, 랩댄스 클럽, 호스티스 클럽 같은 또 다른 성노동 공간도 있다. 댄서는 대체로 고객들과 성적 접촉이나 감정적 접촉 수위에 대해 선을 긋고 관리할 수 있다(Frank 2007). 그러나 이들이 관리할 수 있는 정도의 차이는 각자 일하는 클럽 유형에 따라 다르다(Trautner, 2005). 랩댄서의 노동 조건과 임금은 고용 관계의 불안정한 성격과 결합된 광범위한 경제적 맥락에 영향을 받을 수 있다(Lister, 2015).

남성 성노동자

인터넷을 이용하는 남성 성노동자에 대한 연구가 늘어나고 있지만(예를 들어 Koken et al., 2004; Walby, 2012; McLean, 2015; Argento et al., 2016), 남성 성노동자는 여성 성노동자에 비해 덜 주목받는 편이어서 관련 연구 문헌이 상대적으로 적다. 남성 성노동자는 거리나 매춘업소, 클럽, 사우나, 바, 또는 에스코트처럼 독립적으로 일하며 다양한 환경에서 성을 판매한다(Whowell and Gaffney, 2009). 남성 성노동자에 관한 연구는 주로 거리 성노동을 중심으로 진행되었다. 이 연구들은 일부 대도시 중심가나 공공연하게 섹스가 허용된 장소를 제외하면 남성 거리 성노동자가 남성 실내 성노동자보다 적다고 밝혔다. 일부 도시의 경우, 남성 성노동자는 자신의 필요와 기회에 따라 서로 다른 분야를 이동하며 일한다(Ellison and Weitzer, 2015).

　16세 이전에 합의를 거친 '비상업적인' 성관계를 하기도 하지만, 대다수 남성 성노동자가 18세 이전에 성 판매를 시작한 것으로 나타난다(Gaffney, 2007). 성적 실험의 일환으로 돈이나 다른 대가를 받고 매춘을 시작하는 경우도 있다(Bimbi, 2007). 영국 남성 성인 성노동자에 관한 최근 연구에 따르면, 일부 고정관념과 달리 게이나 양성애자가 많은 것으로 나타났다(Gaffney, 2007; Hall, 2007; Smith et al., 2008). 그러나 모든 남성 성노동자가 게이는 아니며, 일하는 분야나 지역에 따라 차이가 있다. 예를 들어 파딜라 등(Padilla et al., 2008)은 도미니카 공화국의 남성 성노동자 연구에서는 많은 남성 성노동자들은 안정적인 여성 파트너가 있으며 게이인 경우는 거의 없다고 밝힌다. 반면 남성 성노동자의 고객은 대부분 남성이며, 일부는 여성에게도 서비스를 제공한다(Minichiello et al., 2013). '섹스 관광'의 경우 구매자 대부분은 남성이지만, 부유한 이성애자 여성이 특정 국가, 대개 빈곤율이 높은 국가의 남성이나 소년의 성을 구매하는 경우도 많다(Sanchez Taylor, 2006).

거리 성노동자

남성 성노동자 중 거리 성노동자는 소수에 불과하다(Whowell and Gaffney, 2009; Minichiello et al., 2013). 여성 거리 성노동자와 다르게 대부분의 남성 거리 성노동은 성 구매 고객을 찾으러 게이들이 다니는 동네 바, 카페 같은 번화한 지역에서 일어난다(Gaffney, 2007; Atkins and Laing, 2012). 성 구매는 보통 게이가 많이 다니는 지역을 벗어날 수도 있으며, 때로는 고객의 차나 집, 공원이나 숲속, 사우나 같은 조용한 장소에서 이루어진다(Connell and Hart, 2003). 여성의 경우와 마찬가지로 남성 거리 성노동자에 대한 폭력의 위험도 실내 성노동자보다 높은 편이다. 폭력은 동성애 혐오와 깊이 연관되어 있다(Marlowe, 2006). 남성 성노동자의 재정 상태나 약물 사용 같은 위험 요인은 성병이나 HIV와 관련될 수 있다(Kong, 2008). 여성 거리 성노동자에 대한 문헌에서와 유사하게, 남성 성노동자 가운데 약물 사용은 실내 노동자보다 거리 노동자에게서 더 많이 발생하는 것으로 나타난다(Kaye, 2003; Minichiello et al., 2013).

실내 성노동자

실내에서 성을 파는 대부분의 남성은 매춘업소나 바를 이용하거나, 에스코트 서비스를 중개인을 거쳐서 또는 독립적으로 하고, 동성애 매체나 인터넷을 통한 광고도 활용한다(Gaffney, 2007; Logan, 2010). 혼자 에스코트 서비스를 하는 경우 자기 집 또는 호텔, 사우나, 기타 공공장소에서 일한다. 매춘업소는 상대적으로 번잡한 거리 중심부에 있다. 매춘업소에서 일하는 성인 남성은 대부분 자발적으로 일한다. 저스틴 개프니Justin Gaffney(Gaffney, 2007: 31)에 따르면 "조직적이고 상업적으로 청소년에 대한 자기 규제적 보호망이 작동한다"라고 하지만, 코넬과 하트의 연구(Connell and Hart, 2003)는 업소에서 일하는 남성 청소년도 있다고 밝혔다.

포르노 영화를 만드는 데 참여했다가 성노동에 진입한 남성도 있다 (Connell and Hart, 2003). 여성 성노동자와 마찬가지로 에로틱 댄스나 스트립 댄스 같은 유형의 실내 노동도 있다(Frank, 2007). 여기에 종사하는 남성 중 일부는 비교적 젊은 나이 때부터 돈이나 다른 보상 때문에 일을 시작하고, 또 다른 이들은 재정적으로 어려워서 성인으로서 에스코트나 실내 성노동 분야에 진입하기도 한다(Minichiello et al., 2013). 익히 알려진 대로 런던에서 일하는 많은 남성 노동자는 영국 밖에서 들어온 이주민이다(Mai, 2009). 통계에 따르면 런던에서 일하는 실내 남성 이주 성노동자의 비율은 여성 이주 성노동자의 비율과 비슷하다(Agustin, 2006).

여성 성노동자와 마찬가지로 남성 성노동자도 점점 인터넷을 통해 서비스를 제공하고 있다(Lee-Gonyea et al., 2009; Minichiello et al., 2013; McLean, 2015). 남성 성노동자를 위한 온라인 광고 사이트가 신체적·성적 특성을 강조하기는 하지만, 최근 연구에 따르면 일부 남성 성노동자들은 신체 노동뿐 아니라 감정 노동이 필요한 서비스를 제공하고 있다(Koken et al., 2004; Walby, 2012; Tewkesbury and Lapsey, 2017).

트랜스젠더 성노동자

트랜스젠더 성노동자는 주요 정책의 범주로 포함되지 않아 알려진 것이 더욱 없다. 드와이트 딕슨과 조앤 딕슨(Dixon and Dixon, 1998)은 캘리포니아주 샌디에이고의 대안적 섹스 공간에서 대중적으로 가시화되어 있는 여장 남성 매춘인을 인터뷰했다. 이 소규모 공동체의 구성원은 여성처럼 치장(미용성형 포함)하고 행동하는 남성이지만 성전환 수술을 하지는 않았다. 트랜스젠더 성노동자는 대개 아파트에서 일하면서 마사지, 스트립, 모델, 지배, 구강성교

등 전문적인 성 서비스를 제공한다. 고객 대부분은 남성이며, 이들은 성노동자의 성이 남성인 것을 알고 있다. 누레냐 등(Nureña et al., 2011)은 페루에서 남성인 복장전환자travestis,[•] 트랜스젠더, 트랜스섹슈얼 성노동자와 인터뷰를 진행했는데, 이들은 거리나 바, 클럽, 사우나, 주택과 아파트에서 일한다. 그중 일부는 중개자나 중개업체를 통해 일하며, 또 다른 이들은 인터넷과 휴대전화, 신문을 이용해 고객과 접촉해 독립적으로 일한다.

리히텐트릿과 데이비드슨아라드(Leichtentritt and Davidson-Arad, 2004)의 연구에 따르면 이스라엘에서 트랜스젠더 성노동자는 성전환을 위한 비용을 마련하기 위해 상업적 성을 이용하기도 했다. 남성에서 여성으로 성전환을 한 브라질의 트랜스젠더 공동체 역시 성노동이 자아 존중감을 높이고 성전환 수술을 받을 기회를 얻는 데 도움이 된다는 인식을 공유하고 있다(Kulick, 1998). 호사인(Hossain, 2010)에 따르면 방글라데시의 히즈라hijra(양성구유 또는 간성)는 성 판매로 자신의 성 정체성을 형성하는데, 이를 통해 사회적으로 낙인찍힌 몸에 가치를 부여하고 경제적 독립을 이룬다. 트랜스젠더 성노동자는 사회에서 '타자'로서의 지위 때문에 비교적 높은 수위의 차별을 경험한다 (Edelman, 2011; Nadal et al., 2014; Botti and D'Ippoliti, 2016).

학생과 성 산업

성 산업에서 일하는 학생들에 관한 최근 연구를 볼 수 있다. 사가 등(Sagar et al., 2016)은 영국에서 6000명 이상의 학생들을 대상으로 설문조사를 실시했다. 연구 결과, 응답자 중 5분의 1이 성 산업에 관여한 적이 있다고 생각했으며, 5% 미만의 학생은 성 산업에 종사했는데 특히 인터넷을 통한 성 서비스

[•] 복장전환자(travestis)는 남성으로 태어났으나 여성의 외모를 가진 개인을 이른다(Nureña et al., 2011 참고).

판매, 에로틱 댄서와 누드사진 모델을 했다. 성 산업 일을 한 주된 이유는 경제적 고려와 직업 유연성 같은 사안과 관련된다. 학생들의 성 산업 참여는 고등 교육 기금의 변화와도 관련된다(Lantz, 2005; Roberts et al., 2013). 샌더스와 하디(Sanders and Hardy, 2015)는 랩댄서에 대한 연구에서 연구 참여자의 거의 3분의 1이 공부하는 동안 스스로를 부양하기 위해 그 일을 했음을 발견했다.

성 산업 진입, 이동, 나가기

이 장에서는 성 산업으로 진입하고 나가는 경로, 성 산업 내의 이동에 대해 다룬다. 남성과 여성은 매우 다른 조건과 형태로 성 산업에 진입한다. 이들이 처한 조건이란 노동을 조절할 수 있는 가능성, 진입하고 나가는 경로를 선택할 수 있는 가능성과 관련이 있다.

성노동의 진입 경로

여성이 성노동에 진입하는 경로에 대해서는 어린 소녀가 나이 많은 남성(전형적인 매춘 알선업자pimp)이 꾀어내거나 강요해서 들어오게 된다는 일반적인 고정관념이 있다. 그러나 이는 어린 나이에 들어온 일부 성노동자에게만 해당되며, 모두가 이 경로로 성 산업에 진입하는 것은 아니다. 문헌에서 볼 수 있는 것처럼, 다양한 이유로 여성과 남성이 성노동을 시작하며 일하는 조건도 매우 다양하다(Koken et al., 2004; Bernstein, 2007b; O'Neill and Pitcher, 2010; Pitcher, 2015a). 주요한 이유는 경제적 필요 때문이지만 일부는 독립적이고도 합리적 판단을 바탕으로 성 산업에 들어오며, 성노동자 친구, 접객원, 종업원의 소개로 들어오기도 한다(O'Neill, 2001; Sanders, 2005a; Whowell and Gaffney, 2009). 그 가운데 일부는 매춘 알선업자와 같은 제삼자를 통해 고용되기도 하는데, 개프니(Gaffney, 2007)는 실내 남성 성노동은 여성 성노동의 경우와 달리 '알선' 역할이 없다고 지적한다. 많은 사람들이 선택의 여지가 별로 없을 때 성노동을 하기로 결정하는데, 특히 숙련된 기술이 없는 경우 저임금 노동을 선택할 수밖에 없기 때문이다(O'Connell Davidson, 1998; Bruckert and Parent, 2006). 전문 기술이 있고 주류 노동시장에서 경력과 전문성을 갖춘 사람도 짧은 시간에 더 많은 돈을 벌 수 있는 '비용-효과'적 선택을 해서 성 산업에 진입한다(Pitcher, 2015b). 숙련도가 낮은 기술로 장시간 저임금을 받으며 일하는 것보다 일주일에 2~3일만 일하는 것을 더 선호할 수 있다. 사회복지 보장도 낮고 부채의 압박에 시달리는 한부모인 여성 또는 남성은 기술이 있어도 짧은 시간에 높은 소득을 올리기 위해 성 산업을 선택할 수도 있다. 특히 거리 성노동자들은 약물을 구입하기 위해 성노동을 하기도 한다(O'Neilll et al., 2016). 부채를 해결하고 대학교 등록금을 벌기 위해 저임금 직업군에서 성노동으로 진입한 사람들의 사례도 있다(Roberts et al., 2007; Pitcher, 2015). 번스타인(Bernstein, 2007a)은 특히 인터넷을 이용해 독립적으로 일하는 형태로 성노동에 진입하는 중산층 여성(그리고 남성)이 증가했다고 지적한다. 남성과 여성 성노동자들은 인터넷을 이용한 광고와 네트워킹을 통해 독립적이고 자기가 직접 관리해 가며 일할 수 있는 선택권을 갖게 된다(Lee-Gonyea et al., 2009; Walby, 2012).

일반적으로 많은 사람들은 성 산업에 들어오기 위해 미리 정보를 얻어 주체적인 결정을 내리는 경우가 많다. 그렇지만 강제로 들어오는 경우가 있음을 간과해서는 안 된다. 청소년이 성적 착취에 개입하게 되는 '취약성' 요인에 관한 자료를 보면 성인이 강제로 유혹하거나 착취하는 경우, 시설에서 '관리'받으며 착취당한 경험, 노숙, 시설이나 집에서 가출한 경험 등이 있다(Coy, 2007; Darch, 2004; Melrose, 2010). 일부 남성은 자신의 섹슈얼리티 때문에 가족에게서 배제당하거나 따돌림을 당하고 가출해서 노숙자가 되는 경우도 있다. 그러나 개프니(Gaffney, 2007: 28)의 연구에 따르면 대부분의 남성 성노동자는 "자신을 희생자도 아니고 폭력의 피해자도 아니라고 여겼다".

성 산업 내의 이동성

거리 성노동과 실내 성노동 사이의 경계는 때때로 변한다. 일부 여성 성노동자는 실내와 실외에서 번갈아 노동하기도 한다(Hubbard and Sanders, 2003). 때때로 거리 성노동자는 경찰 단속이나 주민의 공격 그리고 거리 폭력이 많아져서 실내 노동으로 이동한다. 코넬과 하트(Connell and Hart, 2003)는 남성 성노동이 거리 성노동에서 에스코트 서비스로 이동하는 것을 연구했다. 일부 성노동자들은 거리 성노동을 휴대폰이나 인터넷 등 다양한 형태를 통해 실내 성노동으로 연결할 수 있다(Sanders, 2005a). 남성과 여성 가운데 일부는 아주 짧은 시간만 일하거나 크리스마스와 같이 일 년 중 특정 시기에만 일하는 경우도 있다(Gaffney, 2007; Scambler, 2007).

성노동자에게 피해 최소화 서비스가 제공되는 곳에서는 거리 노동에서 실내 노동으로 이동이 증가하는 경향을 보인다. 그러나 모든 거리 성노동자가 실내로 이동해 일할 수 있는 것은 아닌데, 업소나 사우나의 철저한 규칙과 마약 금지 규정은 마약을 사용하는 거리 성노동자에게 적대적인 실내 노동 환경이 된다. 일부 성노동자는 마약 사용이 점차 늘어나 실내에서 거리 성노동으로 이동하는 반면, 다른 성노동자는 더 독립적인 환경이라는 이유로 거리 성노동을 선호한다(Pitcher et al., 2006). 성매매 집결지의 폐쇄나 강제 퇴거 정책의 결과로 그 지역에서 쫓겨나는 경우 여성은 거리에서 일할 수밖에 없게 된다. 지리적으로 폐쇄된 성 시장 구역에서 성노동자는 경찰 단속을 피해 주기적으로 다른 지역으로 옮겨 다니기도 한다(Pitcher et al., 2006). 독립적인 성노동자는 지리나 분야 면에서 이동성이 있는데, 자신의 사업을 운영하는 사람들은 교육 또는 광고 서비스처럼 성 산업과 관련된 새로운 시장으로 확장하기도 한다(Pitcher, 2015a, 2015b).

성노동 그만두기

북유럽에서는 성 산업 근절을 정치적 의제의 목표로 삼아 '출구 모델exit model' 이론을 개발했다. 맨슨과 혜딘(Mansson and Hedin, 1999)은 성 산업 근절을 위한 스웨덴 프로젝트를 지지하고자 '출구 모델'을 통해 성 산업에서 나가려는 여성이 처한 구조적·상황적·상호 관계적·개인적 요인을 강조했다. 이 모델에서 성노동을 그만두려는 여성에게 중요한 요인은 '개인의 의지와 결단력'이기 때문에, 이러한 지원 서비스는 성노동자의 '자기 책임성responsibilization'을 핵심으로 강조한다. 그러나 이 모델에 대한 비판도 있다. 여성이 성 산업에서 벗어나는 변화를 이끌어내기 위해서는 개인의 능력뿐 아니라 사회적·환경적 요인과 영향도 함께 고려해야 하기 때문이다.

쿠식과 힉먼(Cusick and Hickman, 2005)은 실외 성노동 또는 이동 성노동에 '빠지는' 것과 약물 사용이 범죄행위와 강력한 연관성이 있다고 규명했다. 특히 전문적 서비스가 제한적인 경우, 약물은 성노동을 그만두는 데 심각한 장애물이 된다(Surratt et al., 2004; Cusick et al., 2010). 매춘 알선업자 때문에 들어온 거리 성노동자는 착취당하며 약물을 사용하게 되고, 이로 인한 경제적 부담이 커지면서 선택할 자유 자체를 박탈당해 성노동을 계속하도록 강제된다(May et al., 2001).

대만에서 청소년 매춘을 다룬 연구는 매춘을 계속 하는 네 가지 주요 요인으로 재정적·정서적 요인, 약물 사용과 정체성 요인을 들고 있다(Hwang and Bedford, 2004). 헤스터와 웨스트마랜드(Hester and Westmarland, 2004)에 따르면 영국 11개 기관의 합동 프로젝트에서 쉼터를 이용한 거리 성노동자의 69%(186명 중 128명)가 성 산업을 떠나려고 한 번 이상 시도했다(Hester and Westmarland, 2004: 85). 성노동자 30명을 대상으로 소규모 질적 조사를 진행한 샌더스(Sanders, 2007)는 성 산업에서 나가려고 시도한 사람에게 나타나는 네 가지 특성을 다음과 같이 정리했다.

- 상황상 나가기: 위기나 문제 상황
- 계획을 통한 나가기: 다른 직업을 알아보거나 훈련을 받는다. 성공적으로 약물 치료와 재활 치료를 받는다.
- 점진적으로 나가기: 나이 든 노동자가 고객 수가 점점 줄어들어 다른 돈벌이 수단을 찾게 된다.
- 진입과 나가기의 반복: 때로는 상황의 변화 때문이며, 성노동을 불규칙적으로 하는 패턴이다.

샌더스(Sanders, 2007)는 성노동의 범죄화가 오히려 성노동에서 나가는 것을 가로막는 덫이라고 결론지었다.

성노동을 잠시 중단했다가 재개하는 경우는 영국 남성 성노동자에게서 흔히 볼 수 있다(Whowell and Gaffney, 2009). 일부는 가끔 또는 우발적으로 참여한다. 성노동에 반복적으로 드나드는 현상은 여성 또는 남성 성노동자에게 자연스러운 것이며, 어쩌면 생활 방식, 경제적 필요와 정체성을 유지하기 위해 불가피한 것이라고 할 수 있다.

일부 성노동자는 자신의 일을 교육비용 마련, 부채 상환, 본국 가족 지원과 같은 구체적인 목적을 위한 수단으로 여기며, 단기간 성 산업에서 일할 수도 있다(Scambler, 2007; Pitcher, 2015b; Whowell and Gaffney, 2009). 특히 독립적 노동자와 같이 또 다른 이들은 성노동을 유용한 대안적 기회로, 다른 고용 노동과 비교할 때 상대적인 자유와 자율성 그리고 직업 만족 때문에 실행 가능한 전업으로 여길 수도 있다(Minichiello et al., 2013; Pitcher and Wijers, 2014).

많은 프로젝트가 여성과 남성이 성 산업을 그만두길 원하며 지원한다. 때로는 지원하는 형태로, 때로는 피해 최소화 형태로 진행되기도 하고, 일부는 '출구 모델' 중심으로 시행되었다(Pitcher, 2006). 약물 자금 마련을 위해 성노동을 하는 경우, 약물 치료에 성공해 나가는 경우도 있다(Cusick et al., 2010). 여러 프로젝트는 성노동자가 원할 때에 서비스에 접근할 수 있다는 점을 인식하는 것이 중요하며, 따라서 이들의 상황과 생활 방식에 맞도록 유연하게 적용되어야 한다(Darch, 2004; May et al., 2001). 이러한 서비스는 여러 복잡한 요구를 포괄하며 장기간 제공되어야 한다(Surratt et al., 2004).

폭력과 안전

전 세계적인 연구 결과에 따르면 성 산업에 종사하는 이들이 그들 일의 한 부분으로 높은 수준의 폭력을 경험한다(Deering et al., 2014). 여성뿐 아니라 남성과 트랜스젠더 거리 성노동자에 대한 성희롱이나 성폭력은 실내 성노동자보다 더 많으며, 언어폭력과 뺨 때리기나 발차기를 포함해 심각한 상해, 납치, 성폭행, 강간, 살인 등이 자행된다(Church et al., 2001; Hester and Westmarland, 2004; Edelman, 2011; Laing and Gaffney, 2014; Katsulis et al., 2015).

  폭력은 고객, 알선업자나 관리자, 마약 거래상, 노상강도, 동료 성노동자, 지나가는 행인, 지역 주민 등이 저지르는데, 폭력이 심해지면 성노동자가 자치 방어 조직을 만드는 데까지 이르게 된다(Kinnell, 2006; Pitcher et al., 2006). 말로위(Marlowe, 2006)에 따르면 남성 성노동자에 대한 폭력이 동성애 혐오와 연관될 수 있으며, '게이에 대한 공격gay bashing'은 성 구매 고객을 찾으러 다니는 지역에서 공통되게 일어날 수 있다. 일부 거리 성노동자의 경우 경찰에게 협박이나 폭력을 당한 경험이 있는데, 이는 이들의 노동 패턴에 영향을 미칠 수 있다(Shannon et al., 2008). 전 세계의 연구에 따르면 경찰의 강요나 폭력은 성노동이 부분적으로나 모든 측면에서 범죄화된 상황일 때 가장 빈번하게 일어난다(Deering et al., 2014). 성노동에 씌워진 낙인은 성노동자에 대한 폭력의 동기가 될 수 있고, 영국의 경찰 중 일부는 현재 성노동자에 대한 범죄를 '증오 범죄hate crime'로 취급한다(Campbell, 2014).

  혼자 일하거나 취약한 상황에서 일하는 실내 성노동자의 경우, 일과 관런해 폭력을 당하는 비율이 거리 성노동자에 비해 낮다(Church et al., 2001; Kinnell, 2006; Deering et al., 2014). 업소를 규제하는 미국 네바다주의 사례를 보면 성노동자를 보호하는 체계가 갖추어져 있어서 모니터링도 하고 업소도 등록하게 되어 있다. 그래서 폭력은 제한적으로 일어난다(Brents and Hausbeck, 2005). 영국의 매춘업소에서 일하는 실내 성노동자는 거리 노동자보다 폭력 경험이 적은 편이다. 그러나 강탈, 언어폭력, 진상 고객의 행위 등과 같은 다른 형태의 폭력도 발생한다(Sanders and campbell, 2007). 에스코트에 관한 젠킨스(Jenkins, 2009)의 연구에 따르면, 폭력 발생률은 여성이나 남성 성노동자보다 트랜스젠더 성노동자의 경우에 더 높은 것으로 나타났다.

다른 여성 직업군에 비해 여성 성노동자군에서 살인으로 인한 사망이 더 많이 발생한다. 힐러리 키넬Hilary Kinnell(Kinnell, 2006)이 여러 해외 사례를 분석한 결과, 거리 성노동자의 경우가 특히 취약하다. 그러나 혼자 일하거나 고립되어 일하는 실내 성노동자도 살인의 피해자가 되는 경우가 있다. 워드 등(Ward et al., 2005)은 성노동자가 같은 연령대의 다른 여성보다 살해당할 확률이 12배 높다고 한다. 개프니(Gaffney, 2007: 31)는 혼자 일하는 남성 안마사도 살해 위험에 취약하다고 발표했다.

여성 성노동자에게 폭력을 저지르는 사람은 주로 고객인 것으로 보고된다. 그러나 키넬(Kinnell, 2006)은 성노동자에 대한 폭력을 저지르는 고객이 소수라고 한다. 그리고 성노동자를 빈번하게 공격하거나 살해하는 남성은 과거에 성노동자나 다른 여성에 대한 폭력을 저지른 전과가 있는 사람이라고 설명한다. 키넬(Kinnell, 2006: 151)은 남성 고객의 폭력에 관해 '촉발 요인trigger factors'을 네 가지로 정리한다. 첫째는 성노동자가 특정 형태의 성 서비스 제공을 거부할 때, 둘째는 비용에 대한 논쟁이 있을 때, 셋째는 고객이 사정에 도달하기 전에 성노동자의 서비스가 끝날 때, 넷째는 고객이 발기를 못했을 때이다. 그러나 대부분의 상업적 성 거래는 폭력이나 사고 없이 이루어지며, 많은 고객이 성노동자와 서로 존중하는 관계를 맺고 있다(Sanders, 2008; Brooks-

Gordon, 2010; Pitcher, 2015b).

　성노동자는 고객의 폭력을 피하고 관리하는 방법이나 전략을 알고 있다. 동료 실내 노동자와 함께 일하거나, 제삼자를 두어 폭력을 예방하거나, CCTV나 잠금장치를 설치하는 방법이 있다(Brooks-Gordon, 2006; Whowell and Gaffney, 2009). 그밖에 다른 '위험 관리' 전략도 있다. 이를테면 고객을 선별하기 위해서 문에 장치를 달거나, 폭력을 행사할 가능성이 있는 고객을 선별하거나, 폭력이 일어날 상황을 막을 수 있도록 구두 약속을 하거나, 단골 고객 목록을 만드는 것 등이다(Kinnell, 2006; Sanders, 2005a; Pitcher, 2015a). 집단적으로 안전을 지키는 방법을 활용할 수 없는 거리 성노동자도 폭력을 줄일 수 있는 여러 전략을 취한다. 주변 환경을 활용하는 방법인데, 이를테면 다른 성노동자 근처에서 호객 행위를 하거나, 서로를 감시해 주거나, 다가오는 차량 등록 번호를 적어놓거나, 막다른 골목에서 감시하거나, 동료 옆에서 가까이 일하기도 한다(〈그림 3-1〉 참고)(O'Neill and Campbell, 2001). 일부 여성 거리 성노동자는 거주지 근처에서 호객하기를 선호하는데, 고립된 지역보다 안전하다고 생각하기 때문이다(Pitcher et al., 2006). 성노동자에 대한 폭력이 일어날 때 일반 주민들이 무시하거나 모르는 척하는 경우도 있다(Brooks-Gordon, 2006).

　여성과 남성 성노동자에 대한 경찰의 폭력 범죄는 실제보다 낮게 보고된다(Kinnell, 2006; Pitcher and Wijers, 2014; Laing and Gaffney, 2014). 이는 이전에 경찰로부터 부정적인 대우를 받았던 경험이 있거나, 성노동자에 대한 폭력이 '직업의 특성'으로 취급되거나, 매춘 관련 또는 다른 범법 행위로 체포될 수 있다는 위협을 느끼기 때문이다(Kinnell, 2008; Pitcher and Wijers, 2014). 일부 이주 성노동자는, 특히 불법 체류일 경우, 그로 인한 파장 때문에 경찰에게 신고하기를 꺼릴 수 있다(Mai, 2009). 거리 노동자에 비해 실내 노동자는 절도나 폭력이 수반되지 않은 범죄에 연루되는 경우 신고하는 비율이 더 높다(Brooks-Gordon, 2006). 거리 성노동자와 고객에 대한 단속 강화가 성노동자에 대한 폭력을 증가시키는 경향이 있다. 단속으로 체포될까 봐 두려워 더 어둡

그림 3-1

오닐과 켐벨(O'Neill and Campbell, 2001) 참여 활동 연구 프로젝트 '안전한 신문고: 서로 다른 우리 이야기를 공유해요(Safety SoapBox: Sharing our true colours)'에서 여성 성노동자가 그린 그림

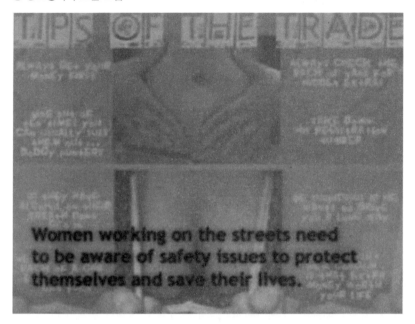

자료: www.staffs.ac.uk/schools/art_and_design/safetysoapbox/gallery.htm

고 고립된 지역에서 호객 행위를 하도록 만들기 때문이다. 이렇게 되면 고객과 만나는 것을 들키지 않아야 하므로 고객과의 협상 시간도 부족해지며, 단속반에게 잡힌 고객은 그 분노를 성노동자에게 쏟아붓게 된다(Kinnell, 2006; Pitcher et al., 2006). 실내 성노동자도 기소에 취약할 수 있다. 예를 들어 매춘업소 관리에 관한 영국 법률은 안전을 위해 함께 일하는 성노동자들에게 적용될 수 있다(Carline, 2011; Pitcher and Wijers, 2014). 비범죄화가 성노동자에 대한 폭력을 없애지는 못하지만, 성노동이 비범죄화된 관할 구역에서 경찰과 성노동자 간의 관계가 개선되었으며 폭력의 가해자가 기소될 가능성이 더 높은 것으로 나타났다(Armstrong, 2016). 성노동자를 위한 전문 서비스도 폭력을

경험한 성노동자를 지원하는 데 중요한 역할을 한다(Grenfell et al., 2016).

건강과 약물 사용

성노동자와 약물 사용

특히 'A급' 마약과 같은 약물 사용과 성노동의 연관성은 거리 노동자의 경우에는 잘 드러나 있지만 인과관계가 확실히 규명된 것은 아니다(Hester and Westmarland, 2004; Gaffney, 2007; Croxford et al., 2015). 약물을 사용하는 성노동자의 경우 약물 비용을 대기 위해 성노동을 시작하는 경우가 있다(May et al., 2000; Pearce et al., 2002). 그러나 코카인이나 헤로인과 같은 마약은 더 큰 위험을 감수하게끔 하고, 노동 시간도 더 길어지게 하며, 폭력에 더 취약하도록 만든다(Becker and Duffy, 2002; Surratt et al., 2004). 자기 집이나 실내에서 일하는 여성은 마약에 덜 의존하는 경향이 있다(Sanders, 2009; Pitcher, 2015a). 실내에서 일하는 남성 성노동자도 거리에서 일하는 경우보다 약물을 덜 사용하는 것으로 나타난다. 하지만 오락 용도로 약물을 사용하기도 한다(Minichiello et al., 2013; Laing and Gaffney, 2014).

약물을 사용하는 성노동자들은 낙인이나 잠재적 차별에 대한 두려움으로 약물 치료 서비스를 이용하는 데 장벽을 많이 느낀다(Hester and Westmarland, 2004; Whowell and Gaffney, 2009; Irving and Laing, 2013). 특히 노숙하는 거리 성노동자인 경우 문제가 더 심각하다(Harding and Hamilton, 2009).

성 건강

19세기에는 성병에 대한 도덕적 공포 때문에, 매춘 여성이 공공 보건에서는 일종의 위험으로 간주되었다. 그로 인해 영국에서는 매춘을 통제하기 위해 1864년, 1866년, 1869년에 '전염병 방지법'이 입법되었다(Scoular, 2004). 그러나 영국에서 이처럼 매춘 여성에 대한 강제 검진을 목적으로 하는 법은 폐지되었다. 그럼에도 성노동자가 에이즈와 같은 질병을 확산시키는 데 책임이 있다는 우려는 지속적으로 제기되고 있다. 세계 전역에서 성노동자는 검진을 받도록 요구된다(Day, 2007).

에이즈 유병률은 성노동에서 고객이 콘돔을 쓰는 것과 관련된다. '공중보건법'은 더욱 안전한 섹스에 영향을 미칠 수 있다. 예를 들어 매춘업소가 합법화된 일부 주에서는 콘돔 사용을 하지 않는 등 보호되지 않는 섹스의 구매나 판매는 위법이다(Overs and Loff, 2013). 예방 서비스에 접근하는 실내 환경을 지원하는 것 또한 성적 위험을 감소시키는 전략이 된다(Krüsi et al., 2012). 그러나 콘돔 사용을 성노동의 증거로 보거나 다른 처벌을 하는 등 엄격한 단속 정책은 성노동자가 성 건강을 실천하는 데 부정적인 영향을 줄 수 있다(Strathdee et al., 2015). 또 다른 요인으로는 성 건강 교육의 부족, 낮은 콘돔 이용 가능성, 안전한 노동 공간의 부족 등이 있다(Overs and Loff, 2013). 특별한 지침이 요구되는 집단 중에서도 청소년 성노동자는 성인 성노동자에 비해 건강 문제에 대한 경험이 덜할 수 있다. 약물을 사용하는 성노동자는 안전한 섹스를 덜 실천하며 위험을 감수하는 경향이 많다(Kong, 2008; Platt et al., 2011). 이주 성노동자의 경우 강제 추방에 대한 두려움 때문에 검진 없이 일하다가 위험이 높아질 우려가 있다. 그렇지만 데이와 워드(Day and Ward, 2004)는 런던과 같은 도시에서 성노동자 집단보다 이주 성노동자 집단의 성병 감염률이 더 낮다고 보고한다.

정신 및 신체 건강

몇몇 연구는 성노동자의 정신 건강 문제로 우울증, 스트레스, 공황 장애, 불면증, 섭식 장애, 감정적 괴리와 고립 등이 있다고 밝혔다(Connell and Hart, 2003; Day, 2007). 우울증, 불안, 많은 신체적 문제는 특히 거리 성노동자의 경우 마약의 사용과 연관성이 높다(May and Hunter, 2006). 특히 일정 기간에 이루어지는 강도 높은 폭력은 성노동자의 신체와 정신 건강에 큰 영향을 미친다(Cusick and Berney, 2005). 성노동에 종사하는 일부 남성과 여성은 알코올 소비량이 늘어날 수 있는데, 이것이 건강에 영향을 미치고 위험에 처하게 만든다(Connell and Hart, 2003; Sanders, 2004). 팔리 등(Farley et al., 1998)은 성노동을 외상 후 스트레스 장애와 연관지었지만, 이는 학계로부터 방법론적 결함에 대헤 심각한 비판을 받았다(Weitzer, 2010). 더 많은 폭력과 약물 사용은 기본적으로 거리에서 거래되는 성 시장과 관련이 있다(Jeal et al., 2008).

실내 성노동에 관한 최근의 연구들은 성노동자가 정신 및 신체 건강에 대한 위험을 최소화하려고 실행하는 위험 관리 전략을 강조한다(Whowell and Gaffney, 2009; Koken, 2010; Cunningham and Kendall, 2011; Pitcher, 2015b). 때때로 고독감은 실내에서 일하는 성노동자가 느끼는 문제이기도 하다(Gaffney, 2007; Pitcher, 2015a). 반베젠벡(Vanwesenbeeck, 2005)은 실내 성노동자가 일의 압박으로 '소진되는' 경우가 있다고 밝혔다. 하지만 이 문제는 기본적으로 지원 받기 어려운 성노동 구조 또는 낙인 경험과 연관되었다. 웰빙의 수준은 근무 환경 통제 같은 사안과 연관되어 있으며, 몇몇 연구는 독립적 성노동자가 직업 만족과 일에 대한 보상 감각을 경험한다고 보고한다(Marlowe, 2006; Koken, 2010).

성노동자는 직업적 정체성과 개인적 정체성 사이의 관계를 관리하기 위해 서로 다른 전략을 사용한다. 성노동자는 성 서비스에 신체 일부를 제한적으로만 사용하거나, 심리적 방어책으로 콘돔을 사용하거나, 가명을 쓰거나, 노동에서의 섹스와 개인적 삶에 서로 다른 의미와 감정을 적용하는 방식으로 이를 해내고 있다(Sanders, 2005b). 특히 상호작용의 특성을 갖는 성적 노동은 감정적·신체적 관리가 중요하다(Brents and Jackson, 2013). 브루이스와 린스테드(Brewis and Linstead, 2000)는 일부 성노동자의 경우 이러한 정체성의 구분을 유지하는 일은 쉬운 일이 아니며 성노동을 그만둔 뒤에도 따라오는 문제일 수 있고 지적한다. 그렇지만 다른 성노동자들에게는 그들의 일에 수반되는 기술과 감정 노동이 더 높은 수준의 직업 만족과 감정적 안녕에 기여할 수 있다(Abel, 2011; Walby, 2012; Pitcher, 2015b).

성 산업의 제삼자

거리에서 일하는 여성들에 대한 전통적인 고정관념은 대개 남성인 알선업자에게 '관리되고' 소득을 갈취당하며 성노동에 묶여 있도록 강요받는다는 것이다. 일부 여성이 이처럼 알선업자에게 관리되기는 하지만, 일반적인 것은 아니다(May et al., 2000). 그러나 전통적인 방식으로 알선자가 개입하는 경우 성노동자는 알선업자의 신체적 또는 정신적 폭력에 시달릴 위험이 높다. 거리에서 일하는 젊은이와 여성은 매춘 알선을 받을 위험이 크다. 그러나 거리에서 일하는 많은 여성들은 자신이 혼자 일한다고 여기는 경우가 많다(May et al., 2000; Pitcher et al., 2006). 남성 성노동자는 알선업자의 모집에 응할 수도 있고, 다른 성노동자를 통해 간접적으로 매춘 알선을 받기도 한다(Conell and Hart, 2003). 일반적으로 남성 성노동자는 알선업자를 통하지 않고 일하는 경우가 많다(Marlowe, 2006). 때에 따라 마약 거래상이 전통적인 업자를 대신해 거리 성노동자의 중개인이 되기도 하며, 폭력이 성노동자를 관리하는 수단이 되기도 하고, 마약중독을 이용해 암암리에 이들을 관리하기도 한다(Pitcher et al., 2006).

많은 상황에서 관계의 경계가 모호하다. 파트너의 마약을 사기 위해 거리에서 일하는 여성도 있다. 경우에 따라 동업하거나 보호받기 위해 알선업자를 '고용'하기도 한다(Day, 2007). 거리에서 일하는 여성 중 안전을 이유로 남자친구나 파트너를 동반하는 경우가 있는데, 이들이 외부인에게는 알선업자로 보이기도 한다. 이는 성인 성노동자가 서로 의존하는 또 다른 형태이기도 하다(May et al., 2000). 어떤 나라에서는 거리의 어린이들이 매춘을 하다가 생존 전략으로서 스스로 알선업자가 되기도 한다(O'Connell Davidson, 1998).

사우나나 마사지 업소 같은 실내 성노동 환경에는 계약 관계를 맺는 관리자가 있다(May et al., 2000; Sanders, 2005a). 관리 방식은 여성과 남성 매춘업소에서 다양하며 지원과 조직 면에서 더 나은 곳도 있다(Whowell and Gaffney, 2009; Pitcher, 2015a). 매춘업소가 규제되는 곳에서는 착취를 줄이기 위한 장치가 마련될 수 있다(Brents et al., 2010; Pitcher and Wijers, 2014). 많은 에스코트들, 특히 인터넷을 통해 독립적으로 일을 하는 사람들은 제삼자의 개입 없이 스스로 일을 관리한다(Pitcher, 2015b). 일부 에스코트 서비스는 자영업이지만, 거래를 원활하게 하는 제삼자를 통해 계약 관계를 성사시키거나 비용 처리 같은 전문적 업무를 하는 경우도 있다(O'Connell Davidson, 2006; Pitcher, 2015b). 제삼자나 관리자는 자신의 역할을 통해 이득을 얻으려 하므로 소득을 극대화할 수 있는 방안을 모색한다. 제삼자는 남성일 수도 있고 여성일 수도 있다.

영국에서는 이주 성노동자가 증가하면서 인신매매자의 역할에 대한 관심도 늘고 있다. 다른 성노동과 마찬가지로, 중개인이 개입하는 관계의 속성상 강요하는 사람과 강요당하는 사람이 분명하게 구별되지는 않으며, 종종 중개인이나 제삼자가 노동자의 네트워크 안에 들어와 있기도 한다(Augustin, 2007). 니콜라 마이Nicola Mai(Mai, 2009)에 따르면 런던에서 인터뷰한 이주 성노동자의 소수만이 일을 하면서 착취를 당한다고 느꼈다.

읽을거리

Ditmore, M. H., A. Levy and A. Willman(eds). 2010. *Sex Work Matters: Exploring Money, Power, and Intimacy in the Sex Industry*. London: Zed Books.
☞ 성 산업을 이해하기 위한 새로운 이론적 인식 틀을 탐구하며, 여러 국가의 성노동자, 활동가, 학자들의 관점을 살펴본다. 성 산업 내 여러 부문, 국가의 역할, 여성뿐 아니라 남성과 트랜스젠더의 경험을 논의한다.

Minichiello, V. and J. Scott(eds). 2014. *Male Sex Work and Society*. New York: Harrington Park Press.
☞ 전 세계 학자들을 참고해 남성 성노동자의 역사적 맥락, 사회적·문화적 쟁점, 전 지구적 맥락과 성 시장의 성장을 탐구한다.

Connelly, L., L. Jarvis-King and G. Ahearne(eds). 2015. "Blurred lines: the contested nature of sex work in a changing social landscape." *Graduate Journal of Social Sciences*, 11, p.2, http://gjss.org/?q=11/02(검색일: 2021.5.12).
☞ 사회적·정치적 맥락에서 상업적 성 서비스의 변화를 살펴보기 위해 성 산업의 서로 다른 부문에서 일하는 사람들과 학자들의 견해를 다양하게 살펴본다.

Laing, M., K. Pilcher and N. Smith(eds). 2015. *Queer Sex Work*. London: Routledge.
☞ 성노동의 새로운 공간, 다양한 에로틱 노동, 운동 및 정책적 함의를 비롯해 성 산업 내 이성애 정상성에 도전하는 성노동의 다양한 형태와 방식을 살펴본다.

생각해 볼 거리

① 정책 및 언론 보도는 성노동자들의 경험을 알기 위해 거리 성노동자들에 관한 연구를 인용하곤 하는데, 이러한 접근의 문제점은 무엇인가?
② "폭력은 성노동자라는 직업에 따르는 필연적 결과다"라는 주장에 대해 논의하라.
③ 여성 성노동자와 남성 성노동자 사이에 차이가 있는가? 그렇다면 그 차이는 무엇인가? 그들이 상업적 성을 판매하는 환경에 차이가 있는가?

제 4 장

아동 · 청소년에 대한
성 착취

Children,
Young People
and
Commercial Sexual Exploitation

이 장에서는 매춘 시장에 아동과 청소년이 관련되는 맥락을 살펴보려고 한다. 아동과 청소년의 매춘에 대해 전 세계적으로 쟁점이 되는 내용과 역사적 담론, 정책적 맥락을 살펴보고, 영국의 연구 사례를 통해 상업적 성 착취를 당한 청소년의 경험에 대해 알아본다. 특히 TV 스타 지미 새빌Jimmy Savile의 행동에 대한 조사 이후 밝혀진 아동 성 착취child sexual exploitation: CSE의 역사적 사례와 관련해 아동의 상업적 성 착취에서 나타나는 정치에 대해 논의한다. 더불어 매춘 청소년에 대한 이론적 연구와 그 관점, 상업적인 아동 성 착취에서 나타나는 정치에 대해 논의하고, 국제법규와 협약에 대해서도 검토하려 한다. '아동 매춘'이라는 말은 '2015년 중범죄법Serious Crime Act 2015' 조항에서 삭제되었으며, 2016년 3월 이후 정부는 더 이상 이 말을 사용되지 않는다. 대신에, 특히 동의 없이, 성적으로 착취된 아동의 피해자 지위를 인정하는 '아동 성 착취'란 용어로 대체해 사용한다.

아동에 대한 성 착취
쟁점과 대응 ─────────────────────────

청소년이 매춘으로 성적인 착취를 당하는 현상은 복잡한 맥락의 사회적 쟁점일 뿐만 아니라 감성을 자극하는 일이기도 하다. 이 쟁점은 정부가 공식적으로 주목하고 있는 것으로, 아동 성 학대child sexual abuse: CSA, 섹스 관광, 인신매매, 조직적 성 착취가 전 세계적으로 일어나는 현상과 연관된다. 비영리 기구인 아동성매매근절네트워크End Child Prostitution, Child Pornography and Trafficking of Children for Sexual Purposes: ECPAT●는 다음과 같이 말했다. "아동 성 착취와 학대는 전 세

● 아동성매매근절네트워크는 아동의 상업적 성 착취를 근절하기 위해 협력하는 기관과 개인 간의 네트워크다. 이 네트워크는 모든 곳의 아동이 모든 형태의 상업적 성 착취로부터 자유롭게 권리를 누

계적으로 분노를 일으키는 사안이다. 모든 아동을 폭력에서 보호하기 위해 긴급한 행동이 필요하다."

이는 (취약함, 돌봄, 보살핌을 함축하는) 아동기와 매춘, 착취, 성 판매를 연결 지음으로써 겪는 불안을 반영하는 캠페인과 언론의 수사적인 주장으로 이어지고, 다음과 같이 인용문과 관련 기사에 반영된다. "세계노예지수Global Slavery Index에 따르면 어린이가 대부분인 수천 명의 노예가 포로로 잡혀 섹스와 마약 산업을 강요당한다"(Christys, 2016).

더욱 아동 및 청소년 인신매매는 유럽으로의 이주 급증의 결과이자, 프랑스 칼레나 그리스 혹은 리비아 등 난민 캠프의 수천 명에 이르는 동반자 없는 망명 신청 아동과 청소년의 존재와 관련해 논의된다. 유니세프 보고서는 2016년 중앙 지중해 경로를 통해 이탈리아에 도착한 18만 1436명 가운데 "약 16% 또는 2만 8223명"이 아동이며, "작년에 지중해를 건너온 아동 10명 가운데 9명은 동반자가 없다"라고 밝힌다(UNICEF, 2017: 20). 2016년에는 약 700명의 아동이 리비아와 이탈리아 사이 지중해를 건너다 사망했다. 조사에서 아동이 알린 학대와 성폭력은 "여러 다른 상황에서 발생했으며 일정한 경향이 드러나지는 않았다. 약 절반 정도가 여정의 과정 또는 국경을 넘는 어떤 시점에서 학대를 겪은 것으로 나타났다"(UNICEF, 2017: 5).

이 분야의 이론가들은 매춘에 개입된 아동과 청소년에 대한 걱정과 분노가 아동을 나쁜 구매자들에 의한 피해자로 만들고, 구매자를 소아성애자이자 괴물로 재현하는 데로 이어진다고 말한다. 그런데 이러한 묘사는 사실상 '피해자 또는 악당'이라는 식의 흑백논리를 만드는 방식으로, 이 쟁점의 복잡함을 은폐하며 성 판매 청소년과 아동에 대한 획일적 시각을 강화해 청소년이

릴 수 있어야 한다고 주장하며 전 세계적으로 활동하고 있다. ECPAT는 'End Child Prostitution, Child Pornography and Trafficking of Children for Sexual Purpose'의 줄임말이다(www.ecpat.net/EI/main/front/index.asp).

겪는 다양한 경험을 담아내지 못한다(O'Connell Davidson, 2005). 이 장에서 우리는 21세기의 맥락에서 아동 성 착취의 복잡성을 검토한다.

영국의 아동학대방지협회NSPCC, 버나도즈Barnado's[아동자선단체], 학계, 연구자, 활동가들은 아동과 청소년에 대한 성 착취를 방지하기 위한 오랫동안 일해왔다. 그 가운데 많은 부분이 '청소년 매춘'과 '매춘을 하게 되는 경로'로 여겨졌던 것과 관련이 있으며, 현재는 '아동 성 착취'로 규정되었다(O'Neill, 2001; Melrose et al., 1999; Brown and Barret, 2002; Pearce et al., 2003; Campbell and O'Neill, 2004; Voices Heard Group et al., 2008; Coy, 2007; Allnock and Miller, 2013).

이 문헌은 성 판매 또는 성 교환과 연결되는 다양한 '위험'과 '취약성'에 대해 기록하고, 청소년의 성 착취를 방지하기 위해 피해 최소화 방법을 지원한다.

또한 이 연구 문헌은 아동 성 착취가 복잡한 삶의 관계라는 맥락 내에서 발생하며 청소년들은 착취에 취약하게 되는 여러 요인을 경험할 수 있다는 점을 드러낸다. 예를 들어 노숙, 약물 남용, 지역 보호시설 입소, 우울증, 가출, 또래 네트워크와 압박, 나이든 남성들과의 관계, 채무, 빈곤, 강요와 성적 학대 등이 있다. 이러한 경험은 사회적 낙인, 사회적 배제, 심리적·사회적 소외를 가중시킨다.

아동 성 학대와 아동 성 착취 피해를 예방하고 위험을 최소화하며 보호하기 위해, 다음과 같이 다양한 기관과 정책이 청소년의 삶에서 생각하며 개입하고 중재하고 있다. 버나도즈, (성적 학대를 겪었거나 위험에 처한 개인과 서비스 제공자를 지원하는 단체인) 성 착취를 당한 아동과 청소년을 위한 국가실무위원회National Working Group: NWG, 아동 성 착취에 대한 국가행동계획(Department for Education, 2011a), 로더럼에 관한 「제이 보고서Jay report」(Jay, 2014)[1997년에서 2013년 사이에 사우스요크셔의 로더럼 지역에서 발생한 아동 성 학대를 조사한 보고서], 성 착취에 관한 「아동위원회 사무국 보고서Office of the Children's Commission reports」(2013) 등이 있다.

아동 성 학대와 아동 성 착취

아동 성 학대의 한 형태인 아동 성 착취에 관한 연구는 매우 부족하다. 그러나 동시에 영국과 웨일스 경찰의 아동 성 학대 보고 건수가 2015년에 증가했는데(전년도에 비해 88% 상승), 이는 역사적 성 학대에 대해 대처해야 한다며 경찰을 향한 압력이 커진 결과이다(Hill, 2015). 올녹과 웨이저(Allnock and Wager, 2016)에 따르면 발생률은 다양하지만 가장 눈여겨볼 추정치는 아동 성 학대 8건 가운데 1건만이 정부 당국의 관심을 받는다는 사실이다. 이는 아동 성 학대를 겪는 대다수가 필요한 지원을 받지 못하고, 그 결과 "일부 아동과 청소년은 자신이 겪고 있는 것이 학대라는 것을 알지 못하며, 따라서 즉시 학대를 드러낼 수도 없다"(Allnock and Miller, 2013: 4). 게다가 "학대로 인한 영향은 청소년이나 성인이 될 때까지 눈에 띄지 않을 수 있다. 이는 버치먼(Beithman, 1992, Allnock and Miller, 2013에서 인용)이 '수면자 효과sleeper effects'라고 말한 것으로, 그래서 성인이나 전문가의 관심을 끌지 못할 수도 있다".

올녹과 밀러(Allnock and Miller, 2013)에 따르면 아동은 "비언어적인, 행동에 의한 간접적인 방식으로 누군가에게 직접 이야기하려 시도하지만 안타깝게도 성인과 전문가는 보통 이러한 전략을 인식하지 못한다". 올녹과 밀러는 아동 성 학대에 대한 폭로 비율을 조사한 11가지 소급적 연구와 런던 등(London et al., 2005)의 검토를 참고해 이 점을 설명하며, 매우 드물게 폭로가 일어나고 이것이 공식 보고서로 이어진다고 강조한다. 이에 따르면 33%는 폭로를 시도했고, 5~13%는 정부 당국에 학대 사실을 알렸다. 게다가 학대 경험 이후 초기 폭로까지의 평균 지체는 3년에서 18년 사이로 보고된다. 일부 생존자는 성인이 되어 중장년에 이를 때까지 폭로하지 않는다(Hébert et al., 2009; Smith et al., 2000). 요약하면, 일부 아동의 경우 침묵하거나, 폭로할 능력이 없고, 또 공식적이거나 비공식적으로 보호 조치를 취할 수 있는 사람이 그 사실을 인지하지 못하기 때문에 많은 아동 피해자는 트라우마를 해결하지 못한 채 성인이 되고, 이때 트라우마는 폭로에 제대로 반응하지 못하는 전문가로 인해 악화되기도 한다(Allnock and Miller, 2013: 6).

역사적인 성 학대를 다룬 두 경찰 작전이 웨스트요크셔주 리즈에서 있었다. 1975년에서 1990년 사이에 리즈에 있는 네 곳의 어린이집에서 발생한 사건을 조사한 폴리머 작전Operation Polymer, 그리고 중요한 아동 성 착취가 일어난 리즈 지역을 조사한 애플홀 작전Operation Applehall이다. 폴리머 작전은 2008년부터 지금까지 진행 중이다. 많은 용의자들이 아동에 대한 다양한 성 범죄로 기소되었으며 재판 절차를 밟고 있다. 애플홀 작전은 아동 성 착취의 피해자이거나 그런 위험에 처한 사람들을 찾아내며, 기관에 접근하지는 않는다.

[앞에서 썼듯] 오랫동안 아동학대방지협회, 버나도즈, 학계, 연구자, 활동가들은 아동과 청소년의 성 착취에 관한 조사 작업을 진행했다. 대부분은 '청소년 매춘'과 '매춘으로 진입하는 경로'로 알려진 것과 연관되어 있는 문헌 '저장고'에 있으며, 현재 이는 '아동 성 착취'로 정의된다(Pearce et al., 2003; Campbell and O'Neill, 2004; Voices Heard Group et al., 2008; Sanders et al., 2009; Coy, 2007). 이 문헌은 성 판매 또는 성 교환과 연결되는 다양한 '위험'과 '취약성'에 대해 기록하고, 청소년의 성 착취를 방지하기 위한 피해 최소화 방법을 지원한다.

또한 이 문헌은 아동 성 착취가 복잡한 삶의 관계라는 맥락 안에서 발생하며, 청소년들은 착취에 취약해지게 만드는 여러 요인을 경험할 수 있음을 드러낸다. 노숙, 약물 남용, 지역 보호시설 입소, 우울증, 가출, 또래 네트워크와 압박, 나이 든 남성들과의 관계, 채무, 빈곤, 강요와 성적 학대 등을 예로 들 수 있다. 이러한 경험은 사회적 낙인, 사회적 배제 그리고 심리적·사회적 소외를 가중시킨다.

이 장에서는 청소년과 아동 성 학대의 한 형태로서 아동 성 착취를 살펴볼 것이다. 이 연구는 청소년의 삶을 더 잘 이해하기 위해 청소년의 목소리를 경청하고자 하며, 이를 바탕으로 의미 있는 정책을 수립하고 실행할 수 있다

(Pearce et al., 2003; Allnock and Miller, 2013). 아동 성 착취는 전 지구적 현상으로, 아동과 청소년은 모든 국가에서 착취당하지만 대다수는 동남아시아와 남아프리카에서 주로 이루어진다. 따라서 이 아동과 청소년의 취약성과 착취에 큰 영향을 주는 이주 문제에 대한 연구가 필요함을 알 수 있다.

그렇다면 전 지구적으로 성 착취를 당하는 청소년의 규모는 어느 정도나 될까?

전 세계적 상업적 아동 성 착취 ————————————

ECPAT(2014a: i)는 "지난 수십 년 동안 아동에 대한 성적 착취가 전 세계적으로 더욱 확대되고 복잡해지고 있다"라고 지적한다. 여기에는 매우 다양한 요인들이 결부되어 있는데, 빈곤, 불평등, 이주, 교육 수준, 무력 충돌, (주로 강제 이주와 관련된) 자연 재해와 그로 인한 이동, 소비문화 증가, 여성과 소녀에 대한 폭력, 조혼 및 그와 관련된 성적 착취를 비롯한 유해한 전통 관습 문제 등이 그것이다. 이 보고서는 "남아시아, 동남아시아, 태평양 지역의 경우 인신매매 피해자의 약 40%가 아동으로 다른 지역보다 많은 비율을 차지한다"라고 밝힌다(ECPAT, 2014a: iv). 이 문제에 대한 대응으로 남아시아 6개국과 동남아시아 11개국으로 구성된 동남아시아국가연합ASEAN은 해당 지역에서 상업적 아동 성 착취commercial sexual exploitation of children: CSEC를 없애기 위한 아동 매춘과 인신매매에 대항하고 개입하는 실행 계획을 개발했다. 그 계획은 아동 포르노그래피와 아동에 대한 온라인 성 착취를 종식시키기 위한 협력 개발 및 증진, 상업적 아동 성 착취에 대한 소년들의 이해 향상 및 인식 개선, 정보통신 기술 이용, 아동 피해자를 위한 정의 실현, 피해자가 목소리를 되찾도록 동료 간 교육에 대한 지원 등 국제법적 기준을 준수하는 내용으로 이루어져 있다. 유엔, ECPAT, 유럽평의회Council of Europe 회원국, 각국

정부의 활동에서 드러나는 ECPAT(2014a) 보고서와 기타 정책 대응 내용은
다음과 같이 매우 명확하다.

> 아동 성 착취가 증가하는 현상의 근본적 원인은 다양하지만, 사회적·경제적
> 주변부에 불안하게 자리 잡은 가족이 늘어날수록 모든 형태의 폭력과 학대, 착
> 취에 대한 아동의 취약성이 악화된다는 점에는 의문의 여지가 없다(2014a: 6).

상업적 아동 성 착취는 기술의 성장과 정보통신 기술뿐 아니라 아동 성
학대, 아동 매춘, 아동 포르노그래피, 매춘 목적의 인신매매와 관련되어 논의
된다. 일본 보고서에 따르면 "성 서비스는 이제 새로운 정보통신 기술의 활
용을 통해 점점 더 많이 제공되고 있다. 데레쿠라テレクラ라고 불리는 전화방
또는 매칭 웹사이트인 데아이케出会い系는 폰섹스 서비스에서 실제 성적 접촉
까지 다양한 서비스를 제공한다"(ECPAT 2014a: 15).

ECPAT, 유엔, 주요 연구진들의 연구(O'Connell Davidson, 2005)에 따르면
빈곤과 세계화가 결합된 동남아시아에서 상업적 아동 성 착취를 일으킨다.
상황은 다음과 같다.

- 아동은 빚을 갚기 위한 노예노동이나 인신매매에 희생될 가능성이 더
  크다.
- 아동은 보호자에 의해 팔아넘겨질 가능성이 더 크다.
- 아동은 사기당하거나, 강요당하거나, 납치되기도 한다.
- 아동은 집단/또래의 유인에 더 쉽게 빠져든다.
- 아동은 HIV/AIDS에 감염될 가능성이 더 높다.

고아원이나 쉼터의 아동은 특히 더 취약하다. 심리적 트라우마는 단기
적·장기적으로 모두 외상 후 스트레스, 관계 형성 장애와 애착에서의 장애,

낮은 자존감, 분리 장애 등의 결과로 이어진다.

특히 동남아시아에서 연구된 이론에 따르면 상업적 성 산업은 매춘의 사회적·경제적 토대 모두와 기술의 발달이 결합된 결과이며, 국제화·세계화 과정과도 결합되어 있다(Lim, 1998). 림은 동남아시아에서 연구를 진행하면서 아동이 성인 매춘인보다 신체적·성적 폭력을 훨씬 더 크게 경험한다고 밝혔다. 그리고 만따폰(Muntarbhorn, 1996)의 개념인 '연쇄 요인 혹은 사슬 효과'를 활용해 어린 '피해자'가 명백히 급증하는 경향이 있음을 밝혔다. 이러한 연쇄 효과는 일부 '고객'이 "아주 어린 처녀와 섹스를 해' '회춘'할 수 있다는 황당한 믿음을 기반으로 한다(Lim, 1998: 176). 사슬 효과는 아동 성 학대, 가출과 마약 구입을 위한 생존 수단으로서 성 판매 진입, '살아남기' 위해 성 판매에 의존하는 결과 사이에 (연쇄를 만드는) 연결 관계를 나타낸다. 그렇다면 상업적 성 착취에 대응하는 국제 정책의 맥락은 무엇인가?

국제 법률 및 지침

> 정부는 모든 형태의 성 착취와 성 학대에서 아동을 보호할 책임이 있다.
> _「아동 권리에 관한 유엔 협약UN Convention on the Rights of the Child」 제34조

이 내용은 「아동 권리에 관한 유엔 협약」으로 청소년 매춘에서 착취에 대해 다루는 주요 기준이 되어왔다. "아동 매춘을 근절하기 위한 시도는 「아동 권리에 관한 유엔 협약」(1989)이 수립된 이후 가장 중요한 사항이 되어왔다"(Mayorga and Velasquez, 1999: 178). 이와 관련된 국제법상의 핵심은 다음과 같다.

- 「아동 권리에 관한 유엔 협약」
- 「아동 판매, 아동 매춘, 아동 포르노에 관한 아동권리협약의 선택 의정서

Optional Protocol to the Convention on the Rights of the Child on the sale of children, child prostitution and child pornography」

- 「다국적 조직범죄에 반대하는 유엔 협약(인신매매 협약)'을 보충하는 인신매매, 특히 여성과 아동의 매매를 방지·억제·처벌하기 위한 의정서 Protocol to Prevent, Suppress and Punish Trafficking in Persons, Especially Women and Children supplementing the 'United Nations Convention against Transnational Organized Crime」

홍미로운 점은 모든 유엔 회원국이 이 협약에 승인한 것은 아니라는 점이다.

1996년 상업적 아동 성 착취에 반대하는 제1차 세계회의가 스톡홀름에서 열렸다. 여기서 아동 매춘은 아동에 대한 강요와 폭력의 형태로 정의되었으며, 결국 강요된 노동과 현대판 노예 형태에 이른다는 데 합의했다. 이 회의에서 122개국이 상업적 아동 성 착취에 맞선 「스톡홀름 행동의제The Stock-holm Agenda for Action」를 채택했다.

2006년 ECPAT 국제사무소는 54개국을 대상으로 '상업적 아동 성 착취에 맞서는 글로벌 모니터 활동GMRs'에 착수한다. 이 활동은 상업적 아동 성 착취를 해결하고 아동을 보호하기 위해 지금까지의 활동을 분석하고, 우선순위와 향후 과제를 살펴본다.

2007년 7월, 10개월간 협상 끝에 「성 착취와 성 학대에 맞서는 아동 보호에 관한 유럽 협약Protection of Children against Sexual Exploitation and Sexual Abuse」이 유럽평의회에서 채택되었다. 이 협약의 주요 목적은 아동 성 착취와 성 학대를 방지하고, 이에 맞서 싸워 아동 피해자들의 권리를 보호하는 것이다. 또한 학대에 맞서기 위한 국가적·국제적 협력을 증진하는 것이다(Council of Europe, 2007).

아동 권리엔 관한 유엔 협약이 수립된 지 25년이 되는 2014년에, ECPAT 보고서는 "상호 관련된 요인의 복합 매트릭스가 아동을 취약하게 만들고, 아동이 상업적으로 성 착취를 당하게 하는 힘과 상황을 형성한다"라고 지적한 유럽에서의 연설을 통해 아동의 상업적 성 착취의 범위와 필요성에 대해 언급한다. 이 보고서는 경제 위기와 구조적 요인, 유럽연합 확대와 이주 급증에 대해 알려준다. 즉, "2000년에 유럽에서 약 10만 명의 이주 아동이 부모나 양육자와 떨어진 것으로 추정되며, 2009년 비동반 아동 1만 5000명 이상이 유럽연합, 노르웨이, 스위스에서 망명 신청을 했다고 유엔난민고등판무관은 보고했다"(UNHCR, 2014b: 5). 이러한 교차적 요인은 인종주의, 차별, 상업적 아동 성 착취를 증가시키는 취약성 등의 요인과 결합된다.

ECPAT, 유엔, 유럽평의회는 성을 판매하는 아동·청소년을 규정하는 데 매우 분명한 언어를 사용한다. 청소년들은 아동 성 착취의 피해자이며, 여기서 아동이란 관련 국제기구의 규정에 따라 18세 이하를 지칭한다. "효과적인 대응이 국제적으로 부문을 교차해 이루어져야 한다. 어떤 정부나 단체도 홀로 이 문제에 대응할 수는 없으며, 함께 협력해야만 한다"(ECPAT, 2014a). ECPAT는 아동에 대한 상업적 성 착취 대응 세계회의와 행동 계획 20주년을 기념했다(www.ecpat.org/2016-year-of-action/ 참고).

여기서는 상업적 아동 성 착취를 규정하는 정치를 검토하려 한다.

개념 정의를 둘러싼 정치

성 판매 시장과 관련된 아동·청소년을 어떻게 정의할 것인가? 쇼와 버틀러 (Shaw and Butler, 1998: 180)에 따르면 '개념'은 항상 사회적 구성 과정의 결과물이며, 매춘은 구조화된 학대, 일상적 학대, 아동 포르노, 소아성애, 아동 매춘의 잠정적 경계 사이에서 정의된다. 상업적 성 착취에 맞서는 제1회 세계회의에 참가한 이들은 이 사안에 대해 인권의 맥락에서 접근했고, 「아동 권리에 관한 유엔 협약」 제1조에서 규정한 대로 '아동'의 범주를 18세 이하로 정의했다. 해당 협약 제1조에서 '아동'은 "18세 이하의 모든 인간으로, 아동에

표 4-1

'2003년 성범죄법'

- 상업적 아동 성 착취 및 18세 이하 아동의 성적 서비스에 비용을 지불하는 행위를 다루는 법 조항: 성적 행위 유형과 아동의 연령에 따라 7년형부터 종신형까지 처벌
- 아동이 매춘을 하도록 하거나 포르노에 출연하도록 선동하는 행위: 최고 14년형 또는 무제한 벌금
- 매춘이나 포르노에서 아동의 행동을 통제하는 것: 최고 14년형 또는 무제한 벌금
- 아동 매춘 또는 포르노에 아동이 나오도록 주선하거나 도모하는 행위: 14년형 또는 무제한 벌금

게 적용되는 다른 법적 조항이 없는 한 이에 따른다".

영국의 경우 '2003년 성범죄법Sexual Offences Act 2003'에서 아동과 성인 매춘의 법적 경계를 구분했다. 이 법은 상업적 아동 성 착취를 다루는 특정 조항을 도입했다. 이 조항은 18세 이하의 남녀 아동을 대상으로 하며, 〈표 4-1〉은 그 내용이다. '2015년 중범죄법'은 모든 법률에서 '아동 매춘'을 삭제하고 '아동 성 착취'라는 용어로 대체했다.

유엔, ECPAT, 유럽평의회(영국 포함)는 '아동 성 착취'에 대해 '폐지론적' 접근을 취하고, 상업적 아동 성 착취를 근절하려 한다. 그러나 오코넬 데이비드슨(O'Connell Davidson, 2005: 3)은 성인 매춘과 아동 매춘의 차이를 문제 삼았다. 그녀는 "'성인'과 '아동'이라는 사회적 범주가 단일하고 동질적인 그룹을 지칭하며, 다양한 사람이 겪는 경험과 현실을 간과한다"라고 밝히며 "우리는 18세 이하의 사람만 걱정해야 하는가?"라고 물었다.

> 마약을 복용하지 않는 17세 청소년보다 마약에 중독된 38세 성인이 매춘을 선택하는 상황이 더 낫다고 볼 수는 없다. 아이와 마찬가지로 어른도 대안이 없는 절망적인 상황에서는 차악의 경우 성 판매를 할 수 있으며, 또한 하겠다고 결정하는 것이다(O'Connell Davidson, 2005: 3).

ECPAT와 같은 캠페인 단체에 따르면 어른은 정보를 얻고 선택하는 위치에 있지만 아동은 그렇지 못하다. 오코넬 데이비드슨은 핵심을 이렇게 지적한다. "아동이 성적 거래를 하는 것은 그렇지 않으면 굶어 죽기 때문이다. …… 아동 발달을 위협하는 요인으로 상업적 성 착취를 파악하는 것은 주객이 전도된 일이다"(O'Connell Davidson, 2005: 42).

이러한 경고성 언급이 성 판매의 경제적·사회적 기반을 둘러싼 더 큰 이슈를 제기하며 성인 매춘과 아동 매춘을 동일한 궤적에 있는 것으로 반성하도록 요구하지만, 유럽평의회와 영국 정부, 유엔과 ECPAT 같은 국제기구는 (자발적으로 선택하는) 성인 매춘과 성 착취로 간주되는 (18세 이하의) 아동 매춘을 분명히 구분한다.

이론적 접근

정책과 실천에 관해서는 두 가지 주요 흐름이 있다. 하나는 오코넬 데이비드슨(O'Connell Davidson, 2005), 켐파두(Kempadoo, 1999), 마요르가와 벨라스케스(Mayorga and Velasquez, 1999)에 따른 것으로, 아동 매춘과 아동 성 착취 문제는 성인 성노동을 하게 되는 궤적의 일부로 보아야 한다는 주장이다. 그렇다고 아동의 취약함을 부정하는 것은 아니며, 학대, 착취, 해악적 행위에서 성관계 동의 연령 이하(혹은 그 이상)인 개인을 보호할 필요가 없다는 말도 아니다. 그러나 아동을 성인과 분리하고 어린 나이에 일어나는 성 착취라는 주요 이슈에만 초점을 맞추면, 아동 성 착취를 확대시키고 매춘에 진입하게 하는 구조적·경제적·환경적·사회문화적 맥락을 비껴가게 된다.

두 번째는 ECPAT와 유엔 같은 기구가 아동 성 착취를 근절하고 폐지하라고 요구하는 흐름인데, 아동과 청소년은 성관계 동의 여부를 밝힐 수 있는 연령 이하이며, 이들의 아동기는 보호받아야 한다고 간주하기 때문이다. 여기서는 아동 성 착취에 구체적으로 초점을 맞추고 법적 지원 및 연구와 모니터링을 통해 매춘 근절을 강조함으로써 아동 성 착취를 종식시키려는 것이다. 오코넬 데이비드은 2015년에 개발된 유엔지속가능발전목표UN Sustainable Development Goals 가운데 일부에 대해 우려를 표하는데, '빈곤을 끝장내고 지구를 보호하며 새로운 지속 가능한 개발 의제의 일환으로 모두를 위한 번영을 보장하는 일련의 목표'가 바로 그것이다. 유엔, ECPAT, 유니세프는 이러한 목표를 지원한다(www.un.org/sustainabledevelopment/sustainable-development-goals/참고).

이러한 극단적인 두 흐름의 절충이 세 번째 흐름인데, 제니 피어스Jenny Pearce가 이끄는 영국의 국가실무위원회* 연구, 베이시스Basis(Basis, 2016)와 리즈에서 이루어진 케이트 브라운Kate Brown의 연구, 올녹과 밀러(Allnock and Miller, 2013), 올녹과 웨이저(Allnock and Wager, 2016) 등이 여기에 속한다. 이들의 연구는 청소년을 중심에 두며, 청소년의 경험과 활동에 가치를 부여해 정책과 실천에 영향을 미치고자 한다. 이 과정은 참여 관찰, 행동 연구, 문화기술지 등을 통해 아동과 청소년이 말할 수 있는 공간을 제공하는 방식으로 진행되었다(O'Neill, 2001; Pearce et al., 2003; Pearce, 2006; Coy, 2007; Mai, 2007). 연구는 이러한 방식으로 청소년들이 처한 상황의 복잡성을 다루며 해결하려 했다. 영국에서 성노동하는 청소년에 대한 개념 정의의 정치는 아동 매춘 문제를 분석하는 틀과 역사적 분석에 근거하고 있다.

---

* 성적으로 착취당하는 아동과 청소년을 위한 국가실무위원회(The National Working Group for Sexually Exploited Children and Young People: NWG)는 성 착취 위험에 처해 있거나 경험한 아동과 청소년을 지원하는 단체다. 이 단체의 회원들은 건강·교육·사회 서비스에 대한 정부, 민간 서비스 부분을 담당한다.

영국의 상업적 아동 성 착취
역사는 반복되는가? ─────────────

성 판매에 아동과 청소년이 연계되는 것은 역사적 사실이자 사회적 현상이기도 하다. 빅토리아 시대(성 판매 여성을 타자화한 시기)는 아동 매춘/피해자라는 문화적 비유가 나타난 시기이기도 하다(Self, 2003; Walkowitz, 1980; Delap, 2015). '순진한' 아동(여아)이 매춘에 연관되는 것은 혐오스러운 것으로 규정되었고, 아동과 청소년은 피해자이자 타락한 존재, 약탈당한 자이자 통제 불가능하고 일탈적인 자로 규정되었다(Brown, 2004). 앨리슨 브라운Alyson Brown은 이렇게 적었다.

> 지금은 유명한 W. T. 스테드W. T. Stead가 석간신문인 ≪팔 몰 가제트Pall Mall Gaezette≫(1885)에 게재한 선정적인 시리즈 기사를 통해 아동 매춘이 최초로 전국적인 대중의 관심사로 부상해 사람들을 놀라게 했다. "소녀 공출Maiden Tribute"이라는 제목의 기사에 감성을 자극하는 방식으로 성적으로 학대받고 배신당하는 순진한 어린이들에 대한 묘사가 실리면서 이 기사는 1885년 '형법 개정안Criminal Law Amendment Act'이 최종 통과되는 데 결정적인 영향력을 미쳤다. 이 개정안은 성관계 동의 연령을 13세에서 16세로 상향 조정했고, 범죄를 다루는 경찰의 권력도 배가시켰다(Brown, 2004: 347).

W. T. 스테드 기자는 1885년 13세 소녀(처녀)를 5파운드에 사는 과정에 대해 ≪팔 몰 가제트≫에 시리즈 기사를 썼다. 기사 내용은 다음과 같다.

후기 빅토리아 시대 저널리즘의 역작을 통해 함정수사, 유괴, 소외된 소녀를 런던 사창가에 '파는 일'이 생생하게 폭로되었다. 연속으로 일련의 기사들을 쓰면서 스테드는 '지독한 묘사'로 점잖은 빅토리아 시대 사람들에게 냄새나는 사창가의 지하 범죄 세계, 사악한 여자 포주, 마약에 찌든 살롱가를 폭로했다. 그런 지하 세계에서 상류층 신사들은 "미성숙한 아이들의 아우성에도 불구하고"● 흥청거렸던 것이다(Brown, 2004: 347).

한편 헬렌 셀프Helen Self(Self, 2003), 로버츠(Roberts, 1992), 주디스 발코비츠 Judith Walkowitz(Walkowitz, 1980)는 많은 소녀와 여성 청소년이 (여성 성인과 마찬가지로) 경제적 필요 때문에 성 판매를 시작했다고 밝힌다. 또 부모나 보호자도 극심한 가난과 경제적 필요 때문에 선택의 여지가 없었으며, 반드시 "스테드가 묘사한 '수동적이고 성적으로 순결한 피해자'"는 아니었다고 밝혔다(Brown, 2004: 347).

셀프는 '백인 노예'에 대한 공포와 중간 계층의 딸을 위한다는 것이 '도덕적 패닉'을 이끌었고, 그로 인해 법이 변화했다고 주장했다(Self, 2004: 6). 사회사가들은 이 시기(빅토리아 시대와 에드워드 시대)의 사회적 태도와 가치를 통해 영국에서 매춘 문제가 조직·인식·규제되는 틀이 만들어졌다고 분명히 말한다. 이 역사적 맥락 속에서 다음과 같은 특정한 주제가 나타난다. 아동기의 정의, 강제와 '선택'이라는 쟁점, 아동기와 매춘의 연관성에 대한 도덕적 비난과 분노, 소년이 아닌 소녀에 초점을 두는 것이 법에 미친 영향, 성 판매를 질병·더러움·비참함과 문화적으로 연관시키는 구조, 비정상적인 아동/청소년처럼 사악한 구매자가 되는 것과 '부패' 세력이 되는 것 사이의 불분명한 경계 등이 그것이다.

● www.attackingthedevil.co.uk/pmg/tribute/index.php 참조(검색일: 2021.5.12).

영국에서 성을 판매하는 청소년
피해자인가 악당인가? ──────────

현대의 아동 매춘 문제는 앞에서와 같이 역사적 구성과 담론으로부터 많은 영향을 받았다. 이는 '2003년 성범죄법'을 이끌어낸 1980년대와 1990년대의 아동 자선단체 활동에서 분명히 드러난다. '아동을 위한 사회Children's Society'가 발표한 보고서 「게임은 끝났다The Game's Up」(Lee and O'Brien, 1995)는 형사 제도에서 매춘에 연관된 청소년의 범죄화와 그 경로를 밝히며 성 착취와 학대에서 아동을 보호해야 한다고 강조한다.

'2003년 성범죄법' 이전에 법 제도는 아동과 청소년을 주된 대상으로 삼았다. 아동과 청소년은 착취당하는 피해자라기보다 '범죄화된' 악인으로 인식되고 취급되는 일이 더 많았다(Barrett, 1997). 법적으로 섹스 동의 연령 이하의 여성 청소년은 당시 '1959년 거리범죄법Street Offences Act 1959'을 근거로 기소되었다. 이러한 문제점 때문에 아동 자선 기구, 학계, 연구자들이 캠페인을 벌이게 되었다.

'아동협회Children's Society'와 버나도즈●는 매춘에 관련된 청소년이 "악당이 아니라 피해자"로 간주되어야 하며, 고객은 아동 학대자로 법적 처벌을 받아야 한다고 주장했다. 브라운(Brown, 2004)은 다음과 같이 말한다. "패트릭 아이어Patrick Ayre와 데이비드 배럿David Barrett에 따르면 아동 매춘인은 적절한 복지 혜택을 받지 못하는데, 이는 대부분의 아동이 자신을 피해자로 규정하지 못하기 때문이다." 배럿과 아이어(Barrett and Ayre, 2000: 55)가 주장하듯이 "공격적이고 세상 물정에 밝으며 무질서한 청소년이 매춘뿐 아니라 절도와 마약

● 버니도즈의 두 가지 핵심 보고서는 1998년 세라 스완(Sara Swann)이 집필한 「다음은 누구의 딸인가?: 매춘으로 학대받은 아이들(Whose Daughter Next?: Children Abused through Prostitution)」과 2002년 팅크 팔머(Tink Palmer)가 집필한 「내 아들은 그럴 리 없어!: 매춘으로 학대받은 아이들(No Son of Mine!: Children Abused through Prostitution)」이다.

까지 하는 경우, 우리가 생각하는 도움이 필요한, 이상적인 아동 이미지와 부합하지 않는다"는 것이다. 연구, 논쟁, 캠페인의 결과, 2000년 영국 보건부 등은 「매춘에 연루된 아동 보호 대책Safeguarding Children Involved in Prostitution」이라는 정책 지침을 발표했다. 그리고 2003년 「아이들 한 명 한 명이 중요하다 Every Child Matters」(아동 보호 조치를 점검하고 전국적으로 평가 틀을 마련했다)라는 글이 발표되었으며, '2004년 성범죄법Sexual Offences Act 2004'이 시행되었다. 지역 당국에서는 의정서를 개발하고, 지역에서 매춘으로 성 착취를 당하는 아동을 위한 '안전조치위원회Safeguarding Boards'를 만들었다.

역사적인 아동 성 착취 사건

2012년 11월에 노스웨일스에서 오랫동안 발생한 아동 학대 혐의를 독립적으로 수사하는 팰리얼 작전이 착수되었다. 보고서 「교훈 배우기: 팰리얼 작전 Learning the Lessons: Operation Pallial」(Children's Commissioner for Wales, 2015)은 아동과 청소년들은 "학대를 당해도 너무 두렵거나 창피해서 바로 가족한테 말하지 못해서" 폭로할 수 "없었다"라고 기록한다. 한 생존자는 아동이 "말하지 못하게끔 설득되는" 방식에 대해 말했다.

그러나 아동과 청소년이 "전문가나 보모에게 말했을 때에도 무시되거나 아무런 조치도 취해지지 않았다". 보고서에 따르면, 이제 "생존자들은 기관의 문화가 사람들이 바른 일을 하지 못하게" 했으며 "우려에 귀를 기울이고 행동하는 보다 긍정적인 문화"의 필요성이 절실하다는 점을 인식하고 있다. 웨일스 아동국장이 발간한 보고서 「실종된 목소리Missing Voices」(2012)는 "독립된 전문 변호사들이 알려지며 오늘날 아동과 청소년들이 말할 수 있다"라고 밝힌다(www.childcomwales.org.uk 참고).

유명인 지미 새빌의 사건과 유트리 작전Operation Yewtree을 통해 이러한 결과를 명확히 알 수 있다. 그레이와 왓(Gray and Watt, 2013)은 "피해자에게 목소리 주기"에서 "이 충격적인 사건들에서 배워야 할 가장 중요한 교훈은 지미 새빌에 대해 폭로한 아동과 성인들과 관련이 있는데, 당시에는 거의 진지하게 받아들여지지 않았다는 점이다'.

아동학대방지협회(NSPCC, 2013)의 보고서 「그들은 진짜 나를 믿어줄 수 있을까?Would they actually have believed me?」는 관계자들에 대한 다양한 요인이 모여 당시 학대를 보고하는 것이 불가능하다고 느끼게 한다고 지적한다. 청소년은 경찰의 반응, 가족 상황, 자신에게 일어난 일에 대한 이해, 사건을 폭로하는 걸 엄청 두렵게 하는 '피해자를 비난하는' 경향과 피해자에 대한 낙인과 같은 성 학대에 부여되는 가치나 사회적 메시지에 관한 인식에 대해 말한다. 재판 절차에 대한 두려움도 많은 부분 이에 기여한다. 게다가 "언론 보도의 강도와 지속성은 많은 피해자들에게 해로운 영향을 미쳤으며, 이들은 앞으로의 조사에서 이 점이 고려되길 원했다".

또 보고서는 생존자들과 함께 경청하기 같은 작업을 할 때 중요한 제안 사항으로 "언제 어디서 말할지 선택권 제공하기, 피해자를 조사하는 게 아니라는 점을 보증하기, 진술하는 과정이 너무 힘든 피해자에게 음료 제공하기" 등에 대해 언급한다. "성장과 변화에 대해 토론할 수 있는 환경을 만드는 것은 서로 지지받음과 편안함을 느끼게 해준다. 대부분의 참가자들은 중요한 조사에서 이러한 그룹이 피해자에게 유익할 것이라고 생각했다"(NSPCC, 2013: 20~22).

2014년 6월 하이드런트 작전Operation Hydrant이 개시되면서 역사적 성 학대 사건에 대한 경찰의 활동은 더 많은 지지를 얻었다. 이 작전의 목표는 서로 다른 세력이 동일한 사람이나 기관을 조사하는지를 경찰이 확인해 중복을 줄이는 것으로, 가해 혐의자가 국회의원이나 연예인 같이 대중적으로 유명한 사람인 사건에 초점을 맞춘다.

아동 성 학대에 대한 독립적인 조사

내무부Home Office 장관은 잉글랜드와 웨일스의 기관들이 아동을 성 학대에서 보호하는 돌봄 의무 수행의 정도를 국가적으로 검토하는 소관을 가진 법적 조사를 확립시켰다.

이 조사 작업은 지방정부, 형법, 법 집행, 교육 및 종교, 국가 및 민간 부문 조직, 유명인사에 의한 학대 등 여섯 가지 분야에 걸쳐 진행된다. 조사는 5년 이상 지속될 예정이지만 응답 때문에 더 오래 지속될 수도 있다. 이 조사는 아동과 청소년의 성 학대를 예방하기 위해 어떤 변화가 필요한지 검토하고 생존자가 경험을 공유하도록 지원한다.

> 내가 처음 성 학대를 보고했을 때 나는 보육시설에 있었다. 그 사람은 정직되었고 나는 다른 보육시설로 옮겨졌다. 그 후에 그는 다시 직장에 복귀했다. 그 사람을 열다섯 살 때 보았는데, 그 사람이 같은 곳에서 일한다는 사실을 처음 알게 되었다. 나는 "어떻게 그 사람을 여기서 일하게 할 수 있죠? 어떻게 그 사람이 돌아오게 허락할 수 있어요?"라고 말했다 _ 리사(O'Neill, 2016).

진실 프로젝트Truth Projet는 조사의 일부이며 생존자에게 직접 이야기를 듣고자 한다. 증거 요청이 내려진 사람들은 다음과 같다.

- 아동일 때 보육시설, 학교, 종교, 지역사회나 국가 조직 등 제도적 환경에서 성적으로 학대당한 경우
- 제도적 환경에서 학대한 사람을 처음 만난 경우
- 아동일 때 성 학대를 당했으며 이 사실을 경찰이나 교사 같은 책임 있는 사람에게 보고했으나 그것이 무시되거나 제대로 처리되지 않은 경우

명백한 사실은 역사적인 아동 성 착취에 관한 문헌에 큰 차이가 있다는 점이다. 즉, 그 문헌은 여성과 소녀에 대한 폭력과 학대에 관한 문헌뿐 아니라 아동 성 학대의 한 형태인 아동 성 착취에 관한 문헌과도 교차한다. 앞서 언급한 공적 조사 작업과 다양한 경찰 작전은 "리즈 지역 아동 성 착취의 '역사적' 피해자/생존자를 위한 독립적 평가 지원" 등 치안 및 범죄국을 통해 내무부에서 기금을 받았으며(O'Neill, 2016), 이 분야에 대한 연구도 늘어날 것이다.

힐(Hill, 2015)에 따르면 잉글랜드와 웨일스의 아동 성 학대 보고 건수는 점차 증가하고 있으며 '유트리 효과Yewtree effect'로 일컬어지는데, 이는 2015년에 전년 대비 88% 증가한 수치다. 올녹과 웨이저(Allnock and Wager, 2016: 9)는 지미 새빌 사건에 관한 HMICHer Majesty's Inspectorate of Constabulary and Fire & Rescue Services 점검 보고서(HMIC, 2013)를 인용해 유트리 작전 개시 후 역사적 학대에 대한 보고가 100% 넘게 증가했음을 보여주어 '유트리 효과'를 입증했다.

앞서도 언급했듯 리즈와 요크셔에서는 역사적 성 학대를 다루는 두 경찰 작전이 이루어지고 있는데, 바로 1960년대에서 1980년대 사이에 리즈 지역 아동보육시설에서 발생한 신체적·성적 학대에 관한 조사를 진행 중인 폴리머 작전과 애플홀 작전이다.

웨스트요크셔 경찰 캠페인과 웹사이트 '신호 인지하기Know the Signs'는 웨스트요크셔의 5개 지역에 걸쳐 보호위원회를 지원하고, 아동 성 착취 예방 및 보고를 위한 공간 개방, 인식 제고 및 교육을 모색한다.

> 아동 성 착취는 아동 성 학대의 한 형태이다. 순전히 성인의 성적 만족을 위해
> 아동을 조직적이고 고의적으로 착취하는 것이다. 아동이라면 누구든 성 착취
> 의 피해자가 될 수 있으며, 이 범죄는 어떤 배경을 갖든 어떤 인종에 속하든 상
> 관없이 모든 소녀와 소년에게 영향을 미친다(www.westyorkshire.police.uk/
> cse).

소년과 남성 청소년

소년과 남성 청소년에 대한 연구가 상대적으로 부족하긴 해도, 아동 성 착취에 대한 복잡한 이야기를 제공하고 청소년을 다룬 연구는 꽤 있다. 이 연구들은 이들이 매춘에 어떻게 진입하는지, 얼마나 많은 이가 매춘을 하는지 다양한 이야기들을 잘 보여준다. 더불어 개프니와 베벌리(Gaffney and Beverley, 2001), 파머(Palmer, 2002), 개프니(Gaffney, 2007)는 보호시설을 떠나는 일, 가출, 생존, 성적 경험이 성 판매로 진입하는 데 어떻게 핵심적인 촉발 요인이 되는지 강조한다. 영국을 비롯해 전 세계적으로 남성 청소년과 여성 청소년은 사회경제적·문화적 환경 때문에 지속적으로 성 판매에 연루되고 있다(Mai, 2007).

　　일부 프로젝트는 남성 청소년을 대상으로 하지만, 대다수 서비스는 여성(청소년)을 위한 것이다. 몇 가지 개별적인 남성 청소년 프로젝트가 있지만, 전반적으로 소년과 남성 청소년의 지원 수요 및 서비스에 대해서는 덜 알려져 있다(Melrose and Barrett, 2004; Palmer, 2001). 가출과 같은 위험 요인은 소녀 및 여성 청소년과 마찬가지로 남성 청소년에게도 해당된다. 성 착취에 연관된 청소년 중 (전부가 아닌) 일부는 게이로 확인된다.

　　남성 청소년이 진입하는 경로는 그 궤적이 전반적으로 비슷하다. 가족이나 돌봐주는 사람 같이 유의미한 관계에서 사회적으로 이탈되고 소외되는 것, 하위문화에 빠져 있는 것, 빈곤·노숙·가출과 연계된 경제적 필요, 보호시설에서 나오는 것과 신체적·성적 학대 경험으로 인한 진입, 세계화와 섹스 관광 등이 그것이다. 그러나 대중적인 통념이 매춘과 소녀 및 여성 청소년의 관계에 훨씬 집중하기 때문에 남성 청소년은 초점이 되지 않는다. 따라서 남성 매춘이 크게 가시화되지 않은 것이다. 남성 매춘은 은폐되어 있으며, 바, 아파트, 사우나 등 잘 보이지 않는 공간에서 일어나는데,* 이는 동성애를 터부시하는 것과 관련된다(남성 매춘에 대해서는 제3장을 참조하라).

지난 30여 년간 성을 판매하는 청소년에 대한 담론은 '악당'에서 '피해자'로 옮겨 갔다. 그 덕분에 청소년의 매춘에 대해 더 많이 알려지게 되었다. 이렇게 담론이 이동하면서 법적·정책적 맥락에도 영향을 미쳤다. 아동 성 학대로 문제가 재규정되면서 강제에서 복지로(Matthews, 2005), '기소에서 보호로'(Melrose and Barrett, 2004) 감시 틀이 변화하고 있다. 청소년을 범죄화하는 것으로부터, 성 학대와 착취의 피해자로서 아동을 보호하는 것으로 이동한 것이다(Allnock and Wager, 2016; Allnock and Miller, 2013).

청소년 인신매매

아동 매춘, 상업적 아동 성 착취 담론과 더불어 미성년 인신매매에 대한 담론은 복잡하게 얽혀 있다.[*] 어거스틴은 '성 산업에서 일하기 위해 이동하는' 경제적·사회적 기반에 주목하면서(Agustin, 2007: 124) '인신매매'의 경제적·문화적 역동성을 분명히 밝힌다. 오코넬 데이비드슨은 다음과 같이 쓰고 있다.

> 몰도바에서는 성인과 마찬가지로 아동에게도 노동 이주가 삶을 향상시키기 위한 유일한 대안으로 인식된다. 이주민들이 보내는 송금액은 몰도바 국가 예산의 50%에 맞먹는다. …… 윌리엄 포크너William Faulkner의 말(Faulkner, 1961)을 달리 표현하자면, 비통함과 가난 중에 선택해야 한다면 어떤 이는 비통함을 선택할 것이며, 이는 성인뿐 아니라 아동에게도 마찬가지인 것이다(O'Connell Davidson, 2005: 84).

- 이것은 성인 매춘의 상황을 반영한다. 도덕적 잣대는 대부분 여성에게 초점이 맞추어졌다. 실제로 매춘에 대한 판례법을 보라.
- 인신매매에 대한 정보를 더 얻으려면 www.ecpat.net/eng/index.asp 참조. 영국 인신매매 센터에 대해서는 www.ukhtc.org/ 참조.

이는 밀항과 연관될 수 있는 생존을 위한 경제적 이주와 '매춘 목적의 인신매매' 사이의 교차성을 강조한다.

유니세프 보고서(UNICEF, 2017)는 에이전트들에게 기꺼이 돈을 지불하며 모국에서 겪는 갈등과 위험 상황을 피해 험난한 여정을 하는 가족의 복잡한 이야기들을 보여준다. 현실은 비동반 아동들이 특히 인신매매를 포함한 착취에 취약하다는 것이다. "그들은 종종 음식을 구걸할 수밖에 다른 선택지가 없다." 더구나 유니세프 부국장 저스틴 포시스Justin Forsyth는 2017년 유니세프 보고서에서 다음과 같이 밝혔다.

> 중앙 지중해 루트는 현재 비용을 지불하는 여성들과 어린이들이 있는 철저히 범죄화된 기업이다. 밀항자들과 인신매매자들이 이기고 있다. 이는 안전하고 합법적인 대안이 없을 때 일어나는 일이다. 국제사회가 포괄적으로 이 문제를 다룰 때이며 특히 여정에 오르는 어린이들을 보호해야 한다(UNICEF, 2017: 15).

영국의 관련 정책

상업적 성 착취를 당하는 아동을 대상으로 하는 현재 정책 및 법적 틀의 개요는 다음과 같다.

- 매춘에 연루된 아동 보호 대책Safeguarding Children Involved in Prostitution(Department of Health et al., 2000)
- '2003년 성범죄법'
- '2015년 중범죄법'
- 합동 매춘 전략Coordinated Prostitution Strategy(Home Office, 2006)
- 성 착취로부터 아동과 청소년 보호 대책Safeguarding Children and Young People

from Sexual Exploitation(Department for Children, Schools and Families, 2009)

- 아동 성 착취 대응 시행계획Tackling Child Sexual Exploitation: Action Plan(Department for Education, 2011b)

청소년의 목소리

진입 경로, 위험 요인, 생존

성을 판매하는 (남성, 여성, 트랜스젠더) 청소년의 문제는 성인 여성 성노동자와 비교하면 영국에서 상대적으로 연구가 덜 되었다. 청소년과 맞물려 있는 연구는 몇 가지 중요한 결과를 보여준다. 유니세프(UNICEF, 2017)와 멜로즈 등(Melrose et al., 1999)은 청소년이 수동적인 피해자가 아니라 전 세계적인 경제 구조가 만들어낸 상황에 대응하는 것이라고 주장한다.

청소년에 대한 영국 연구에 따르면, 다음과 같은 핵심 요인이나 취약함이 성 판매로 진입하는 경로와 연결된다.

- 내무부의 전략(Home Office, 2006)은 18세 이하 청소년의 성 판매를 다룬 다양한 연구와 정책 문서에 나와 있다. 여기에는 다음과 같은 내용이 포함된다. ① 해결책 및 전략: 「약물 문제와 거리 성 시장, 파트너십과 서비스 제공자를 위한 지침(Solutions and Strategies: Drugs Problems and Street Sex Markets, Guidance for Partnerships and Providers)」(Hunter and May, 2004). 이 지침은 경찰, DAATs, PCTs, CDRPs, 지역 당국, 위원회 위원, 서비스 제공자 및 기타 단체를 대상으로 한다. 이 지침은 매춘으로 학대를 경험하고 있으며 약물 남용 문제가 있는 18세 이하 청소년이 서비스를 받을 수 있도록 특별 참고문헌을 만들었다. ② 「거리 매춘을 방지하는 총체적 접근(Tackling Street Prostitution: Towards an Holistic Approach)」(Hester and Westmarland, 2004). 이 전반적인 평가 문서에는 "청소년 지원(Providing Support to Young People)"이라는 제목으로 한 절이 담겨 있고 18세 이하 청소년과 관련해 만들어진 여러 권고안이 포함되어 있다. ③ 「대가를 지불하기: 매춘에 대한 내무부 리뷰(Paying the Price: Home Office Review of Prostiultion)」. 이 보고서는 내무부에서 매춘과 관련된 모든 법 제도와 정책을 검토해 발표한 자문 형식으로 2004년 7월 16일에 발표되었다. 성인뿐 아니라 18세 이하 청소년도 다루고 있으며, 대부분은 18세 이하 청소년을 다룬 것이다.

- 약물 남용
- 착취, 강제, 성적 학대
- 노숙
- 우울증
- 보호시설이나 집에서 가출
- 또래 네트워크와 또래의 유인
- 경제적 필요: 채무, 가난
- 가족의 붕괴와 가정 문제

매춘을 하며 성적 착취를 당하는 것은 복잡한 삶의 관계가 갖는 맥락 속에서 만들어진다. 따라서 연구에 따르면 18세 이하의 청소년이 성을 판매하거나 교환하기까지는 대개 한 가지 요인이나 경험만 있는 것이 아니다. 청소년은 착취에 취약해질 수 있는 수많은 경험을 가질 수 있다.

사회적 배제

여기서 사회적 배제란 빈곤과 경제적 필요만으로 정의되지 않으며, 정서적 배제나 소외감까지 말하는 것이다. 청소년들은 사회적 배제의 일부로 심리적·사회적 소외를 경험한다. 피어스 등 연구진은 다음과 같은 사실을 알아냈다. "마약 및 알코올 남용으로 심각한 문제를 경험하고 성인에게 학대받은 여성 청소년들이 제출한 서류를 분석한 결과 부모나 돌봐주는 사람, 학교로부터 소외되고 [사회적] 지원에서도 고립되어 있다"(Pearce et al., 2003: 55).

성적 학대

성적 학대는 일부 청소년의 삶에서 드러나는 특징이다. 일부 청소년들은 어릴 때 당한 성적 학대에 대해 이야기한다. 이들에게 사랑·애정과 결합된 성의 의미는 어릴 적 학대 경험으로 덧칠되어 있다. 예를 들어 오닐과 캠벨(O'Neill and Campbell, 2001)은 연구를 통해 다음과 같이 말한다.

> 돈 때문에 했다고 할 수는 없어요. 나는, 나는 나 자신을 더 낫게 만드는 것 같았거든요. 아마 저항하는 것이기도 했고요. 난 아기였을 때 학대받았고, 입양됐어요. ……열네 살에 다시 보호시설로 돌아갔고…… 나는 무의식적으로……무의식적으로 남자를 좋아하지 않았어요. ……그런데도 늘 학대받는 관계를 맺었어요. 이것도 내가 감당해야 하는 일 같아요. 내게 사랑이라는 개념은 폭력적인 학대와 거부, 당신도 알겠지만, 거부당하는 뭐 그런 거 같아요(2001: 102).

올녹과 웨이저(Allnock and Wager, 2016)는 역사적 성적 학대 사건을 연구하며 다음 사실을 발견했다.

> 학대가 끝나고 초기 공개까지 평균 지연 기간은 3년에서 18년 사이로 보고되며, 일부 생존자는 성인기 중후반까지 공개하지 않는다. …… 요약하면, 일부 어린이가 공개하지 못하거나 침묵하는 것, 그리고 공개로 인한 상당한 공식적·비공식적 수혜자에 대한 보호 조치의 실패는 다음을 의미한다. 즉, 많은 아동 피해자들은 사건 공개에 대해 전문가들이 적절히 대응하지 않음으로써 더욱 증대되는 해결되지 못한 트라우마를 안은 채 성인기에 접어든다는 것이다(2016: 4).

약물 남용

청소년과 성 착취에 대한 여러 연구에 따르면 마약과 알코올 남용은 청소년이 성 판매에 진입하고 성 판매를 지속하도록 만드는 요인이다. 쿠식과 마틴 그리고 메이의 연구(Cusick, Martin and May, 2003)는 마약 사용과 매춘 진입 경로의 복잡한 관계를 살펴본다. 이 연구에 따르면 성노동과 마약 사용은 성노동에서 나가는 것이 힘들어질 정도로 서로를 강화한다. 그 '덫이 되는 요인들'은 다음과 같다.

- 18세 이전에 매춘이나 강력한 마약 사용에 연관됨
- '실외' 성노동이나 '혼자 떠돌면서' 일하는 성노동
- 지역 보호시설에 '맡겨지거나' 노숙하는 등 기타 취약 사항을 최소 한 가지 경험함

이 연구에서 가장 취약한 여성은 이러한 '덫이 되는 요인' 세 가지에 모두 노출된 사람으로서, 다음의 특징을 공유한다.

- 나이가 어리다(매춘 시작 당시의 평균 나이 13.8세).
- 마약을 복용했을 가능성이 있으며 마약을 사기 위한 돈을 벌려고 성 판매를 지속했다.
- 소녀들이다.
- 대부분은 보호시설에 '맡겨진' 경우로, 매춘을 시작했을 때 71%는 지역 보호시설에 입소해 살거나 거기에서 도망친 경우였다.
- 최소 한 명 이상 남자친구의 마약 사용을 뒷바라지했다.

노숙과 가출

오닐과 캠벨(O'Neill and Campbell, 2001)은 인터뷰를 진행한 여성 청소년들 사이에서 노숙이 집이나 보호시설을 떠나는 것과 관련 있다는 점을 밝혀냈다.

피어스 등 연구진은 집이나 보호시설에서 도망친 청소년의 경우 다음과 같은 특징이 있다고 말한다.

> 빈곤, 가족 학대, 마약 남용 및 사회적 배제/주변화로 인해 특히 취약한 상황의 청소년은 집을 뛰쳐나오게 된다. 인적·재정적 지원이 거의 없기 때문에 이들은 더욱 착취에 취약해진다(Pearce et al., 2003: 45).

지역 보호시설에서 성 판매에 진입하는 경로

매디 코이Maddy Coy(Coy, 2007)는 보호시설에 가본 적 있는 여성 청소년이 어떻게 매춘을 하게 되는지 알아내고자 했다. 코이는 성을 판매하는 여성 청소년들을 심리사회적 차원에서 살펴보았다. 그리고 지역 보호시설의 특정한 관행과 빈번하고 무계획적인 이동이라는 주요 원칙 때문에 여성 청소년들은 타인과 의미 있는 관계를 맺는 데 기반이 되는 건강한 자존감을 만들 기회가 없어진다(Coy, 2007: 14)고 주장했다.

> 내가 지금 거리에 있는 딱 한 가지 이유는 내가 시설에 있었기 때문이다. 사람들은 당신을 실망시킨다. 이렇게 하겠다, 저렇게 하겠다 말만 하고 그렇게 하지 않기 때문이다. 지금 내 인생은 그들이 망친 셈이다. _ 크리스티나, 21세

> 내게는 아무것도 없었다. 지원도 없었고 돈도 없었다. 그래서 게임을 시작했는데, 내가 겪은 인생 때문에 그렇게밖에 할 수 없었다. _ 재키, 19세(Coy, 2007: 7)

캠벨과 오닐(Campbell and O'Neill, 2004)은 보호시설에 있었던 청소년 중 상당수가 매춘을 하며 성적으로 착취되는 이유로 알려진 모든 위험 요인을 기록했다.

- 보호시설에 살거나 그곳을 떠난 청소년을 목표로 삼는 것, 또는 포주를 비롯한 착취자들의 강요
- 청소년이 보호시설로 가게 만든 문제 상황
- 보호시설 이전의 경험과 학대
- 제대로 훈련받지 않은 보호시설 직원
- 마약 사용을 위해 돈이 필요한 경우
- '보호'시설 자체의 이용 경험(잦은 이동, 사회적 낙인, 주변화)
- 또래 관계 및 또래 유인
- 노숙
- 빈곤

연구진에 따르면 청소년의 삶이 갖는 복잡성이란 일부에게는 강요와 유대, 그리고 착취가 이들이 매춘을 하게 만들지만, 단지 강요 이외에도 경제적 필요나 마찬가지로 중요한 하위문화 때문에도 매춘에 머문 것이다. 일부 아이들에게 경제적 필요는 매춘을 하도록 만들지만, 강요와 하위문화적 몰입은 이들을 그곳에 머물게 한다. 그러나 다른 아이들의 경우 성을 판매하거나 교환하는 것은 일시적 활동이며, 그들 스스로를 '매춘인'으로 규정하지 않는다.

문헌자료와 연구에서 매우 분명한 것은 역사적으로도 현재로서도 아동과 청소년의 목소리는 부재하다는 점이다.

정치의 이해와 정책 수립
청소년은 무엇을 원하는가? ─────────────

다음의 두 사례는 청소년이 함께한 참여 연구에 대한 것으로, 이를 통해 청소년들의 목소리를 명확하게 들려주고, 매춘을 하며 성적으로 착취된 청소년의

욕구에 대해 알려주려 한다. 첫 번째 사례 연구를 보자. 목소리 듣기 모임 Voices Heard Group은 북동부 지역에서 '생존을 위해 숨어 있는' 젊은이에 대한 인식을 높이고자, 숨겨져 있으며 접근하기 어려운 그룹에 다가가는 데 또래 참가자들을 이용했다. 두 번째 사례 연구는 리즈 지역에서 발생한 역사적인 성적 성 착취 사건의 피해자를 지원하는 시범사업의 일환으로, 아동 성학대의 한 형태로 역사적인 아동 성 착취 사건을 경험한 여성들의 생생한 경험을 문서화한 프로젝트이다. 리즈의 지원단체인 베이시스와 학자이자 예술가인 케이트 브라운은 공동으로 아동과 청소년기에 성적으로 착취당한 적이 있는 여성 및 남성과 함께 작업해 관련 문제를 해결할 수 있는 실질적인 자원을 제공했다. 이 협력 사업은 청소년을 위한 소책자와 보고서를 발간했으며, 창의적인 방식으로 청소년들의 목소리를 공유하도록 애니메이션을 제작해 광범위한 사람들이 알 수 있게 했다.•

사례 연구 1   **『살아남기 위해 숨다』**
Hidden for Survival(2007)

이 연구는 선덜랜드, 뉴캐슬, 게이츠헤드, 노스타인사이드, 사우스타인사이드 지역의 비가시화된 성 시장에서 진행되는 '목소리 듣기 모임'에 관한 것이다. 목소리 듣기 모임은 "문제가 되는 마약의 사용과 성 산업에서 일하는 것을 모두 그만둔 또래 연구자 그룹이다. 이 연구는 그룹에서 수행한 첫 번째 연구이다(Voices Heard Group et al., 2008: i).
또래 참여자는 '다가가기 어려운' 청소년을 만났다.

• 애니메이션을 보고 생애 이야기를 읽으려면 http://basisyorkshire.org.uk/training-resources/
breaking-through-moving-on-from-cse/ 그리고 www.youtube.com/watch?v=AltnP55q54c&
feature=youtu.be를 참고하라.

마약 사용

- 다른 마약 사용 집단보다 일일 마약 사용량이 더 많다(여성보다 남성이 더 많이 사용).
- 여성이 마약 치료를 중단하는 요인은 아동 보호와 가정폭력 문제이다.
- 정맥[주사]으로 마약을 투약하는 비중이 높다(63%). 헤로인, 코카인, 크랙 코카인, 알코올을 정맥으로 투약한다.
- 대부분 본인이 주사를 놓지 않고 위험한 주사 방법을 사용하는 경우도 많다.

건강

- 폭력적인 고객으로 인한 신체 통증을 많이 보고한다(57%).
- 성노동으로 인한 정신 건강 문제와 정서적 충격을 많이 보고한다.
- 피임 관련 서비스를 이용한 비율이 낮다(24.5%).
- 성 건강 또는 비뇨생식기를 다루는 GUM(Genito-Uurinary Medicine) 클리닉을 사용한 비율이 적다(GUM을 방문한 사람은 43%).
- 4분의 1 정도가 일 때문에 성병에 걸렸다고 생각한다.

성노동

- 응답자들은 일하기 위해 북동부 전 지역을 돌아다닌다.
- 주요 시장은 두 종류이다: 가격대가 낮은 경우 모텔이나 호스텔에서 일하며, 가격대가 높은 시장에서는 알선업자에게 고용된다고 응답했다.
- 콘돔 사용률이 낮다.
- 위험한 성적 행동을 한다고 밝혀졌다.
- 응답자들은 신체적·성적 폭력 대부분을 신고하지 않는 비율이 높다.
  - "집주인이 나를 위해 모든 예약을 해줘요. 집세에서 그녀 몫을 챙기고 제 몫을 받는 조건으로 침대를 무료로 사용하죠."
  - "사람들은 어디로 갈지 알고 있고, 우린 모두 여기서 어린 아가씨들이에요. 남자들은 어디로 갈지 알고, 뭘 찾아야 하는지도 알죠. 그걸 허용하든 아니든 모든 사람이 그걸 하죠."

"피자 가게 친구들은 전혀 문제가 안 되죠. 배가 고프면 피자를 주고, 고객이 필요할 때는 고객을 찾아줘요. …… 주인에게 하룻밤에 20파운드를 주면 고객이 음식을 기다리는 동안 뒷방에서 내가 고객을 상대하게 해줘요."

사례 연구 2　　　　　　　　　　　　　　　　　　　　**『돌파: 아동 성 착취에서 벗어나기』**
　　　　　　　　　　　　Breaking Through: Moving on from Child Sexual Exploitation (2016)

이 사례 연구는 리즈 지역에서 행해졌으며 2016년에 베이시스 요크셔(Basis Yorkshire)
가 케이트 브라운[•] 박사와 협력해 진행했다.

영국에서 아동 성 착취에 대한 우려가 널리 퍼져 있지만, 이 문제에 어떻게 대응할 것
인가에 대한 논의에서 이를 경험한 사람들의 목소리는 종종 간과된다. 최근 몇 년 동안
학대가 발생하는 방식에 더 많은 관심을 기울이게 되었지만, 청소년들이 상업적 성 착
취에서 어떻게 벗어나며 이 과정에서 최선의 지원책은 무엇인지에 관해서는 거의 들어
보지 못했다(Basis, 2016: 1).

『돌파』는 상업적 성 착취 경험이 있는 청소년이 연구자, 예술가, 상업적 성 착취를 지
원하는 직원과 함께 제작한 자료집으로, 상업적 성 착취에서 벗어난 실제 이야기들이
담겨 있다.

이 프로젝트는 (앞서 논의한) 청소년의 목소리가 상업적 성 착취가 어떻게 다루어질 것
인가에 대한 논쟁에서 종종 지워지거나 부재하다는 전제에서 도출되었다(Berelowitz
et al., 2012). 베이시스(Basis, 2016)와 함께 진행한 케이트 브라운의 연구는 다음과
같이 기록한다.

> 학대가 일어나는 각기 다른 방식에 관한 생생한 설명은 복지 시스템, 형법
> 적 대응, 교육, 돈에 대한 접근, 부모와의 관계, 서비스와 전문가를 통한 중
> 재와 같은 광범위한 요소들에 의해 상업적 성 착취의 경험이 어떻게 형성되
> 는지에 대한 고유한 통찰을 제공한다.

청소년들이 증언한 이야기들과 그 후속으로 케이트와 예술가, 만화 제작자가 공동으로
만든 애니메이션은 소녀와 소년에게 상업적 성 착취가 어떻게 일어나는지를 보여주며,
돌봄과 '골칫거리'가 되는 경험, 경찰과의 실랑이, 학교에서의 문제, 마약과 술에 관한
경험을 포함한다. 청소년은 자신의 상황에 대해 비난받았다고 설명하며, "만약 서비스
가 효과적이라면, 가장 '지원받을 만한' 청소년뿐 아니라 '곤란한' 행동을 하는 이들에
게도 지원되어야 한다"라고 말한다.

● 　케이트 브라운 박사가 나온 투데이 프로그램을 보려면 다음을 참고하라. www.bbc.co.uk/program
　　mes/b081zdy2#playt=0h54m46s

청소년이 말한 모든 이야기들은 "무슨 일이 일어났는지 말하고 경청하며 전문가들이 자신들의 편임을 확신하도록 시간을 충분히 가지며 전문가가 청소년과 신뢰를 형성하는 게 얼마나 중요한지 보여준다". 그와 동시에, 행위성이 발휘되려면 적절한 자원과 시간이 필요하다.

> 많은 범인들이 아빠 행세를 했다. 그들은 당신이 얼마나 취약한지 머리에 타투로 새기지 않아도 알 수 있었다. 두 녀석이 나를 시내에서 태워 브래드포드로 데려갔고, 거기서 석 달 동안 살았다. 경찰이 나를 찾아낼 때까지 나는 그것이 상업적 성 착취라는 걸 알지 못했다.
>
> 한번은 내 목 주위와 허리, 허벅지, 팔에 멍이 들어 병원에 일주일 동안 입원했다. 나는 약 때문에 혀를 깨물었는데, 부어오른 혀가 목구멍을 막았다. 나는 철저히 조사를 받았는데, 경찰은 내가 스스로 상해를 입혔으며 아버지가 자살한 후 정신적으로 문제가 생긴 것이라고 말했다. 그러나 손자국이 내 목 주위에 있었는데, 그가 내 목을 조르고 벽으로 내동댕이쳐서 생긴 것이었다. 그는 20대였으며, 나는 15살이고 미약으로 몸무게가 40킬로그램밖에 나가지 않았다.
>
> 그는 문자메시지를 보냈고, 경찰이 떠나자마자 병원에 왔다. 그는 내게 담배 200개비를 주며 아무것도 말하지 말라고 말했다.
>
> 나는 병원을 나와 두 녀석에게 태워져서 브래드포드로 갔고, 거기에서 석 달 동안 살았다. 한 가족이 나를 착취했다. 그들은 아무도 나를 알아보지 못하도록 머리를 자르고 염색했으며 이름을 바꿨다. 그들은 내 정체성을 모두 빼앗았는데, 진짜 나쁜 놈들이었다. 3개월 동안 매일 학대를 당하며 지냈는데, 여럿이 내게 그런 짓을 했다. 그들은 나를 병원에 데려갔고, 비웃었다. 많은 사람들은 무슬림 남자가 그랬다고 생각했지만, 여성과 백인 남성과 흑인 남성이 다 연관되어 있었다. 살인 및 중요 범죄 조사팀이 그 사건을 맡아 두 사람을 체포했다. 그들 중 한 명은 은닉죄와 관련된 경고를 받았지만 아무런 증거도 찾지 못했다. …… 그렇다. 그 가족은 내가 정말 처벌되길 원했던 사람들이었다. 나는 그들이 나를 지켜준 게 아니라는 것을 증명하고 싶었고, 나는 결코 포기하지 않을 것이다. _ 피닉스, 23세

> 내가 거기에 연루되기 전에 나는 돌봄시설에서 한 여자애와 있었는데, 두 남자가 우리를 호텔로 오라고 요구했다. 나는 의심스러웠지만 그녀는 가고 싶어 했다. 그들은 마리화나와 음료를 주었고, 코로 흡입하라며 물건을 우

그림 4-1

자료집 표지: 불사조의 이미지

자료: 예술가 루시 바커(Lucy Barker)와 베이시스 요크셔, 요크대학교 케이트 브라운 박사의 허락 아래 사용했다. 이 이미지는 책 『돌파(Breaking Through)』(2016)의 표지로 만들어졌다.

리 코앞에 놓았다. 마약 효과가 나타나기 시작했을 때 더 많은 남자들이 방에 들어왔다. 나는 그게 상상인지 실제 일어나는 일인지 분간하지 못했다. 나는 환각에 빠진 상태였다. _ 나탈리, 20세

어느 날 밤에 돌봄시설 야간 근무 직원이 당신을 잠자리에서 데리고 나온다. 새벽 두세 시에 당신의 머리채를 잡고 샤워실로 끌고 가며 내 입을 손으로 막는다. _ 샤론, 43세

나는 피해자가 싫고 생존자도 싫다. 한 피해자는 당신이 여전히 그 과정의 일부이며 손상되었다고 말했다. 생존자란 그것을 겪었음을 뜻한다. 작가 샤이 키넌(Shy Keenan)은 자기를 불사조라고 부른다. …… 나는 그것을 좋아한다. _ 피닉스

참가자들은 정책과 실행, 상업적 성 착취를 경험한 청소년들을 위해 다음과 같이 조언을 해주었다.

리버티 만약 누군가를 만나고 그들이 매일 물건을 사주고 사랑한다고 말한다면, 그것에 대해 생각해 보고 너 자신에게 물어라. 내가 무엇을 하고 있지? 내가 잘 하고 있나?

샤론 표식을 찾아라. 학대당하는 아동들은 자기 안으로 들어간다. 그들은 혼자 있길 원한다. 그들은 더 피곤해 보인다. 그들은 자신의 일을 아주 잘하지 못한다.

대니얼 벽을 쌓고 있는 누군가를 밀어붙이는 것은 단지 그를 뒤로 물러나게 할 뿐이다. 만약 누군가 내가 원치 않는 무언가를 하길 원한다면, 이제 나는 그에 대고 말할 수 있는 자신감이 있다.

피닉스 그들이 무언가 공개할 때, 착수해라. 만약 소녀와 소년들이 그에 대해 말할 때 경청해라.

나탈리 그들이 당신을 위해 거기에 실제로 있다는 사실을 믿을 때까지 직원들은 당신의 편이 되어야만 한다.

피닉스 그들은 당신을 사랑하지 않으며 당신을 보호하거나 안전하게 지키지도 않을 것이다.

제이드 나이가 많은 누군가에게 말하라. 부모, 이모, 친구, 지원하는 직원, 청소년 직원이나 교사 등 신뢰할 수 있는 사람에게. 그 상황을 이용하려는 사람 말고.

대니얼 경찰과 교사는 소년들을 소녀들과 다르게 취급해선 안 된다. 왜냐하면 소년들도 똑같은 일을 겪었고 똑같은 말을 들었으며 똑같은 것을 제공받았기 때문이다.

열세 살짜리 소년이 학대를 당하고 있다는 사실이 그가 그것에 맞서서 막아낼 수 있음을 뜻하지 않는다. 다른 소녀의 경우와 마찬가지로, 그 또한 열세 살 소년일 뿐이다.

향후 정책과 연구 ———————

앞서 기록된 청소년과의 작업과 이들을 위한 연구 결과, 다음과 같이 결론 내릴 수 있다. 이들은 우선 돌봄을 받고, 아동 성 착취 경험을 공개할 때 그것을 경청하고 믿어주길 바라며, 그 가운데 일부는 마약을 줄이고, 교육받으며, 직업을 구하고, 안전한 거주지를 구하며, 정서적 지원과 이야기 나눌 누군가를 필요로 했다. 또한 전략 및 서비스 제공은 청소년의 복잡한 요구에 기반을 두어야 한다. 청소년의 욕구에 따라야 하며, 위험 예방, 지원, 치료 서비스, 안전한 숙소, 돌봄 및 관련 다른 서비스도 이를 기반으로 해야 한다.

앞의 서술을 토대로 향후 정책과 연구 과제를 다음과 같이 정리할 수 있다.

- 제한된 기회를 비롯해 청소년을 소외시키고 악영향을 미치는 구조적 요인을 다루어야 한다. 목소리 듣기 모임Voice Heard Group 조사가 보여주듯, 청소년은 생존하고 '살아가기' 위해 가족, 국가, 공식 경제 사이의 공간에서 길을 모색할 수밖에 없다.
- 사회적·문화적 요인을 다루어야 한다. 이는 성적 착취를 당하고 계속 연관되도록 촉진하는 요소다. 여기에는 학교, 정부, 비정부 부문, '후원' 제도, 법률 및 규제 틀, 복지 수당 체계와 내무부 등 교육과 복지 기관이 협업하는 역할이 포함된다. 그러나 이 기관들은 아동 성 착취를 당한 청소년과 관련된 또 다른 심층적인 요인이 있음을 인지하고 그 욕구를 파악해야 한다.
- 마약과 위험 행동에 관련되는 문제를 해결해야 한다. 청소년의 목소리를 경청하면 마약 사용과 성 판매는 어느 정도 그들이 살고 있는 물적·구조적 조건이 기존 사회 질서와의 결속을 느슨하게 하고 '떠도는drift' 상태로 이들을 내버려 두었다는 맥락으로 이해된다는 점이 분명해진다(Melrose et al., 1999). 그러므로 이들의 정체성은 거리 문화, 빈곤과

불우함으로 나타나는 하위문화에서 발견된다. 이것이 바로 '드러나지 않은 목소리'다.

- 더 풍부한 지식과 이해에 기반한 문화를 법적 지원 서비스에서 조성해, 역사적인 상업적 아동 성 착취 사건의 피해자를 더 잘 지원해야 한다. 생존자의 참여를 도모하고 그들에게 영향을 미치는 결정에 직접 참여하도록 하는 방법을 고려하라. 이를 통해 역사적인 성 착취 사건의 피해자들과 함께 작업할 때, 치유와 변화를 위한 공간의 필요성을 인식하고 아동과 청소년의 목소리를 경청하며 더 폭넓은 돌봄 문화를 형성하는 데 기여할 수 있다.
- 청소년의 목소리에 귀를 기울여라! 상업적 아동 성 착취의 사회적 구조를 성 착취 문제로 새롭게 제기하는 연구가 필요하다. 참여 행동 연구 방법론을 사용하고, 청소년의 드러나지 않은 목소리를 들을 공간을 만들어내면 이러한 연구를 통해 정책에 영향을 미칠 수 있다.

포괄적인 맥락에서 ECPAT와 유엔 그리고 유럽평의회는 세계화·빈곤·이주(인신매매라고 종종 정의된다)의 역동성이라는 맥락에서 상업적 아동 성 착취를 근절하고자 한다. 청소년과 성인이 절대적 빈곤에 대한 절박한 대안으로 성 산업에 드나들고 아동과 청소년이 갈등과 황폐한 삶 그리고 가족과 지역사회에서 도주하며 성적으로 착취당한다는 점을 인정한다면, 우리는 글로벌 정치와 더 크고 복잡한 그림의 일부로서 전 지구화에 확실히 초점을 두어야 한다. 상업적 성 착취 근절은 상업적 아동 성 착취를 철폐하는 것 이상을 요구할 것이며, 아동과 청소년을 피해자로 보는 것은 학대자와 피해자 사이의 관계로 시작하고 끝나지 않는다. 또 18세 이상의 사람에 대한 평가 기준 전환을 고려하더라도, '청소년의 성장을 위협하는 성 착취'에만 초점을 맞출 것이 아니라 성 산업에 진입하고 이를 유지하게 하는 착취의 사회경제적·문화적 기반을 다루고 고려해야 한다.

가장 중요하게는, 아동과 청소년을 피해자로 인식하면서도 그들의 행위과 자율성이 존중되어야 한다. 그들은 생존자이며 불사조로 재현된다(Basis, 2016).

Allnock, D. and P. Miller. 2013. "No one noticed, no one heard: a study of childhood disclo-sures of abuse." London: NSPCC. https://learning.nspcc.org.uk/research-resources/2013/no-one-noticed-no-one-heard/(검색일: 2021.5.12).

☞ 저자들은 아동기에 학대와 폭력을 경험한 18~24세 청소년 60명을 대상으로 한 인터뷰를 근거로 (널리 알려진 연구 결과와 대조적으로) 80% 정도가 자신의 학대를 공개하려고 노력했다고 밝혔다. 청소년들은 '무언가 잘못되었음을 누군가 알아차리고, 직접 물어보기를 원했으며, 전문가들이 민감하지만 철저하게 조사하기를 그리고 무슨 일이 일어나고 있는지 계속 알려지기를' 바랐다.

Basis. 2016. *Breaking Through: Moving on from Child Sexual Exploitation.* York: The University of York. http://basisyorkshire.org.uk/wp-content/uploads/2016/11/Breaking-through-final-A4-internet-pdf.pdf(검색일: 2021.5.12).

☞ 케이트 브라운 박사와 협력해 개발한 책자로, 그는 청소년들과 함께 상업적 성 착취에 대한 그들의 경험과 이야기하는 작업을 해왔다. 보고서에 나오는 내용은 청소년들의 이야기 전부로 뒷받침이 된다. 이 책은 청소년들이 제작한 책자와 애니메이션과 함께 읽어야 한다. 다음 사이트를 참고하라.
• www.youtube.com/watch?v=AltnP55q54c&feature=youtu.be
• http://basisyorkshire.org.uk/wp-content/uploads/2016/11/A5-Young-Peoples-Booklet.pdf

Brown, A. and D. Barrett. 2002. *'Knowledge of Evil': Child Prostitution and Child Sexual Abuse in Twentieth Century England.* Cullompton: Willan.

☞ 이 책은 관련 분야 전문가 두 명이 쓴 것으로, 20세기 아동 성 학대의 한 형태인 '아동 매춘'에 대한 역사와 분석을 모두 제공한다

O'Connell Davidson, J. 2005. *Children in the Global Sex Trade.* Cambridge: Polity.

☞ 오코넬 데이비슨(O'Connell Davidson)은 인신매매, 매춘, 포르노그래피를 포함한 서로 다른 아동 성 착취의 서로 다른 측면을 검토하며 '성매매'에서 아동의 개입과 착취를 떠받치는 복합적 요인들을 탐구한다.

Pearce, J. with M. Williams, and C. Galvin, 2003. *The Choice and Opportunity Project: Young Women and Sexual Exploitation.* York: Joseph Rowntree Foundation. www.jrf.org.uk/report/choice-and-opportunity-project-youngwomen-and-sexual-exploitation(검색일: 2021.5.12).

☞ 이 보고서는 성적 착취를 경험하거나 그런 위험에 놓인 여성 청소년에 대한 연구에서 55명의 사례를 분석한 것이다. 여성 청소년이 활용 가능한 기회 및 위험에 대해 밝히며, 그들이 경험한 위험을 성적 착취의 위험, 스와핑 섹스(swapping sex), 성 판매 등 세 가지 범주로 분류한다. 이 연구는 여성 청소년의 목소리와 이해에 근거해 의견을 제시한다.

생각해 볼 거리

① "아동이 성적 거래를 하는 것은 그 일을 하지 않으면 굶어 죽기 때문이다. …… 아동 발달을 위협하는 요인으로 상업적 성 착취를 파악하는 것은 주객이 전도된 일이다"(O'Connell Davidson, 2005: 142). 이 말에 동의하는가?
② 청소년들이 상업적 성 착취에 들어가는 경로를 비판적으로 검토하고, 당신이 실행하고자 하는 정책 목표에 대해 서술하라.
③ 아동에 대한 상업적 성 착취는 전 지구화의 진행과 그 현실에 어느 정도 포함되어 있는가?

제 5 장

성 서비스 구매

uying Sexual Services

이 장은 상업적 성 서비스를 구매하는 서로 다른 집단 유형을 분석한다. 먼저 성을 실제로 구매하는 집단을 살펴본다. 이를테면 남성 에스코트 서비스[용어 해설 참조]와 (보다 적지만) 여성의 성 서비스를 구매하는 여성, 남성의 성 서비스를 구매하는 남성, 더욱 전통적인 형태인 성 산업에 종사하는 여성의 성을 구매하는 남성이 있다. 다음으로, 성 서비스 구매 동기와 성을 구매하는 남성 집단의 다양성, 성 서비스 구매에 결부된 의미를 살펴보기 위해 문헌과 자료를 검토한다. 또한 성 거래에서 성노동자와 고객 간 관계의 복잡성을 다루는데, 그 관계에서 어떤 일이 벌어지는지에 대한 기존의 통념에 문제를 제기한다. 상업적 교환의 일환으로서 감정과 친밀성이 어떻게 연결되는지 살펴보기 때문이다. 일부 고객은 성노동자에게 폭력을 행사하기도 하지만, 대다수 남성이 성 구매 과정에서 책임감 있는 면모를 보이기도 한다. 남성 성 구매자에 대해서는 여성 성노동자에 대한 남성의 '수요' 증가를 둘러싼 정부의 관심사와 관련해 논의된다. 이러한 주장은 논란거리가 되기 때문에 비판적으로 다루어질 것이다. 끝으로, 성을 구매하는 남성을 범죄화하려는 정치적 욕구를 영국과 해외에서 살펴본다. 매춘 정책은 '수요 차단tackling demand'에 우선순위를 두는데, 이는 성 서비스를 규제하는 보다 더 폭넓은 쟁점과 관련해 다루어질 것이다.

누가 성을 구매하는가?

성 서비스를 누가 구매하는지 논의할 때 일반적인 통념은 남성이 여성의 성을 구매한다는 것이다. '차를 이용한 거리 성 구매kerb-crawler'를 하는 남성이 거리의 여성 성노동자를 찾아 도심의 '홍등가'를 헤매는 모습을 떠올리는 것이 전형적이다. 거리 매춘에 대한 미디어의 이러한 반복적인 이미지와 성 구매로 체포된 유명인의 사건은 대중적으로 각인되고 있다. 대중문화는 부유한 남성이 거리 매춘부를 가난과 비참한 삶에서 '구원하는' 영화 〈귀여운 여인Pretty Woman〉의 이미지로 넘쳐난다(Hallgrimsdottir et al., 2006). 그러나 거리 성 시장에서 주로 남성이 여성의 성을 구매한다는 생각은 일종의 신화에 불과하다. 다양한 환경에서 여러 유형의 상업적 성을 구매하는 서로 다른 집단이 존재한다. 이제 성 서비스를 구매하는 사람의 다양성과 복합적인 특성을 살펴보자.

성을 구매하는 여성

성인용품점에서 섹스 용품이나 기구를 구매하고, 여성이 보는 게이 남성 포르노그래피를 포함해 포르노 매체를 소비하며(Neville, 2015), 성 산업의 다양한 유형을 자기 삶의 스타일로 선택하고(Coella, 2008), 적극적으로 다양한 성 산업에 참여하는 여성이 점차 증가하고 있다(Malina and Schmidt, 1997; Storr, 2003). 우리는 남성 스트리퍼의 에로틱 댄스와 누드쇼를 즐기는 여성의 시선에 대해 알고 있다(Smith, 2002). 모든 섹슈얼리티의 여성들이 넓은 의미에서 상업적 성과 관련되어 있다고 좀 더 상세하게 설명되기도 한다. 예를 들어 여성 에로틱 댄스를 보는 여성 관객에 대한 분석(Pilcher, 2012, 2016)을 참고하면, 연기자와 관객은 에로틱한 공연을 수행하고 또 보면서 이성애 정상성 담론에 도전한다. 남성 에스코트, 커플, 여성의 성 등 성노동자에게 서비스를 구매하는 여성에 대한 최초의 포괄적인 연구가 영국에서 진행되어 왔는데, 이는 섹스 관광의 맥락은 아니다(Kingston, Hammond and Redman, 2020).

전통적으로 여성의 성 서비스 구매에 초점을 맞춘 학계 연구는 '여성의 섹스 관광'이라는 맥락에서 이루어져 왔다. '섹스 관광'이라는 일반적 개념이 갖는 혼란에 대해 몇 가지 논평이 있으며(Oeffreys, 2003; Ryan and Hall, 2001), 여성의 상업적 성 구매를 '로맨스 관광'으로 이해하며 젠더화된 역학으로 설명하는 것에 대한 비판이 있다. 재클린 샌체즈 테일러Jacqueline Sanchez Taylor는 젠더와 이성애주의가 여성 섹스 관광의 쟁점을 흐린다고 주장하며(Sanchez Taylor, 2001), 남성 성노동자의 성 착취와 피해자화는 대개 특권화된 백인 여성과 가난한 흑인 남성 사이에 발생하며 인종차별적 권력의 시선을 통해 이해되어야 한다고 강조한다. 이러한 관점에서 테일러(Taylor, 2006: 43)는 '로맨스 관광'이라는 용어가 현실을 가리며, 성을 구매하는 사람이 여성인 경우에 섹스 관광을 수용 가능한 개념으로 만드는 '이중 잣대'가 적용된 것이라고 주장한다.

오코넬 데이비드슨(O'Connell Davidson, 1998: 81)은 여성 섹스 관광객이 카리브해, 고아, 코스타리카, 쿠바, 베네수엘라 등의 관광지에서 현지 남성에게 로맨틱한 성 서비스를 구매하기 위해 자신의 경제적 특권과 권력을 어떻게 이용하는지 설명한다. 그녀는 서구 백인 여성이 현지 남성에게 성적으로 접근하기 위해 인종적으로 위계화된 권력을 이용한다고 주장한다. 오히려 여성 성 관광객은 남성과 소년에 의해 자신이 아름답고 여성스러우며 섹시한 여성으로 정의되고 찬양받는 분위기에 젖어, 실제로는 성 역할 고정관념에 도전하기보다 전통적인 젠더 역할을 확고히 하기 위해 자신의 경제력을 이용한다고 주장한다. 여기서는 단순히 남성에서 여성으로 고객의 젠더를 바꾼 것이 어떻게 다른 질문을 제기하는지 확인할 수 있지만, 상업적 성관계의 본질은 여전히 동일한 인종·계급·젠더를 기반으로 한 역학의 규칙을 따른다는 것을 알 수 있다(Mendoza, 2013 참고).

남성의 성을 구매하는 남성

남성의 성을 구매하는 남성이 실제로 얼마나 되는지는 전체 인구, 연령층, 다양한 유형의 섹슈얼리티와 관계 맺는 방식에 따라 다르게 나타나기 때문에 추산하기가 매우 어렵다(Groom and Nandwini, 2006; Minichiello et al., 2002, Scott et al., 2005 참고). 개프니와 베벌리(Gaffney and Beverly, 2001)는 런던의 남성 성노동 시장의 규모를 설명하며, 고객의 대다수는 게이가 아니지만 성노동자 대다수는 게이임을 강조했다(제3장 참고). 남성은 거리(Ellison and Weitzer, 2016), 에스코트 서비스, 게이 포르노, 스트립(Boden, 2007), 남성 전용 바의 에로틱 댄스(Escoffier, 2007), 인터넷 사이트와 기타 전문 서비스(Bimbi, 2007 참조)를 포함한 다양한 시장과 자원을 동원해 성을 구매한다(Escoffier, 2007). 온라인으로 개발된 남성을 위한 남성 성 서비스는 다양한 광고(Lee-Gonyea et al., 2009; Tyler, 2015)와 (데이팅 앱을 포함한) '만남hook up' 사이트들을 통해 중요한 성장을 이루어왔다. 이는 일상의 상호작용에서 디지털 기술을 이용하는 관계로 광범위한 이동이 이루어졌음을 반영한다. 덧붙여 트랜스젠더 성 시장에서 성을 구매하는 사람도 주로 남성이다(제3장 참고).

남성 성노동이 발생하는 정도와 공간들에 대해서는 현재 문헌으로 잘 기록되어 있는데, 대도시와 농촌 지역에서 남성 성노동이 어떤 다른 특징을 갖는지 주목한다. 그러나 남성 성노동자가 고객과 맺는 관계의 유형은 일회적이고 익명인 성 경험부터 서로 돌봐주는 친구 관계 그 이상으로 발전하는 '정기적' 관계까지 다양하다(Browne and minichiello, 1995; Davies and Feldman, 1999). 월비(Walby, 2012)는 남성 간 상업적 관계에서 노동자와 고객 사이의 감정적·신체적 친밀성에 대해 말하며 '남자친구 대행boyfriend experience'을 보여준다.

전 세계의 관광지에서 남성에게 성을 판매하는 남성의 삶·경험·섹슈얼리티를 보여주는 많은 문헌이 존재한다. 애글턴(Aggleton, 1999)이 수집한 자료는 전 세계 16개 국가에서 남성의 성이 판매되고 교환되는 문화적·사회적·정치적·종교적 맥락을 보여주며, 이러한 성노동 형태의 복합성과 구조적 역학을 강조한다. 남성 대 남성의 섹스 관광은 여성이 구매하는 섹스 관광에 비해 좀 더 넓은 범위에서 발생하는 현상으로, 성 정체성과 삶의 방식이 규정되지도 분리되지도 않는 가운데 남성들 간의 다양한 관계를 포괄한다. 우리는 남성 성노동을 구매하는 게이 남성을 위한 섹스 관광이 전 세계 주요 목적지에 있음을 알고 있다. 멘도자(Mendoza, 2013)는 게이 라이프스타일이 미국 시민을 더 빈곤한 멕시코 남성 성노동자와 묶는, 서부 멕시코 푸에르토 발란타Puerto Vallanta의 입지에 대해 기록한다. 파딜라(Padilla, 2007)는 도미니카공화국의 여러 지역에 대한 문화기술지 연구를 통해 이에 대한 또 다른 좋은 사례를 보여주는데, 이는 지역에서 (경제적으로 중요한) 유흥 산업의 형태를 띠고 있는 비공식 노동 경제의 사례다. 파딜라(Padilla, 2007: x)는 흑인 남성의 몸이 백인 (남녀) 관광객에게 임시로 매매되는 상황을 "새롭게 상품화된 달콤함new brand of sweetness"이라 칭하며, 섹스보다 설탕이 귀했던 노예무역의 식민지 역사가 반영된 것이라고 지적한다. 남성 판매자와 남성 구매자의 관계는 복잡하다. 이는 동성애나 양성애 정체성이 아닌 규범적인 이성애 관계에서 일어나기 때문이다. 파딜라는 남성 성노동자가 채택한 낙인 관리 전략을 설명하고, 동성 간 섹스를 바라보는 대중의 관점이나 이들을 의심의 눈초리로 보는 시선을 극복하기 위한 일상의 투쟁에 대해서도 설명한다. (백인) 여성 섹스 관광객이 휴양지에서 흑인 남성의 몸을 에로스적 욕망으로 대상화한다는 다른 연구자의 주장과 마찬가지로, 파딜라는 흑인 남성에 대한 남성 고객의 성적 판타지가 "문화적이고 역사적으로 매우 특수한 차이를 어떻게 에로틱하게 만들고 상품화"하는지 보여준다(Padilla, 2007: 208).

여성의 성을 구매하는 남성

성 구매 인구를 추정하는 방법론에 문제가 없는 것은 아니지만, 이에 관한 통계적 근거는 성 구매가 증가했다고 밝힌다(Ward et al., 2005). 영국을 대상으로 실시된 「전국 성 관련 태도와 생활양식 조사National Survey of Sexual Attitudes and Lifestyles: Nastal-3」에서 2010~2012년 사이 이루어진 남성의 성 구매 경험에 대해 조사했는데, 16~74세 남성 6293명 가운데 11%가 구매 경험이 있는 것으로 밝혀졌다(Jones et al., 2014).

성을 구매하는 가장 큰 그룹에서 보이는 양상은, 인구 전반에 걸쳐 다양한 사람들이 여성 성 산업과 연관되어 있으며 '유형'이 없다는 것이다(Monto, 2010). 설리번과 사이먼(Sullivan and Simon, 1998: 147)은 1992년 미국 국민보건 사회생활조사National Health and Social Life Survey를 통해 3432건의 설문을 수집했는데, 여기서 몇 가지 흥미로운 점을 발견했다.

- 정기적으로 종교 활동에 참여하는 남성도 그렇지 않은 남성과 비슷하게 성을 구매한다.
- 남성의 가구 소득은 성 구매 습관에 영향을 미치지 않는다. 즉, 성 구매 남성은 모든 사회 경제적 집단에 분포한다.
- 남성이 농촌, 교외, 도심의 어느 곳에 살든지 성 구매 경향은 동일하다.
- 성에 대한 태도는 구매 행동에 거의 영향을 미치지 않는다. 혼전 성관계, 10대와의 성관계, 혼외정사가 잘못된 것이라고 생각하는 남성도 그렇지 않은 남성과 비슷하게 성을 구매한다.

크리스틴 밀로드Christine Milrod와 마틴 몬토Martin Monto(Milrod and Monto, 2012)는 인터넷을 통해 여성 에스코트 성 서비스를 구매한 남성 584명을 대상으로 배경 특성, 성적 취향과 동기를 조사했다. 연구 결과, 키스와 전희의 상호작용 같은 더욱 친밀한 관계를 포함하는 '여자친구 대행'이 선호되는 상업적 성이었으며, '교제, 감정, 관계'가 상업적 성 거래의 주요 요소로 밝혀졌다(Milrod and Monto, 2012: 805). 그럼에도 어느 남성 집단이 성 구매 비용을 얼마나 지불하는지 예측할 수 있는 결정적인 특징은 없다.

남성 고객의 유형
성 구매 남성에 대한 많은 연구는 남성이 다양한 방식으로 성을 구매하는 것처럼 여러 유형의 구매 습관이 있다는 점을 명확하게 보여준다.

- 때때로 이용하는 소비자: (생일, 총각 파티 등) 주로 축하할 일이나 기회가 생겨 이루어지는 간헐적 유흥
- 반복적으로 이용하는 소비자: 정기적으로 성 구매를 하지만, 구매할 때마다 다른 시장을 방문하고 다른 성노동자를 찾는 남성
- 단골 고객: 지속적으로 동일한 성노동자(들)를 방문하는 남성
- 슈거 대디sugar daddy: 성노동자가 한 사람을 만나고 그의 '통제'를 받는다. 보통 여성은 성노동을 그만두고 그 고객과만 성관계를 갖는 조건으로 고객에게 집세, 생활비, 용돈을 받는다.

데이(Day, 2007: 172)는 단골 고객이 거리 성노동자에게 "일상적으로 안정적인 노동 환경"을 제공하며, 생활비와 관련된 간접비용 등의 수입을 보장한다고 설명한다. 단골 고객은 지속적으로 방문하는 고객이기 때문에 사업에 매우 중요하다. 이 고객은 손님이 없거나 형편이 안 좋을 때 의지할 수 있는 상대가 되기도 하며, 다른 지역으로 이사하거나 집을 떠나 일할 때 연락할 수 있는 고객이다. 데이(Day, 2007: 174)는 성노동자가 단골 고객에게 괜찮은 일할 기회와 직업적 조언을 얻기도 하고 시간이 지남에 따라 우정을 나누는 관계로 발전할 수 있다고 주목한다. 그러나 단골 고객이라고 해도 부정적인 측면과 스트레스적인 측면은 있다. 남성 고객에 대한 질적 연구에서 공통된 주제는 고객이 성노동자와 '사랑에 빠지는' 것이 어떻게 집착, 스토킹, 질투, 심지어 폭력 등의 문제를 유발하는가다(Day, 2007: 186; Sanders, 2008a: 104).

샌더스(Sanders, 2008a: 48)는 여성이 전 생애 과정에 걸쳐 성 산업에 진입하게 되는 여러 유형을 설명하며, 남성의 성 구매에 대한 다섯 가지 유형을 제시한다(〈표 5-1〉).

매우 다른 유형으로 성 구매가 일어나는 것은 생애의 다양한 단계에서 상업적 성을 구매하는 고객이 광범위하게 분포하고 있음을 보여준다(Soothill and Sanders, 2005 참고). 남성은 대개 결혼이나 오랜 연인 관계 같은 전통적인

표 5-1

생애 과정 전반에 걸친 남성의 성 구매 유형

관계 패턴	생애 단계	특징
탐험가형	연령대와 무관	• 어떤 단계에서든 시작 가능 • 새로운 성적 시도나 호기심 또는 환상 • 싱글이거나 파트너가 있음 • 짧은 기간 • 불만족스러움 • 시간이 지나면 그만둠
요요형	30대 이상	• 패턴화된 행위 • 전통적 관계나 연애 관계에 진입하면 감소함 • 애인과의 관계가 불만족스러울 때 • 반복되는 패턴 • 섹스나 교류보다 흥분과 과정 및 '위험'에 매료됨
충동형	연령대와 무관	• 전통적인 관계를 들락날락함 • 성적 경험의 충동이라기보다는 계획이나 준비 또는 인터넷과 관련된 충동임 • 불쾌하고 통제할 수 없는 결과로 이어짐 • 전통적 관계가 만족스러우면 끝남. 또는 관계가 변하거나 치료의 도움으로 끝남
지지대형	20대에 시작해 50~60대 중반에 끝남	• 첫 경험이거나 시험 삼아 시도함 • 전통적 관계와 양립되지 않음 • 결혼 생활 중에는 하지 않음 • 삶의 후반기에 성 구매로 되돌아감 • 이혼남 또는 사별남일 경우 성생활의 기회 • 단순한 섹스 관계가 아닌 유대 관계 • 흔히 한 명의 성노동자의 단골 고객이 됨 • 로맨틱한 데이트 방식
영구적 구매자형	전 생애에 걸쳐	• 전 생애에 걸쳐 산발적인 관계를 맺음 • 해외에 있을 때 • 출장 중에 • 집에서 멀리 떨어졌을 때 • 오래 이어지는 관계 • 보통은 단골 고객이 아님 • 성적 충동으로 이루어짐

관계를 맺지만, 동시에 상업적 성 구매는 이러한 '일상적' 관계와 병행해 이루어진다.

성 구매의 동기

왜 남성이 성을 구매하는지에 관한 연구는 현대 사회에서 매춘의 역할이 무엇인지 생각하는 데 도움이 된다. 남성이 여성의 성 서비스를 구매하는 이유에 대해서는 너무나 많은 설명이 넘쳐난다. 그중 성적 환상, 희열, 성에 대한 욕구가 중요한 이유로 꼽힌다. 연구에 따르면 구강성교(Monto, 2010) 같은 특정 성행위는 남성이 성을 구매하는 주요한 이유가 된다. 밀로드와 몬토(Milrod and Monto, 2012: 793)는 남성이 여성의 성 서비스를 구매하는 이유를 조사한 연구들을 검토한다. 그들은 남성 고객 사이에 일관된 동기 부여가 있다며 이를 ① 더러운 창녀 판타지, ② 자신의 삶에서 누리는 것과 다른 종류의 성에 대한 욕구, ③ 성 상품, ④ 친밀함과 관계의 추구, ⑤ 여성적이거나 복종적인 여성에 대한 욕구로 요약한다. 성 구매의 동기에 대한 폭넓은 분석은 신체적·성적 욕구를 넘어 일시적인 상업적 관계를 원하는 사회적 이유를 살펴본다. 예를 들어 페루의 술집에서 이루어지는 매춘에 대한 낸슬(Nancel, 2001)의 문화기술지 연구는 남성의 성 구매 동기와 개인의 성에 관한 스토리가 어떻게 깊이 관련되는지 보여준다.

남성의 또 다른 동기 요인은 사회적 구조, 여가의 문화적 상징, 성의 상품화 속에 편재해 있다(Birch, 2015, Brooks-Gordon, 2006: 80~86 참조). 매케그니와 바너드(McKegney and Barnard, 1996)는 스코틀랜드에서 남성 고객 143명에 대한 연구를 진행해 성을 구매하는 주요 동기 다섯 가지를 밝혔다. 즉, 여러 형태의 성행위를 구매할 수 있는 능력, 다양한 여성에 대한 접근 가능성, 다른 매력을 가진 여성과 섹스할 수 있는 능력, 일시적 관계가 주는 매력, 색다른 섹스를 할 때의 스릴이다. 캠벨(Campbell, 1998)과 워와 파이엣(Warr and Pyett, 1999)은 (보통 일에만 집중해) 외롭거나, (장애가 있거나 고령의 부모를 돌봐야 하기 때문에) 성적 혹은 사회적 관계를 맺기 어려워서, 전통적인 관계에서 찾지 못하는 친밀감을 얻기 위해, 감정적 지원과 우정을 원해서, 가족을 파탄시킬 간통보다는 성을 구매하는 것이 좀 더 안전하기 때문에 성을 구매한다고 밝혔다. 몬토(Monto, 2016)는 64~80세 노인 남성 208명을 대상으로 광범위한 성 행위 경향을 보여주는데, 이들은 온라인 토론회에서 상업적 성 구매에 대해 적극적으로 논했다. 이 연령 집단은 약간의 건강 문제가 있지만 젊은 구매자들처럼 '여자친구 대행'에 대해 동일한 욕구를 갖고 있는 것으로 나타났다.

샌더스(Sanders, 2008a)는 성 구매의 동기를 개별적 삶의 경험과 환경에서 오는 '추진' 요인과 광범위한 성 문화와 구조화된 상업적 성과 관련된 '유발' 요인으로 범주화한다. 앞에서 언급한 성적 동기와 관련된 일부 추진 요인에는 기존의 섹스에 대한 불만, 술 소비와 나이트클럽 매너를 수반하는 일상적인 데이트 에티켓에 대한 불안이 포함된다. 샌더스의 연구에서 이들은 자신감이 없고 기대에 못 미치는 존재로 묘사되었다. 인터뷰 그룹 중 고령 남성 그룹은 (사별이나 이혼한 경우) 더 많은 성적 경험과 파트너 이외 사람과의 성생활을 원하며, 노년에도 성생활을 지속할 수 있도록 비아그라 같은 신약을 사용하는 특정 서사가 존재한다. 많은 시간을 직장에서 보내는 전문직 남성의 경우 '고된 업무' 환경에서 벗어나 '휴식을 취하기 위해서' 쾌락에 돈을 지불한다고 설명한다.

브렌츠와 하우스벡(Brents and Hausbeck, 2007), 번스타인(Bernstein, 2007)은 유발 요인이 사회 환경과 관련이 있다고 주장한다. 즉, 새로운 기술을 통해 성 시장에 참여함으로써 이에 대해 더 알게 되고, 본격적으로 탐구하며 접근할 기회가 넓어져 유발 요인이 된다는 것이다. '성 산업의 주류화'(Brents and Hausbeck, 2007)가 진행되면서, 특히 인터넷을 통하거나 랩댄싱 바와 스트립 클럽 같은 성노동 장소가 번화가의 일상적 성인 유흥 산업과 함께 새롭게 떠오르면서 성 산업에서 일하는 데 대한 낙인이 감소하고 허용적으로 변화했다(Hubbard et al., 2008 참고). 하우스벡과 브렌츠(Hausbeck and Brents, 2002)는 성 산업에서의 서비스가 일상적이고 예측 가능하며, 통상적인 성적 교환이 가능하도록 공간과 시설, 여성의 서비스가 확장되는 변화를 성 산업의 '맥도날드화'라고 불렀다. 다른 성인 오락거리와 경쟁을 벌이는 현대 성 산업에서 점점 더 많은 업소의 거래 경쟁이 치열해질수록 판타지는 하나의 기업 전략이 되어가고 있다. 성 서비스의 마케팅에서 뚜렷한 변화를 보여주는 한 사례는 '여자친구 대행 서비스'(Huff, 2011, Sanders, 2008a: 93)다. 여자친구 대행 서비스는 키스나 신체 접촉 같은 친밀한 행위를 포함하는 총체적 경험을 말하며, 침실 밖에서 정기적인 만남을 갖거나 친구들과 함께 만나거나 외식을 하는 등 규범화된 활동도 포함된다. 페팅거(Pettinger, 2011)에 따르면 여성 성노동자들이 수행하는 에로틱하고 심미적이며 정서적인 노동은 고객의 온라인 평가를 통해 품평된다.

이러한 유발 요인은 대중문화의 성애화라는 폭넓은 변화로 설명할 수 있다. 이를 호크스(Hawkes, 1996)는 '여가로서의 성'이라 했고, 맥네어(McNair, 2002)는 모든 도시 문화의 중심에 일상적으로 전시되어 있는 '스트립쇼 문화'로 묘사한다. 연구자들은 도시는 더 이상 성과 성적 '일탈'을 위한 새로운 공간이 아니며, 전시·소비되는 섹슈얼리티와 성 상품화가 일반화되어 있다고 주장한다. 1800년대 런던과 뉴욕의 매춘업소와 집창촌에 대한 역사적 설명을 기록한 『스포츠 가이드북Sporting Guidebooks』은 성적으로 약탈적인 남성이 "스포츠를 즐기는" 문화가 이 도시와 항상 연결되어 있다는 점과 함께, 이 도시가 어떻게 남성의 성적 기회가 충만한 이상적 도시로 그려지는지 밝혔다(Howell, 2001). 그러나 후기 자본주의 시대에 번스타인(Bernstein, 2007) 등 여러 학자는 성 서비스 수요가 서로 다른 경제구조의 특징과 복잡미묘하게 얽혀 있다고 주장한다. 특정한 이유로 상업적 성을 찾는 또 다른 남성 집단이 있다. 이들에 대한 연구는 남성 장애인이 성적 충족과 친밀성, 정서적 유대를 맺기 위해 상업적 성을 구매한다는 것을 보여준다. 샌더스(Sanders, 2007)는 신체장애를 가진 남성이 에스코트 성 서비스를 구매한다고 밝힌다. 호주의 터칭베이스Touching Base(www.touchingbase.org/about.html)나 영국의 회원제 클럽 아웃사이더Outsiders group(http://www.outsiders.org.uk/)는 장애가 있는 사람들이 전통적 관계를 추구하도록 권장되어야 함에도, 상업적 성을 찾는 개인을 위한 장소가 있음을 보여준다. 장애를 가진 사람들은 때때로 성 산업을 통해, 로맨틱하거나 성적 관계를 맺는 개인을 만나기 어려운 사회적 장벽을 피할 수 있다(Owens, 2014 참고).

랩댄싱 클럽의 단골 고객

간접적인 성 서비스를 구매하는 남성 집단을 연구할 때, 왜 남성들이 랩댄싱 바와 스트립 클럽을 이용하는지 각각 나누어 살펴보는 것이 좋다.* 이 구분이 유용한 이유는 첫째, 성 시장에 대한 사회학적·페미니즘적 이해를 시도하려는 연구들이 있기 때문이다. 둘째, 에로틱 댄싱 바를 이용하는 남성이 직접적인 성 서비스를 구매하는 남성 집단과 반드시 겹치지는 않기 때문이다. 또 이성애 여성 고객이 결혼식 전날 축하연hen nights과 같이 축하 행사의 일부로 종종 남성 스트립쇼를 이용한다는 연구도 볼 수 있다(Pilcher, 2011).

연구자는 랩댄싱 바를 이용하는 고객을 범주화해 남성의 유형화를 이해하려 한다. 에릭슨과 튜크스베리(Erickson and Tewkesbury, 2000)는 랩댄싱 바를 이용하는 구매자를 관찰해 여섯 가지 유형, 즉 외로운 사람, 사회적 발기

---

* 대체로 에로틱 댄스에 관한 문헌은 세 가지로 범주화된다. 댄서와 고객 간 관계, 감정 노동과 성적 노동, 낙인과 정체성에 대한 대응 전략이다(Thompson and Harred, 1992; Thompson et al., 2003). 참여 관찰과 문화기술지 방법론, 인터뷰를 포함하는 질적 연구는 성노동을 통제하기 위한 댄서의 '전략적 유혹(strategic flirting)'(Deshotels and Forysth, 2006), '저항 전략'(Murphy, 2003; Wood, 2000), 심리적 경계를 설정하는 전략(Barton, 2007)에 대한 이론을 전개한다.

부전socially impotent, 들이대는 관객, 멀찍이 있는 관객, 선수players, 슈거 대디로 범주화했다. 또한 브루스터(Brewster, 2003)는 에로틱 댄싱 바의 고객을 두 가지 유형으로 제시한다. 댄싱 바를 자주 이용 및 구매하는 '금전적 단골 고객monetary regulars'과, 바를 일상적으로 출입하지만 '필요하다'고 여겨지지 않는 한 돈을 지불하지 않는 '때때로 단골 고객frequency regulars'이다. 이러한 범주는 남성이 어떤 방법으로, 왜 에로틱 댄싱 바를 이용하는지 살펴보는 데는 유용하지만, 고객의 관점으로 이루어지는 참여 관찰은 연구자의 이중 역할(연구자이면서 동시에 성 구매의 참여자인) 측면에서 성찰적이지 못하다고 비판받는다. 이건과 캐서린 프랭크Katherine Frank(Egan and Frank, 2005)는 연구의 일부로 참여 관찰이 이루어지는 경우 연구자로서의 정체성을 분명하게 위치 지워야 한다고 지적한다. 성찰적 방법론을 활용할 때 연구자의 위치는 권력과 젠더 그리고 특권화와의 관계에서 이해되어야 하며, 이 관점을 통해 어떻게 자료가 매개되고 해석되는지가 드러나야 한다.

스트립 클럽의 구매자 특성은 연구자가 댄서로도 참여한 사회학적 연구에서 알 수 있다. 특히 프랭크(Frank, 1998, 2002)와 이건(Egan, 2005; Egan et al. 2006)은 댄서와 고객의 미시적 관계에 초점을 맞추어 연구한다. 댄서의 관점에서 고객을 조사하는 것은 문화적 헤게모니 집단에 대해 이해할 수 있게 해준다. 댄서와 고객의 상품화된 관계는 비정기적 고객이 '단골'로 변해가면서 더욱 복잡해진다. 이건(Egan, 2005: 87)은 고객이 댄서에게 개별적으로 쓰는 시간과 돈에 따라 관계가 어떻게 발전하는지 주목한다. "이러한 관계는 권력, 성적 욕망, 판타지로 가득 차 있다." 이건(Egan, 2003)은 클럽을 방문하는 고객이 댄서에 대한 자신의 감정적이고 에로틱한 유대를 어떻게 '사랑'과 '나르시시즘'으로 강력하게 설명하는지 보여준다.

그러나 랩댄싱 바에서 남성 고객이 여성 댄서의 신체나 성적 퍼포먼스의 구매로 모든 권력을 갖게 된다거나, 여성은 권력이 없어진다거나 그저 무기력한 존재가 된다고 단순화할 수는 없다. 이건(Egan, 2005)은 에로틱한 영역이

행위성과 저항이 수행되는 공간임을 강조한다. 덧붙여, 남성 고객은 특별한 각본을 채택하는데, 그 각본은 성적 판타지와 퍼포먼스에 대한 기대뿐 아니라 인종과 계급의 역동성에 영향을 받아 이성애 중심적 남성성에 대한 기대와 혼합된다(Brooks, 2010 참조). 이건은 에로틱 댄싱에서의 소비를 재개념화해 그 속에서 고객이 성노동자에 대한 전적인 권력을 갖는다는 식의 단편적 이해를 넘어, 정확히 어떤 역동성이 벌어지는지 이해할 수 있게 해준다. 예를 들어, 라첼라 콜로시Rachela Colosi(Colosi, 2010)의 영국 기반의 문화기술지를 보면, 댄서와 고객 간의 관계뿐 아니라 댄서 간의 관계를 형성하는 암묵적·명시적 규칙이 클럽 내에 있음을 알 수 있다.

그들은 무엇을 구매하는가
친밀성, 정서적 유대, 성적 서비스 ─────────────

상업적 계약이 개입된 섹스의 내용에 대해 말하는 것은 대체로 금기시되어 왔다. 상업적 성을 상상할 때 보통은 낯선 사람과 제한된 시간 내에 이루어지는 정서적 유대가 없는 섹스를 생각한다. 이러한 이미지는 '좋은 섹스' 개념에 위배되는 것으로, 좋은 섹스는 사회적으로 허용되고 긍정적인 감정과 헌신의 경계 안에서 이성애적 재생산을 할 수 있는 관계를 말하기 때문이다. 좋은 섹스 이외의 나머지는 모두 '나쁜 섹스'라고 통칭한다. 상업적 성을 '더러운' 것으로 보는 생각은 장기적이고 전통적인 관계만이 정서적 유대가 있고, 친밀한 섹스를 할 수 있으며, 다른 형태의 섹스, 이를테면 캐주얼 섹스, 그룹 섹스, 자위, BDSM 등은 불만족스럽고 비정상적이며 부도덕하다고 생각한다. 다른 형태의 섹스는 낙인과 혐오를 생산하는 것으로, 빅토리아 시대의 도덕적 규범과 비교된다.

고객의 '들리지 않았던 목소리missing voice'에 대한 여러 설명은 상업적 성에 대한 기대와 내용이 항상 서로 부합하는 것은 아님을 보여준다(Korn, 1998). 우리는 남성의 성을 구매하는 여성이 어떻게 여겨지는지 구체적으로 생각하지 않는다. 레드먼(Redman, 2016)의 연구에 따르면, 남성 고객의 동기에 대한 문헌 증거와 마찬가지로, 남성 에스코트 서비스를 구매하는 여성은 신체 접촉, 친밀성, 교제, 판타지를 구매한다. 남성 에스코트들은 많은 고객이 친해지기 위해 음료를 마시는 만남을 먼저 갖길 선호하고 또 호텔 분위기에서 만나길 더 원한다고 지적한다. 어떤 여성들은 만남에서 무엇을 원하는지 매우 구체적이며 사전에 상세한 지침을 제공하는 반면, 다른 여성들은 보다 조심성 있거나 만남이 자연스럽게 전개되도록 한다.

최근의 연구들은 단골 고객이 일정한 기간 이상 성노동자와 맺는 관계 속에 낭만적 연애, 상호 간 만족, 우정, 정서적 유대, 성적 만족감으로 구성된 남성의 규범적 성 각본이 드러나 있다고 설명한다(Sanders, 2008b). 성노동과 매춘에 대한 일반적 이해는 상업적인 성적 관계를 조화롭지 않은 것으로 보고 비상업적인 것과 구분하는 잘못된 이분법에 기초한다. 샌더스(Sanders, 2008b)는 단골 고객과 성노동자 사이에 상호 존중과 이해가 존재하며, 성노동자와 고객 간에 이루어지는 모든 상호작용은 감정이 없다는 통념을 깰 수 있음을 보여준다. 고객은 특별하거나 이상하지 않은 '보통' 남성이며, 폭력적이고 합의 없이 섹스할 것이라는 통념과 달리 친밀하고 상호적인 '진실된' 관계를 맺는다는 반대 사례도 충분히 많다(Bernstein, 2001, 2007 참조). 이러한 근거자료에 대해서는 심사숙고할 필요가 있다. 앞서 언급된 것처럼 성노동자, 특히 거리 성노동자가 고객의 심각한 폭력을 경험하는 경우(폭력에 대한 더 많은 논의는 제3장 참고)와 폭력 전과가 있는 위험하고 잔인한 고객이 성노동자가 취약하다는 이유로 직접 타깃으로 삼아 공격하는 일이 분명히 있기 때문이다.

또한 성노동자와 고객 간 관계의 미시적 역동성에 대한 연구는 거리 외의 시장에서 이루어지는 성 서비스 교환에 대해 설명해 준다. 루카스(Lucas, 2005: 531)는 에스코트 서비스 일을 한 '엘리트 매춘인'의 인터뷰를 진행했는데, 그녀는 상업적 성 거래에서 정서적 욕구가 더 우선시되기 때문에 성관계는 흔히 구실에 불과하다고 언급했다. 루카스는 에스코트 서비스 일을 했던 여성의 인터뷰(Lucas, 2005: 533)를 소개하며, 남성의 성 구매 주요 동기가 성적 희열이라고 강조한 여성도 성 거래가 단지 신체적 관계에 불과한 것이 아니라 성적·관계적·정서적 기술을 결합해 고객의 욕구를 만족시키는 것임을 인정했다고 설명한다. 이러한 친밀성을 인지하는 수준은 개발도상국의 일관된 콘돔 사용에 영향을 미칠 수 있다. '단골' 섹스라는 범주가 성 거래의 본질을 뒤바꾸어 '안전한 섹스'가 유지되기 어렵게 만들기 때문이다(Murray et al., 2007; Voeten et al., 2007). 가장 의미심장한 사례로는, 특히 독립적 에스코트의 '여자친구 대행' 서비스를 판매 또는 구매하는 움직임이 있다(Huff, 2011). 이는 사회적 시간, 키스나 접촉 같은 신체적 친밀감, 시간 제약이 적은 성행위 등 교환의 내용 측면에서 전통적인 관계를 반영하는 서비스 또는 경험이다. 이 장에서 앞서 볼 수 있었던 것처럼, 다양한 연령 집단의 남성들이 에스코트 여성과의 신체적·성적 관계만큼 감정적인 것에도 중점을 두며 상업적 성 거래를 하고 싶어 한다.

상업적 성 거래의 일부인 기타 서비스에 대한 연구는 성노동자가 제공하는 성적 노동과 그 일에 대한 또 다른 연구를 뒷받침한다(제2장 참고). '진짜'를 찾는 고객을 위해서 댄서가 수행하는 감정 노동에 대한 연구는 노동에서 감정 노동이 얼마나 피곤하고 힘겨운 일인지 보여준다(제6장 참고. Sanders and Hardy, 2014). 덧붙여, 바에 오는 단골 고객을 확보하기 위한 전략은 남성 고객의 대상화된 시선에 저항하려는 다른 전략과 때로 충돌하기도 한다(Barton, 2002; Dshotels and Forsyth, 2006; Wood, 2000). 브루이스와 린스테드(Brewis and Linstead, 2000a, 2000b)는 성노동자가 삶의 다른 측면에서 성노동을 명확히 분리하기 위해 어떻게 자신의 일을 관리하는지 잘 보여준다. 오닐(O'Neill, 2001)은 성노동 역할의 수행성에 주목한다. 샌더스(Sanders, 2005b)는 일부 성노동자가 성노동을 할 때만 활용하는 일하는 페르소나와 그 특징을 만들기 위해 어떻게 '만들어낸 정체성manufactured identity'을 구성하는지 보여준다. 반면에, 리 버스무어(Rivers-Moore, 2016)는 코스타리카 섹스 관광의 맥락에서, '감정 노동 affective labour'이 성 판매 과정에서 어떻게 교환의 핵심 부분이 되는지를 밝히며, 돌봄 또한 판매됨을 지적한다. 이 연구는 직간접적 성 서비스를 구매하는 동기를 제대로 밝히려면 상호작용의 감정적 측면이 고려되어야 한다고 제안한다.

섹스 관광의 매력적 요인

사람들이 관습적인 일반 관계에서 찾지 못하는 성관계를 원하는 경우, 해외에서의 성 구매가 어떻게 매력적인지에 대한 연구가 있다. 섹스 관광에서 구매자는 판매자에 비해 인종적·민족적 배경의 권력 차이에 따라 다른 역학을 지닌다. 피치텔리(Piscitelli, 2007)는 브라질 해변 지역의 성 산업 실증 연구를 통해 지역 여성과 소녀의 성을 구매하는 백인 남성 외국인 관광객이 인종차별화된 섹슈얼리티를 구매한다고 설명한다. 피치텔리(Piscitelli, 2007: 494)는 외국인 관광객이 '이국적 섹슈얼리티tropical sexuality'에 어떻게 매료되는지 분석한다. 여성성은 인종적 유형화에 따라 구체화되기 때문에 외국인 관광객들의 성적 만남은 특정 피부색의 여성에게 집중된다. 피치텔리는 대놓고 자신을 인종주의자로 밝힌 백인 남성 관광객이 검은 피부의 여성을 빈곤·박탈과 연관 짓고 성 구매를 하지 않으려 하는 반면, 피부색이 옅은 여성은 더 여성적이며 사회적 지위도 있을 것으로 여긴다고 설명한다. 다른 연구로는 '제3세계' 목적지를 찾는 특권적인 남성 섹스 관광객이 자신의 행동을 정당화하는 이야기에 관한 연구(Garrick, 2005)와 특정 시기와 장소에서 일어나는 '문화적 행위'로 뚜렷한 소비 관행을 이론화한 작업(katsulis, 2010)을 볼 수 있다.

섹스 관광의 매력 요인에 대한 인종차별적 함의는 오코넬 데이비드슨이 진행한 섹스 관광 지역에 대한 연구가 잘 보여준다. 혼자 온 남성 관광객이 여성에 대한 성 구매를 통해 해당 지역의 남성에 비해 어떻게 사회적 지위와 남성성의 상징이 되는지 주목한다. 오코넬 데이비드슨(O'Connell Davidson, 1998: 172)은 사회적으로 배제된 남성이 성 구매를 통해 자신 스스로 '정상적인' 이성애 남성임을 증명하면서 남성성의 기대에 부합하는 느낌을 갖는다고 결론짓는다. 성 구매와 남성성의 확인 사이에는 중요한 연결고리가 있다. 이연구는 백인 관광객이 빈곤 국가의 여성에게 성 서비스나 다양한 유형의 관계를 구매할 때 나타나는 역동성을 강조한다. 백인 남성은 주로 가난한 비백인 여성에 비해 경제적으로 특권화된 위치를 누리는데, 역동성은 이러한 특권화된 위치에 녹아 있는 인종, 계급, 젠더, 섹슈얼리티의 차이에 영향을 받는다. 또한 서구에 비해 성관계 가능 연령이 좀 더 느슨한 법의 이점도 있다. 이는 나이 든 남성이 어린 소년과 소녀의 성을 '합법적으로' 구매하기 위해 섹스 관광지를 방문하는 다른 이유가 된다.

책임감을 가진 고객,
'공정한 거래로서의 섹스'와 성적 계약 ─────────

포르노를 보는 남성을 비롯해 성 산업을 활용하는 남성이 여성에게 폭력을 행사하는 것의 인과관계를 밝히는 분석이 진행되어 왔다(Dworkin, 1981). 이 논쟁은 여전히 지속되고 있으며, 최근에는 성을 구매하는 남성이 가정 폭력 가해자이거나 다른 이를 통제하려는 특성이 있음을 밝힌 연구도 있다. 시먼스 등(Simmons et al., 2008)은 가정 폭력 쉼터에 머무는 여성에게 그들 파트너가 성 구매를 한 적이 있는지 물었다. 연구자들은 여성을 가정에서 학대하는 남성이 상업적 성을 구매하며, 이 경우 성을 구매하지 않는 다른 학대 남성들에 비해 남을 통제하려는 특징을 더 강하게 보인다고 결론 내렸다. 그러나 제삼자의 이야기를 통한 설명 방식의 대안으로, 몬토와 호털링(Monto and

Hotaling, 2001)은 오리건주 포틀랜드, 네바다주 라스베이거스, 캘리포니아주 샌프란시스코에서 거리 매춘인을 이용하려다 체포된 1286명의 남성을 상대로 '강간 신화 수용'에 대해 조사했다. 거리 성 시장을 이용하는 남성의 여성에 대한 성폭력을 뒷받침하는, 이를테면 강간 신화에 대한 태도가 어느 정도인지 검토할 수 있는 질문지를 배포했다. 그 결과, 표본 집단 가운데 매우 낮은 수준의 '강간 신화' 수용도가 있었으며, 아주 극소수만이 젠더를 기반으로 한 부정적 태도에 대해 높은 수준의 수용도를 보였다. 또한 로먼과 애치슨 (Lowman and Atchison, 2006)이 캐나다에서 70명의 고객을 대상으로 진행한 조사에서는 80%가 성노동자를 공격하지 않았다고 응답했다. 공격했다고 밝힌 나머지 사람들도 대체로 성 서비스에 대한 지불을 거부하거나(10명) 강탈하려던(6명) 것이었다. 연구자는 "성 구매자의 폭력이 경험적으로 과대평가되고, 이론적으로 규명되지 않은 것 같다"라고 결론 내린다(Lowman and Atchison, 2006: 292). 성노동자에 대한 폭력이라는 쟁점의 중요성을 부정하는 것은 아니지만, 성을 구매하는 모든 남성이 성적으로 위험하다고 전제하지 않으려면 누가 폭력을 행사하는지 미묘한 차이를 잘 구별해 내는 것이 중요하다. 키넬 (Kinnell, 2006)은 성노동자에 대한 살인 사건 자료를 검토하면서 여성을 살인한 사건의 범죄자의 대다수가 고객(혹은 고객으로 가장한 남성)이지만, 이러한 수준의 폭력은 극소수의 고객이 저질렀다고 밝혔다.

최근 영국에서 진행한 연구(Coy et al., 2007)에 따르면 일부 남성이 성노동자에 대해 경멸하는 시선을 갖기도 하지만, 많은 자료들은 성을 구매하는 대다수 남성이 그렇지 않음을 뒷받침한다. 대부분의 구매자는 폭력성과 공격성 또는 범죄에 대한 의도 없이 성 거래를 하며, 대부분의 상업적 성 거래는 별다른 사건 없이 이루어진다. 많은 상업적 성 거래는 성 서비스 거래에 합의하고 비용 협상에 동의하는 성인 사이에서 일어난다. 또한 대부분의 성 산업에 대한 합의된 특성에 덧붙여서 남성 고객은 도덕적 규칙, 에티켓, 매너 있는 태도를 가지고 참여한다는 문헌이 있다. 샌더스(Sanders, 2008a)의 연구는 남성 대부분이 어떤 경우에 착취가 발생하는지 분명하게 알고 있음을 보여준다. 이를테면 남자친구가 일부 여성에게 가하는 강제 행위나 거리 성 시장과 관련된 위험으로부터 착취가 발생한다. 고객들은 과잉 착취가 일어나는 성 시장에 의도적으로 방문하지 않으려는 태도를 보인다. 예를 들어 미성년자가 고용되어 있거나 일하는 여성에게 자기 통제력이 없는 업소일 경우 고객은 게시판에 메시지를 남기거나 강력하게 고발하기도 한다. 또한 인신매매로 보이는 여성에 대해 걱정하거나, 이주 성노동자만 고용되어 있는 업소에 대해 경계하는 태도를 보인다. 일부 남성은 이주 여성이 자신의 선택으로 일하는지 여부를 알 수 없거나, 누군가가 그들을 통제한다고 판단되는 업소에는 방문하지 않는다. 인터넷 게시판에는 준수해야 할 기준과 에티켓이 명시되어 있다. 즉, 콘돔 사용을 포함해 비용에 대해 따지지 않기, 여성의 성거래 규칙을 존중해 주기 등이다. 인터넷 게시판은 광범위한 성노동 현장에 기준을 전달하고 유지하도록 만드는 공간이다.

법과 성 구매
남성 섹슈얼리티의 범죄화 ───────────────

일반적으로 매춘 통제의 역사에서 성 구매 남성은 성 판매 여성과 달리 범죄화되지 않았다. 매춘을 근절하는 데 (실패한) 극단적인 몇 가지 사례가 있다. 중국의 정책을 그 예로 들 수 있다. 중국에서는 성 구매에 돈을 지불하는 것이 범죄이므로 남성은 상당한 정도의 처벌을 받으며, 자발적인 재활 프로그램을 신청하지 않으면 엄청난 창피를 당한다. 터커와 렌(Tucker and Ren, 2008)은 중국에서 성노동자가 의무적으로 재활 프로그램을 이수해야 하고, 성 구매 남성은 체포되어 재교육을 위한 노동 수용소로 간다는 것을 설명했다. 스웨덴은 유럽에서 흥미로운 사례다. 항상 피해자로 간주되던 여성 성노동자에 대한 제재를 없애는 한편, 성 구매를 범죄화하는 데 앞장섰기 때문이다. 1999년 스웨덴 정부는 여성에 대한 폭력을 해결하기 위한 조치로 '성 서비스 구매 금지법Act prohibiting the purchase of Sexual Services'을 도입했다(Ekberg, 2004). 굴드(Gould, 1999)는 극단적인 법의 도입은 금지론자들의 입장이 관철된 성과라며, 이들이 성노동자가 당면한 폭력과 약물 사용 등 여러 문제에 대해 한쪽 측면만 강조하고 물의를 빚지 않는 선에서 해결한 것이라고 설명한다. 1980년대에 시작된 스웨덴의 법제화는 성 판매가 '여성 몸의 상품화'와 '평등의 역효과', '여성에 대한 멸시'임을 증명한다는 논의를 기반으로 한다(Syanstrom, 2004: 230). 매춘을 여성에 대한 폭력으로 보고, 매춘에 대한 정의를 개인적인 것에서 여성에 대한 구조적인 폭력으로 옮기는 것 외에 다른 논쟁이 끼어들 여지는 거의 없었다(Leander, 2005: 118). 스쿨러(Scoular, 2004b)는 이러한 처벌 정책이 문명화된 사회에서는 상업적 성이 용납될 수 없다는 메시지를 주는 상징이라고 지적한다. 큘릭(Kulick, 2005)은 스웨덴이 유럽연합으로 편입될 때 국가의 경계를 재구성하며 겪은 국가적 정체성에 대한 공포, 동유럽 국가에서 부유하고 안정적인 스칸디나비아 국가로 '흘러드는' 이주 여성에 대한 공포가 결합되어 스웨덴에서 법이 만들어졌다고 설명한다.

이러한 추세는 다른 유럽 국가에서도 채택되어 왔으며, 이 접근법을 성 산업을 관리하는 방식으로 고려하려는 급진적 페미니스트와 종교적 로비의 결과로 2000년 이후 영국에서 정치적 요구가 되고 있다. 성 구매자를 범죄화하는 이러한 전환은 스웨덴 법이 성노동자에게 미치는 매우 부정적인 영향에도 불구하고 이루어졌다. 레비와 야콥슨(Levy and Jakobsson, 2014)은 스웨덴 법이 실패했다는 단서를 제시하는데, 그 법으로 인해 상업적 성이 감소했다는 것을 입증할 어떤 믿을 만한 자료도 없으며 성노동자들의 삶에 해로운 영향을 미칠 뿐이라고 밝힌다. 성노동자들의 고객(과 생계)이 위법적이기 때문에, 성노동자들이 일하는 것을 두려워하며 갖게 되는 위험의 증대라고 볼 수 있다. 레비와 야콥슨은 그 법으로 인해 (성 건강 지원 활동 같은) 피해 감소 서비스가 전혀 부재하다고 밝힌다. 하지만 '성 구매 금지법'은 성 산업의 잘못에 대한 메시지를 보내기 위해 상징적 법을 사용하려는 금지주의 단체들에 의해 계속해서 장려되고 있다. 2015년에 '성 구매 금지법'이 도입된 북아일랜드의 사례는 확실히 매춘 반대 로비가 세속적이기보다는 모든 형태의 상업적 성을 폐지하려는 급진적 페미니스트적 이상과 기독교 우파의 관점이 결합된 작품임을 보여준다(Ellison, 2016).

성 구매 남성을 범죄화하려는 조치는 보다 넓은 맥락을 고려할 필요가 있다(Brooks-Gordon, 2010; Phoenix, 2007/8; Scoular and O'Neil, 2007). 피닉스와 오턴(Phoenix and Oerton, 2005)은 잉글랜드와 웨일스에 대한 연구를 통해 1980년대 이후 성 구매 남성에 대한 법안 증가가 어떻게 '성 문제'를 '남성의 문제'로 규정했는지 설명한다. 칸톨라와 스퀴레스(Kantola and Squires, 2004)는 차를 통한 거리 성 구매로 인한 공공질서 위반을 둘러싼 관심이 성 산업의 다른 논의를 압도해, 1980년대 후반과 1990년대에 매춘과 관련된 의회 논쟁의 대부분을 차지했다고 밝혔다. 공공질서를 위배한다는 '차를 통한 거리 성 구매'는 매춘에 대한 관심사를 조직범죄와 인신매매로 직결시키는 담론화의 핵심이었다. 바로 이 점이 웨이처(Weitzer, 2006)가 성 산업의 현실 속에 만연한 통념이자 신화의 주범이라고 가리킨 것이다. 와이처는 이 담론이 성을 사고파는 데 개입된 사람이 누구인지에 대한 유언비어를 유포하며 범죄적 요소를 과장한 것에 불과하다고 지적한다.

'수요 차단' 담론과 스웨덴 모델

영국에서 성인 간 합의하에 이루어지는 상업적 성 구매는 합법인데도, 1998년 신 노동당 정부로 바뀌면서 영국 정부는 '거리 매춘을 근절'하고 나아가 '성 시장을 억제하기 위해' 남성 고객을 중심으로 치안 정책을 확대하려 한다(Hammond, 2015; Kingston, 2010 참고). 이를테면 내무부에서 50년 만에 나온 성 산업에 관한 최초의 문서인 「대가를 지불하기Paying the Price」(Home Office, 2004)를 보면, 특히 성 구매 남성을 암암리에 여성을 학대하는 사람으로 시사하는 '사용자' 같은 언어를 구사하며 성 구매 남성에 대한 강력한 반대의 함의를 드러낸다.

성 산업을 관리하기 위해 동원되는 정책과 접근 방식 사이에는 암묵적인 긴장이 존재한다. 급증하는 성 산업은 다양한 장소에서 경제 주류화를 통해 합법성을 획득하고 있다(Brent and Sanders, 2010 참조). 한편 낙인이 줄어들면서 상업적 성을 구매하는 것에 대한 문화적 수용도가 높아지고, 여성의 시간과 친밀함을 구매하는 것 역시 하나의 라이프스타일로 받아들여지는 분위기가 형성되고 있다. 또한 성을 소비하는 대다수 남성은 범죄자가 아니며 범죄의도도 없다. 그러나 정부는 특정한 형태의 성 시장을 달가워하지 않으며, 문제라 여기며 없애고 싶어 하므로 성 구매자를 목표로 삼게 되었다. 스쿨러 등(Scouler et al., 2007)은 거리 성 시장과 거리 성노동자가 '반시민적'이고 '반사회적'이라고 명명되는 점에 주목한다. 마찬가지로 거리 성 시장에서 성을 구매하는 남성은 '차를 통한 거리 성 구매 단속'에 걸려 개인 정보가 언론에 공개되고 창피를 당하며, 일일 재교육 프로그램을 받는 학교에 가게 한다.

「합동 매춘 전략」(Home Office, 2006)에 따르면 '수요와의' 전쟁은 성노동자 처벌과 '차를 통한 거리 성 구매자'에 대한 법 집행을 재강화하며, '성 시장 억제'를 목표로 계속되고 있다. '수요 차단'은 특히 커뮤니티 연계를 중심으로 한 약식 경고, 법정 대체 제도(재교육 프로그램), (운전면허 취소를 포함한) '개인 정보 언론 공개'로 대표되는 처벌을 통해 이루어진다. 이러한 담론과 방침은 '2009년 치안 및 범죄법'에 담겼으며, '2003년 성범죄법'에 권력과 강압에 종속된 개인에게 서비스를 하도록 지불하는 것은 위법이라는 새로운 조항(53A)을 포함시키는 변화를 가져왔다. 또한 그 범죄는 '무과실 책임strict liability' 범죄로 지정되어 범죄자는 상대가 강압을 당해 성노동을 한다는 사실을 모르는 경우에도 유죄로 간주되도록 규정했다. 킹스턴과 토머스(Kingston and Thomas,

2014)는 2009~2012년까지 43곳 경찰에 대한 정보 공개 요청을 통해 이 법의 집행에 대해 분석했는데, 경찰의 81%가 이 법을 집행하지 않았으며, 집행한 경우에도 단 66건만 보고되었고, 8명은 체포 후 어떤 조치도 받지 않았던 것으로 나타났다. 킹스턴과 토머스의 논의는 여기서 법 집행의 무익함뿐 아니라 매춘이 범죄로 간주되어야 한다고 계속해서 메시지를 보내는 이 법의 상징적 성격을 지적한다.

차를 통한 거리 성 구매 고객의 재활

2008년 정부의 합동 매춘 전략이 차를 통한 성 구매 범죄자의 재교육이나 재활 프로그램 형태로 법정 대체 제도를 지원하기 위해 도입되었을 때, 그 프로그램의 효과에 대한 근거가 미흡하다는 비판이 재개되었다. 국가가 남성 고객에 대한 감시를 매춘 반대 감정을 심화하는 수단으로 사용함에 따라 영국 이외의 지역에서는 '재활'로 이동하는 게 분명하다(Khan, 2015). 거리를 이용하는 고객에 대한 '단속'과 함께 이러한 프로그램이 증가해 왔다. 거리에 기반한 상업적 성을 사거나 보는 성적 일탈을 하는 개인을 교화하는 목표는 이 프로그램 자체 및 프로그램을 착수한 조직의 수익 창출 기반이 된다(Sanders, 2009). 쿡(Cook, 2015)은 영국에서 이러한 '존 스쿨John School'의 지속을 언급하고, 수업을 관찰해 '피해자들'이 제시되고 남성 고객이 그들의 행동을 통해 성노동자와 거주자들에게 피해를 입힌다고 본질적으로 구성되는 방식으로 특정 이데올로기가 작용한다고 지적한다. 이 프로그램에 대해서는 많은 비판이 존재해 왔다. 벨린다 브룩스고든Belinda Brooks-Gordon(Brooks-Gordon, 2006: 16)은 '재교육 학교shaming school'가 성노동자에게 얼마나 위험한지 설명했다. 이로 인해 경찰의 거리 감시가 강화되어 여성의 안전을 위한 자원이 다른 방향으로 사용되면서 성노동자는 더 위험한 상황에 빠지게 되었기 때문이다. 이러한 비판은 1998년 웨스트요크셔의 리즈를 중심으로 영국에서 처음 시행된 프로그램이 무용지물임을 지적한 캠벨과 멀 스토Merl Storr(Campbell and

Storr, 2001)의 경고와 맞닿아 있다. (주로 건강 정보와 법적 정보 또는 심리 프로파일링에 관한 것을 포함해 그들의 행동이 얼마나 잘못되었는지를 이야기하는) 일일 워크숍에 참여하는 남성이 재범률 통계에 집계되지 않는다는 이유로 정부 기관은 오히려 '응급 교정' 프로그램을 더욱 지지한다. 그 대신 낮은 재범률은 이 프로그램이 효과적이라는 근거로 제시된다.

샌더스(Sanders, 2009)는 평가 보고서를 기반으로 이 프로그램의 결함을 지적한다. 보고서는 '지역이 바뀐다displacement'는 중요한 문제 때문에 재범률이 성공의 가치 지표가 될 수 없음을 보여준다는 것이다(Monto and Garcia, 2001; Van Brunschot, 2003). 남성이 성 구매로 체포되어 프로그램에 보내질 경우, 동일한 패턴으로 동일한 행위를 하지 않아서 다시 잡히지는 않겠지만 다른 지역의 다른 시장에서 성을 구입할 수는 있다. 재범률이 낮게 나오는 것은 행동이나 태도의 변화가 아니라 단순히 그 사람이 다시 체포되지 않았다는 뜻일 수도 있다. 이외에 브룩스고든(Brooks-Gordon, 2006)은 프로그램 참여나 법정 출두는 자발적으로 이루어지지 않으며, 치안 정책은 수치심의 부과를 내포한다고 강력하게 주장한다. 도덕적 잣대를 기초로 하는 이러한 '재교육' 프로그램의 무익함은 몇몇 형태의 성적 행위를 '일탈'로 규정하는 반면, 더 정교한 (대체로 비가시화되는 다른 형태의) 상업적 성은 성장하도록 허용한다.

성 상품화

누가 성을 구매하는지를 보여주는 많은 문헌은 성 산업이 여성의 성을 구매하는 남성에 대한 것이기보다는 여러 집단의 사람과 섹슈얼리티에 대한 것임을 보여준다. 취향과 욕망에 전문화·맞춤화되고 있는 성 산업의 성장과 함께, 성 구매의 가능성은 성적 표현과 정체성의 다양성을 반영한다. 그러나 성적 서비스에 대한 수요의 규모에도 불구하고 광범위한 사회적·경제적 구조의 변화와 쟁점 때문에 성 구매 남성을 희생양으로 삼는 압력이 증가하고 있다. 정부는 매춘에 대해 '무언가 하기를 원하고', 21세기 들어 이 개입은 성 '수요'의 규모를 저지하기 위한 노력의 형태로 나타난다. 이 개입은 성 산업을 관리하기 위한 효과적 측면에서는 적합하지 않다. 번스타인(Bernstein, 2007)이 통렬하게 비판한 것처럼 성 서비스에 대한 수요는 자본주의의 핵심적 특징으로 이해될 필요가 있다. 번스타인은 공공과 민간의 결합, 서비스 분야의 규모와 범위, 성의 개별화(우리 모두 성적 만족을 경험해야 한다는 생각)의 맥락에서 이해되어야 한다고 설명한다. 번스타인은 욕망을 '제한된 진정성 bounded authenticity'이라는 용어로 설명한다. 이 개념에서 욕망은 본질적으로 일부 사람 사이에 성적·감정적 경험이 촘촘하고 겹겹이 쌓여 이루어진 것으로, 상업적 교환의 영역 안에서 보호받을 수 있음을 의미한다. 그는 '제한된 진정성'이 어떤 사람에게는 상업적이지 않은 관계에서 겪는 어려움 때문에 더 선호될 수 있다고 설명한다. 한쪽에서는 성 산업의 정상화, 다른 한편으로는 성 산업의 특정 부분을 잘못되고 비도덕적인 것으로 보고 근절하려는 시도가 증가하는 현상이 후기 자본주의의 또 다른 특징으로서 고려되어야 한다. 페팅거(Pettinger, 2015)는 일상생활의 광범위한 경제적·사회적 영향 내에서 어떻게 시장 원리가 성적 서비스의 소비를 분명한 특징으로 하는지 보여준다. 샌더스와 캠벨은 다음과 같이 주장한다.

> 고객을 범죄화하려는 정책은 성노동자, 성노동자의 권리, 성노동자의 사회적 통합과 안전에 대한 정책의 영향력을 다루는 데 실패했다. 다시 말하면, 정책의 변화가 사실상 성노동자의 피해자화와 취약성을 감소시키기 위한 다른 정책의 목표와 모순된다는 의미다(Sanders and Campbell, 2007: 164).

성 산업에 대한 규제는 성 산업 시장의 생동적인 역학을 고려해야 한다. 즉, 공급과 수요의 메커니즘이 어떻게 상호작용하는지, 한쪽은 어떻게 다른 한쪽 없이 존재할 수 없는지 이해해야 한다. 성 산업의 증가에 대한 '책임'을 이성애 남성에게만 한정지어 전가하는 것은 자본주의와 소비에 확고히 자리잡은 성 상품화의 맥락을 간과한 것이다.

Sanders, T. 2008. *Paying for Pleasure: Men who Buy Sex*. Cullompton: Willan.
☞ 이 책은 고객은 누구이며, 그들은 성노동 커뮤니티와 어떻게 연결되고 또 성노동자와 어떻게
　 상호작용하는지, 그들의 삶에서 상업적 성의 구매는 어떤 특징을 띠는지 등을 다룬 상세한 질
　 적 연구이다.

Scott, J., D. Callander and V. Minichiello. 2015. "Clients of male sex workers," in V. Minichiello
and J. Scott(eds), *Male Sex Work and Society*. New York: Harrington Park Press.
☞ 이 글은 학생들에게 남성 성노동자에게 성을 구매하는 (남성) 고객에 관해 생각해 보도록 한다. 이
　 는 성 산업의 다양성, 성노동자와 고객 사이의 관계, 상업적 성의 다른 면을 분명하게 보여준다.

Milrod, C. and M. Monto. 2012. "The hobbyist and the girlfriend experience: behaviors and
preferences of male customers of internet sexual service providers." *Deviant Behavior*, 33(10),
pp.792~810.
☞ 여성에게 성을 구매하는 남성의 경험과 상업적 성에 대한 남성의 욕구를 심층 탐구한 논문이
　 다. 이 논문은 성 산업에서 대중적 개념인 '여자친구 대행' 서비스를 살펴보기 위해 경험 자료
　 를 검토한다.

Egan, D. 2003. "'I'll be your fantasy girl, if you'll be my money man": Mapping desire, fantasy
and power in two exotic dance clubs." *Journal for the Psychoanalysis of Culture and Society*,
8(1), pp.277~296.
☞ 이건은 스트립 클럽을 자주 찾는 고객과 스트리퍼의 관계를 연구하는 연구자이다. 이 글은 스
　 트리퍼와 고객 사이의 관계를 금전적·감정적인 측면 모두에서 드러내는 흥미로운 논문이다.

Kingston, S. and T. Thomas. 2014. "The Police, sex work, and Section 14 of the Policing and
Crime Act 2009." *Howard Journal of Criminal Justice*, 53(3), pp.255~269.
☞ 이 논문은 영국 법에서 성 구매가 무과실 책임 범죄로 범죄화된 현재의 맥락을 정리한다.

생각해 볼 거리

① 상업적 성을 구매하는 고객들 사이에 존재하는 다양성을 설명하라.
② '수요 차단' 정책 및 관련 담론에서 경합하는 쟁점은 무엇인가?
③ 스웨덴 모델은 무엇이며, 그 정책의 목표에 관한 찬반 논쟁에는 무엇이 있는가?

제 6 장

성노동자,
노동권과 노동조합

Sex Workers,
Labour Rights and Unionization

수전 로페즈엠버리·틸라 샌더스
수전 로페즈엠버리Suans Lopez-Embury는 성노동자의 권리 옹호자이자 독립 연구자로,
비영리조직인 데지레 동맹을 공동 창립했고, 현재 부대표로 일하고 있다.

이 장에서는 전 세계 성노동자 운동의 등장을 살펴보려 한다. 그 과정에서 1960년대 말부터 시작된 '노동으로서 성' 운동을 검토한다. '세계매춘인권리헌장'과 '유럽성노동자권리선언'에 드러난 노동권 중심의 운동 전개는 이 운동이 기반으로 하는 인권의 측면을 잘 드러내준다. 호주, 미국, 인도, 브라질에서 볼 수 있는 개별 국가 사례와 함께 이 운동의 전 지구적 조직화에 대해서도 검토한다. 성노동자 권리 운동의 전 지구적 영향과 개별 국가의 성공 사례는 운동의 어려움이나 한계와 더불어 언급될 것이다. 끝으로, 노동자로서 인정받고 고용권을 획득하기 위한 성노동자 노조 조직화에 대한 논의도 다룬다.

'노동으로서 성' 노동운동의 등장 ——————————

매춘의 역사는 낙인과 억압에 저항하기 위해 성노동자들이 벌인 조직화 사례로 짜여 있다. 예를 들어 1790년 팔레 루아얄Palais Royal 앞에서 2000명의 매춘인이 경찰의 폭력에 맞서 시위를 벌인 것(Bassermann, 1993), 영국의 통치와 사회적 배제에 맞서 19세기 중반 인도 러크나우Lucknow의 고급 매춘인이 저항을 한 것을 들 수 있다(Oldenburg, 1990).

1960년대 말과 1970년대에 일부 급진적 페미니즘 운동의 성에 대한 긍정적인sex-positive 관점은 공사 영역 모두에서 여성의 성적 선택을 새로운 시각으로 접근하게 했다. 여성은 피임약이라는 혁명적 성과를 통해 마침내 재생산을 위한 섹스와 쾌락을 위한 섹스를 분리할 수 있게 되었다. 그리고 이를 통해 성적으로 더 대담하게 자율성을 보장받고, 어머니 세대가 누리지 못한 새로운 자유를 만끽하게 되었다. 이 시기에 전통적인 여성의 역할은 도전받았으며, 섹슈얼리티와 성적 취향에 대한 새로운 표현을 공적으로 드러낼 수 있게 되었다. 이런 정치적·사회적 환경은 급진적인 직업으로서의 성에 대한 인정과 변화를 자극하는 지지 기반을 제공했다.

1973년 마고 세인트 제임스Margo St. James는 성 산업에서 일하는 여성의 권리를 주장하고 이에 대한 관심을 모으기 위해 캘리포니아주 샌프란시스코에 '코요테'라는 단체를 만들었다(Jenness, 1990 참조). 자신들의 권리에 대해 발언하고 요구하는 매춘인이라는 개념은 전례가 없었다. 이 단체는 매춘인이 남성의 성적 공격에서 수동적 피해자이거나 도덕적으로 타락하고 마약에 중독된 '질병의 온상vector of disease'이라는 고루한 믿음에 정면으로 도전했다. 세인트 제임스는 매춘인이 미국의 다른 노동자들과 동등한 권리를 누릴 자격이 있으며, 매춘의 범죄화는 이러한 권리의 실현을 방해한다고 믿었다. 코요테의 목적은 다음과 같다. 첫째, 모든 자발적인 성인 매춘을 비범죄화한다. 둘째, 범죄화에 내재한 문제와 학대를 방지하기 위해 대중을 교육한다. 셋째, 상업적 성을 노동으로 규범화해 낙인을 없앤다. 이를 위해 코요테는 미국에서 매춘인 문제를 환기하기 위한 대중적인 캠페인을 벌였다.

코요테의 최종 목표는 매춘을 직업의 하나로 선택할 수 있도록 하는 것이다. 세인트 제임스는 진정한 변화를 위해서는 매춘인의 자존감이 높아져야 하며 매춘인이 자신이 하는 일에 긍지를 가질 수 있어야 한다고 여겼다. 코요테가 개최한 캠페인은 매춘인영화제Hooker's Film Festival, 매춘인대회Hooker's Congresses(Weitzer, 1991), '매춘인댄스대회Hooker's Ball'라고 불리는 2만 명 이상이 참여하는 가장무도회(Pheteson, 1989: 4) 등이 있으며, 코요테는 이 행사의 기금도 마련했다.

1974년 코요테는 샌프란시스코에서 체포된 매춘인에게 강제로 임질 검사를 받도록 하고 그 결과를 기다리는 동안 감옥에 격리하는 법 조항을 삭제하는 데 성공했다. 이 단체는 고객에게는 체포나 격리 그리고 검사를 실시하지 않는 것, 매춘인이 성병의 주요 원인이 아닌데도 그들을 체포·격리하는 것은 비논리적이고 불공정한 처사임을 성공적으로 논박했다(Weitzer, 1991: 30). 코요테에 이어 비슷한 단체들이 북미 전역에서 생겨났다. 예를 들어 뉴욕의 포니Prostitutes of New York: PONY, 조지아주 애틀랜타의 하이어Hooking is Real Employment: HIRE(매춘은 진정한 직업이다), 미시간주 앤아버의 펩Prostitution Education Project: PEP 등을 들 수 있다.

한편 매춘인들은 전 세계적으로 그들의 존재감을 드러내기 시작했다. 1974년 프랑스 몽파르나스에서는 경찰과 법원의 통제에 시달리던 파리의 매춘인들이 자신들의 고충을 알리기 위해 시위를 벌였다(Mathieu, 2003). 1975년에 150명의 매춘인은 프랑스 리옹에서 교회를 점거했다. 그들은 경찰이 당시의 매춘인 살해 사건을 해결하는 데 능장을 부리고, 위험 상황에서 매춘인을 전혀 보호하지 않는다며 항의했다. 또한 오히려 지나치게 벌금을 물리거나 폭력을 행사하고 과도하게 구속하는 등의 경찰 권력 남용 문제를 지적했다. 리옹 시위는 7일 동안 지속되었으며, 그 기간에 프랑스 전역에서 그들에게 공감하는 시위와 교회 점거가 일어났다. 당시 사람들은 프랑스매춘인연합France Collective of Prostitutes을 강력히 지지했다. 1975년과 1985년 사이에 그들의 행동은 영국매춘인연합English Collective of Prostitutes: ECP, 독일의 히드라HYDRA, 스위스의 아스파시ASPASIE, 캐나다의 코프CORP, 네덜란드의 붉은실De Rode Draad 등을 포함한 유럽 전역의 단체들이 성장하는 데 영향을 미쳤다.

1975년 마고 세인트 제임스와 미국·프랑스에서 온 여러 성노동자는 국제적인 매춘 권리의 조직화를 위해 파리에서 시몬 드보부아르Simone de Beauvoir를 만났다(Pheterson, 1989: 6). 하지만 이 계획이 현실화되기까지는 10년이 걸렸다. 1979년 미국에서는 세인트 제임스와 레즈비언 페미니스트 프리실라 알렉산더Priscilla Alexander가 전국매춘태스크포스National Task Force on Prostitution: NFTP를 구성했다. 이 단체는 미국 전역의 매춘인 권리를 위한 여러 단체들의 전국 네트워크로서 유엔에서 공식 NGO로 인가받았다.

북미와 유럽에서 성노동자들의 조직이 활발하게 진행되어 1985년 2월 암스테르담에서 제1회 세계매춘인대회World Whores' Congress가 열렸다. 이 대회의 결과, 국제매춘인권리위원회International Committee for Prostitutes' Rights: ICPR가 탄생

했으며, 위원회와 대회 참가자들은 최초로 성노동자의 권리를 알리는 '세계 매춘인권리헌장'을 발표했다.

「세계매춘인권리헌장」[*]
World Charter for Prostitutes' Rights(1985)

법
- 개인이 결정한 성인 매춘의 모든 상황을 비범죄화하라.
- 매춘을 비범죄화하고 통상적인 사업 규약에 따라 제삼자 개입을 규제하라. 통상적인 사업 규약이 매춘인에 대한 학대를 허용하고 있었다는 점이 주지되어야 한다. 따라서 (자영 또는 피고용된) 매춘인에 대한 학대와 낙인을 방지할 수 있는 특별 조항이 포함되어야 한다.
- 국경을 넘나들며 전 세계 곳곳에서 매춘 여부와 상관없이 자행되는 사기, 강제, 폭력, 아동 성 착취, 아동 노동, 강간, 인종차별을 규제하는 형법을 시행하라.
- 국내외 매춘인이 지닌 결사의 자유와 여행의 자유를 탄압할 소지가 있는 법을 근절하라. 매춘인은 사생활을 영위할 권리가 있다.

인권
- 언론·여행·이주·노동·결혼·모성의 자유를 포함한 모든 인권과 시민적 자유를 매춘인에게 보장하며, 실업급여·건강보험·주거에 대한 권리를 보장하라.
- 매춘이나 동성애를 불문하고 '범죄자 신분'이라는 근거로 인권을 부정당한 누구에게든 난민 자격을 허용하라.

노동 조건
- 매춘에 대한 체계적 구역화를 암시하는 법은 어떤 것도 허용될 수 없다. 매춘인은 노동하고 거주할 곳을 선택할 자유를 누려야 한다. 매춘인은 다른 누군가에 의해서가 아니라 그들 스스로가 결정한 조건 아래 서비스를 제공할 수 있어야 한다.
- 매춘인의 권리를 보호하고 매춘인이 이의를 제기할 수 있는 위원회가 있어야 한다. 이 위원회는 매춘인, 변호사 등 다른 전문가와 지지자로 구성되어야 한다.

---

[*]　1985년 암스테르담에서 개최된 국제매춘인권리위원회. 페터슨(Pheterson, 1989: 40)에서 인용.

- 매춘인이 안전한 신분 보장을 위해 모여서 일하는 것을 차별하는 법률이 있어서는 안 된다.

건강
- 모든 여성과 남성은 성병에 대한 정기 검진을 받도록 교육받아야 한다. 지난 역사에서 검진은 매춘인을 통제하고 낙인찍는 것으로 이용되었고, 성인 매춘인이 일반적으로 다른 사람보다 성 건강에 대해 더 잘 인지하기 때문에, 성적 활동을 하는 모든 사람에 대한 의무 적용이 아니라 매춘인만을 의무적으로 검진하는 것은 용납할 수 없다.

사회복지 서비스
- 아동 매춘을 예방하고 아동의 안녕과 기회 제공을 증진하기 위해 가출 아동을 위한 거주·법률·상담·고용 서비스가 조성되어야 한다.
- 매춘인은 여러 국가에서 여러 규제에 따라 모든 시민에게 적용되는 동일한 사회적 혜택을 받아야 한다.
- 일하는 매춘인을 위한 쉼터와 서비스, 다른 삶을 원하는 매춘인을 위한 재훈련 프로그램 마련에 필요한 기금이 지원되어야 한다.

세금
- 매춘인이나 매춘 사업에 어떤 특별세도 부과되어서는 안 된다.
- 매춘인도 다른 개별 계약자나 피고용인과 동일한 기준으로 정규 세금(regular tax)이 부과되어야 하며, 동일한 혜택을 받아야 한다.

여론
- 인종·젠더·국적을 기반으로 전직·현직 매춘인을 차별하고 낙인찍는 사회적 태도를 바꾸기 위한 교육 프로그램을 지원해야 한다.
- 매춘에서 고객의 역할이 중요함에도 이를 잘 인식하지 못하는 일반인에게 도움이 될 교육 프로그램을 개발하라. 동시에 매춘인과 마찬가지로 고객 또한 범죄화되거나 도덕적 잣대로 비난받아서는 안 된다.
- 우리는 성 산업의 모든 노동자와 연대한다.

조직
- 전·현직 매춘인 단체는 이러한 헌장을 실천할 수 있도록 지원받아야 한다.

제2회 세계매춘인대회에는 전 세계 18개국에서 온 150여 명이 참가했다. 이 대회에서는 전 세계 매춘인이 직면한 쟁점이 공유되고 기록되었으며, 서로 다른 문화에서 형성된 운동이 성장하며 겪는 고통도 강조되었다. 이러한 사안은 오늘날까지 지속되는 것으로, 제2회 대회의 논의들은 정부와 NGO 수준에서 현행 정책 담론을 이끄는 서막이 되었으며, 오늘날의 운동이 성노동자 권리를 향한 여정을 계속하는 데 지침이 되고 있다. 제2회 세계매춘인대회는 에이즈에 대한 공포가 한창일 때 개최되면서, 매춘과 에이즈라는 이중 낙인이 바이러스의 '온상vectors'으로 찍힌 매춘인에 대한 학대 사례(의무적인 에이즈 검사에서 HIV 양성 반응이 나오면 수감되는 등)를 낳았다. 참가자들은 대회의 건강 분과에서 이 문제를 길게 토론했다.

두 차례에 걸쳐 열린 세계매춘인대회의 중요성은 과소평가될 수 없다. 현대사에서 비난과 괄시를 받던 집단의 사람들이 권리와 인정에 대한 자신들의 입장을 정립했기 때문이다. 이 운동은 이전보다 더욱 공식적으로 조직되었고, 사람들의 인정을 받았으며, 더 강력해졌다. 전 세계 매춘인들의 유대는 매춘인이 인간으로 존중받고 노동자의 권리를 보장받으며 납세자와 시민이 되어야 한다는 요구가 지지를 얻는 데 활력을 불어넣었다.

전 세계적 조직화
경계를 넘은 연대 ─────────────────

켐파두와 도즈마(Kempadoo and Doezema, 1998)가 설명하듯이, 이 운동은 북반구에서 언론의 주목과 관심을 받았다. 그에 비해 남반구 노동자의 노력은 아직 국제적으로 알려지지 않았고 기록되지 못했지만, 그들도 억압에 저항하고 조직하는 데 노력을 기울였다. 1982년에는 에콰도르 자율여성노동자연합 Association of Autonomous Women Workers이 창립되었으며, 1987년에는 브라질에서 실비아 레이트Silvia Leite가 전국매춘인대회를 조직한 결과 전국매춘인네트워크 National network of Prostitutes인 다비다Davida가 만들어졌다. 또, 1988년 우루과이의 매춘인들은 5월 노동절 행진에 아메푸AMEPU라는 단체로 모습을 드러내며 아동돌봄센터를 열고 새롭게 본부를 두었다.

매춘인을 질병의 온상으로 보는 낡은 구시대적 관점은 에이즈가 새롭게 전염병이 되는 분위기와 더불어, 1980년대와 1990년대에 매춘인을 대상으로 하는 연구와 건강관리 프로젝트에 기금이 집중되는 결과를 낳았다. 이러한 연구가 잠재적으로 성노동자를 낙인찍고, 나아가 그들의 권리를 침해할 우려가 있다고 간주되었지만, HIV 감염 위험과 예방에 대해 매춘인은 스스로가 자기 공동체를 가장 잘 교육할 수 있다고 여겼다. 이에 따라 매춘인 중심의 일부 새로운 조직은 이러한 방향으로 활동했고, 기존의 매춘 권리 옹호 단체는 HIV 교육과 예방에 집중할 수 있었다. 그리고 잘 알려진 HIV/AIDS 주요 단체가 많은 기금을 제공했다. 에이즈 감염은 성노동자 조직화에서 가장 성공적인 촉진제가 되었다.

1992년, 성노동 프로젝트 네트워크Network of Sex Work Project: NSWP*가 성노동자 권리와 에이즈 예방을 다루는 다양한 집단 간 네트워크를 위해 창립되어, 아시아·태평양 지역에서 프로젝트의 연계를 만들었다. 그 결과, 성노동 프로젝트 네트워크는 HIV/AIDS에 대해 열띤 논쟁과 회의를 개최하면서 자문할 수 있는 자격을 얻게 되었으며, 국제매춘인권리위원회Internaltional Committee for Prostitutes' Rights를 대체해 전 세계적인 성노동자 네트워크로 자리매김했다. 이 시기는 성 산업에서 일하는 사람들, 특히 압도적 다수의 여성과 그들에 연대하는 이들이 전 세계적으로 모여 비공식적인 네트워크를 공식화했다는 점에서 매우 중요하다. 이 풀뿌리 조직의 일부 사례는 다음과 같다.

• 이것은 제8장에서 논의할 영국 성노동 네트워크 프로젝트(UK Network of Sex Work Projects: UKNSWP)와 다르다.

- 1992년 베네수엘라 단체인 복지와 지원을 위한 여성연합Association of Women for Welfare and Support: AMBAR과 칠레 아프로뎀APRODEM이 남미 성노동자의 목소리를 내기 위해 만들어졌다.
- 1990년대 초 인도 캘커타의 더바 마힐라 사만와야 위원회Durbar Mahila Samanwaya Committee: DMSC와 남아프리카 스웨트Sex Worker Education and Advocacy Taskforce: SWEAT(성노동자 교육과 인권 옹호팀)가 창립되었다.

오늘날 전 지구적 국제운동인 성노동 프로젝트 네트워크의 활동은 다음 세 가지 핵심 가치에 바탕을 둔다.

- 성노동을 일로 받아들임
- (성노동자, 고객, 제삼자, 가족, 파트너와 친구를 포함해) 모든 형태의 범죄화 및 성노동의 법적 탄압에 대한 반대
- 성노동자의 자기조직화와 자기결정에 대한 지원

2014년 이후 성노동 프로젝트 네트워크의 활동은 전 세계 성노동운동의 새로운 도구인 '성노동, 인권 및 법에 관한 합의문Consensus Statement on Sex Work, Human Rights and the Law'에 집중되어 왔다. 여덟 개의 주요 원칙은 다음과 같다.

① 연대하고 조직할 권리
② 법으로 보호받을 권리
③ 폭력으로부터 자유로울 권리
④ 차별받지 않을 권리
⑤ 사생활에 대한 권리와 임의적 간섭으로부터의 자유
⑥ 건강권
⑦ 이동과 이주의 권리

⑧ 노동권과 자유로운 직업 선택권

노동권

다양한 성노동자 단체가 제2회 세계매춘인대회에서 구체화한 내용을 더 강화해 갔다. 이를테면 많은 성노동자가 스스로 자신의 인권을 인정받아야 한다고 생각하기 시작했다. 성노동자들은 다른 시민과 마찬가지로 노동권labour rights을 누리고 그 권리를 보호받기 위해 기본적 인권을 넘어 자신의 직업이 진정한 노동(자신이 생계를 위해 참여하는 활동)으로 인정받아야 한다고 요구했다. 안타깝게도 문제는 여러 정부가 성노동을 노동으로 인정하지 않는다는 점이다. 국가가 매춘을 노동으로 규정하지 않고 불법화하는 한 "성노동자들이 여기서 논의하는 인권이나 노동으로서 일을 선택할 자유를 가져야 한다는 논쟁은 무의미하기 때문"이다(Bindman, 1997). 그래서 많은 단체가 매춘의 비범죄화를 우선순위로 여기며, 이를 어렵지만 나아가야 할 목표로 삼고 활동을 전개했다. 그중 가장 두드러진 성공 사례는 뉴질랜드매춘인연합New Zealand Prostitutes' Collective이다. 그들은 정치인, 캠페인 참여자, 연구자, 관련 단체와 함께 수년간 비범죄화를 위한 캠페인을 성공적으로 전개했다(Gall, 2006: 151 참조). 그리고 이 노력은 드디어 18세 이상의 매춘을 비범죄화하는 '2003년 뉴질랜드 매춘 개정법New Zealand Prostitution Reform Act 2003'으로 귀결되었다.•

그레거 갈Gregor Gall(Gall, 2007)과 마티외(Mathieu, 2003)는 왜 성노동자들이 조직화하기를 꺼리는지에 대해 분석한다. 대부분의 성노동자는 낙인, 사회적 배제, 법 때문에 삶이 위협당하고 사회에서 주변화된 처지에 놓이게 되어

• ''2003년 매춘 개정법' 운영에서 「매춘법 리뷰 위원회 보고서(Report of the Prostitution Law Review)」는 https://www.apnsw.info/reportsandresearch/report-of-the-prostitution-law-review-committee-on-the-operation-of-the-prostitution-reform-act-2003-government-of-new-zealand-2008 참조(검색일: 2021.5.12).

그 문제를 회피하기 위한 방식으로 생존을 모색한다. 대부분의 성노동자가 집단으로 조직화하는 데 겪는 걸림돌은 신분 노출과 익명성의 상실이다. 신분이 노출되면 자녀를 보호할 수 없게 되며, 정부의 간섭과 대중의 괴롭힘을 당할 수 있고, 주거지에서 쫓겨나거나 체포되고 구금당할 수도 있다. 또한 본인이나 가족이 위협을 당할 수도 있으며, 다른 일용직에서 해고당할 수 있고, 지역에서 사회적 지위를 박탈당하는 등 피해를 입을 수 있다. 그러므로 사실상 성노동자들은 양극단 사이에 놓여 있다. 조직화한다면 자유를 잃을 수 있다는 이유로 침묵을 강요당할 것이며, 그래서 침묵을 지키면 자유가 결코 현실화될 수 없다.

그럼에도 활동가들은 계속해서 조직화를 위해 노력했다. 지난 10년 동안 세계매춘인권리헌장을 비롯해 여러 선언문이 발표되었다. 캘커타의 「성노동자선언문Sex Workers' Manifesto」, 남아프리카의 「시손케 강령Sisonke Mission Statement」이 있다. 또 2005년 10월 벨기에 브뤼셀에서는 유럽 30개국의 성노동자 120명과 지지 세력 80명이 '성노동과 인권, 노동과 이주에 관한 유럽회의European Conference on Sex Work, Human Rights, Labour and Migration'에 참석했다. 이 대회가 끝나고 2년이 지나서 성노동자 120명과 지지 세력 80명 모두 「유럽성노동자권리선언Declaration of the Rights of Sex Workers in Europe」을 합의·승인했다. 또 그들은 성노동자의 권리를 상징하는 빨간 우산을 선택했는데, 이는 현재 전 세계의 성노동자운동의 상징으로서 부정의에 대항한 시위에서 사용하고 있다.

안타깝게도 유럽 측에서 제기한 쟁점들은 거의 20년 전에 제2회 세계매춘인대회에서 나온 것과 동일하다. 비범죄화는 계속해서 많은 성노동자 권리 단체의 핵심 쟁점이 되고 있다. 예를 들어 1997년 반노예인터내셔널Anti-Slavery International은 「국제 의제로서 매춘을 성노동으로 재정의하기Redefining Prostitution as Sex Work on the International Agenda」라는 문서를 발행했다(Bindman, 1997). 1998년 국제노동기구ILO는 성 산업의 경제 부문에 대한 보고서를 발표했으며, 보고서에서 비범죄화를 권고했다(Lim, 1998). 1999년 중국에서 유엔여성

차별철폐협약CEDAW 위원회는 매춘을 성노동으로 명명하며 비범죄화를 권고
했고, 또한 각국 정부에게 좀 더 느슨한 법률을 제정하며 성노동을 직업 선택
의 하나로 인정하라고 권고했다(UNCHR, 1999, 2000, 2001). 하지만 보수주의
자, 페미니스트, 종교 단체가 이를 비난했다. 자메이카 보건부는 비범죄화를
지지하는 입장을 발표했으며(Lewis, 2008), 반기문 유엔 사무총장은 재임 당시

● https://www.nswp.org/sites/nswp.org/files/Declaration_booklet_colour%20icrse.pdf(검색일:
2021.5.12).

매춘에 대해 가혹한 법률을 폐지하고 성노동자에 대한 박해를 멈추라고 각국 정부에 촉구했다(Ditmore, 2008). 유럽성노동자권리에 관한 국제위원회International Committee on the Rights of Sex Workers in Europe(www.sexworkeurope.org/)는 여전히 성노동자의 권리를 위해 계속 싸우며 연구, 운동, 정책 작업에서 적극적으로 활동한다.

현재의 성노동자 운동

여러 나라에서 성노동자들은 적극적으로 자신의 권리를 위해 조직을 만들거나 기존 조직을 새롭게 재정비했다. 성인과 미성년을 대상으로 서로 다른 유형의 성노동자 조직이 있고, 이들은 각 구성원들이 당면한 중요한 사안에 따라 서로 다른 방식으로 성노동자 권리를 위한 캠페인을 벌인다.

다음 절에서는 다양한 지역에서 펼쳐지는 서로 다른 운동의 특징을 강조하기 위해 호주, 미국, 인도, 브라질의 단체들을 사례로 살펴본다.

사례 1: 호주의 스칼릿 동맹

스칼릿 동맹Scarlet Alliance: SA(www.scarletalliance.org.au/)은 1989년 호주에서 HIV/AIDS 감염병으로 인해 성노동자들이 권리를 침해당하고 부당한 처우를 받자 이에 맞서 조직한 단체다. 이 단체는 호주의 모든 성노동자 단체를 아우르는 전국 상급 단체다. 이 단체의 웹사이트는 동료 교육 활동, 캠페인을 포함해 많은 정보를 제공한다. 이 웹사이트는 성노동자 커뮤니티의 다양성을 고려해 연결되도록 태국어, 중국어, 한국어로 번역된 부분도 있다. 이 단체는 호주에서의 비범죄화 및 피해 감소와 건강 증진 정책을 우선시하는 실질적 정책을 요구하며 캠페인을 벌이고 있다.

스칼릿 동맹은 성노동자에게 영향을 미치는 쟁점과 현행 성 산업 법률, 성노동자에게 영향을 미칠 수도 있는 여타 법령에 대해 정부와 정책 입안자에게 의견을 제시한다. 이들의 중요한 목표 중 하나는 정책 협의 과정에서 성노동자가 목소리를 낼 수 있게 보장하는 것이다. 또한 이들은 성노동 관련 쟁점에 대해서 다른 단체 또는 정부 부처 교육도 담당한다. 국제적으로나 국내적으로 스칼릿 동맹은 성노동자와 고객 간 HIV 감염과 다른 성병을 최소화하는 최적의 모델을 효과적으로 추진했다. 더불어 이들은 성노동자에게 영향을 주는 사안을 대표해 건강, 법률, 연구, 인권, 페미니즘, 지역사회 교육, 이주, 세계화에 관한 회의와 모임에 참여한다. 이들은 서비스 전달 체계의 동료 교육 모델을 촉진하며, 이는 가장 효과적인 역량 강화 교육 방법으로 평가받는다. 이들은 지역사회 성장 과정Diploma of Community Development을 포함한 혁신적인 동료 교육 전국 훈련 및 평가 프로그램Peer Education national Training and Assessment programme을 운영한다.

사례 2: 미국의 성노동자 지원 활동 프로젝트와 데지레 동맹

데지레 동맹은 미국 전역의 성노동자가 주도하는 조직이자 다양한 커뮤니티와 개인들의 네트워크로, 성노동자를 위한 피해 감소, 직접적인 서비스, 정치적지지, 건강 서비스를 제공한다. 우리는 성 산업에서 모든 노동자의 인권, 노동권, 시민권을 옹호하기 위해 리더십을 제공하고 성노동자와 지지자들이 함께 모이는 공간을 조성한다.

데지레 동맹은 성노동자, 건강 전문가, 사회과학자, 성교육 전문가, 지원 네트워크의 연합체로 성 산업과 그것의 인간적·사회적·정치적 영향에 대한 이해를 증진시키기 위해 함께 협력한다. 우리는 성노동자의 인권, 노동권, 시민권을 옹호하기 위해 성노동자들의 지역 리더십과 유익한 실천을 구축하는 데 초점을 둔다(http://desireealliance.org/about-us/, 2017).

2002년 로빈 퓨Robyn Few는 연방요원에게 체포되어 매춘을 조장한 혐의로 유죄를 선고받았다. 이에 대응해, 그녀는 2003년 10월 매춘의 비범죄화를 위해 SWOP-USA'Sex Worker' Outreach Project USA(미국 성노동자 지원 활동 프로젝트)를 만들었다. SWOP-USA는 캐럴 리, 스테이시 스윔Stacey Swimme, 아바렌 입센 Avaren Ipsen, 마이클 폴리Michael Foley를 주축으로 호주의 SWOP에 고무되어 이를 모델로 만든 단체다. SWOP-USA의 첫 번째 활동은 2003년 12월 17일 '그린 리버 살인자'로 불린 미국의 연쇄살인범 게리 리언 리지웨이Gary Leon Ridgeway 에게 살해된 여성들을 추모하는 그린리버 추모 행사Green River Memorial를 개최하는 것이었다(Levi-Minzi and Shields, 2007). 이를 계기로 '성노동자에 대한 폭력을 근절하는 국제 행동의 날International Day to End Violence Against Sex Workers'이 만들어졌고, 전 세계 성노동자들이 이날을 기념하고 있다. 2004년 9월에는 매춘에 관한 회의가 오하이오주 톨레도대학교 사회복지학과에서 열려, SWOP 구성원들과 다른 활동가들이 참가했다. 회의가 끝난 다음 날에 활동가들은 함께 아침을 먹으며 현직 성노동자를 중심으로 한 회의를 네바다주 라스베이거스에서 개최하자는 의견을 나눴다.

그해 봄, 이 회의를 주관하는 조직으로 데지레 동맹Desiree Alliance이 창립되었다. 베이스완BAYSWAN, SWOP-USA, 코요테, 최적의 정책 프로젝트Best Practices Policy Project와 라스베이거스네바다대학교 사회학과와 여성학과, 네바다 여성연구소가 협력했으며, 1997년 이래 미국에서 처음으로 성노동자가 주도하는 회의를 개최했다. 이 회의는 '매춘 정책 되돌아보기: 성노동자 권리를 위한 공간 창출과 범죄화에 맞서기'라는 주제로 2006년 7월에 열렸다.

이 회의에는 성노동자, 학자, 연대 단체, 활동가를 포함해 약 250명이 참여했으며, 성노동자 권리 운동을 더욱 고무시켜 SWOP의 새로운 지부가 생겨났다. 현재는 미국 전역에 10개 지부가 있다. 데지레 동맹은 2007년 7월 샌프란시스코에서 성노동자 영화 예술제Sex Worker Film and Arts Festival, 매춘 학교 Whore College, 성노동 열정 교육 및 훈련SWOP's Sex Work Enthusiasts Education and Training:

SWEET의 '구매자 학교School for Johns'와 함께 회의를 개최하기도 했다. 2007년 10월에는 워싱턴에서 최적의 정책 프로젝트와 서로 다른 길Best Practices Policy Project and Different Avenues(성노동자 지원 활동과 서비스 제공자)이 성노동자 리더십 훈련 기관Sex Worker Leadership Training Institution을 열었다. 이 조직은 2016년 제6차 '정의 문제 해결을 위한 전국회의National Conference on Addressing Justice'를 주최했으며, 미국 내 성노동자 단체를 계속해서 이끌고 있다.

사례 3: 인도의 더바 마힐라 사만와야 위원회(또는 더바)

더바 마힐라 사만와야 위원회, 또는 멈추지 않는 단결된 여성 위원회Unstoppable United Women's Committee(http://durbar.org/)는 인도 서벵골에 있는 6만 5000명의 남성·여성·트랜스젠더 성노동자 조직이다. 더바는 소나가치Sonagachi 홍등가에서 의사인 스마라짓 자나Smarajit Jana가 진행한 이른바 '소나가치 프로젝트'인 성병STIs/HIV 개입 프로그램의 결과로 출발했다. 자나는 성노동자를 교육하고 HIV와 성병의 확산을 막기 위해 동료 교육 모델을 도입했다. 더바는 '3R'로 알려진 세 가지 상호 연결된 원칙에 기초한다.

- 성노동과 성노동자에 대한 존중respect과 존엄성
- 성노동자 커뮤니티의 지식과 지혜에 대한 신뢰reliance
- 성노동을 직업으로 인정recognition하기와 성노동자의 직업적 권리와 인권에 대한 보호

그들의 웹사이트를 인용하자면, 더바의 지향은 성노동자의 권리를 확립하며 다음과 같은 폭넓은 임무를 통해 낙인과 물적 박탈 그리고 사회적 배제로부터 성노동자를 보호하는 정치적 목표에 기반을 두고 있다.

- 소외된 커뮤니티의 이미지와 자존감 개선
- 사회와 국가의 전 차원에서 작동하는 기존의 규범, 정책, 관행에 영향력 발휘
- 집단화와 역량 형성 과정을 통해 커뮤니티의 역량 강화
- 거래 내부와 외부에 존재하는 권력 관계의 조정
- 개인, 집단, 기관, 운동과 공식적·비공식적 연대의 형성

1999년 더바는 소나가치 프로젝트의 운영을 맡아 전국에 프로젝트를 확대했다. 그리고 프로젝트가 시작된 1992년과 평가 조사가 진행된 1995년 사이에 콘돔을 사용한 집창촌 사람의 비율이 2.7%에서 81.7%로 상승하는 이례적인 성공을 거두었다. 더욱이 HIV/AIDS 감염 비율은 인도의 다른 집창촌 지역에서 55%만큼의 상승이 보고되었을 때 단지 5% 상승하는 데 그쳤다 (Nath, 2000). 이 성공을 통해 보조금을 지원받아 다른 지역에서도 프로젝트를 시작함으로써 사람들을 도울 수 있게 되었다. 이 프로젝트는 여전히 소외된 지역에서 HIV/AIDS 예방 교육과 지원 활동의 모범 사례로 간주된다.

1997년 더바는 제1회 전국성노동자대회National Conference of Sex Workers를 개최했으며, 인도와 다른 나라의 성노동자와 활동가 6000명이 참가했다. 대회 기간에는 '자율규제위원회Self-Regulatory Boards: SRBs'가 만들어졌다. 이 기구는 전반적인 성 산업을 관리해 성노동자 학대, 미성년 성노동자, 강요된 성노동을 막는 기능을 한다. 이 기구는 1999년에 사회복지부와 여성위원회의 담당자들이 함께 참여해 공식적으로 설립되었다. 위원회의 구성은 성노동자 60%, 변호사·상담사·지역 공무원·의사를 포함한 구성원이 40%다.

위원회는 사티 상가탄Sathi Sangaathan(성노동자의 단골 고객 단체)뿐 아니라 더바의 회원도 참여해, 특히 인신매매된 사람이나 미성년자에 대한 착취를 줄이고자 자기 지역에서 신입 성노동자를 모니터링한다. 만약 신입 성노동자가 미성년자가 아니고 인신매매된 경우도 아니라면, 더바의 지부 담당자와

동료 교육자가 함께 상의를 한다. 위원회가 출범한 이래로 그 지역 성노동자의 평균 연령은 1995년 22세에서 2006년 28세로 높아졌으며, 1996년 이후 미성년이거나 자기 의지로 일하는 경우가 아닌 여성 470명이 구조되었다. 위원회는 성노동자가 고용주와 겪는 고충을 해결하는 데도 도움을 주고 있다(UNDP, 2003).

이러한 성공에도 불구하고 더바는 그 효율과 지속 가능성을 유지하기 위해 여전히 애쓰고 있다. 최근의 활동은 입법 개혁안으로 위장된 부도덕한 '인신매매(예방)법Immoral Traffic Prevention Act'에 집중되었다. 성과 성노동에 대한 계속된 낙인은 인도의 성노동자 권리를 여전히 위협하고 있다. 그럼에도 더바는 세계에서 가장 거대한 성노동자 단체로서 모범적인 실천 사례로 간주되고 있다. 실제로 인도 전역의 성노동자들은 자신들의 지역에서 조합을 만들고 있는데, 예를 들어 '카르나타카 성노동자 조합Karnataka Sex Workers' Union'은 조합의 활동과 서비스 제공을 결합한 현대적 모델이 어떻게 발전하고 있는지 보여준다(Panchanadeswaran et al., 2016).

사례 4: 브라질의 (삶의) 다비다와 전국매춘인네트워크

브라질 매춘 네트워크Braziliann Network of Prostitutes는 성노동자의 권리를 위해 싸우는 전국적 네트워크로, 30개 단체로 이루어져 있다(www.akissforgabriela.com/?page_id=2742). 이 운동의 역사는 무자비한 만행에 대한 적극적 행동에서 출발했다. 가브리엘라 레이트Gabriela Leite는 1978년 친구가 경찰에 체포되어 고문으로 사망한 이후 매춘인 권리 단체의 지도자가 되었다(Hinchberger, 2005; Marie Claire, 2007). 그녀는 거리에서 다른 매춘인들과 함께 시위를 벌인 끝에 경찰서장을 해임시키는 데 성공했다. 그녀는 이 성과로 매춘인을 바라보는 사회적 시선을 바꾸려는 결심을 더욱 군혔다. 그녀는 리우데자네이루 여성 권리 행사에 참석한 것을 계기로 진보종교학연구소Progressive Institute of

Religious Studies에서 1992년 공식 발족한 '다비다' 또는 '삶의 다비다Davida of the life'를 시작할 수 있는 보조금을 받게 되었다. 레이트는 1986년 제2회 세계매춘인대회에 참석했으며, 브라질로 돌아온 후 1987년에는 첫 번째 전국 성노동자 모임을 조직하고 전국매춘인네트워크National Prostitutes' Network: NPN(Rede Prostitutas Nacional)의 결성을 이끌었다. 오늘날 이 네트워크는 브라질 전역에 2만 명의 회원을 둔 30개 단체로 구성되어 있다(Marie Claire, 2007).

다비다와 NPN은 원래 매춘인에 대한 경찰 폭력을 주된 문제로 삼아 만들어졌으며, 1989년 정부와 회담을 진행한 후 HIV/AIDS 문제에 우선순위를 두고 활동을 벌였다. 회담 이후 전국의 성노동자들은 국제적으로 널리 알려진 브라질의 HIV/AIDS 예방 프로그램으로 통합되었다. 2004년에는 미국이 제공하는 HIV/AIDS 투쟁 기금 4000만 달러를 받을지 여부를 결정하기 위해 브라질 정부가 이들에게 자문을 요청하면서, 이들의 파트너십 범위가 전 세계적으로 새롭게 조망되기 시작했다. 그러나 기금을 받으려면 조건이 있었는데, 브라질 정부는 반매춘 서약을 하고 여성의 지위를 비하하는 것으로서의 매춘에 반대해야 했다. 결국 브라질 정부와 성노동자는 당시 매우 성공적으로 진행되던 HIV 지원 활동이 미국의 기금으로 인해 성노동자의 주변화와 낙인을 심화시킬 위험이 크다는 판단하에 기금을 거절하기로 했다. 이후 브라질의 HIV 감염률은 세계은행이 10년 전에 예고한 수준의 절반에 머물고 있다(Hinchberger, 2005).

최근 들어 이 운동은 국제적 스포츠 경기와 그로 인한 정치적 논쟁, 그리고 원치 않는 관심으로 어려운 시기를 보내고 있다. 이는 2014년 월드컵에 이어 2016년 올림픽까지 계속 진행되었다. 두 번의 사건을 통해 인신매매에 대한 도덕적 공황과 보수적 이데올로기가 강화되었는데, 이 모든 상황은 이 운동이 법안을 비범죄화의 방향으로 바꾸기 위해 그동안 이루어왔던 성과를 손상시켰다.

노동조합 결성

1990년대 이후 특히 성노동자 권리가 인정된 지역에서는 공식 노동조합 결성이 하나의 현상이 되고 있다. 자발적으로 (직접이든 간접이든) 성 서비스를 판매하는 여성과 남성이 성적이고 감정적인 에로틱 노동을 판매한다는 인식은 하나의 사회운동으로 전환되어 공식적인 노동조합을 통해 지지받고 있다. 첫 번째 사례는 1996년 호주 뉴사우스웨일스주에서 찾을 수 있다. 정부가 매춘을 비범죄화한 후, 매춘인들은 성노동자의 첫 번째 조합을 결성했다. 조합원 루스 프렌젤Ruth Frenzel과 매춘인 권리 활동가 메리언 피닉스Maryann Phoenix의 활동에 힘입어, 호주의 '주류·접객업·기타 부문 노동조합Liquor, Hospitality, and Miscellaneous Workers' Union'은 매춘인들을 조합원으로 받아들였다(Walsh, 1996). 또 다른 그룹은 살해된 성노동자를 위한 정의와 같이 특정한 캠페인을 중심으로 형성되었다. 아르헨티나 성노동자들이 카를로스 펠라도 가르시아Carlos Pelado García에게 살해된 동료 안드레아 마차도Andrea Machado에 대한 정의를 요구하기 위해 코르도바Cordoba의 법원 앞에 모였다. 2003년 마차도를 살해한 가르시아는 첫 재판에서 무죄 판결을 받았다. 그리고 2008년 가르시아가 17년의 징역형을 선고받았을 때, 그는 성노동자 살인 혐의로 유죄 판결을 받은 최초의 사람이 되었다. AMMARAsociación de Mujeres Meretrices de Argentina는 1996년부터 2015년까지 41명의 성노동자 살해 사건을 기록해 왔다. 이 가운데 단지 가해자의 9%만이 형을 선고받았다.

성노동자 권리를 위한 단체 중 가장 성공적인 곳으로는 에로틱 댄서 조직을 들 수 있다. 피셔(Fischer, 1996)는 노동자로서의 권리를 획득하기 위한 댄서들의 투쟁이 에로틱댄서연대Erotic Dancers Alliance를 통해 어떻게 드러났는지 잘 그려내고 있다. 춘(Chun, 1999)은 여성의 몸에 대한 상품화로 성노동자들이 착취당한다는 금지주의적 입장, 그리고 역량 강화를 통해 집단적 목소리를 갖게 된 댄서들의 노동조합 활동이 점점 활발해지는 것 사이의 긴장을 설명한다(Kempadoo, 1998 참조). 이를 통해 합법적 성 산업과 광범위한 성인 유흥 산업에서 일하는 성노동자들은 더 나은 노동 조건과 노동권을 위한 캠페인을 더욱 성공적으로 이끌고 있다.

갈(Gall, 2007)은 성노동자들이 영국, 독일, 네덜란드, 호주, 뉴질랜드, 캐나다, 미국 등 7개국에서 어떻게 노조 활동을 결성했는지 설명한다. 성노동자 권리 운동의 노동조합 결성은 시민적·정치적 권리에서 경제적·노동자적 권리라는 더 구체적이고 실천적인 쟁점으로 초점이 옮겨졌음을 의미한다. 갈(Gall, 2007: 78)은 성노동자들이 어떻게 노조 결성을 하게 되었는지를 여섯 가지 개념 변화를 통해 다음과 같이 밝히고 있다.

① '스스로 돕는 것self-help'에서 '스스로 행동하는 것self-activity'으로의 변화
② 대변자나 연대 세력이 아닌 변화의 주체로서의 성노동자
③ 시민적·인간적 권리를 넘어 노동자 권리와 조합원으로서의 권리 추구로 전환될 인식의 필요성
④ 노동 조건과 규약 향상을 위한 활동에 집중함
⑤ 노조 활동에 적극적으로 참여함
⑥ 성노동자 권리 운동의 담론을 통해 인간적 존엄, 정의, 사회적 존중을 위한 캠페인을 추진함

갈(Gall, 2007: 79)은 7개국에서 전개된 다양한 노동조합 유형을 조사해 성노동의 유형과 환경에 따라 성노동자가 당면한 '어려움'을 정리하고, 그에 따른 차이들을 범주화했다.

• 집창촌 또는 업소나 에스코트 서비스 노동자: 건당 수수료, 속옷과 섹스 보조 기구, 콘돔과 윤활제, 음료 및 간식 등의 영업 보조 수단, 관리 직원에게 의례적으로 지불해야 하는 사례비tips, 고객 이용료 판단에 대

그림 6-3

성노동자에 대한 무차별적 탄압에 맞선 시위

인도 더바 마힐라 사만와야 위원회가 주도한 자발적 행진. 인도 마하라슈트라(Maharashtra)주 상그람
(Sangram).

자료: Sampada Grameen Mahila Sanstha(www.sangram.org/).

한 어려움, 규율과 감시, 신변 보호, 건강과 안전, 노동 조건, 고용 불안
정과 피해자화

- 개별적으로 일하는 매춘인: 신변 보호, 경찰 단속, '부도덕한 사업'의
  자율적 운영권 부재, 명함을 내밀기 어려운 처지, 강제 검진, 공공의료
  서비스 이용의 어려움
- 에로틱 댄서: 건당 수수료, 벌금, 낮은 임금, 탈의실 등 노동 조건, 고객
  과 상호작용해야 하는 노동의 특성
- 폰섹스 노동자: 할당량에 따른 일방적인 감시와 관리, 전화를 거부할
  수 없는 노동 조건, 고객 응대 방법에 대한 트레이닝과 조언 부족, 저

임금과 열악한 처우

• 포르노 배우: HIV/AIDS, 성병 검진 등 의료보험 문제, 장시간 노동, 낮은 임금

노조 활성화의 걸림돌

여러 국가에서의 성노동자 권리 운동 그리고 노조의 등장은 성 산업에 종사하는 사람들의 권리를 인정하는 방향으로 내딛은 중요한 한 걸음이었다. 그러나 갈(Gall, 2007: 81)은 노조가 존재하는 7개 국가의 조합원을 5000명 정도로 추산한다. 노조는 한번 결성되고 나면 조직을 활성화하고 영향력을 넓히는 데 상당한 어려움이 있다(West, 2000 참조). 만약 근본적인 법 개정, 사회적 포용, 탈낙인화, 노동 조건 향상 등을 놓고 노조의 성패 여부를 판단한다면 몇 가지 점에서 제한적이었다고 할 수 있다(Mathieu, 2003; Poel, 1995; Weitzer, 2000; West, 2000). 공식 노조가 되는 것 자체가 중대한 이정표인 것은 분명하지만, 국제성노동자조합이 다른 노조 활동처럼 강력하고 영향력 있는 성노동자 단체로 나아가기 위해서는 아직 가야 할 길이 멀다고 할 수 있다. 노조의 활성화를 가로막는 결정적인 한 부분은 고용인과 피고용인 간 관계로 간주되는 업소 관리자와 성노동자의 관계로, 이는 다른 노조에서 통상적으로 반영되는 관계의 속성이나 법률 면에서 매우 다르다. 그 관계가 느슨하기 때문에 노조 결성은 더 취약하다. 영국에서는 매춘의 범죄화가 강화되고 매춘이 노동으로 인정받지 못하는 방향으로 바뀌면서, 노동자 권리를 쟁취하기 위한 투쟁이 계속해서 어려움과 좌절을 겪어왔다.

이런 걸림돌 가운데는 자원과 관련된 부분도 있다. 지역 활동가가 전국 단위 지도자가 되면 조직화에 대한 부담이나 기금 조성 그리고 회원 수 확대 등의 문제는 소수의 손에 넘어가게 된다. 회원 가입을 통해 대중의 실질적 지지를 획득하는 것은 비밀과 익명성이 보장되어야 할 성노동자들에게 어려운

문제다. 또, 조합에 참여하고 공식 회원이 된다고 해서 전체 성 산업을 대변한다고 볼 수는 없다(West, 2000). 성 시장 간의 사회적 위계를 반영하듯, 공식 조직에 열려 있는 성 시장은 얼마 되지 않는다. 예를 들어 거리에서 일하는 사람들은 좀 더 높은 계급, 교육 수준, 경제력이 보장된 성노동자에 비해 자원이나 교육 수준, 사회적 기술에 접근하기 어렵다. 갈(Gall, 2016)은 성노동자 노조에 대해 전 세계 주요 경제와 대륙에 걸친 활동을 조사해 최근 자료를 제시하면서, 성노동자 노조의 주요 장애물이 노동권을 향상시키려는 성노동자들에 대한 적대감, 국가 규제, 래디컬 페미니즘이라는 점을 보여준다. 갈은 성노동자들이 공통된 입장을 형성하도록 만들기 위해서는 노조와 다른 사회운동을 결합하는 것이 더 효과적인 모델일 수 있다고 제안한다.

성노동자 권리를 위한 투쟁

성노동자 조직화의 취약함은 대표성을 인정받지 못한다는 점에 있다. 여기에는 우선 관계적 문제가 있다. 권리 중심의 관점right-based perspective을 기반으로 한 조직화의 입장은 매춘을 여성에 대한 폭력으로 보고 매춘을 근절하려는 목표를 가진 일부 페미니즘과의 관계에서 문제를 겪는다. 두 번째로 실천적 차원에서 시간과 시설 그리고 기금이 많이 부족하다. 성노동자 권리 운동과 성노동자들이 합법적으로 권리를 인정받아 조합원이 되어 권리를 주장하는 범위와 영향력에 대해서도 철학적으로 물음표를 던질 수 있다. 오코넬 데이비드슨(O'Connell Davidson, 1998)은 여성 성노동자와 '고용' 지위의 관계에 초점을 맞추면서 또 다른 점을 지적한다. 즉, 성노동자의 단체 행동에는 매춘인과 성 구매 남성, 성 산업 운영자 사이의 젠더화된 권력 관계가 갖는 근본적으로 풀리지 않는 모순이 있다고 지적한다. 덧붙여, 자본주의의 핵심에 놓인 젠더, 인종, 소수집단성ethnicity을 기반으로 한 체계적 불평등으로 인해 성노동자는 언제나 낙인찍힐 수밖에 없다. 그럼에도 자원이 풍부한 국가와 개발도상국 모두에서 국제성노동자조합과 다른 단체의 사례는, 집단적인 힘이 지역에서도 변화를 만들어낼 수 있으며 피해와 불의에 맞서 강력한 저항의 목소리를 낼 수 있는 국제 수준의 연대가 가능하다고 시사한다. 권리를 기반으로 한 성노동자 단체가 지금처럼 많았던 적은 없다. 이 단체들이 성장하기까지 시간이 필요하겠지만, 그래도 강력한 풀뿌리에 기반을 둔 하나의 사회운동의 시작점으로 볼 수 있다.

읽을거리

Gall, G. 2016. *Sex Worker Unionisation: Global Developments, Challenges and Possibilities.*
Basingstoke: Palgrave.
☞ 이 책은 전 세계 성노동자 노동조합의 최근 현황을 살펴보며, 성노동자 캠페인이 권리 쟁취에
서 진전을 이루어온 주요한 부분을 보여준다.

Hardy, K. 2010. "If you shut up, they kill you: sex worker resistance in Argentina." in K. Hardy,
S. Kingston and T. Sanders(eds), *New Sociologies of Sex Work.* Farnham: Ashgate.
☞ 이 논문은 아르헨티나 성노동자 조직 AMMAR에 관한 사례 연구로, 많은 성노동자 권리 캠페
인이 겪고 있는 정치적 맥락과 그에 대한 위협과 폭력의 수준을 학생들에게 잘 드러내준다.

Kempadoo, K. and J. Doezema. 1998. *Global Sex Workers: Rights, Resistance, and Redefini-
tion.* London: Routledge.
☞ 이 책은 성노동자의 권리를 이주, 착취, 노동권, 자기결정 능력과 연관된 전 지구적 맥락에서
보여주는 중요한 텍스트이다. 아시아, 호주, 아메리카, 카리브해, 서아프리카, 서유럽의 성노동
자들의 개인적 서사를 제시하고, 이들이 어떻게 주변화와 착취적 노동 조건에 맞서 싸우는지를
보여주는 희귀한 책이다.

Nagel, J. 1997. *Whores and Other Feminists.* London: Routledge.
☞ 이 책은 다양한 산업 분야에서 일하는 성노동자들이 작성한 에세이 모음집으로, 성노동자들이
직면한 문제를 폭넓고 진솔하며 명료하게 읽을 수 있는 중요한 텍스트 중 하나이다.

Pheterson, G.(ed.). 1989. *A Vindication of the Rights of Whores.* Seattle: Seal.
☞ 이 책은 성희롱, 범죄화, 낙인으로부터 자유로울 권리를 성노동자의 관점에서 제시하는 고전적
텍스트이다.

웹사이트

• ≪길거리에서의 키스(Beijo Da Rua)≫(다비다와 전국매춘인네트워크의 웹진): www.akiss
forgabriela.com/?page_id=2742
• 데지레 동맹: www.desireealliance.org
• 더바: www.durbar.org
• 뉴질랜드에 관한 정보: www.sexworklaw.co.nz/

- 유럽성노동자권리국제위원회(International Committee on the Rights of Sex Workers in Europe): www.sexworkeurope.org/

  유럽성노동(Sex Work Europe)은 '유럽성노동자권리선언문(Deeclaration of the Rights of Sex Workers in Europ)'과 '유럽성노동자성명서(Sex Workers in Europe Manifesto)'를 기초로 한 유럽성노동자권리국제위원회(ICRSE)의 사이트다. ICRSE는 네트워크 구성원 간에 조직 활동과 성과에 관한 소식을 공유하고 긍정적 이미지를 촉진시키도록 협력하는 한편, 성노동자의 권리를 침해하고 위협하는 정책 제안에 반대하는 전국 캠페인을 지원한다. 또 이 웹사이트를 통해 전 유럽의 성노동자권리단체뿐 아니라 많은 성노동자와 지지자, 그리고 대중과 소통을 도모하고자 한다.

- 스칼릿 동맹: www.scarletalliance.org.au
- SWOP-USA: www.swop-usa.org

생각해 볼 거리

① 모든 성노동자가 전 지구적으로 겪는 어려움은 어떤 것일까?

② 성노동자 노동조합이 결성된 이유와 그 혜택은 무엇인가?

③ 성노동자의 권리가 왜 인권이어야 하는가?

제 7 장

성 산업과 범죄, 사회정의

Crime,
ustice and the Sex Industry

이 장에서는 도덕에 반하는 범죄로 매춘 '문제'를 구성·인식·규제하는 관점이 갖는 성 산업의 법적·사회문화적 측면을 살펴본다. '매춘'의 문화적 맥락과 사회적 구성은 사법적 통제 모델의 배경이 된다. 또한 강제집행에서 '복지주의식welfarist' 모델로 사회적 규제가 변화한 것을 검토하며, 영국에서 성노동자가 아닌 고객을 범죄화하는 소위 '스웨덴 모델'의 영향, 성노동 정책으로서 혐오범죄 접근법의 개발, 비범죄화에 대한 요구 및 캠페인 등을 포함한 매춘 개혁에 대한 최근의 정치를 알아본다. 21세기의 성 산업과 범죄 그리고 사회정의를 분석하기 위해서는 관련된 핵심 주제들이 세계화, 국제적 성 거래, 유럽연합 통합, 최근의 사회 정책과 매춘 개혁에 대한 폭넓은 이해 속에서 맥락화될 필요가 있다. 마지막으로, 남성 성노동과 퀴어 성노동에 대한 인식과 캠페인이 증가할 때까지 남성 성노동은 대체로 무시된 반면에 여성 매춘은 범죄화하는 방식으로 규제하는 영국의 정책적 맥락에 초점을 맞춘다.

성 산업은 사회적·문화적·경제적·정치적 구조 및 과정과 관행에 묶인 채 깊숙이 뿌리박혀 있는 전 지구적인 제도이다. 성 판매는 자본주의, 상품화, 섹슈얼리티와 성적 관계로 구조화되어 대중의 상상력과 관계가 있으며 '2003년 성범죄법'까지 주로 성을 판매하는 여성에 초점을 둔 법 집행을 통해 규제되고, (도덕적) 일탈로 법에 포함되었다.

역사는 반복된다*
쫓겨나는 사람들 ─────────────────

제1장에서 논의했던 바와 같이 역사에서 매춘에 관련된 여성과 남성은 모두

---

* 이 제목은 헬렌 셀프(Helen Self, 2004)의 『역사는 스스로 반복된다: 매춘과 인신매매 규제(History repeating itself: the regulation of prostitution and trafficking)』 중 한 장의 제목을 따온 것이다.

억압과 도덕적 비난을 받았으며, '매춘' 여성과 연관된 욕망과 환상은 미화되어 왔다. 고대 그리스 사회에는 사원 매춘부터 사창가 노예까지 다양한 형태의 매춘이 있었다. 사원 매춘부와 고급 매춘부는 약간의 자율성과 교육 수준 그리고 지위가 있었지만(Henriques, 1962; Roberts, 1992), '존중받는' 여성과 복장이 구별되도록 규제받았다. 중세의 사창가는 '필요악'으로 인식되었다. 루스 마조카라스Ruth Mazo-Karras는 성 아우구스티누스St. Augustinus를 인용해 "인간사에서 매춘을 없애면 욕정을 가진 모든 것을 파멸시키는 것이 된다"라고 언급했다(Mazo-Karras, 1989: 399). 섹슈얼리티를 드러내고, 불멸성을 갈구하며, 장신구를 좋아하고, 바가지를 긁어대는 여성에 대한 담론은 중세 설교의 공통된 주제였다. 죄의 아이콘인 욕정은 여성으로 재현되었다(Mazo-Karras, 1989: 400). 1198년 교황 인노첸시오 3세Innocentius III는 매춘부를 구제해야 한다고 신자들에게 설교했으며, 이후 유럽 전역의 수도원이 있는 지역에서 막달레나의 집이 우후죽순 생겨났다. 마조카라스는 매춘을 하는 이유로 지참금 부족 또는 성비 불균형으로 결혼할 수 없는 여성에 의한 일종의 선택이거나, 1348년 흑사병 이후 인구가 늘어나면서 일자리가 줄어들었기 때문이라고 설명한다. 중세 시대의 매춘은 용인되었고 제도화되었으며 세금도 냈다.

기독교와 개신교가 성장하면서 현모양처의 이미지는 나쁘고 죄 많은 여성이라는 이미지와 대비되었다. 또한 사회적 순수함이나 도덕성이라는 빅토리아 시대의 이상은 노동계급과 하층계급 여성이 도시에서 압도적으로 커진 성 시장에 뛰어들게 만든 극단적 빈곤과 대비되었다(Kishtainy, 1982; Walkowitz, 1989). 영국에서는 젠더 관계의 사회적 구성과 더불어 빅토리아 시대의 도덕과 사회 정화 운동의 영향을 받아 (뒤에서 설명할) 「울펜든 보고서Wolfenden Report」(1957)에 기초한 법이 만들어졌고, 그에 따라 '성범죄 및 거리범죄법'이 제정된다. 실제로 19세기 빅토리아 시대에 성립된 사회적 태도와 가치는 매춘 문제에 대해 도덕에 반하는 범죄로 구성하는 오늘날의 규제 틀을 만들어냈다.

빅토리아 시대에 노동계급 여성의 몸과 그들이 일하는 공간을 규제하는 데 특히 초점을 맞추자, 매춘은 '거대한 사회악'으로 인식되었다(Diduck and Wilson, 1997). 국가는 매춘 문제를 관련된 여성에 대한 사안으로 파악했기 때문에, 매춘 여성과 그 몸을 규제하는 것으로 다루었다. 미셸 푸코Michel Foucault는 『성의 역사History of Sexuality』(1979)에서 남성 동성애 매춘을 금지하고 남성 구매자와 여성 제공자의 관계로만 매춘을 재현하는 방식을 통해 어떻게 매춘이 여성의 문제로만 다루어졌는지 밝혔다.

18~19세기에 거리 매춘은 여성의 악덕·범죄·무질서와 결합되어 도덕적·육체적으로 전염성이 높다는 이미지를 일관되게 연상시켰다(Walkowitz, 1992). 1800년대에 매춘은 불법이 아니었지만, '1824년 부랑자법Vagrancy Act 1824'이 적용되면서 거리의 여성들은 무질서한 행동을 한다는 이유로 체포되었다. '제멋대로인', '통제할 수 없는' 위험한 여성이라는 식의 담론은 성노동자를 통제·억제하기 위한 반사회적 행동법을 더욱 활용하면서 21세기에도 여전히 유지되고 있다(Sagar, 2007).

'전염병법'

'매춘하는 몸'이 사회적으로 구성되는 과정에서 중요한 법은 19세기 중반에 만들어졌다. 세 가지 '전염병법Contagious Disease Act'이 1860년대(1864년, 1866년, 1869년)에 통과되었는데, 이 법에 따르면 경찰과 의료인은 여성에게 강제 검진을 받게했고, 검사 결과가 양성이면 여성의 의지와 상관없이 수용 시설에 3개월까지 가둘 수 있었다(Self, 2003: 41). 발코비츠(Walkowitz, 1980)는 (군대 주둔지와 항구에서의 성병 확산을 막기 위해 통과된) '전염병법'을 통해 노동계급 '매춘부들'이 경찰과 의료 등록 체계의 관할 아래 놓이게 되었다고 서술한다. 이를 거부하면 3개월 동안 강제 노역을 수행해야 했다. 해외의 대영제국 군사들이 매춘을 '자연적으로' 이용하다가 성병에 걸리는 것이 우려된다는 군사적 이유로 인해 이 법안은 신속하게 처리되었다. 이렇게 '국민국가'의 군사력에 대한 우려가 강제수용 시설에서의 의학적 감금을 통해 여성을 범죄화하는 논리를 정당화시킨 것이다.

발코비츠(Walkowitz, 1977)에 따르면 이 법은 도시 빈민에 대한 규제 및 감시, 공공장소에 대한 규제 및 질서 확립과 연관된다. 그래서 위생 조치였던 것이 여성 거주 지역에 대한 감시로 확장되었다. "'전염병법'은 …… 직업적·지리적 이동을 억제하려는 제도적·법적 시도이며, 존중받지 못하는 사람들과 그렇지 않은 빈민들의 관계를 명확히 하려는 시도다"(Walkowitz, 1977: 72). 당시 매춘을 가장 많이 비유하는 말은 부랑자, 부도덕, 질병 등이었다.

발코비츠(Walkowitz, 1980)에 따르면, 임시로 성 판매를 하는 경우 그 여성이나 그녀가 선택한 미래에도 낙인이 찍히지 않았다. 그런데 이 법이 여성의 정체성을 '매춘부'로 낙인찍고, 도시 빈민으로 재편입될 기회를 없애버렸다.

이 법은 1886년 여성에 대한 부당 처우와 강제 검진을 명문화한 데 대해 다양한 단체가 캠페인을 벌인 끝에 폐지되었다. 조세핀 버틀러Josephine Butler는 이 캠페인의 중추 역할을 했으며, 공중 보건을 둘러싼 논쟁에서 여성만 비난하고 남성을 간과하는 것에 공개적으로 맞섰다.

레이트(Laite, 2008)는 19세기 후반과 20세기 초반의 의학 담론이 어떻게 매춘을 범죄화하는 기제가 되었는지 적고 있다. 여기에는 매춘에 대해 뭔가 시도하는 두 가지 주요 담론이 존재했다. 하나는 '구제하고 개혁'하려는 사회 정화 운동(Laite, 2008: 209)이고, 다른 하나는 제1차 세계대전 중 일어난 사회 위생 운동이다. 제1차 세계대전 당시의 주된 관심사는 (병사가 아닌) 매춘부의 난잡함이 성병(일명 매독)을 퍼뜨린다는 것이었다. 도덕적 기준과 의학적 실효성은 성 산업에 종사하는 여성에 반대하는 법 제정을 정당화했다(Bartely, 2000).

이러한 역사적 배경은 20세기의 매춘법과 관련된 내용에 중요한 영향을 미쳤다. 셀프(Self, 2003: 9)는 「울펜든 보고서」와 그 권고안이 '1959년 거리범죄법'을 만들었으며, "'매춘부common prostitute'라는 용어를 통해 법적으로 여성

표 7-1
빅토리아 시대 영국의 매춘에 대한 법 규정

연도	규정
1824	'1824년 부랑자법'에서 '매춘부'라는 용어가 처음으로 성문법에 도입되었다(Self, 2003). 이 법은 거리에서 잠을 자거나 구걸하는 행위를 범죄로 규정했다. "경찰은 '소란을 피우고 품위 없게' 행동하는 누구든 처벌할 힘이 있으며, 거리 여성들을 감시·처벌·기소할 수 있었다"(Edwards, 1997: 58).
1839	'런던경찰청법(Metropolitan Police Act)'은 런던에서 어슬렁거리는 것(loitering)을 범죄로 규정했다. 이는 '1847년 도시치안조항법(Town Police Clauses Act)'을 통해 런던 외곽의 마을과 도시로까지 확대되었다.
1864	'전염병법'을 통해 해군이 주둔하는 11개 항구와 주둔지에서 매춘 여성의 강제 검진이 도입되었다.
1866	'전염병법'으로 경찰의 권한을 확대하고 (프랑스식 체계를 따라) 등록과 격주의 정기 검사를 도입했다.
1869	'전염병법'에 적용되는 마을의 수가 확대되었다. 발코비츠는 이것이 술집, 맥줏집, 음악당, 시장, 숙박 시설, 거주 지역 등 '공적 여성'이 모이는 곳에서 일하는 여성을 주시해 노동계급을 감시하는 체계적인 방안이 되었다고 적었다.
1872	의회는 이 법을 보류했으며 3년 후 폐지했다.
1885	'형법 개정법(Criminal Law Amendment Act)'에서 합의에 의한 성관계 연령이 13세에서 16세로 상향 조정되었다.

집단의 일원을 규정하고, 이들에 대한 사회적 낙인을 승인하는 사법적 조치를 강화했다"라고 주장했다.

따라서 매춘에 대한 법적 규제(〈표 7-1〉 참조)는 특히 성을 파는 여성을 표적으로 했다. 빅토리아 시대에는 법의 강제를 통해 '매춘부'의 범주를 (임시가 아닌) 고정된 범주로서 여성 정체성과 결부시켰다. 즉, 그녀가 하는 일이 그녀의 정체성을 규정하게 된 것이다(O'Neill, 2001, 2010; Walkowitz, 1980).

영국에서 빅토리아 시대의 도덕성과 사회 정화 운동은 (헤게모니적 이성애라는) 젠더 관계의 사회적 조직과 아울러 「울펜든 보고서」와 '1959년 거리범죄법'에 의해 더욱 확대된 법률을 구체화시켰다. 그리고 두 번째 입법 활동 시기에, 우리는 매춘인을 '도덕적 일탈자'라고 이름을 붙이고 강화시키는 것을 보게 되는 동시에 이것이 성을 판매하는 여성들이 겪는 성적·사회적 불평등을 숨기는 데 초점을 두고 있음을 알 수 있다(O'Neill, 2010).

전후 영국의 매춘법 개정

제2차 세계대전 이후 존 울펜든John Wolfenden을 의장으로 하는 위원회가 설립되어, 내무부 장관 데이비드 맥스웰 파이프David Maxwell Fyfe의 요구로 동성애와 매춘에 대한 검토가 이루어졌다. 이 위원회는 "해외 관광객들에게 런던 거리가 영국의 부도덕함을 대변하는 것처럼 여겨질까 봐 우려"했다(Self, 2004: 3). 그리고 1957년에 「동성애 및 매춘에 대한 위원회 보고서Report of the Committee on Homosexual Offences and Prostitution」라는 제목의 영향력 있는 보고서가 발표되었는데, 이것이 바로 그 유명한 「울펜든 보고서」다. 맥스웰 파이프는 여성을 거리에서 쫓아내 '콜걸 단지call girl flats'로 모아두려고 했다. 「울펜든 보고서」는 [내무부의 「합동 매춘 전략」이 나오기 전까지] "영국에서의 매춘 관련 범죄에 대한 전후 입법의 주요 준거 틀이었다. …… 이 보고서는 서로 별개였던 기존의 입법 기구를 새롭게 통합하려는 시도였다"(Matthews, 2003: 491). 「울펜든 보고서」는 다음과 같은 변화를 의미한다.

- 법과 도덕이 더 엄격하게 적용되도록 했다. …… 매춘이 아무리 '부도덕'해도 법의 영역은 아니라고 주장했다.
- [매춘의] 유죄 판결의 가능성을 높이면서, 매춘 통제를 위해 사용 가능한 자원을 활용하려 했다.
- 런던과 다른 도시 중심부에서 가시적으로 드러나지 않도록 공적 영역에 대한 체계적 감시를 강화했다(Matthews, 2003: 492).

그러므로 울펜든에 따르면 이 법은 "매춘과 이에 연관된 사람들이 공적

질서와 품위에 반해 범죄를 저지르고, 평범한 시민들에게 불쾌하고 해로운 것들을 노출시키거나 타인의 착취에 관련되는 방식"에만 관심이 있었다"(Wolfenden, 1957: 80). 다음과 같이 그들이 골칫거리임을 공식적으로 증명할 필요가 없어졌고, 경고 체계가 도입되었다.

> 이 제도를 통해서 여성은 '매춘부'로서 법정에 들어서게 된다. 이들은 이미 유죄로 간주되며, 경찰의 증거만으로도 유죄를 선고받는다. 이런 식으로 피의자는 이 법이 수립된 (이중적) 도덕 기준을 전혀 문제 삼지 못한다. 이는 결국 법리가 사적 도덕성을 고려하지 않는다는 주장을 강화했다(Matthews, 2003: 492).

이러한 역사적 맥락을 감안할 때, 범죄학적·사회학적 이론은 매춘에 대한 개입을 하위문화(Phoenix, 1999), 단절dislocation 및 이동drift(Wilkinson, 1955), 경제적 필요와 빈곤(McLeod, 1982)과 관련된 것으로 설명한다. 여성주의 이론은 노동계급·하층계급의 계급 구조, 국가, 몸에 대한 규제 또는 폭력과 억압으로 나타나는 규제를 기반으로 성이 불평등한 구조에 깊이 연결되어 있다고 본다(O'Connell Davidson, 1998; O'Neill, 2001, 2010). 이러한 이론들은 제1장에서 이미 다루고 있다.

오늘날 성노동에 대한 규제

세 번째 입법 활동의 주요 시기는 현대이며, 브룩스고든(Brooks-Gordon, 2006)이 말한 것처럼 "대부분 성행위가 상품화된 당대 분위기에 단호히 반대하며", 성노동자뿐 아니라 고객까지 범죄화하는 것으로 특징이 지어진다. 신자유주의라는 넓은 맥락에서 성노동자들에 대한 규제 및 정책의 측면이 단속에서 사회복지적 접근으로, 그리고 "위계나 경쟁을 통한 조정에서 네트워크에 기반한 협력의 형태"로 명백한 전환이 이루어졌다(Newman, 2003: 16).

이 세 번째 규제와 법률 개혁의 시기에 성노동자는 도덕적으로 일탈적인 타자이자 스스로 또는 남성이나 업주 또는 알선업자에 의한 피해자일 수도 있다는 비참한 상태가 법과 담론 그리고 재현에 스며들어 있다. 지역 및 전 지구적 차원에서 여성과 그 가족들이 겪는 빈곤, 성노동 시장과 이용 가능성의 증가, 노동 선택으로서 성노동, 그리고 성노동자를 위한 사회정의가 제한되어 있다는 사실은 이 모든 규제 개혁의 시기에 지속적으로 감추어졌다.

역사적 문헌들이 그려낸 바에 따르면 매춘은 섹슈얼리티, 젠더 관계, 자본주의적 교환 관계의 역사적·사회적 구조 속에 놓여 있다. 한편 매춘은 도시 생활에서 당연시되고, 또한 경제적 필요와 성적 쾌락과 호기심을 채우려는 욕망을 기반 삼은 것으로서, 다수에게는 반갑지 않은 '사회문제'로 여겨진다. 다른 한편으로 매춘은 주로 여성의 문제이자 여성의 부도덕함으로 간주된다. 이 때문에 1985년 차를 통한 거리 성 구매 관련법과 '2003년 성범죄법'이 도입되고 남성의 성(Johnson, 2007; Whowell, 2008; Gaffney, 2007; Minichiello and Scott, 2014)과 퀴어 성노동(Laing et al., 2015)에 대한 논의가 증가한 최근까지도 규제와 통제의 대상은 여성이었다. 발코비츠가 영국 빅토리아 시대 매춘의 사회사를 통해 밝혔듯이, '전염병법' 아래서 경찰과 의료 기록 체계는 가난한 여성에게 딱지를 붙이고 "노동하는 빈곤 계층으로부터 이들을 고립시키며 소외 집단으로 만드는 데 지대한 역할을 했다"(Walkowitz, 1977: 93).

「울펜든 보고서」, '1956년 성범죄법', '1959년 거리범죄법'을 통해 고객이 아닌 여성을 처벌하는 역사적 유산은 영국에서 변화하고 있다. 이는 정책입안자와 자문가가 성노동자의 고객을 범죄화한 스웨덴 모델에 관심을 보인 것이다(제5장 참고). 유럽 전체의 규제 현황과 현재 내무부 정책을 대조한 매춘의 규제를 검토하기 전에, 빅토리아 시대 영국의 주요 법률을 요약한 〈표 7-1〉을 참조하라.

영국의 핵심 법안

성 판매는 영국에서 범죄가 아니며, 두 성인 사이에서 합의를 통해 이루어지는 사적인 거래로 간주된다. 그러나 여러 입법 절차가 "범죄율을 낮추는 한편, 매춘의 부정적 효과를 제한하며"(Matthews and O'Neil, 2003: xvii) 규제하고 있다. 실제로 이러한 법 제도는 모순적이다. 매춘은 불법이 아닌데도 성 판매 여성/남성이 성을 파는 과정에서 여러 법 조항을 위반하지 않을 수 없기 때문이다. 예를 들어 ['1959년 거리범죄법', '1982년 스코틀랜드의 시민통치법Civic Government Act'에 따르면] 거리 성노동자는 공공장소 또는 유사 공공장소에서 호객 행위를 해 일상적으로 법을 위반하게 된다. 반면 고객은 ('1985년 성범죄법'과 '2001년 형사경찰법'에 따라) 차를 통한 거리 성 구매kerb-crawling로 체포될 수 있다. 공공장소에서 성적 서비스에 대한 광고를 하거나 대중 앞에서 성행위를 하는 것은 불법이다. 경찰은 이 법률을 선택적으로 활용하고 일관성 없이 적용한다. 경찰은 대중이 불만을 제기하거나 정치적으로 무관용 원칙의 요구를 하지 않는 한, 공간상 구획된 성노동을 암묵적으로 허용해 주는 형태의 규제를 선호한다. 그렇지만 정부 당국은 개별 성노동자나 고객이 지역에서 분란의 원인이 된다고 생각되면 '반사회행위법Anti-Social Behavior Orders: ASBOs', '형사상 반사회행위법Criminal Anti-Social Behavior Orders: CRASBOs'●을 이들에게 적용할 수 있다. 새로운 법령들은 위반의 소지가 발견되면 곧바로 형사처벌을 적용해 성노동자를 범죄화하는 지름길이었지만, 지역 공동체나 개인의 여건을 개선

● '반사회행위법'은 공공질서에 관한 법으로, 일반 대중이 아닌 경찰, 지역 당국, 등록된 건물주에 대해 적용된다. 이 법의 목적은 골칫거리와 소란을 유발하는 반사회행동에 관련된 개인으로부터 일반 대중과 지역 공동체를 보호하기 위한 것이다. '반사회행위법' 적용을 받으면 성노동자들은 특정 지역/거리를 방문하는 것이 금지된다. 이 조건을 위반하면 형사상 범죄 사안이 된다. 형사상 반사회행위법은 형사상 유죄 판결 조항에 추가되어 호객 행위 등에 대한 규제를 들 수 있다. 참여 지원 명령은 현재 시행 중이다. 이에 대해서는 스쿨러와 캐틀라인(Scoular and Carline)의 연구를 참고하라.

하는 데는 도움이 되지 않은 것으로 보고되었다(Sagar, 2007). 이러한 법령이 널리 활용되면서 법령의 위반 없이는 성 판매가 불가능해지고, 체포와 수감의 비율이 높아진다. '2009년 치안 및 범죄법Policing and Crime Act 2009'에 따라 '반사회행위법'은 참여 지원 명령Engagement Support Orders: ESO으로 대체되었다(아래 및 Carline and Scoular, 2015 참조).

2016년 11월 1일까지 (잉글랜드와 웨일스의) 주요 법안

성 판매와 구매는 현재 영국과 웨일스에서 합법이다. 그러나 성 판매와 구매 관행과 관련된 일부 행위는 현행법에 따라 금지된다. 불법 행위에는 다음 사항이 포함된다.

- 매춘인으로 서비스 제공을 목적으로 거리나 공공장소에서 반복해서 호객하거나 배회하는 행위('2009년 치안 및 범죄법' 16조)

이 위반 행위가 3개월 내에 두 번 이상 발생할 경우에는 반복적인 것으로 간주한다. 두 명의 경찰이 그러한 행위를 목격해야 하며, 첫 번째에는 비법정 '매춘부 경고'를 집행해야 한다(CPS, 2016). 만약 유죄가 인정되면 벌금 대신 참여 지원 명령('2009년 치안 및 범죄법' 17조)이 제시된다. 범죄자는 ① 범죄를 구성하는 행위를 교정하고, ② 향후 그 같은 행위를 중단할 방법을 찾기 위해 6개월 내 3회에 걸쳐 '적절한 사람'과 함께 모임에 참석해야 한다(CPS, 2016). 참여 지원 명령을 준수하지 않고 위반할 경우 재선고가 될 수도 있다. 이 경우에는 '반사회적행위법', 약물치료 명령, 벌금이나 체포 등 더 강한 제재를 경찰이 가할 수 있다.

- 성 서비스를 구매할 목적으로 거리나 공공장소에서 다른 사람에게 제

안하는 행위('2003년 성범죄법' 51a조)

이 범죄는 (자동차를 포함해) 거리나 공공장소에서 성적 서비스를 받을 목적으로 다른 사람에게 제안하는 행위를 하는 것과 관련된다. 범죄자에게는 대체로 벌금이 부과된다(CPS, 2016).

- 매춘업소의 유지, 관리, 지원 행위('2003년 성범죄법' 33A조)

이 법에 따라 '매춘업소'는 '매춘을 목적으로 동시 또는 차례로 실내를 이용하는 한 명 이상의 여성'으로 정의된다(CPS, 2016). 성노동자들이 건물에서 개별적으로 일하는 경우에는 '매춘업소'가 성립되지 않는다. 법을 준수하려면 성노동자들은 한 공간에서 다른 성노동자와 협력해 일해선 안 된다. 매춘업소 관리인을 기소하는 것은 공익을 위한 것이라고 CPS는 시사한다(CPS, 2016). 그러나 이로 인해 성노동자들의 안전이 떨어지는 것은 명백하다.

- 이윤을 목적으로 매춘을 부추기거나 조장·통제하는 행위('2003년 성범죄법' 52조, 53조)

이 범죄는 다른 사람이 매춘인이 되도록 조장하거나('2003년 성범죄법' 52조) 금전적 이익을 위해 매춘과 관련된 다른 이들의 활동을 통제하는 사람(53조)을 불법화한다.

- 성 서비스를 제공하도록 강요/강제/기만한 사람에게 성 서비스에 대한 비용을 지불하는 행위('2003년 성범죄법' 53A조, '2009년 치안 및 범죄법' 14조)

이 법에 따라 개인(A)에게 성 서비스를 제공하도록 C가 강요/강제/기만

해 성 서비스를 제공하게 된 매춘인(B)에게 지불을 약속하거나 지불한다면, 그/그녀는 위법이다. A의 인지나 C의 착취 행위에 대한 인지 여부는 무관하다. 이 범죄에 대한 벌칙으로는 벌금이 부과된다(CPS, 2016). 다른 관련 법률은 다음 행위를 포함한다.

- 성적 착취를 목적으로 한 인신매매('2003년 성범죄법' 57~59조)
- 공중전화 박스에 매춘 관련 광고물을 놓는 행위('2001년 형사경찰법' 46(1)조)

〈표 7-2〉는 잉글랜드, 웨일스, 스코틀랜드에서 거리 성노동과 관련된 주요 법 제도를 개괄한 것이다.*

2015년까지 북아일랜드는 영국과 동일한 법과 규제를 따랐다. 그러나 2015년 1월에 2015년 '인신매매 및 착취법'(형사 및 피해자 지원)(북아일랜드)을 도입해서 성 서비스에 대한 지불은 2015년 6월 이후 불법이 되었다.

2000년대에 많은 논평가들이 이러한 국가적 규제 틀에 결함이 있다고 말했다. 그러한 비판의 한 예로, 매춘과 관련된 문제를 해결할 법이 존재하는 데도 차를 통한 거리 성 구매와 호객 행위를 방지하기 위해 '반사회적행위법'을 적용하는 것을 들 수 있다. 여러 사례를 통해 드러나듯, '반사회적행위법'에 관련된 조항은 일하는 여성에게 건강과 자문을 위한 지지 그룹(제8장 참고)의 의도에 반하는 방식으로 적용될 수 있다.

스코틀랜드 행정부와 (잉글랜드와 웨일스를 관할하는) 내무부는 매춘과 관련된 법률이 현실에 맞지 않고 모순적임을 인정하면서 2004년에 법률 검토를 시작했다. 법률 검토는 매춘에 대한 이슈를 어떻게 처리할지 공개적으로

---

* 기소와 관련해 언급될 수 있는 다른 법 제도도 있다. 예를 들어 미성년자의 성 서비스 구매나 매춘으로 생계를 유지하도록 주선하는 것으로, 이는 거리 성노동뿐 아니라 실내 노동에도 똑같이 적용된다.

표 7-2

잉글랜드, 웨일스, 스코틀랜드의 거리 성노동에 관한 핵심 법안

	범죄	법	최고 형량
잉글랜드, 웨일스	매춘을 목적으로 한 호객 행위나 배회	'1959년 거리범죄법'	벌금형
	소득을 위해 매춘을 하거나 매춘을 부추기는 것	'1956년 성범죄법', '2003년 성범죄법'	6개월 징역형 또는 벌금형(경범 법원)에서 7년형(형사법원)
	차로 하는 거리 성 구매 행위(분란의 소지가 있는 태도와 정도)	'1985년 성범죄법', '2001년 형사경찰법', '2003년 성범죄법'	체포형 범죄, 자동차 압수 또는 운전면허 정지
	반사회적 행위	'1998년 범죄 및 무질서법(Crime and Disorder Act)'	'반사회적행위법'에 따라 6개월 징역형
스코틀랜드	공공장소에서 매춘을 목적으로 배회, 호객 행위, 유혹하는 행위	'1982년 시민통치법' 46조	즉결재판으로 50파운드 이하 벌금형
	부도덕한 의도로 호객 행위, 유혹하는 남성	'1976년 성범죄법' 12조' 제1절 b항	즉결재판으로 6개월 징역형 또는 기소 2년
	공공장소에서 지속적으로 호객하거나 유혹하는 남성	'1995년 형사법 개정' 11조 1절 b항	상동
	반사회적 행위	'2004년 반사회적행위법(Antisocial Behavior Act)' 등 4조, 7조 ('1998년 범죄 및 무질서법' 19조는 폐지됨)	'반사회적행위법' 4조나 이 법에 대한 유예 조건에 따라 '반사회적행위법' 7조를 적용함. 즉결재판에서 6개월 징역형 또는 법정 최대 금액 이하의 벌금형, 또는 둘 다. 기소 시 5년 징역형 또는 벌금 또는 둘 다.

토론하고 통합적 전략을 개발하는 것을 목표로 삼았다. 내무부는 법률·정책 검토에 대한 대응으로 2004년 정책 개요와 더불어 「대가를 지불하기」를 발 간하며 "매춘과 관련된, 매춘하는 사람이 경험하는, 매춘이 발생하는 지역 공

표 7-3

핵심 법안과 정책 개요

법 제도	1. '1956년 성범죄법': 비도덕적인 수입으로 생계를 유지하는 것은 불법
	2. '1959년 거리범죄법': 공개적인 호객 행위 금지
	3. '1985년 성범죄법': 차를 통한 거리 성 구매 행위에 대한 체포권
	4. '1998년 범죄 및 무질서법' 1조: '반사회적행위법' 적용
	5. '2002년 경찰개혁법': '반사회적행위법' 적용의 공식화
	6. '2003년 성범죄법'을 토대로 새로운 인신매매법과 아동에 대한 성 착취법 도입^{주)}
	7. '2009년 치안 및 범죄법'은 '매춘부(commom prostitute)'라는 용어를 삭제하고 참여 지원 명령을 도입함. 성 서비스를 제공하도록 강요/강제/기만을 당해 성 서비스를 제공하는 사람에 돈을 지불하는 상황에 대해서는, '제삼자에 의한 강제, 위협, 강요, 기만으로 인해 이루어진 매춘' 서비스에 돈을 지불하는 행위를 불법으로 규정하고, '2003년 성범죄법'을 개정해 매춘업소 폐쇄 명령을 도입함. 또한 1982년 지방정부법(기타 조항)(매춘 시설의 통제)(30항)을 개정해 '엔터테인먼트 장소' 대신 '성적 엔터테인먼트 장소'로 랩댄싱 클럽을 재분류해 규정함
정책 검토	8. '성범죄법'에 대한 내무부의 검토: 「경계를 설정하기(Setting the Boundaries)」 (2000)
	9. 매춘 정책에 대한 내무부와 스코틀랜드 행정부의 검토(2003~2004)
	10. 내무부: 「대가를 지불하기」(2004)
	11. 내무부: 「통합 매춘 전략」(2006)
	12. 내무부: 「수요 대응에 대한 검토(Review of Tackling Demand)」(2008)

주: '2003년 성범죄법'은 '아동 성 착취에 대한 특별법'을 도입했다. 이 법안은 18세 이하 남녀 모든 아동에게 적용된다.
• 18세 이하의 아동 성 서비스에 비용을 지불하는 경우, 성적 행위의 유형과 아동 연령에 따라 7년에서 무기징역형
• 아동을 유혹하거나 꼬드겨 매춘을 하게 만들거나 포르노를 찍는 경우 14년 징역형 또는 무제한 벌금형.
• 매춘이나 포르노에서 아동의 행위를 통제하는 경우 14년 징역형 또는 무제한 벌금형
• 아동에게 매춘이나 포르노로 유도·알선하거나 조장하는 경우 14년 징역형 또는 무제한 벌금형

동체 등의 위험 감소를 목표로 한다"라는 전략을 세웠다. 이 법률 검토는 기존 법 제도의 더 강력한 시행을 고려하는 한편, 거리 성노동의 비범죄화를 선택적으로 적용하기도 하면서 선택의 폭을 넓게 열어두는 것이었다. 동시에 스코틀랜드 행정부는 비슷한 방식으로 「외부인이라는 존재: 거리 매춘에 대

한 대응 구상Being Outside: Constructing a response to street prostitution」을 발표했다. 이 보고서는 "스코틀랜드의 거리 매춘을 둘러싼 법적·치안상·건강상·사회정의 이슈들을 검토하고 향후 대응 방안을 모색한 것"이다(Scottish Executive, 2005). 덧붙여, 거리 성노동에 대해 정부 기금으로 진행된 두 가지 정부 정책 보고서 「거리 매춘에 대한 대응: 통합적 접근Tackling Street Prostitution: Towards an holistic approach」(Hester and Westmarland, 2004), 「해결과 전략: 약물 문제와 거리 성 시장Solutions and Strategies: Drug problems and street sex markets」(Hunter and May, 2004)은 거리 성노동에 대한 정부의 방안을 마련해 주었다. 〈표 7-3〉에 핵심 법안과 정책 내용을 소개했다.

성노동 정책 및 거버넌스
단속과 기관 협력 대응부터, 성노동자에 대한 폭력을 혐오범죄로 보는 인식과 비범죄화까지 ──────────

빅토리아 시대 이후로 경찰은 치안 유지를 위해 매춘에 대한 법률을 시행했다. 이는 공공장소와 여성 성노동자에 대한 단속의 맥락에서 진행되었다. 1970년대와 1980년대의 풍기단속반vice squad은 범죄와 연관된 '풍기' 사범, 이를테면 매춘, 성범죄, 소아성애에 대처하기 위해 만들어졌다. 로저 매슈스 Roger Matthews(Matthews, 2005)는 1994년과 2004년에 풍기단속반 연구를 진행해 2004년에 풍기단속반이 다른 형태로 바뀌어, 더 지역 중심적이면서도 더 일반적인 단속 방식으로 변화했다고 말한다. 즉, 법 집행과 관련된 경찰 중심의 접근에서 다른 기관과의 협력을 도모하는, 보다 폭넓은 복지주의적 전략으로 변화했다는 것이다. 풍기단속반은 카디프, 리버풀, 맨체스터, 루턴, 레스터 등 여러 지역에서 사라졌다. 리버풀에서는 풍기 및 마약 단속반이 사라졌고,

수사 전담반이 새로 생겼다. 매춘에 대한 책임은 지역사회로 이전되었는데, 이는 치안 대응을 지역 문제로 돌리기 위한 것이었다. 맨체스터의 경우 경찰과 공조하는 공무원이 관련 기관, 거리 매춘인, 지역 경찰과 협력한다. 이는 치안 방식의 변화를 보여준다. 단속의 우선순위가 바뀌고, 수행 지표와 정부 목표에 따라 경찰력의 배치가 달라졌다. 그 결과 매춘 활동이 공공장소에서 비가시화되고, 그에 따라 대중의 불평도 줄어들게 되었다.

그러나 법에 의한 강제 단속에서 복지 중심적 치안으로의 변화는 지역사회에서 거리 성노동을 몰아내려는 주민들의 캠페인과 불평의 결과이기도 하며, 매춘 관련법의 변칙, 모순, 그리고 허술함을 없애기 위해 법 개정을 호소하는 연구자들의 캠페인에도 영향을 받았다. 이를테면 두 번 경고를 받은 여성은 '매춘부'로 불리고 '매춘부'는 여성만을 지칭한다는 점 등이 그 사례에 해당한다. 법률을 세 번, 즉 1967년, 1969년, 1990년에 개정했지만 '매춘부'라는 표현은 삭제되지 않았다(Edwards, 1998: 61~62).

'2003년 성범죄법' 이전에는 성관계 합의 연령 이하의 소녀와 성관계를 하는 것이 불법이었지만, 13세 이상 소녀 또는 10세 이상의 소년은 호객 행위로 기소될 수 있었다(Diduck and Wilson, 1997). 13세 이하의 소녀와 성관계를 하는 경우 최대 7년 징역형이었으나, 소녀의 연령이 13세 이상에서 16세 이하인 경우 최대 2년 징역형에 불과하다. 이는 18세 이하 누구든 아동이라고 규정한 '1989년 아동법'이나 관련 유럽 및 국제법과도 완전히 상반되는 것이다. 거리 성노동에 대한 기관 협력 대응이 증가하면서 다층적 차원의 거리 성노동 쟁점을 다룰 수 있도록 복지시설을 비롯한 여러 기관의 협력적 치안 활동도 증가했다. 그렇게 해서 정책 지향적인 연구도 기관 협력 대응을 지지하는 방식으로 진행되었다.

'2003년 성범죄법'은 성중립적 범죄를 만들었으나, 여전히 남성 성노동자 정책에 초점이 맞추어지지 않았고, 퀴어 성노동자 정책은 거의 주목되지 않았다.

성노동자에 대한 폭력

앤드루 보프Andrew Boff(Boff, 2012), 키넬(Kinnell, 2006), 캠벨(Cambell, 2014)이 명확히 한 것처럼, 성노동이 범죄화된 곳에서 성 판매에 대한 낙인과 불법적 속성은 성노동자를 폭력과 학대, 살해에 취약하게 만든다. 틸라 샌더스(Sanders, 2008)가 입스위치에서 발생한 성노동자 살해 사건에 대해 지적한 것처럼, "여성을 예방이 필요한 부도덕한 추방자나 보호가 필요한 피해자로 틀을 지우며 도덕적 질서와 공적 폐해의 수사학에 의존하는 것 모두 현재 성 판매를 하는 사람들에 대한 시대착오적이고 비현실적인 반영"이다. 요점은 성노동자의 주변화된 상태와 폭력, 낮은 보고 수준이 이들이 성적 폭력에 취약하도록 만드는 데 기여한다는 것으로, 존 로먼John Lowman(Lowman, 2000)은 이것을 '처리의 담론discouse of disposal'이라고 불렀다. 로먼은 현재의 법적 구조가 피해자화를 촉진시키며 성노동은 불법시장에서 일어나고 다른 불법 시장과 한데 모이게 되는데, 이 모든 것이 성노동자를 보호에서 멀어지게 한다고 논증한다. 이러한 점들은 차례로 부분적 시민권을 촉진할 것을 시사한다.

보프(Boff, 2012: 2)는 다음과 같이 지적한다.

> 활용 가능한 모든 증거는 여성 성노동자가 다른 여성 집단에 비해 폭력에 처할 위험이 훨씬 높다는 점을 보여준다. 활동적인 성노동자들은 살해될 가능성이 거의 18배나 높았다.

나아가기
21세기 대응으로서 비범죄화? ──────────

앞에서 살펴본 것처럼, 영국에서 성노동 관련법과 정책은 법률 개혁의 세 시기(빅토리아 시기, 제2차 세계대전 이후, 현재)를 요란하게 거치며 단편적으로 개발되었다. 최근 경찰의 대응으로는 머지사이드Merseyside에서 성노동자에 대한 폭력을 혐오범죄로 규정한 접근법(Cambell, 2014, 2016), 2016년 2월 경찰청장협의회National Police Chiefs' Council의 새로운 '성노동 대응 지침Guidance on Policing Sex Work' 발표, 전당적인 의회 내무위원회parliamentary Home Affairs Committee의 매춘 관련 자문과 요약을 볼 수 있다.

2016년 7월 1일, 의회 내무위원회는 매춘에 대한 조사를 통해 오랫동안 기다려온 중간보고서(Home Affairs Committee, 2016)를 발표했다. 지난 수십 년 동안 의회가 매춘 문제를 감안한 것은 이번이 처음이다.

의회 내무위원회 중간보고서

의회 내무위원회는 매춘에 대한 조사를 통해 오랫동안 기다려온 중간보고서를 발표했다. 의회가 매춘 문제를 감안한 것은 이번이 처음이다. 의회 내무위원회는 하원의원 키스 바즈Keith Vaz가 이끌었다. 이 보고서는 호객행위가 더 이상 범죄행위가 될 수 없으며 성노동자들이 합법적으로 장소를 공유할 수 있게 성노동자의 범죄화를 끝낼 것을 요구했다. 최종 권고사항은 미뤄졌으며, 경고의 의미로 최종 보고서에서 무엇을 권고할지는 아직 알 수 없다. 첫 단계에서 현행법의 원리가 만족스럽지 않다는 보편적 합의가 이루어진 것이다. 호객행위를 범죄행위로 취급하는 것은 부작용을 낳으며, 주로 여성인 성노동자가 이런 식으로 처벌받고 낙인찍히는 것은 잘못된 일이다. 그러므로 성노동자의 범죄화는 끝나야 한다.

보고서는 다음과 같이 기본적 사실에 대한 장으로 시작된다.

• 영국 남성 가운데 16~74세의 약 11%가 적어도 한번 성 구매 비용을 지불했는데, 이는 230만 명에 해당한다.

- 영국에서 성노동자의 규모는 7만 2800명 정도로 추산되며, 그 가운데 약 3만 2000명이 런던에서 일하고 있다.
- 성노동자를 방문하는 고객은 주당 평균 25명으로, 한 번에 78파운드를 지불한다.
- 2014~2015년에 배회 및 호객 행위로 기소된 성노동자는 456명이었다.
- 1990~2015년 동안 약 152명의 성노동자가 살해된 것으로 추정된다.
- 한 조사에서 성노동자의 49%가 자신들의 안전을 걱정한다고 응답했다.

특별위원회가 제시한 증거에서(Home Affairs Committee, 2016) 브룩스고든은 영국의 성노동자는 약 7만 2800명 정도이며 그 가운데 약 3만 2000명이 런던에서 일한다고 추정한다. 내무위원회(Home Affairs Committee, 2016)는 영국 내 성노동자의 수를 6만 명에서 8만 명으로 추정하며, 이들 대다수가 여성이며 대부분 거리나 다양한 형태의 실내 환경에서 일한다고 밝힌다. 특별위원회에서 제시한 내셔널 어글리 머그의 증거에 따르면, 성노동자들은 자주 범죄의 피해자였지만 경찰에 사건이 보고되는 일은 드물었다며 다음과 같이 밝힌다.

2012년 7월 이후 거의 2000건이 내셔널 어글리 머그에 보고되었지만, 피해자의 25%만이 경찰에 공식적으로 신고하고자 했다. 그중 강간은 283건, 강간미수는 86건, 성폭력은 150건이었다. 리즈대학교와 실시한 2015년 설문조사에서 성노동자 가운데 49%가 자신의 안전에 대해 '걱정'되거나 '매우 걱정된다'고 응답했고, 47%는 범죄자의 표적이 된 적이 있다고 응답했다. 그러나 49%는 경찰이 자신들의 신고를 심각하게 받아들일지에 대해 "확신이 없거나", "매우 확신할 수 없다"라고 응답했다(National Ugly Mugs, 2016).

이 보고서는 "경찰 서비스가 성노동자를 보호하는 데 중점을 두고 성노동자를 착취하거나 그들을 대상으로 범죄를 저지르는 사람들을 겨냥해 지원한다고 표방하지만 상당한 변수가 있으며, 국가 정책과 모두 일관하지는 않는다"라고 지적한다.

보고서는 폭력과 학대, 빠져나가는 것에 대한 장벽, 범죄화의 영향에 관해 다음과 같이 언급한다.

> 주로 여성인 성노동자들이 범죄자화되고, 이로 인해 낙인찍히며 처벌받는 것은 잘못이다. 매춘업소의 유지에 대한 현행법 또한 성노동자들이 한 건물에서 함께 일할 경우 기소당하는 게 너무 두려운 나머지 결과적으로 자신의 안전을 훼손하며 혼자 일하게 되어 상당한 위험에 처함을 의미한다.
>
> 따라서 우리는 시급하게 내무부가 기존 법률을 개정해 호객행위가 더 이상 위법이 되지 않게 하고 매춘업소의 유지 조항에서 성노동자들이 장소를 공유하면서도 그들을 착취하거나 통제하는 업소와 관련된 사람들을 기소할 수 있도록 바꿀 것을 권고한다. 성노동자들에 대한 조직화된 범죄적 착취에 대해서는 무관용 정책을 취해야만 한다(Home Affairs Committee, 2016: 21).

이 보고서는 내무부가 "'범죄자재활법Rehabilitation of Offenders Act'의 개정을 통해 성노동자 기록에서 매춘에 대한 이전의 유죄 판결 및 경고 또한 삭제해야 한다"라고 밝힌다.

최종 보고서는 "매춘에 관한 법의 목적을 고려하며, 거리나 그 밖의 장소에서 일어나는 매춘에 대해 서로 다른 접근법을 취해야 하는지를 포함해 해당 법의 목적을 충족시키기 위해 어떤 게 최선인지 연구 결과 등을 보여줄 수 있을 것이다"(Home Afffairs Committee, 2016: 21).

2016년 경찰청의 '성노동 대응 지침'

2016년 2월, 경찰청장협의회는 새로운 '성노동 대응 지침'을 발표했다. 경찰대학교와 경찰청장협의회NPCC는 이 개정된 지침을 잉글랜드, 웨일스, 북아일랜드의 경찰에게 배포했었고, 2015년 12월에 잉글랜드와 웨일스 경찰이 이를 적용하기로 합의했었다. 매춘에 대한 전국적 지침은 2011년에 내무부가 작성한 것이 마지막이었으며, 입스위치와 브래드포드 지역에서 일어난 유명한 성노동자 연쇄살인 사건을 강조했다. 그러나 성노동자에 대한 살해는 놀라운 속도로 계속해서 발생하고 있다. 이 지침을 작성할 당시, 1990년 이후 영국에서 살해된 성노동자는 152명이었다. 이 수치는 그 자체로 끔찍한 인명의 손실을 나타내지만, 살인에는 못 미치는 성노동자에 대한 폭력적 공격의 전체 규모를 양적으로 드러내지는 못한다. 이 지침은 '경찰 서비스가 성노동자의 안전 및 성노동자를 향한 범죄를 억제하는 실제적 방식과 관련된 공적 보호 의무'뿐 아니라 '성노동자, 지원 활동 네트워크, 지방정부, 경찰' 사이에 합의를 만들고자 추구하는 경찰 서비스에 대해 '실제적이고 의미 있는 조언'과 '전략적 시행'을 제공한다. '지휘관의 지역 운영의 독립성과 자율성' 관행을 인지하는 것이 강조될 때, 성노동 정책을 둘러싼 도전적인 복잡한 맥락에 대한 확신은 약화될 수 있다. 악덕vice이라는 용어는 '현대 경찰에게는 용인될 수도 없고, 전문적이지도 않으며' 경찰, 지역의 지원 네트워크, 성노동자 개인 사이에 관계를 발전시키는 데 기초한 성노동 대응을 위한 전략을 제시할 것을 권고한다. 그 전략적 목표는 다음과 같다.

- 성 산업 내에 있는 위험, 피해, 착취로부터 개인과 지역사회 보호하기
- 조직적인 범죄행위를 조사하고 와해시키기
- 다른 기관·단체·개인과 효과적인 파트너십을 지원하거나 창출함으로써 개인과 지역사회에 매춘으로 인해 발생할 수 있는 피해를 없애거나

최소화하기

- 이 지침이 실현될 수 있도록 하는 관련 연구를 수행하고 촉진·지원하기
- 성노동자를 학대·착취·강요하는 사람을 더 성공적으로 기소하는 동시에 피해자와 지역사회를 보호하는 정책과 법을 만들도록 국가 정책 및 입법자 지원하기

아 지침은 또한 성노동자를 대상으로 한 대다수의 범죄가 경찰에 보고되지 않았으므로, "성노동자와 신뢰를 형성하고 보고를 장려하며 피해자 및 성노동 프로젝트와 긴밀히 소통하고 또 다른 경찰에게 조언하고 조사를 지원하는 등 중요한 역할을 할 수 있는 성노동 담당 경찰관"의 임명과 함께 국제 사용자 그룹National User Group: NUG 제도가 활용되어야 한다고 지적한다(NPCC, 2016: 19).

리버풀에서 진행된 로지 캠벨(Campbell, 2014, 2016)의 연구와 실행은 머지사이드 모델Merseyside Model 개발을 지원하는 중요한 역할을 했으며, 2006년부터는 머지사이드 지역에서 성노동에 대한 접근을 가능하게 하는 계획에 반영되고 있다. 캠벨은 이를 소수자 정책의 대체적인 변화, 머지사이드 성노동자 살해에 대한 고위 경찰관 및 실무담당관의 대응, 성폭력 자문센터뿐 아니라 독자적인 성폭력 담당관 확충, 성노동 지역 지원 활동 단체와 머지사이드 경찰 간 우호적 관계 등으로 기술하는데, 이 모든 요소가 결합되어 권리를 기반으로 폭력에 접근하고 성노동자에게 안전을 보장하도록 한다.

성을 범죄화하는 이데올로기

매춘에 관한 범죄학적·사회학적 연구는 매춘에 대한 이데올로기가 법률과 정책, 더 나아가 사회정의를 실현하는 데 영향을 미친다는 점을 분명히 밝히

고 있다. 법 집행은 경찰 관료, (성)노동자, 법정과 영국 검찰청이 법을 해석하는 모든 방식과 연결된다. 여성, 남성, 아동, 청소년, 차를 통한 성 구매자, 인신매매자 중 누구에게 초점을 맞추든, 범죄나 사회정의 그리고 성 산업의 관계, 법 개정 시도를 이해하기 위해서는 명시된 법에 근거하거나 '해석되는' 사회적 의미가 반드시 밝혀져야 한다. 수전 에드워즈Susan Edwards가 말하듯 "섹스이자 사생활로서의 매춘과 착취로 간주되는 범죄로서의 매춘을 구분하는 현재 방식은 유럽 내 매춘법을 재구성하는 분위기에 영향을 미치고 있다"(Edwards, 1998: 67).

실제로 스쿨러와 오닐(Scoular and O'Neil, 2007)은 강제집행에서 기관 협력 개입으로의 변화가 경찰의 강제 명령이 변화하고 복지주의적 대응이 가능해졌을 뿐 아니라, 더 중요하게는 "위계나 경쟁에 의한 조정에서 네트워크에 기초한 조정으로 이동"하는 거버넌스의 변화로 설명될 수 있다는 것이다(Newman, 2003: 16). '진보적 거버넌스progressive governance'라는 표현을 통해 이 새로운 변화가 파트너십(지역사회의 파트너십과 기관 협력 간담회 등)에 권력을 넘기는 것처럼 보이지만, 좀 더 들여다보면 통제 방식이 더 확대된 것임을 알 수 있다.

벤슨과 매슈스는 10년간(1994~2004년) 진행된 조사를 통해 강제집행에서 복지주의적 치안으로 정책이 변했다고 밝혔으며, 부분적으로는 기존 법 집행의 모순도 지적했다. 이 같은 법률적 맥락의 변화를 통해 '2003년 성범죄법'•

• 2004년 5월부터 새로운 '2003년 성범죄법'이 적용되었는데, 이 법의 근간은 '1956년 성범죄법'이다. '2003년 성범죄법'은 이전의 다섯 가지 법, 즉 '1885년 형법 개정법', '1898년 부랑자법', '1908년 근친상간법(the Incest Act 1908)', '1912년 형법 개정(백인 노예)[the Criminal Law Amendment(White Slavery) Act 1912]', '1922년 형법 개정법'을 하나로 통합한 것이다. 정부 관점에서는 통합법이 내용상 중대한 변화가 없었고, 논란의 여지가 없어 의회에서 간단히 통과될 수 있었다. 이는 의회와 대중 모두가 그 의미에 대해 고려해 볼 기회를 부정당했다는 의미다. 결과적으로 21세기 초반 성범죄를 관리하는 법은 빅토리아 시대와 에드워드 시대에서 유래된 것이며, 100년이 지나서야 처음 개정되어 '2003년 성범죄법'이 만들어졌다(Self, 2004: 1).

이 "근 100여 년 만에 최초의 중요한 개혁을 이룬 것"이 되었다(Self, 2003: 1). 여기서 이 법은 매춘에 연루되거나 연루될 위험이 있으며, 또는 매춘을 목적으로 인신매매될 수 있는 청소년에 대한 성적 착취를 예방하는 데 초점을 맞춘다(제4장 참고). 실제 법 집행은 여성에게 적용되고 있지만, 이 법은 매춘을 젠더 중립적으로 정의한다.

「대가를 지불하기」(Home Office, 2004)를 기초로 한 2006년 내무부의 「합동 매춘 전략」과 〈표 7-3〉에 나타난 주요 정책에 따르면, 신노동당 정부는 거리 성노동에 무관용 원칙을 적용해 거리 성노동자가 섹스와 범죄를 저지르는 생활을 벗어나 재활하는 무관용식 접근을 강조한다.

이는 조세핀 버틀러와 사회적 순결 동맹social purity alliance이 이끄는 사회의 순결을 위한 캠페인 및 거대한 사회적 악으로부터 타락한 여성을 구하는 캠페인의 그늘과 함께, '반복되는 역사'라는 헬렌 셀프Helen Self의 개념을 떠올리게 한다. 또, 그와 동시에 조직범죄를 상업적인 성산업과 연결시키는 매춘 문제로서 인신매매에 초점을 맞춘 담론이 증가하고 있다(Kantola and Squires, 2004).

역사에서 얻은 교훈은 매우 분명하다. 21세기에 '매춘인'의 정체성은 여전히 피해자 궤도를 따라 고정되어 있다. 이는 성과 범죄의 담론으로 뒷받침되며 부도덕함과 인신매매와 연결되어 여성의 주체성을 간과하는 동시에 빈곤, 초국적 사회와 이주, 세계화, 시장 개방, 성인 유흥 산업이 교차하는 지점을 간과하고 있다. 결국 성 산업의 사회적 구조는 과거 역사와 일탈에 대한 통제 그리고 법적 규제의 역학과 연결되어 정부의 주도적 또는 이데올로기적 관점으로 이어진다(O'Neill, 2010; Phoenix, 2009).

성 산업의 사회적 구조

〈표 7-4〉에는 국제적으로 성 산업을 관리하고 통제·조직하는 데 활용된 주

표 7-4

매춘 통제 유형

유형	제도
규제	'전염병법'을 통해 경찰이 집행하고 19세기 유럽 전역에서 운영되는 형태이며 "거리에서 또는 허용된 집창촌에서 일하는 매춘인의 의무 등록 및 정기 의료 검사"(Self, 2003: 4)를 하도록 한다.
금지	영국과 여러 나라에서 가장 흔하게 적용되는 제도이며 매춘이 불법은 아니지만 "수용 가능한 삶의 방식으로 간주되지도 않는다". "이의 제기할 수 있는 여러 행위를 범죄시해 이러한 관행을 없애려는" 목적을 갖는다(Self, 2003: 4).
신근절론	스웨덴 정부는 성 구매를 범죄화했다. 성 판매는 더 이상 범죄가 아니다. 그러나 셀프(Self, 2003)가 논의했듯 성 판매 여성은 범죄화된 세계의 일부이며, 페트라 오스테르그렌(Petra Östergren)의 보고서에 드러나듯 성 판매 대가를 제대로 받지 못하고, 과도한 임대료를 지불해야 하며, "경찰에 쫓기고 학대하는 고객을 감히 고발하지 못하는" 등의 위험에 놓이게 된다(Self, 2003: 4).
합법화	매춘은 특정 조건하에서 합법이다. 국가가 합법적으로 성을 파는 업소·장소·구역을 허가한다. 예를 들어 미국 네바다주의 집창촌, 네덜란드의 '티펠 구역(tippel zones)', 호주의 허가받은 집창촌 등이 있다(Harcourt, 2005 참고).
비범죄화	성 판매를 범죄화하는 모든 법률을 없애는 것. 뉴질랜드는 '2003년 매춘개혁법'을 통해 매춘을 비범죄화했다. 이 법은 "법에서 매춘 관련 법안을 폐지하고, 성 산업에 대한 새로운 합법적 환경을 조성"한다(Jordan, 2005: 19).

요 법 제도가 정리되어 있다.

국제적 논쟁: 주요한 형법적 접근

신新근절론 모델이 1999년 스웨덴에 이어 2008년 노르웨이, 2009년 아이슬란드, 2014년 북아일랜드에 도입되었으며, 그리고 2014년에는 캐나다에 부분적으로 도입되었다. '스웨덴 또는 북유럽' 모델에서 성 구매는 불법이지만 성 판매는 더 이상 범죄가 아니다. 이러한 접근은 상업적 성을 구매하는 사람을 범죄화하고 성노동자에게 지원 서비스를 제공해 성노동을 그만두도록 하는 데 초점을 둔다. 스웨덴 모델에 대해 일부에서는 거리 성노동의 명백한 감소를 이루어 성공적으로 평가되지만(Swedish Ministry of Justice, 2010), 이러한 명백한 성공 기준이 '신뢰할 수 없는 추정치'에 기초하며, 거리 성노동이 실내나 온라인 형태, 혹은 이웃 국가로 이동했다고 지적받기도 한다. 레비와 야콥슨(Levy and Jacobsson, 2014)은 스웨덴 성노동자를 대상으로 성노동에 대한 스웨덴 모델의 접근 방식을 인터뷰해 다음과 같은 사실을 발견했다.

- 폭력 위험과 경험의 증가
- 더 안전한 성행위를 위해 협상할 수 있는 힘이 감소함
- 성노동자에 대한 폭력을 목격한 고객의 신고 감소 경향
- 더 공격적인 성노동 정책
- 강력한 법적 조치로 인한 콘돔 사용 회피
- 의료인에 의한 차별 증가
- 탈매춘에 초점을 둔 서비스로 인해 피해 감소를 위한 서비스가 부족해짐
- 주거 접근 및 관리의 어려움 증가
- (콘돔을 제공하지 않는 등) 부적절한 사회 서비스

성노동은 2003년에 뉴질랜드에서 비범죄화되었으며, '매춘개혁법Prostitution Reform Act'은 18세 이상 성 판매와 구매를 합법화하고, 성노동을 범죄화하는 모든 조항을 삭제했다. 2003년 이후 뉴질랜드에서 성노동자는 다른 집단과 동일한 직업적·법적 권리를 갖는다. 법을 검토한 결과, 비범죄화는 산업을 안전하게 만들며 모든 성 산업 분야에 있는 성노동자들의 인권을 향상시키는 것으로 나타났다.

다른 국가에서는 특정한 조건하에서 성노동이 허용된다. 예를 들어 네덜란드와 벨기에의 '홍등가', 스위스의 매춘 지정 구역, 미국 네바다주, 호주 빅토리아주와 퀸즐랜드주의 인허된 매춘업소 등이다. 이러한 합법화가 성노동자의 노동 조건과 안전성에 미치는 영향은 지역 행정에 따라 다양하게 나

타난다. 네덜란드에서는 2000년에 매춘업소 금지 조치가 해제된 후 개혁 조치와 적절한 모니터링이 제대로 시행되지 않음으로써 성노동자의 인권과 노동 조건을 변화시켰다. 한편 피처와 웨이스(Pitcher and Wijers, 2014)는 합법화가 성노동자에게 노동 지위 향상을 가져오지 않았으며, 도리어 합법적 부문 내 통제를 강화시키는 한편 불법 노동자가 점차 많은 것을 잃는 이중 시스템을 만들었다고 지적한다.

유럽연합과 유럽평의회

2007년 10월 4일 레오 플라보에Leo Platvoet 조사위원이 작성한 고용평등위원회Committee on Equal Opportunities for Women and Men 보고서에 따라 유럽평의회 의회 Parliamentary Assembly of the Council of Europe에서 토론이 열렸다. 의회에서 채택된 문서의 내용은 다음과 같다. "의회는 강요된 매춘과 인신매매를 현대판 노예제이자 오늘날 유럽에서 가장 심각하게 인권을 침해하는 사례 중 하나로 인식하며 이를 단호하게 규탄한다"(9장 참조). 이들은 자발적 매춘에 근거해 국가가 매춘에 대한 분명한 정책을 제시하고, (강제로 매춘을 범죄화하고 처벌하지 못하도록) 매춘을 지하로 숨게 하거나 포주의 품으로 몰아넣는 이중 잣대를 금지하며, 그 대신 국가는 여성 성노동자들의 역량을 강화시켜 주어야 한다는 입장이다.

> 자발적 매춘은 18세 이상의 성인이 자신의 생계유지 수단으로서 자발적으로 매춘을 선택한 것으로 정의하지만, 유럽평의회의 47개 회원국에서 채택하는 접근 방식은 매우 다양한 것으로 보고된다(Platvoet, 2007).

유럽 국가 중 대다수(20개국)는 근절론(매춘이 근절되어야만 한다는 관점을 견지)의 입장을 취한다.

중요한 점은 유럽평의회가 각국 정부는 매춘의 범죄화와 처벌을 지양해야 한다고 선언한 것이다. 이에 따르면, 매춘을 지속하려는 사람이 경찰에게 괴롭힘을 당하지 않아야 하며, 한편으로는 매춘을 그만두려는 사람을 지원하는 프로그램이 개발되어야 한다. 또 매춘인은 자신을 보호할 수 있는 정책에 대해 발언할 수 있어야 하며, 고객에게 안전한 성행위를 요구할 만큼 충분한 독립성도 보장받아야 한다.

영국의 사회 정책 변화

최근 발간된 내무부 사무국 특별위원회Home Office Home Affairs select committee의 매춘에 대한 중간보고서(Home Affairs Committee, 2016)는 특히 성인 성노동 관련 사회 정책과 법 모두에 대해 더 확장된 토론과 협의를 불러일으킬 것이다. 2016년 7월 1일까지 영국에서 사회 정책에 대한 논의는 '2003년 성범죄법'과 '2009년 치안 및 범죄법'을 따라 고객의 범죄화에 초점을 둔 스웨덴 모델에 바탕을 두고 있는 잉글랜드와 웨일스의 형법적 접근과 일치했다. 또한 호객 행위에 대한 법과 성노동자가 강요를 받는 경우 무과실책임 범죄를 도입하고 ('2003년 성범죄법' 53A조, '2009년 치안 및 범죄법' 14조) 참여 지원 명령을 통한 성노동자의 재활에 초점을 두었다.

그러나 영국에서 사회 정책에 대한 논쟁이 계속되면서, 다음과 같이 상반된 증거가 있음에도 불구하고 성 구매를 범죄화하는 시도가 끊임없이 이루어졌다.

• 2012년: 스코틀랜드 북부 고지와 도서지역에서 하원의원 로다 그랜트 Rhoda Grant가 북유럽 모델을 도입하기 위해 신속하게 움직였다. 이 움직임은 협의가 추진되었지만 실패했다.
• 2014년: 유럽연합 의회 의원 메리 허니볼Mary Honeyball은 스웨덴 모델의

도입을 제안하는 보고서를 작성했으며, 그 뒤 의회는 성 구매자를 범죄화하는 결의안에 찬성표를 던졌다. 그러나 이 표결은 영국에서는 구속력이 없으며, 성노동자의 비범죄화를 지지하는 국제앰네스티, 랜싯Lancet, 어머니연합Mothers Union 등 관련 분야 전문가 및 학자들의 강한 저항에 부딪혔다.

• 2014년: 잉글랜드 루턴 남부의 하원의원 개빈 슈커Gavin Shuker는 매춘과 전 지구적 성 거래에 관한 초당적 의원 그룹의 의장을 맡아, 모든 고객에 대한 전면 범죄화 도입을 권유하는 보고서를 작성했다. 이 보고서는 사용된 증거 자료의 공개를 꺼려서 이후 다소 신뢰가 떨어졌다.

• 2014년: 슬라우Slough의 하원의원 피오나 맥타거트Fiona MacTaggart는 '현대노예법안Modern Slavery Bill' 개정안을 발의해, 고객에 대한 전면 범죄화를 도입하려고 했다. 그러나 개정안은 통과되지 못했다.

• 2014년: '현대노예법Modern Day Slavery Act'에 의해 독립된 위원회[케빈 하일랜드Kevin Hyland]가 생겼으며, 2015년에 전략 계획이 수립될 예정이었다. 학자들은 스웨덴 모델을 도입하는 방법으로 사용하지 말 것을 요청했다.

• 2015년: 2015년 6월 1일 북아일랜드에서 성을 구매하는 것은 범죄 행위가 되었다('2015년 인신매매 및 착취법Human Trafficking and Exploitation bill' 6항). 범죄자에게는 최대 1년의 징역형과 벌금 1000파운드(약 166만 원)가 부과된다. 최근에는 성노동을 비범죄화하는 방향의 신근절론적 접근에 반대하는 반발이 있었다.

• 2015년/2016년: 유럽연합 의회 의원 진 어커트Jean Urquhart는 스코틀랜드에서 성노동에 관한 회의를 진행하고 성노동을 비범죄화하는 법안을 제안했다. 이 법안은 2015년 영국 총선이 끝날 때까지 보류되었다.

• 2015년: 영국매춘인단체English Collective of Prostitutes: ECP와 스콧-펩Scot-Pep은 국회의사당에서 회의를 열었다. 런던 ECP는 노동당 의장인 존 맥도널

John McDonnell, 제러미 코빈Jeremy Corbyn, 그리고 비범죄화 도입을 지지하는 녹색당이 주최했다.

- 2015년/2016년: 국제앰네스티 성노동자의 권리를 인권으로 인정하는 정책과 성노동의 비범죄화를 위한 캠페인을 제안해 채택했다.
- 2016년: 2월 경찰청장협의회는 단속이 아닌 보호에 초점을 두어 성노동자의 안전을 최우선으로 하는 새로운 '성노동 대응 지침'을 발표했다.
- 2016년: 성노동자이자 법대 졸업생인 로라 리Laura Lee는 북아일랜드 법률 폐지를 목표로 크라우딩 펀딩을 진행했다. 2016년 9월에 열린 벨파스트 고등법원Belfast High Court에서는 해당 지역에서 성 서비스 대가 지불에 대해 유죄 판결을 허용하는 법에 대한 위헌법률 심사권을 부여했으며, 로라 리는 안전과 인권을 근거로 법에 도전하고 있다.
- 2016년: 매춘 중간보고서에 대한 내무부 특별위원회는 전 당적 협의를 통해 7월 1일에 "성노동자의 호객행위, 성노동자의 노동 장소 공유를 비범죄화해야 한다"라고 발표했다.

영국에서 성노동과 관련된 사회 정책 논의에 기여해 온 많은 단체들이 있다. 중요한 성노동자 단체로는 영국 성노동 프로젝트 네트워크, 잉글랜드의 ECP, 스코틀랜드의 스콧-펩, 성노동개방대학교Sex Work Open University 등이 해당된다. 이 조직들은 브리핑 보고서를 작성하고 성노동에 관한 정부와의 협의에 임하며 모두가 성노동의 비범죄화를 요구한다.

요약하면, 우리는 낙인과 이분법을 넘어 생각하고 함께 활동하며, 사회 정의를 향상시키고 성 불평등에 도전하는 전환을 추구하고 그를 위한 엄격한 연구를 수행해야 한다. 비범죄화는 앞으로 나아가는 길이다. 내무부 위원회 보고서는 다음과 같이 말한다.

대다수가 여성인 성노동자가 이런 식으로 처벌받고 낙인찍히는 것은 잘못이다. 따라서 성노동자의 범죄화는 종식되어야 한다. 매춘업소 유지에 대한 현행 법 또한 성노동자들이 같은 공간에서 함께 일해 기소되는 것을 너무 두려워해 자신들의 안전을 양보할 수 있음을 의미한다. 그러나 성노동자에 대한 조직적 이고 범죄적인 착취에 대한 무관용이 지켜지고, 착취에 개입한 사람들을 기소 할 수 있는 내무부의 권한이 줄어들지 않도록 법의 변화가 이루어져야 한다 (O'Neill and Jobe, 2016).

성노동자 권리 조직, 연구자, 지원 단체 등은 현 근절주의 체계가 성노동 자에게 부정적인 결과와 위험을 초래하기 때문에 비범죄화를 주장하며 스웨 덴 모델에 강하게 반대하고 있다. 제1장에서 논의했듯이 성노동에 대한 여성 주의적 대응은 두 갈래로 나뉜다. 한쪽은 매춘/성노동은 노동이라고 주장하 며, 다른 한쪽은 (정부 정책과 정책 입안자들을 등에 업고) 매춘은 폭력이자 착취 이며 21세기에 용인되어서는 안 되는 어떤 것이라고 주장한다. 비판적 입장 에서 밝히는 주된 문제는, 성노동자를 매춘에서 벗어나도록 하는 데에 초점 을 두면 다음과 같은 상황이 일어난다고 본다.

확실하게 매춘을 벗어나고 평범한 일상생활을 '재개하는' 이들을 사회적으로 통 합하는 것은 여전히 (거리) 성노동에 남아 있는 이들을 계속 배제하는 것이다. 법적으로 반사회적이라고 간주·재현되는 이들은 확실하게 매춘에서 벗어나지 못한다는 이유로 더욱 범죄시되고 주변화된다(Scoular and O'Neill, 2007: 765).

키넬(Kinnell, 2006)은 여성에게만 도덕적 질책이 가해지며, 정책은 성노 동자의 안전을 보장해야 한다고 주장한다. 더구나 성을 구매하는 전반적인 남성 인구의 구체적인 동기를 보면 일상적인 이유가 많다. 더불어 키넬은 이 들 성 구매자가 여러 해 동안 시장에 남아 있다며, "상업적인 성적 활동에 대 해서 도덕적 훈계와 교화, 경찰 활동을 통해 시장을 축소하려는 시도가 얼마나 효과적일지" 의문을 제기한다(Kinnell, 2006: 220). 고객의 범죄화는 매춘만 아니면 범법 체계에 들어가지 않을 남성을 범죄화한다. 이것은 성 판매 여성을 기소하는 데만 역사적 초점을 맞추어온 상황과 짝을 이룬다(Sanders and Campbell, 2008 참조).

비가시화된 남성 고객의 또 다른 관점도 '수요' 이야기에서 빠질 수 없다. 샌더스(Sanders, 2008)는 고객을 대상으로 한 실증 연구(제5장 참조)를 통해 성 산업 대부분에서 고객과 성노동자 간에 합의를 거친 상호작용이 이루어지며, 성 산업의 남성 고객 다수는 도덕, 에티켓, 매너를 지키고 있다는 근거를 제시한다. 이 연구에 따르면 대다수 남성은 착취가 일어나는 곳, 남자친구가 일부 여성에게 강요하는 것, 거리 성 시장과 관련된 위험에 대해 분명한 문제의식을 보여준다고 한다. 이들은 공공연한 착취가 일어날 가능성이 있는 성 시장은 적극적으로 회피했다.

한편 코이 등(Coy et al., 2007: 25)의 연구에 따르면 성 구매 남성의 의사결정 과정은 "젠더화된 성 규범의 지배적인 담론과 성 판매 여성을 이용할 수 있는 지역적 가능성local availability에 의해 좌우된다"라고 언급한다. 즉, "합법성legality이 정상화normalization로 간주"되고 "주류 소비의 한 형태인 레저/엔터테인먼트로 성 구매 남성 중심의 범주가 확대되므로 이들은 수치감을 느끼지 않는다". 젠더화된 성 규범과 성 구매를 해결하기 위해 코이 등(Coy et al., 2007)은 1차 예방 대책으로 학교를 통한 교육, 2차 예방 대책으로 인식 고양과 정보 접근, 3차 예방 대책으로 거리 성 구매 고객에 대한 개입을 언급한다.

남성 성노동/퀴어 성노동

현재 성 판매 남성은 호객 행위와 매춘 목적의 호객 행위에 대해 젠더 중립적 법률로 관리되며, '2003년 성범죄법'에서는 체포될 수 있다. 그러나 성 산업의 규제는 과거나 지금이나 여성의 상업적 성에 대해서만 논의되며, 법조문이나 정책 지침에서 남성의 성노동에 대해서는 언급되지 않는다. '2003년 성범죄법'은 예외다. 이 법은 "공중 화장실에서의 성적 행위"를 범죄로 규정한다. 존슨(Johnson, 2007)은 이 법을 분석하면서, 성범죄법이 젠더 중립적인 것처럼 서술되어 있지만 코티징cottaging[남성 동성애자가 공중 화장실에서 섹스 상대를 찾는 것]이라는 게이의 성행위를 규제하기 위한 특별한 의도가 있다고 말한다. 공공장소에서 발생하는 이 같은 사적인 성행위 법은 남성의 성을 구매하는 남성을 비롯한 게이 커뮤니티를 단속 대상으로 삼는 데 활용되어 왔다.

후웰(Whowell, 2008)은 영국 성노동 프로젝트 네트워크의 '사이트맵'에 제시된 자료를 바탕으로 영국의 주요한 남성 성노동 지역을 그렸다. 영국에는 남성 성노동에 대해 특별 지원 서비스를 제공하는 지역이 51개에 달한다. 이는 남성 성노동이 여성 성노동처럼 (그만큼 많지는 않아도) 널리 퍼져 있다는 것을 알려준다. 남성에 대한 남성의 성노동이 거리에든 실내에든 널리 퍼져 있지만, 호객 행위 관련법이 남성 성노동자에게는 거의 적용되지 않는다. 또한 어린 소년, 보호시설에서 '돌봄'을 받거나 학습 장애가 있는 등 특히 취약한 어린 소년들이 상업적 성 착취에 노출될 위험이 크다고 한다(Palmer, 2002). 남성 성노동이 널리 일반화되었는데도 내무부의 「합동 매춘 전략」(2006)에서 남성 성노동 대책은 거의 찾아볼 수 없다(Gaffney, 2007). 개프니와 후웰(Gaffney and Whowell, 2009)에 따르면 성 산업이 매춘을 넘어 포르노 예술, 에로틱 댄서나 특화된 서비스(BDSM)로까지 확장되면서 성 판매 남성에 대한 우려와 관련 사안을 은폐하는 노골적인 시도가 있어왔다. 남성의 섹스가 갖는 다양한 유형을 부정하는 것은 구체적으로 이러한 수요를 해결하는 서비스가 부족하다는 것을 뜻한다. 그런데 이는 여성 성노동과 매우 다르다.

그와 동시에, 퀴어 성노동과 관련해 라잉 등(Laing et al., 2015)의 모음집은 다양한 비이성애/동성애의 정상적 성노동 형태와 관행을 탐구하고, 성노동자와 고객 사이의 상호작용과 관련된 성적 권력 관계와 젠더의 잠재적 유동성과 경합을 검토하며, 이성애 정상성 담론(에 대한 도전)과 관련된 사람들의 영향을 더욱 광범위하게 고려할 여지를 제공한다. 그리고 스스로를 퀴어 성 노동자·활동가·실무자·학자로 정체화하는 사람들이 기여할 공간을 확장한 다(Laing et al., 2015: 1).

영국의 대안적 사례

범죄, 사회정의, 성 산업이 만나는 매춘 '문제'를 해결하려는 대응에는 다양한 방법이 있다. 기관 협력 접근 방식은 다양한 경로를 통한 피해 최소화 정책에 기반을 둔 것으로, 성을 판매하는 가장 취약한 여성을 대상으로 하며, 성 산업 내에서 이동하거나 그만두려는 이들에게 선택의 기회를 제공한다(Melrose, 2009). 상호 간 협력 전략은 재판 대신 여성이 파트너십을 갖고 일하며 여성 지원 서비스와 건강, 주거, 복지, 상담 등 필요한 서비스를 제공받도록 하는 기소유예 정책court diversion scheme이다(Pitcher, 2009). 지역사회 중재 전략commu-nity mediation은 거리 성노동이 이루어지는 지역의 주민과 성노동자의 관계를 조정하는 방법이다(Pitcher et al., 2006). 여기서 중점을 두는 것은 엄중 처벌이 아니라 공통된 이해 조정과 관용이다. 안전 구역과 관리 지역은 현재 리즈 지역에서 운영되고 있는 관리 지역에 관해 지역 당국, 경찰, 일부 정치인 또는 연구자가 논의했던 방식이다.

그러나 성인 성노동을 비범죄화하는 뉴질랜드 모델을 비롯해 앞서 서술된 다양한 대안적인 방식이 있지만, 2016년 영국에서 가장 우세한 접근 방식은 거리 중심의 성노동에 무관용 원칙을 적용해 여성이 확실하게 [성 산업을] 벗어나도록 하는 것, 실내 성노동을 선별적으로 허용하는 것, (스웨덴 모델을 따라) 차를 통해 거리 성 구매를 하는 고객과 성을 구매할 가능성이 높은 사람을 범죄화하는 것으로 초점이 이동했다. 남성 성노동처럼 다른 측면의 성 산업에 대한 법적 의미는 현재 정책에서 전혀 언급되지 않고 있다(Gaffney and Whowell, 2009 참조).

범죄, 사회정의, 성 산업
누구를 위한 정의인가? ─────────

내무부의 「합동 매춘 전략」과 법률(예를 들어 '2009년 치안 및 범죄법')에 제시된 정의의 개념은 인권을 기반으로 한 틀을 전제하지 않으며, 전반적인 사회정의 개념을 요구하지도 않는다(O'Neill, 2010). 오히려 매춘 통제를 위해 관련법을 시행하거나 적용하는 것을 정의의 개념으로 삼고 있다. 바꿔 말하면, 이 접근 방식은 매춘을 도덕성에 반하는 범죄로 보는 역사적 사례를 활용한다. 즉, 매춘이 불법은 아니지만 공공질서와 도덕적 품위에 위배되는 행동은 사회적으로 비난을 받는다는 것이다.

스쿨러와 오닐(Scoular and O'Neill, 2007)은 정부가 급진 페미니즘이 여성에 대한 폭력과 착취를 우려하는 것에 편승해 관리와 통제 기술을 끌어들였다고 말한다. 정부는 성노동자에 대한 인정·인권·권리의 재분배보다는 사회 적응의 수단으로 '탈퇴'를 강조해, '재활'을 장려하는 데 사회 통합을 이용했다. 이러한 접근 방식은 여성과 남성이 연관된 성노동의 복잡한 경험·구조·과정·실천에 관한 사회 통합과 사회정의를 광범위하게 이해할 가능성을 차단해 버린다. 제안된 개혁안은 정부가 여성을 지원하는 진정한 시도처럼 보인다. 그러나 정부는 좋은 것과 나쁜 것, 자격 있는 여성과 자격 없는 여성 사이의 이분법을 만들어 '확실하게 [성 산업에서] 탈퇴하는' 이들만 사회적으로 통합시키고, 그 외의 사람들을 점점 더 주변화하는 방식을 고수하고 있다. 빈곤, 노숙, 학대, 낮은 자존감, 저학력, 그 외에 박탈을 나타내는 지표가 언급되기는 하지만(Home Office, 2004: 21~23), 이것이 사회정의, 특히 사회정의의 분배 및 연관성 측면을 논의하는 데는 활용되지 않는다. 오히려 정부의 방식은 매춘과 관련된 책임자를 처벌하는 형사법적 규제를 강화하고 탈퇴 위주의 개입 모델을 지원하는 방향으로 나아가고 있다.

범죄, 사회정의, 성 산업에 대해 복합적으로 분석하고 설명하기 위해서는 성 판매자들의 생생한 경험을 중층적으로 이해할 수 있어야 한다. 또한 더욱 총체적인 사회정의를 고려해야 하며, 매춘하는 여성·청소년과 협력해 발전 가능한 더 나은 자원을 동원할 수 있어야 한다. 협력의 방식으로는 법 개정, 복지 지원, [성 산업에서] 탈퇴를 들 수 있다. 더불어 인정·인권을 향상시키고, 사회구조적 불평등을 해소하기 위한 자원을 늘려야 한다. 따라서 사회 통합을 통해 사회정의를 폭넓게 이해하는 일은 급진 민주주의 방식으로 매춘을 개혁하는 초석이 될 수 있다. 이는 사회정의를 보다 폭넓게 이해하는 것이며, 그 사례로 뉴질랜드의 비범죄화 모델을 중요하게 고려해 볼 수 있다.

비범죄화를 지지하는 큰 변화 흐름이 분명하게 있으며, 이러한 기관으로는 성노동자의 범죄화를 끝낼 것을 요구하는 내무부 임시 위원회와 ACPO Association of Chief Police Officers, 어머니연합, 여성회Women's Institute, 국제앰네스티, 랜싯 같은 단체가 있다. 피처와 웨어스(Pitcher and Wijers, 2014: 549)는 "성노동의 비범죄화는 성노동자의 인권과 노동권을 보장하기 위한 전제조건이지만, 정책 개발 및 다른 노동 방식 촉진에 성노동자가 참여하는 것은 그들의 노동자로서의 권리와 직업 안전을 증진시키기 위해 필수적"이라고 밝힌다.

제인 피처(Pitcher, 2015: 113)는 최근 영국에서 36명의 실내 성인 성노동자에 관한 연구를 진행해 "사회적 낙인과 지배적인 정책 담론은 성노동자의 자율성에 영향을 줄 수 있으며 성노동자들의 안전과 안녕에 불리하게 작용할 수 있다"라고 설명한다. 게다가, 공공 정책과 사회정의의 관점에서 볼 때, "성노동의 복잡성을 인식하지 못한다면 성노동자의 노동 조건 향상과 영업 개발을 위한 기회를 제약할 수 있다". 피처는 수집된 증거에 기초해 "성노동을 합법 노동이자, 성노동자를 지원하며 관리 환경뿐 아니라 집단적 형태와 혼자서 하는 독립적 노동을 가능하도록 노동 조건 향상의 기초를 닦는 정책 변화를 위한 전제 조건으로서 인식할 것"을 요구한다.

Boff, A. 2012. "Silence on Violence: Improving the Safety of Women. The policing of off-street sex work and sex trafficking in London." *Greater London Assembly Conservatives*. https:// www.nswp.org/sites/nswp.org/files/Report-on-the-Safety-of-Sex-Workers-Silence-on-Violence .pdf(검색일: 2021.5.12).
☞ 이 보고서는 2012년 런던올림픽 기간의 성노동 정책과 인신매매를 포함한 거리 외 노동에 관한 정책을 살펴본다. 이 보고서는 인신매매 추방 작전 1, 2[펜타미터 작전(Operation Pentameter)은 인신매매와 성 착취 문제에 대한 인식을 재고하고 예방하기 위해 2005~2006년 영국 전역에서 실시된 경찰 작전임]를 비판하며 성노동자의 안전을 증진시키기 위한 대응책을 개발하기 위해 성노동자에 대한 폭력 문제를 검토한다. 성노동자에 대한 폭력을 혐오범죄로 본 정책 사례인 머지사이드 모델이 검토된다.

Pitcher, J. and M. Wijers. 2014. "The impact of different regulatory models on the labour conditions, safety and welfare of indoor-based sex workers." *Criminology and Criminal Justice*, 14(5), pp.549~564; Sanders, T. and R Campbell. 2014. "The Governance of Commercial Sex: Global Trends of Criminalisation, Punitive Enforcement, Protection and Rights." *Criminology and Criminal Justice*, 14(5), pp.535~548
☞ 이 논문은 영국과 네덜란드의 연구를 바탕으로 '실내' 또는 '거리 외' 노동자의 안전·취업·복지 권리에 관한 정책 변화와 다른 규제 체계를 검토한다. 이들은 노동 조건이 정책 변화를 통해 어떻게 개선될지 기대하며 비범죄화가 중요한 노동권과 인권을 보장할 수 있을 것이라고 주장한다.

Self, H. 2003. *Prostitution, Women and Misuse of the Law: The Fallen Daughters of Eve*. London: Frank Cass.
☞ 페미니스트 역사가가 쓴 뛰어난 매춘의 역사서로, 울펜든 조사(Wolfenden Enquiry)와 그 뒤 '거리 및 성범죄 법들(Street and Sex Offences Acts)'에 초점을 둔다.

Scoular, J. and M. O'Neill. 2007. "Regulating prostitution: social inclusion, responsibilization and the politics of prostitution reform." *British Journal of Criminology*, 45(5), pp.764~778.
☞ 저자들은 매춘 개혁에 관한 정부 정책과 정치에서 다기관 협력/복지 대응으로 이행한 것에 대한 비판적 분석을 제공한다. 이들은 탈매춘 및 탈매춘한 성노동자에 대한 '책임'에 새로운 초점을 두고 살펴보는데, 이는 성노동자를 더욱 통제하고 규제하며, 포함의 수사학에도 불구하고 배제와 부분적 시민권 상태에 머물도록 기여한다고 분석한다.

Minichiello, V. and J. Scott(eds). 2014. *Male Sex Work and Society*. New York: Harrington Park Press.

☞ 이 모음집은 성노동에 관한 문헌에서 연구가 덜 진행되어 온 남성 성노동에 대해 분석하고 포괄적인 설명을 제공한다. 각 장은 역사적 맥락, 남성 성노동의 규제, 고객, 공중 보건 정책, 마케팅과 광고, 전 지구적 맥락에서의 성노동, 향후 남성 성노동의 방향 등을 다루며, 중국, 동아프리카, 독일, 러시아, 아일랜드 공화국과 북아일랜드의 사례를 다룬다.

생각해 볼 거리

① 영국에서 매춘과 성 산업은 어떤 방식으로 관리되고 있는가?

② 19세기 매춘을 '문젯거리'로 삼는 사회적 태도와 이들을 주변화시키는 과정은 어떠하며, 이는 현재 법 제도에 어떻게 영향을 미쳤는가?

③ 영국 성노동 프로젝트 네트워크는 성노동자 개인이 스스로 결정할 권리를 지지하고 존중한다. 이는 성노동을 계속할 권리와 탈퇴할 권리 모두를 포함한다(www.uknswp.org 참고). 이에 대해 비판적으로 논의해 보자.

제 8 장

지역사회, 서비스, 복지

Communities,

Services and Welfare

이 장은 제7장에서 언급한 주제 중 일부인 형사 사법 정책과 매춘 관리에 관한 논의를 이어서 다룬다. 이를 지역사회의 요구, 주민운동과 자경주의의 맥락에서 논의하려 한다. 여기서는 지역사회와 성노동자의 관계를 조망하며, 개입과 파트너십 활동을 통한 해결책을 제시한다. 그리고 사회 정책과 복지 제도의 균형, 기존의 탈매춘 프로그램에 대한 고찰과 새로운 연대 서비스의 필요성도 다룰 것이다.

지역사회, 안전, 거리 성노동 ————————————

지역사회에 미치는 영향

대체로 거리 성노동은 상대적으로 도심 빈곤 지역에서 행해진다(Hubbard et al., 2007). 여러 보고서는 거리 성노동과 차를 통한 거리 성 구매가 지역 주민에게 부정적인 영향을 미친다고 밝힌다. 예를 들어 피처 등(Pitcher et al., 2006)은 거리 성노동으로 인한 주변 환경의 문제를 제시한다. 이를테면 소란이나 골칫거리, 성노동과 결합된 안전이나 쓰레기 문제로, 예컨대 버려진 콘돔, 약물 사용 도구, 대소변 등의 오염으로 특정한 공공 구역이 '출입 금지 구역'이 된다. 일부 지역 주민은 성노동자와 고객 간의 학대나 추행을 목격한다고 보고한다.

> 소란과 관련된 문제는 '꽝 하는 문소리, 진상 고객, 거리에서 사람을 차에 태우려는 남자들'도 포함된다. 거주 지역의 성노동자 수가 많고 밀집해 있는 정도가 클수록 불쾌하고 참기 어렵다고 한다(Pitcher et al., 2006).

거리 성노동 구역의 상점 주인은 거리 매춘의 부정적 이미지와 다른 범죄와의 연관성이 고객을 억제하게 하므로 장사에 미치는 영향과 환경적 문제에 대해 불평한다(Kingston, 2014).

주민들은 거리 성노동과 마약 시장을 연관시켜 두려움과 불안을 느낀다(Bourne, nd; Pitcher et al., 2006). 대체로 이 두 시장은 공존하며 거리 성노동자가 마약 시장 고객이 되는 경우도 흔하다. 이러한 복합적인 관계는 지역에 따라 편차가 크다(May et al., 1999). 이를 뒷받침하는 증거가 부족하지만, 매춘 시장의 존재가 지역 이미지를 전반적으로 악화하고 범죄 요소를 끌어들여 집값과 지역 경제 활성화를 저해하는 등 악영향을 미친다고 이야기된다(Home Office, 2004). 사회적·경제적 쇠락을 보이는 지역에 거리 성 시장이 가시화되면, 우범지대로 보는 주민들의 생각에 범죄에 대한 공포가 더해진다(Hubbard et al., 2007). 그래서 주민들은 집을 비우거나 밤에 혼자 나가는 것이 두렵다고 한다.

거리 성노동 지역의 주민은 환경의 불편함과 잠재적인 범죄 위험성 때문에 거리 성노동을 반대하기도 하지만, 일부 사람들은 단순히 성이 돈으로 교환된다는 생각 때문에 불편해하기도 한다. 사람들은 분명하게 드러나지 않는 실내 성노동에 대해서는 덜 우려하지만, 거리 성노동에 대해서는 주거지역의 도덕성이나 주거지 가격에 지장을 주기 때문에 불평한다(Kingston, 2014). 피처 등(Pitcher et al., 2006)은 아이들이 성행위를 보거나 콘돔이나 주사바늘 등을 보게 될까 봐 주민들이 더 걱정한다고 밝혔다. 오닐과 캠벨(O'Neill and Campbell, 2006)에 따르면, 그들은 교회 인근에서 손님을 유혹하는 것이 어른이나 아이의 삶의 질에 실제적 영향을 미친다고 걱정한다. 거리 성노동이 '가족의' 공간을 침해하며, 공중전화 부스에 붙은 광고 등 성 시장 광고가 가시적으로 드러나는 것에 반대한다(Humbbard, 2002). 이런 걱정은 울펜든위원회(Home Office, 1957: 82)의 보고서에도 잘 드러나는데, 매춘에 대한 통제는 그 가시성을 문제 삼기 때문에 정당화된다. 즉, 평범한 시민에게 성 시장의 가시성이 '공적 질서와 체면에 대한 모욕'으로 비치는 것이다. 제7장에서 논의한 바와 같이 이렇게 매춘을 '민폐'로 정의하면서 거리 성노동을 거주 지역으로부터 몰아내고 지역사회 전략 논의에서 성노동자를 배제하는 것을 정당화하는 데 활용된다(Kantola and Squires, 2004; Phoenix and Oerton, 2005).

거리 성노동에 대한 불만이 성 시장 지역에 사는 사람들의 경험이나 흔히 느낄 수 있는 부작용에 기인하기는 하지만, 자신에게 미치는 영향이 거의 없을 때조차 거리 성노동을 반대한다는 것에 주목할 만하다. 마찬가지로 피처 등(Pitcher et al., 2006: 18)은 다섯 지역에 관한 연구를 통해 "대부분이 밤에 이루어져 보이지 않기 때문에" 성노동이 지역 주민의 삶의 질에 큰 영향을 미치지 않는다고 느낀 주민도 많다고 밝혔다. 마찬가지로 카디프Cardiff 지역 200명의 주민을 대상으로 한 설문조사에서(Sagar and Jones, 2012)에서, 대다수가 거리 성노동자는 그들의 삶의 질에 거의 또는 전혀 영향을 미치지 않는다고 응답했다. 또한 피처 등(Pitcher et al., 2006)의 연구를 통해 성노동자가 주민과의 마찰을 줄이려고 노력하며 갈등 상황을 회피하려고 노력한다는 점을 알 수 있다. 성노동자는 거주지 근처에서 일하는 것을 더 안전하다고 느끼는데, 위험에 처했을 때 도움을 청할 수 있는 사람들이 있기 때문이다. 툭랄과 디트모어의 뉴욕에 대한 연구(Thukral and Ditmore, 2003)에 따르면 이들이 면담한 성노동자들은 눈에 띄지 않게 일하려 애쓴다.

그러나 모든 성노동자나 고객이 주의하는 것은 아니어서 구체적인 문제가 드러나기도 한다. 지역의 단속 기관이 아무 일도 하지 않아 무방비 상태에 놓여 주민들이 공적·사적 공간의 안정과 자신의 권리를 침해받았다고 느낄 때 민감하게 대응한다(Matthews, 2008). 지역사회의 저항을 불러일으키는 또 다른 요인은 새로운 인구 집단의 전입, 지역 '재개발', 여론 몰이, 개인적 또는 정치적 이유로 지역의 '정화 운동'을 벌이는 지역 활동가의 등장 등이 있다. 거리 성노동자와 연관된 문제를 자극적으로 보도하거나 그런 문제에 부정적 태도를 지닌 지역 구성원들의 목소리를 싣는 언론 보도로 인해 사회적 긴장이 고조될 수도 있다(Symons and Gillis, 2014). 또한 지역사회에서는 성노동이

'수용 가능한' 수준이라고 느끼면 암묵적으로 받아들이기도 한다(Hancock and Matthews, 2001). 이러한 반응은 거리 성노동에 초점이 맞추어지는 경향이 있으며, 반면 실내 [성] 노동은 상대적으로 눈에 띄지 않기 때문에 공공의 골칫거리로 느껴지는 경우가 드물다. 예를 들면 퍼킨스와 러브조이(Perkins and Lovejoy, 2007: 121)는 "주민들은 언론이나 경찰 조사로 알려지기 전까지 그들 지역에 업소가 있는 줄 전혀 몰랐다"라고 언급했다. 쿠퍼(Cooper, 2016)는 해당 지역의 매춘업소에 대한 거주자들의 반응은 영업의 분명한 전문성 및 신중한 정도와 관련이 있다고 밝혔다. 샌더스(Sanders, 2005)는 대부분 주민이 자신의 집에서 일하는 여성들이나 교대로 일하는 여성 커플들이 '일하는 집'을 임대하는 것은 용인한다고 밝혔다. 이는 지역 공간과 지역사회에서 민감한 사안이다(Prior and Crofts, 2015).

지역이 거리 성노동에 대응하는 방식

지역에 따라 거리 성노동에 대한 주민의 반응은 매우 다르다. 그러나 언론 보도와 연구는 성노동자 및 차를 통한 거리 성 구매에 반대하는 사람, 특히 적극적으로 반대 시위를 벌이는 지역에 집중되는 경향이 강하다. 떠들썩한 캠페인에 집중하게 되면 성 시장과 성노동자에 대해 주민이 갖는 여러 층위의 생각이나 대응을 읽어낼 수 없다. 성노동자는 지역을 옮겨 다니기도 하지만(Sanders, 2004), 어떤 지역에서는 거리에서 일하는 여성이 해당 지역에 거주하며 지역 경제와 사회 활동에 기여하기 때문이다(Pitcher et al., 2006).

거주 지역의 주민들이 벌이는 성노동 반대 캠페인은 상대적으로 온건한 편이다. 예를 들어 전통적인 정치적 의견 개진 방식, 즉 지역 의원에게 로비를 벌이고 청원하거나 지역 언론에 기고하는 등의 방법이 있다. 반대 활동이 활발한 지역도 있다. 거리 성노동 지역에서의 피케팅, 정기적인 순찰이나 감시, 또는 거리 감시Street Watch 캠페인 등이 조직된 바 있다. 1990년대 중반 영국의 발살 헬스Balsall Health 지역의 사례를 보면 거리 순찰이 성노동자와 고객을 공개적으로 괴롭히거나 자체 순찰대를 조직하는 수준으로 발전했다.

이와 같이 세간의 주목을 받는 캠페인은 다른 나라에서도 벌어졌다. 일례로 1990년대 중반 시드니 교외의 캔터베리 또는 이탈리아 중부와 북부에서도 보고된 바 있다(Perkins and Lovejoy, 2007; Quassoli, 2004). 이러한 대중매체 보도는 성노동자들에 대한 폭력을 묵인하는 경향을 보인다. 비록 발살 헬스 지역의 사례가 일부 보도에서 지역사회운동의 승리로 보도되어 환호받기도 했지만, 일부 주민들은 성노동자와 이들에게 서비스를 제공하는 자원 활동가의 안전에 심각한 위협이 된다고 문제 제기를 했다(Hubbard and Sanders, 2003). 지역 경찰들은 처음에는 주저했지만, 이후에는 관련된 지역 주민을 '거리 감시' 순찰대로 추천하기도 했다(Sagar, 2005).

1990년대 초 영국의 지역 감시에서 발전한 거리 감시 캠페인은 주민들이 의심 갈 만한 범죄행위를 경찰에게 알리기 위해 주민들이 비교적 순조롭게 순찰하는 수단으로 여겨졌다. 이 거리 감시 운동은 노동당 정부가 승인했으며, 지역 안정을 촉진하는 데 도움이 되는 시민 참여의 모범 사례로 여겨졌다(Sagar, 2005). 애초 이 운동은 일반 범죄에 초점을 맞춘 활동이었는데, 관심의 초점이 점차 거리 성노동이 되었고, 여성 성노동자와 고객이 주된 감시 대상으로 변했다(Pitcher et al., 2006). '거리를 감시하자' 캠페인은 일부 집단이 원래의 모니터링 역할을 넘어 성노동자 및 차를 통한 거리 성 구매자에게 더욱 공격적으로 행동해 심각한 문제가 되었지만, 일부 지역에서는 경찰이 이를 합법화하기도 했다. 키넬(Kinnell, 2008)은 성노동자에 대한 폭력이 주민 또는 행인, 청소년, '이웃을 보호하는' 조직된 자치 감시단의 혐오범죄 형태를 띠었다고 설명한다. 일부 사람들은 이러한 캠페인이 주민을 대표하지도 않으며, 분파적이고 예측 불가능해서 다른 주민에게도 위협을 느끼게 한다고 우려를 표하기도 했다(Pitcher et al., 2006; Kingston, 2014). 게다가 사거와 크록스올(Sagar and Croxall, 2012)이 지적한 것처럼, 그런 캠페인은 성노동자를 쫓아내며 그들이 직면한 사회적 배제와 가난, 빈곤 같은 문제는 다루지 않았다.

일부 지역에서는 지역 주민이 성노동자 지지 프로젝트에 반대하는 캠페인을 한 결과, 아웃리치outreach 활동[지역 지원 활동]이 제한되고 피해 최소화 서비스가 제공되지 못하는 결과로 이어지기도 했다(Hubbard and Sanders, 2003).

대부분의 연구와 언론이 지역의 불관용에 초점을 맞추고 있지만, 타협과 공존의 중요한 사례로 성노동자에 대한 긍정적 관점을 보이는 연구도 있다 (Sagar and Jones, 2012; Kingston, 2014; Pitcher et al., 2006; Thukral and Ditmore, 2003). 이러한 연구는 중앙정부와 지방정부의 대응이 일반적으로 전제하는 것과 다르게, 거리 성노동에 대한 주민 반응이 매우 복잡하고 여러 함축적 의미가 있음을 보여준다.

복지, 형사 사법 정책, 규제

경찰이 거리 성노동에 대응하는 방식

일부 지역에서 지역 경찰은 거리 감시 순찰대와 같은 자원봉사자를 용인하기도 하지만, 대개 경찰은 주민의 개별적인 행동을 저지하고 기존의 경찰 병력으로 지역을 보호하며 지역 안전을 유지하는 것을 선호한다. 역사적으로 경찰은 상대적 저강도 감시·통제 전략을 구사하면서, 성노동이 일정 지역 안에서만 이뤄지도록 억제해 주민들에게 끼치는 폐해를 최소화하고자 했다 (Hubbard, 2006). 지역사회의 불만이 고조되면 경찰은 강도 높은 처벌 전략으로 주기적인 '일제 단속'을 벌이는데, 가시화된 성 시장, 특히 성노동자와 차를 통한 거리 성 구매 고객에 초점을 맞추어 알선 관련 범죄행위를 체포하고 처벌한다. 퍼킨스와 러브조이(Perkins and Lovejoy, 2007: 124)는 "고객이나 성노동자가 실제 불법을 저지르지 않았음에도" 시드니의 캔터베리 지역에서 경찰이 이와 비슷하게 대응했다고 보고했다. 이러한 대응은 단기적으로 성노동자와 고객을 제지하면서도, 경찰이 제대로 관리하지 않는다고 불평하는 주민을 달래는 데 효과가 있다. 그러나 이러한 대응이 지속적인 효과가 있는지는 매우 의문스럽다. 사람들은 오히려 비생산적이라고 주장하기도 한다. 예를 들어 성노동자에 대한 처벌로 벌금을 부과하면, 결과적으로는 이들을 거리로 다시 밀어 넣는 것이다(Carline and Scoular, 2015).

1985년 잉글랜드와 웨일스에 '성범죄법'이 도입되고 영국 일부 지역에 차를 통한 성 구매자에 대한 법이 후속 입법되면서, 거리 성노동자와 그들의 고객을 단속하는 데 '반사회행위법'이나 '시민금지령'이 이용되었다. 영국과 캐나다 같은 국가에서 성노동자에게 '반사회행위법'과 '공공 소란 금지령public nuisance injunctions'을 사용하는 것은 매우 높은 비난을 받았는데, 조건 위반 시 징역형을 선고받을 수 있기 때문이다(Sagar, 2009). 직접적인 성 판매와 관련된 범법 행위로 여성이 수감되는 것은 피할 수 있지만, 다른 한편으로는 관련 민사법이 증가해 영국에서는 오히려 여성 성노동자에 대한 범죄화가 양산되고 있다. 별다른 도움을 받지 못한 채 비교적 단기간 수감형을 마치고 나온 여성은 빚을 감당하지 못해 다시 돈을 벌려고 거리 성노동으로 내몰리게 된다. 여성들에게 찍힌 낙인은 다른 노동 영역으로 이동하는 것을 더욱 어렵게 만든다.

'반사회행위법'이 광범위하게 적용되면 이웃 주민에게는 단기간의 이득이 될지도 모른다. 이러한 조치로 성노동자 및 차를 통한 거리 성 구매자의 수가 현저히 줄어들 수 있기 때문이다. 성노동 지역을 정화하기 위한 지역 주민과 경찰의 전략은 성노동자와 고객을 흩어지게 해, 결과적으로 문제만 다른 곳으로 옮길 뿐이다(Pitcher et al., 2006). 밴쿠버 지역에서도 금지명령이 발동되어 성노동 행위가 인근 지역으로 이동하는 일이 발생했다(Lowman, 2000). 영국과 다른 나라 연구에서도 성노동자에 대한 처벌이 증가할수록 고객이 체포나 처벌을 두려워하면서, 성노동자는 안전하지 않은 취약한 노동 환경에서 일하게 된다고 밝혔다(Kulic, 2003; Sander, 2004; Scoular et al., 2007). '반사회행위법'의 일부 조항과 단속 강화의 위협은 성노동자가 핵심적인 의료 서비스, 마약 예방 등 중요한 처치를 받을 수 없게 만든다(Pitecher et al., 2006; Shannon et al., 2008; Levy and Jakobsson, 2014).

영국에서 최근 정책은 지역 파트너십을 통한 예방 및 지원으로 전환되며 성 서비스에 대한 착취나 수요와 연루된 사람들을 목표로 한 단속 조치로 초점이 이동하고 있다(Home Office, 2011). 그렇지만 위탁에 응하지 않거나 명령을 이행하지 않는 성노동자에게는 여전히 처벌이 적용되는데, 성노동자에게 부과된 '강요된 복지주의enforced welfarism'는 성노동자에 대한 배제와 범죄화를 계속해서 증가시키고 있다(Sanders, 2009; Carline and Scoular, 2015). 게다가 단속과 지원 서비스의 연계는 서비스와 성노동자 사이의 신뢰 관계에 악영향을 줄 수 있다(Scoular and Carline, 2014).

파트너십과 기관 협력 대응

1980년 말 이후 영국의 여러 도시에서 지역 주민, 성노동자, 이들을 지원하는 프로젝트 간에 상충하는 이해관계에 대응하고자 기관 협력 파트너십이 형성되었다. 이 파트너십은 성노동이 공중 보건에 미치는 영향을 해결하기 위해 성 건강 증진과 마약 사용, 공중 보건에 기초한 개입, 성노동이 지역사회에 미치는 영향에 대한 지역사회의 관심에 중점을 두었다. 사거와 존스(Sagar and Jones, 2012)가 지적한 것처럼, 지역사회 대표자들은 지역의 거리 성노동자와 토론하는 포럼에 참석하기도 하는데, 그들의 의견은 더 넓은 지역사회를 대표하지 못할 수도 있다. 성노동자들은 지역사회 구성원으로 간주되는 경우가 거의 없으며 지역 정책 토론과 자문에서 배제될 수 있다(O'Neill et al., 2008).

기관 협력 방식은 상황과 환경의 변화에 따라 도로 폐쇄, 과속 단속기 도입, CCTV나 골목 입구 단속 등을 통해 거리 성노동을 감소시키거나 없애려는 의도로 시행되었다. 이 접근은 특정 거리에서 일하는 성노동자와 고객을 분산하고 마약 소지나 성행위가 이루어지는 지역에 대한 접근을 봉쇄하는 데 효과가 있다. 그러나 이러한 개입은 지역에서 성 시장과 종사자들을 억제하고 교통량을 감소시키는 데는 효과적이지만, 매슈스(Matthews, 2005)가 강조하다시피 지역 주민의 능동적인 참여에 상당 부분 의존하게 되는 한계가 있다. 또 일부 지역 주민과 상행위에 지장을 주고, 성노동자와 고객을 이웃 지역에서 인접한 다른 지역으로 옮겨가게 한다(Hubbard et al., 2007).

어떤 파트너십의 경우 거리 성노동에 대해 '무관용 원칙'을 채택했지만, 다른 경우에는 지역 관련 문제에 더 실용적인 태도를 취하기도 했다. 일례로 영국에서 예전에는 일부 경찰이 성노동자를 거주 지역에서 내보내 비공식적인 '매춘 허용 구역'으로 재배치하기도 했고, 성노동자를 지원하는 서비스 제공 기관과 협력하기도 했다.

지금까지 소수의 연구에서 거리 성노동에 대한 매춘 허용 구역의 가능성과 효과를 다루었다. 독일과 네덜란드의 매춘 허용 구역 사례를 보면, 적절하게 관리될 경우 이러한 구역화는 공공질서와 성노동자의 건강과 안전에 모두 이롭다(Van Doorninck and Campbell, 2006). 리버풀에서 진행한 면접 연구(Bellis et al., 2007)에 의하면, 관리 구역의 개발에 국가의 동의가 필요하지만, 지역사회의 우려를 해결하고 거리 성노동자의 안전을 개선하기 위해 관리 구역이 필요하다는 대중적이고 정치적인 지지가 존재했다. 브라운과 샌더스(Brown and Sanders, 2017)는 리즈 지역의 거리 성노동 관련 다기관 파트너십 기획이 미친 영향에 대한 경험 연구를 통해, 관리 구역에서 정해진 시간 동안 이루어지는 호객 행위와 매춘을 위한 거리 배회에 대해서는 단속하지 않도록 효과적으로 도입되었음을 보여준다. 그들은 그 기획이 부족한 자원을 동원하는 동시에 개인의 행위성을 병리화하고 제한하는 '취약성'이라는 복잡한 개념을 중심으로 어떻게 개발되었는지를 알려준다. 리즈의 관리 구역은 영국 최초의 공식 불체포 지역으로, 경찰과 지방정부 및 제3의 이해관계자가 함께 변화를 가져오지 못했던 단속 방법에 대해 다른 접근법을 시도했다. 그 기획 대부분은 일상에서 가시적인 성노동과 쓰레기 같은 해로운 영향에 대해 거주자와 사업체들이 오랜 기간 지속해 온 우려로 주도되었다. 그 기획은 거리 성노동자에 대한 높은 수준의 폭력과 지원 서비스에 대한 상대적으로 낮은 참여도를 똑같이 이해하는 것을 의미했다. 서로 경쟁하는 많은 이해관계자와 지역 정치, 그리고 거리 성노동에 대해 계속 '무언가 해야' 한다는 압력에도 불구하고, 이러한 다기관 파트너십은 모든 당사자의 요구에 맞춰 새롭고 혁신적인 해결책을 개발하기 위해 필요한 논쟁적인 이슈를 성공적으로 다룰 수 있다.

지역사회의 중개를 통해 성노동에 대한 지역 갈등을 줄이는 방법도 있다. 이러한 개입은 다음과 같은 효과가 있다. 이를테면 성노동자에 대한 지역의 관심에 관한 정보를 교류하도록 만들고, 덜 해로운 실천 방식을 채택할 수 있게 한다. 또한 지역 불만에 대책을 마련하며 주민의 우려가 전달되고 이에 대응하는 조치가 취해졌다는 확신을 줄 수 있다. 더불어 성노동자가 당면한 문제들을 인식하도록 도와줄 수 있다. 지역사회의 중개 방식은 주민과 성노동자 간의 긴장을 줄여주며 양측의 입장을 이해하는 데 도움이 된다고 밝혀졌다(Hester and Westmarland, 2004; O'Neill et al., 2008). 모범적인 협력 사례는 성노동자를 위한 지원 서비스 기관이 지역사회와 밀접하게 일하는 방식이다. 그 예로 성노동자가 지역사회나 기관 협력 회의에 참여하고 지역사회의 '정화' 사업에 참여하는 등의 방식을 들 수 있다. 그러나 성노동자에 대한 반감이 강하고, 지역 감시 제도가 일반적이며, 서로 다른 협상 집단 간의 힘의 균형이 어려울 때는 이러한 중개 제도를 시행하기가 어려워진다. 피처 등은 다음과 같이 말한다.

중개 또는 그와 비슷한 과정은 지역 주민과 성노동자의 복합적인 요구를 확인하고 기관 협력 개입에 필요한 공통의 과제를 확인하는 데 유용하다. 성노동자, 주민, 기관 사이에 협력을 강화하는 이 방식은 국가가 혼자 변화를 주도할 수 있다는 개념에 대한 보다 민주적인 대안일 수 있다. 비록 이 방법이 법령상 책임을 지는 것으로 대체될 수는 없다고 하더라도, 지역 상황이 가변적이고 공동체 내에 여러 변수가 있기 때문에 개입이 결실을 맺으려면 지속적인 접근이 필수적이다(Pitcher et al., 2006: 34).

성노동에 대한 기관 협력 대응이 보다 넓은 맥락에서 발생한다는 점을 고려할 필요가 있다. 예를 들어 언론에서 성노동자 재현은 그 공동체 내의 거리 성노동에 대한 지역 주민의 반응을 드러내는 것이다. 그래서 여성 성노동자에 대한 지배적인 미디어의 재현 방식은 특정 공간에서 그들을 배제하도록 고안된 법이나 법령을 정당화하는 데 활용된다. 성노동이 반사회적이고 '공동체'와 맞지 않는다는 식으로 재현하는 최근 경향은 이들을 내쫓으려는 행동을 부추길 수 있다. 피처 등(Pitcher et al., 2006)과 사거와 존스(Sagar and Jones, 2012)의 연구는 사실상 이웃에서 보이는 관용의 정도에 차이가 있다는 점을 인정한다. 즉, 성노동과 거주민으로서의 생활이 공존 가능하다는 것이다. 피처 등(Pitcher et al., 2006)의 연구에서는 공동체의 성노동자가 다른 주민과 마찬가지로 "우리 지역에 살며, 학교와 상점의 네트워크의 일부이자, 공동체 활동에 참여하고, 지역에 친구가 있는" 사람으로 묘사된다(Pitcher et al., 2006: 17).

오닐과 캠벨(O'Neill and Campbell, 2006: 59)은 이 방법이 지역사회 파트너십을 통한 개입으로 공동체의 사회적 지식social knowledge을 변화시키고 "지역 협치의 참여가 보다 넓은 실행과 과정으로 이끄는 가능성"의 징표가 된다고 밝혔다. 또한 오닐과 피처(O'Neill and Pitcher, 2010)가 지적한 것처럼, 참여적 방법론은 정책 토론에서 성노동자의 목소리를 들리게 할 수 있다.

거리 성노동의 영향을 받는 지역사회는 쟁점을 제대로 다루기 위해 – 성을 파는 바로 그 사람도 '지역사회'의 일원이라는 — 핵심적인 문제를 이해할 필요가 있다.

탈매춘과 재활에 대한 영국의 정책

매춘, 특히 거리 성노동과 관련한 영국 정책은 피해자로 분류되기 쉬운 여성 성노동자의 탈매춘을 강조하며 상업적 성 서비스의 수요를 저지하는 형사상 개입으로 전환되었다(Scoular and Carline, 2014). 이러한 움직임의 일환으로 거리 성노동자에 대한 경찰 대응은 단속 접근법과 성노동자에 대한 예방 및 지원 조치를 결합했다. 일부 지역에서는 앞서 언급한 '체포-벌금-체포'라는 순환의 대책으로, 건강 및 범죄 의제를 법정 전환 계획 조항과 함께 다루었다. 이들은 성노동자에 대한 벌금이나 다른 처벌에 대한 대안으로 체포 후 지원 서비스를 받도록 전환했다. 잉글랜드와 웨일스에서 참여 지원 명령은 '2009년 치안 및 범죄법'에 따라 도입되었다. 이에 따라 거리 성노동자들에 대한 벌금 대신 서비스로 전환되었고 성노동자들은 세 번 모임에 참여해야 했다. 그러나 이러한 '단속 플러스 지원' 모델은 일부 여성에게 성노동을 하도록 만드는 사회문제를 해결하지 못하고 비현실적 조건을 지킬 수 없는 성노동자들은 더욱 더 범죄화에 직면하는 또 다른 순환을 만드는 문제가 있는 것으로 밝혀졌다(Carline and Scoular, 2015). 또 사람들을 치료와 서비스로 강제하는 것에 대한 윤리적 우려도 있다(Wahab and Panichelli, 2013).

마약을 이용하는 많은 성노동자는 치료를 지속하는 데 어려움을 느끼고, 치료 조건에 적응하기도 쉽지 않다고 한다(Hunter and May, 2004; Melrose, 2009; Thukral and Ditmor, 2003). 여성들에게는 실질적인 전문가 지원 서비스가 필요한데, 이 서비스를 유지하기 위한 재정적 부담으로 어려움을 겪는다(Grenfell et al., 2016). 입증된 바에 의하면, 체포 후 강제 재활 계획은 성노동자의 복잡하고 다양한 요구를 반영하는 데 도움을 주기보다 이들을 처벌하는 방향으로 이어지게 하는 것으로 밝혀졌다. 덧붙여 강제 재활 계획을 위해서는 실질적으로 필요한 지원을 위한 재정적 기반이 마련되어야 한다.

성노동자를 형사 사법제도와 연결해 고려하는 방법은 프로젝트 담당자와 서비스 사용자의 신뢰 관계에 부정적 영향을 주기도 한다. 이 프로젝트가 효과적이기 위해서는 성노동자 지원이 그들의 생활 방식에 변화를 가져오는 총체적 접근이면서, 자발적인 참여와 함께 훈련 및 복지 프로그램과 연결되어야 한다(Pitcher, 2006). 제3장에서 논의된 바와 같이 매춘 탈퇴에 대한 연구가 보여주는 '요요 현상'은 이직을 원하는 사람의 변화 과정에서 매우 중요하며, 이 때문에 이직에 수년이 걸리기도 한다(Sanders, 2007). 탈퇴는 전적으로 개인적 동기와 구조적·문화적 요인이 결합되어 있으며, 이를 위해서는 지원도 필수적이다. 최근 영국 당국의 대책은 거리 여성 성노동자와 관련한 복지와 형사 사법제도 사이에 내재된 긴장, 성 산업의 다양성, 또는 성 산업 내 노동 경험 등에 주목하지 못하고 있다(Scoular and O'Neill, 2007). 현재 잉글랜드와 웨일스의 매춘 정책은 하원 내무위원회에서 검토 중이다(House of Commons, 2016 참조).

성노동자를 위한 서비스 ─────────────

1980년대 이후에 영국과 유럽에서 성노동자를 지원하는 서비스가 많이 개발되었다. 또한 세계 다른 지역에서도 성노동자를 위한 지원 프로젝트가 만들어졌다. 이러한 서비스가 다루는 유형은 성 산업의 다양성뿐 아니라 제공되는 기금 재원에 따라 다양하다. 한 예로 툭랄과 디트모어(Thukral and Ditmore, 2003)는 뉴욕의 거리 성노동자를 위한 서비스가 매우 제한적이라고 밝혔다. 영국의 경우 초기에 보건 당국의 재정 지원으로 성 건강, 즉 HIV와 기타 성병을 예방하는 것과 더불어 피해를 줄이는 데 중점을 두었으며, 최근의 재정 지원은 거리 성노동자를 대상으로 한 약물 예방에 중점을 두고 있다. 성노동자의 필요와 다양한 경험을 고려한 포괄적 서비스가 제공되어야 한다는 데 많은 사람이 동의하고 있다.

거리 성노동자와 실내 성노동자 모두가 필요한 지원에 대해서는 제3장에서 언급했다. 여러 프로젝트가 한 가지 서비스 또는 기관 협력 파트너십을 통해 다양한 요구에 맞추어 제공되고 있지만, 서비스나 제공 방식은 재원 조건뿐 아니라 제공자의 관점에 따라 영향을 받는다.

서비스 제공에 대한 관점

제1장에서 논의된 성노동에 대한 이론적·정치적 입장은 지원 서비스의 형태와 범위에 영향을 미친다. 예를 들어 영국과 유럽 일부 국가의 지배적 담론은 성노동자를 피해자로 제시하는 경향이 있다. 이는 1990년대 중반부터 영국의 국가 정책이었으며, 지방정부 차원의 기관 협력 활동에서 중심이 되어왔다.

영국의 최근 정책은 가장 취약한 성노동자 집단, 특히 거리 여성이나 성적으로 착취당하는 소녀 또는 젊은 여성의 '요구'에 중점을 두었다. 남성 성노동자와 실내 여성 성노동자의 요구는 인신매매가 아닌 경우 논의 대상이되지 못했다(Whowell and Gaffney, 2009; Pitcher, 2015).

영국의 정책적 관점이 점차 금지주의적 입장을 취하면서, 특히 성 구매 고객의 범죄화로 가고 있다. 동시에 성노동자(특히 여성)의 복지 요구를 언급하면서도 오히려 서비스를 제공받는 성노동자를 규제하는 방향, 더 나아가 이들이 서비스를 받고 성노동에서 벗어나도록 유도하는 방향으로 움직이고 있다. 이러한 접근 방식에 대해서는 성노동자의 안전과 건강에 좋지 않은 영향을 준다는 비판이 많다. 많은 연구 결과에 따르면, 성노동의 범죄화는 성노동자에게 정부 당국에 대한 두려움과 낙인 및 비밀 유지에 대한 우려를 갖게해 HIV와 다른 건강 서비스에 접근하는 장벽으로 작용한다(Harcourt et al.,

2005; Elder, 2008; Strathdee et al., 2014; Krüsi et al., 2014). 하코트 등(Harcourt et al., 2010)은 매춘에 대한 세 가지 법적 접근 방식에 대한 연구에서, 비범죄화된 산업 형태가 장기적 위험 감소 및 건강 개선과 관련해 동료 교육과 성노동자 지원 서비스에 접근하는 데 더 유리하다고 밝혔다. 성노동 비범죄화는 성노동자의 건강과 안전을 개선하는 데 중요할 수 있지만, 이를 위해서는 성노동자의 권리에 대한 인정과 함께 가장 주변화된 성노동자의 복합적 요구를 해결할 전문 서비스를 위한 기금도 있어야 한다(Overs and Loff, 2013; Grenfell et al., 2016). 영국에서 피해 최소화의 원칙은 이를테면 안전한 섹스를 권장하는 동시에 성노동자의 건강을 보호하기 위한 약물 사용법을 권고하는 것으로, 여러 다양한 지원 체계의 문화를 강조한다(Cusick et al., 2010). 그러나 영국과 일부 국가에서 서비스 제공의 주된 목표는 '탈매춘'이며, 이를 목표로 서비스를 지원하고 있다. 삶의 방식을 바꾸길 원하는 성노동자도 있지만, 그들의 즉각적인 요구를 위해 중요한 결정적 지원을 필요로 할 수도 있지만, 여전히 많은 성노동자는 변화를 원치 않거나 또는 변화할 준비가 되어 있지 않다. 만약 프로젝트가 성 산업에서 떠나길 원하는 사람만 대상으로 한다면, 떠나길 원치 않는 사람의 사회적·의료적 요구는 무시될 수밖에 없다(Sloan and Wahab, 2000). 효과적인 서비스 제공에 관한 최근 검토(Home Office, 2011)에서, 탈매춘은 주거나 부채와 같은 보다 직접적인 요인에 영향을 받는 복잡하고 장기적인 과정이라는 인식과 함께, 성노동자의 안전 문제가 더욱 중요해졌음을 알 수 있다.

서비스에 대한 성노동자의 경험

성노동자는 의료 기관, 의약품, 사회복지 서비스에 대한 장벽을 경험한다. 선입견을 가진 일부 담당자의 태도와 운영 시간, 장소가 이용에 편리하지 않기 때문이다(Bright and Shannon, 2008; Pitcher, 2006). 성노동자라는 낙인과 섹슈얼리티의 문제로 남성 성노동자 역시 여성 성노동자만큼이나 장벽을 느낀다 (Gaffney, 2007; Whitaker et al., 2011). 범죄화에 대한 두려움 때문에 성노동자는 서비스 이용을 꺼려하며, 성 건강 증진 프로그램과 피해 최소화 활동에 덜 우호적이다. 실내 성노동자는 거리 성노동자보다 공적 서비스를 덜 요구할 수 있지만, 그들도 직업이 밝혀지면 거리 성노동자만큼 동일한 낙인에 직면한다 (Pitcher, 2015).

이주 노동자는 강제 추방의 두려움과 언어 장벽 때문에 의료 및 기타 서비스 이용에 특히 어려움을 겪으며 이로 인해 폭력에 더 취약해진다(Mai, 2009; Platt et al., 2011). 하코트 등(Harcourt et al., 2005)은 (예를 들어 호주, 필리핀, 우루과이, 일부 유럽 국가와 같이) 성노동에 대해 일정 형태의 규제를 하는 나라에서 불법으로 (비밀리에) 일하는 성노동자가 종종 주요한 서비스에서 배제되며, 건강 증진 프로그램에서 탈락하거나 기타 서비스 지원을 받지 못한다고 밝혔다.

질과 샐리스베리(Jeal and Salisbury, 2004)는 도시에 있는 거리 성노동자의 건강에 대한 연구를 시행했다. 일반의에게 진료 받은 거리 성노동자 대다수가 선입견에 대한 두려움 때문에 성노동 사실을 밝히지 않았으며, 재진을 잘 받지 않아 일반적인 건강 상태가 열악하다고 보고했다. 질과 샐리스베리(Jeal and Salisbury, 2007)는 거리 성노동자와 실내 노동자를 대상으로 한 비교 연구를 통해, 두 집단 간에 건강의 요구와 의료 이용 경험이 다르다는 점을 밝혔다. 실내 성노동자는 상대적으로 급성 및 만성 질병 보고가 덜하며 성 검진율도 높았다. 이러한 연구 결과는 성노동자 내부의 다양한 집단별 필요에 맞는 적절하고 섬세한 방식으로 의료 서비스가 제공되어야 함을 보여준다. 특히 아웃리치 서비스outreach service는 특정 집단에 다가가기 위해 필요하다.

성노동자에게 제공되는 서비스

1980년대 영국에서 성노동자를 지원하는 프로젝트는 성병과 에이즈 예방에 중점을 두었지만, 그 이후 여러 프로젝트가 사용자의 다양한 요구를 수용하는 서비스로 확대되었다. 성노동자와 함께하는 프로젝트는 자원봉사, 지방 정부, 의료 기관, 약물 관리 서비스 및 청소년 대상 프로그램 등 다양하다. 이러한 지원과 상담은 단지 성 건강뿐 아니라 폭력과 안전, 주거 문제, 법률 문제, 교육과 기술 훈련을 중심으로 한다. 여러 집단과 함께하는 프로젝트 작업도 있지만, 남성 성노동자, 여성 성노동자, 청소년 성노동자, 거리 성노동자, 실내 성노동자, 이주 성노동자, '인신매매된' 성노동자 등 특정 집단을 대상으로 하는 경우도 있다. 특히 탈매춘에 중점을 두는 서비스도 있다. 성 산업에서 일하던 관리자가 운영하는 지원 서비스도 있다. 이러한 여러 프로젝트는 앞에서 살펴본 바와 같이 서비스 접근의 장벽이 있으며, 성노동자가 서비스를 충분히 이용하지 못한다는 사실을 고려해 생겨났다. 영국에서 영국 성노동 프로젝트 네트워크는 여러 지역에서 성노동자에게 서비스를 지원하는 양질의 실천 가이드북을 출판했다(www.uknswp.org 참고). 이 장에서는 다른 국가도 언급하겠지만, 주로 영국에서 제공되는 여러 형태의 성노동자 서비스에 대해 개괄하고자 한다.

건강, 안전, 복지

대다수 연구는 영국의 성노동자 집단이 다른 집단에 비해 성병 유병률이 상대적으로 낮다고 밝히지만, 이 문제는 효과적인 서비스의 제공, 특히 거리 성노동자를 위한 서비스와 관련이 있다. 그래서 콘돔 사용, 검진, 안전한 섹스와 약물 및 주사 교환 등에 대해서는 조언 등의 지속적 지원이 필요하다. 피임 클리닉, 진료소, 성노동자가 쉽게 이용할 수 있는 왕진 서비스와 같이 성노동자를 위한 진료 중심의 성 건강 서비스를 제공하는 프로젝트도 있다

(Home Office, 2011; Ward and Day, 2006). 지역사회를 기반으로 한 건강 연구도 진행되었다(Shannon et al., 2008). 호주의 멜버른과 뉴사우스웨일스 지역을 중심으로 한 연구(Harcourt et al., 2001)는 거리 여성 성노동자가 실내 성노동자보다 일반적인 건강 문제를 더 많이 겪고 있으며, 업소 기반 성노동자보다 콘돔도 덜 사용한다고 알려준다. 트랜스젠더 성노동자는 섬세한 맞춤형 보건의료 서비스가 필요한 것으로 나타났다. 또한 연구진은 거리 성노동자가 방문 진료를 통해 공공 또는 사적 의료 서비스에 접근성을 높이는 방식으로 확대해 더 많은 지역에서 성노동자를 위한 건강 서비스가 필요하다고 결론지었다. 또 신체 및 성 건강뿐 아니라 정신 건강 문제에 대한 지원도 필요하다(Connell and Hart, 2003; Mayhew and Mossman, 2007; Home Office, 2011).

성노동자 지원 프로젝트 역시 영양 섭취나 응급조치를 둘러싼 일반적인 건강 쟁점에 대해 조언하거나 지원한다. 또 임신 검사를 위해 의료 기관에 의뢰하기도 하고, 간호사가 방문해 의료 서비스를 제공하기도 한다(Hester and Westmarland, 2004; Pitcher, 2006). 성노동이 용인되어 성노동자가 등록·관리되는 국가나 지역에서는 성 검진이 필수다. 이 검사는 비용도 많이 들고 지나치게 간섭적이어서 성노동자에게 낙인을 찍는다고 비판받았다(Harcourt et al., 2005; Perkins and Lovejoy, 2007).

자발성을 기반으로 한 약물 치료에 대한 접근성을 높이는 것은 약물 의존적 성노동자가 자기 삶의 방식을 바꾸고 변화하는 데 필수적이다. 성노동자가 필요할 때 약물 사용 서비스를 제때 제공해야 한다. 그렇지 않으면 이들이 도움을 받을 수 없기 때문이다(Cusick et al., 2010). 섀넌 등(Shannon et al., 2008)은 밴쿠버처럼 성 시장과 마약 시장이 겹치는 도시에서 안전한 성노동 환경을 만드는 일이 매우 필요하다고 말했다. 피해 최소화 방식 및 HIV/AIDS 예방은 약물 주사가 중심이지만, 광범위한 개입, 즉 동료를 중심으로 한 예방, 왕진 및 아웃리치 서비스, 안전한 약물 사용을 위한 조건 마련 등이 필요하다. 또 서비스 사용자가 그 조치를 제대로 지켰는지 사후 관리 및 후속 서비스도 매우 중요하다. 성노동자와 일하는 많은 지원 프로젝트는 안전한 약물과 알코올 음용, 서비스 의뢰, 주사 교환 등에 대한 정보와 조언을 제공한다(Pitcher, 2006). 일부 프로젝트는 전문 의료진이 처방한다는 조건하에 피해 최소화 서비스를 제공하는 방식으로 지역 기반의 약물 치료 서비스를 제공한다(Hunter and May, 2004).

많은 성노동자는 폭력 사건을 경찰에 신고하기를 꺼리는데, 과거 경찰이 진지하게 사건을 처리하지 않은 경험이 있거나 처벌받을지 모른다는 두려움을 느끼기 때문이다(Thukral and Ditmore, 2003; Campbell, 2014; Pitcher and Wijers, 2014). 안전과 폭력 문제에 대한 대책으로 영국 내셔널 어글리 머그가 영국 성노동 프로젝트 네트워크를 통해 수립되었는데, 이는 호주에서 개발된 비슷한 기획에 기초했다. 내셔널 어글리 머그는 범죄를 당한 모든 젠더의 성노동자를 위한 제삼자 보고 메커니즘을 제공하며, 경찰과 익명으로 정보를 공유하고 경찰이 범죄자를 기소할 수 있는 증거를 수집한다(Bryce et al., 2015). 내셔널 어글리 머그는 성노동자를 대상으로 하는 폭력에 대해 인식을 높이고 범죄를 신고하도록 촉진시켰다(Laing et al., 2013).

자문과 실질적 서비스

다수의 성노동자는 복지와 법률 자문 서비스를 필요로 한다. 제3장에서 나온 바와 같이 거리 성노동자는 노동 특성 때문에 연체금, 부채, 육아 문제에 부딪히게 된다. 거리 성노동자는 실내 성노동자보다 더 쉽게 체포당하기 때문에 법률 자문 서비스가 필요하다. 반면 실내 성노동자도 세금 등 특별 사안에 관한 법적 자문이 필요하다. 보다 최근에 영국 같은 나라에서 실내 성노동자는 인신매매 소탕 작전 등과 연관된 경찰의 급습에 노출되어 있다(Mai, 2009; Dodsworth et al., 2014). 그러나 성노동 금지 국가나 금지 지역에서는 개별 노동자가 고용이 불안정하고 법률 자문을 받을 기회나 아웃리치 서비스를 받을 기회도 상당히 제한되어 있다(Harcourt et al., 2005; Overs and Loff, 2013).

적절한 주거를 마련하는 것도 거리 성노동자에게 매우 중요한 필요 사항이다. 출소한 뒤 마땅한 주거지가 없어 여성들이 다시 거리로 돌아가 체포 이전 상태가 되는 경우가 허다하다(Thukral and Ditmore, 2003). 안정적인 주거지가 없는 탓에 보건 및 기타 서비스에 접근하기도 어렵다. 장기적인 주거를 제공하고 약물 사용을 포함한 문제를 해결하도록 지원해 주는 것은 재범의 악순환을 극복하는 데 매우 중요하다. 이 문제를 해결하기 위해 주거 제공자와 함께 일하며 성노동자의 거주를 위한 합의를 만들어가는 프로젝트도 있다(Shelter, 2004).

형사 사법 관련 자문과 지원

일반적 체포 의뢰 방식이 약물을 사용하는 성노동자에게 부적절하며, 체포 시 약물 치료를 위해 강제로 의뢰하는 방식에는 심각한 문제가 있다고 판명이 났지만, 일부 도시에서는 벌금이나 다른 처벌보다 거리 성노동자가 서비스를 이용할 수 있도록 기소유예 정책을 펼치기도 한다(Home Office, 2011). 그러나 앞서 살펴본 것처럼, 거리 성노동자는 일부 의뢰 방식의 엄격한 요구 사항을 이행하는 데 어려움을 겪을 수 있으므로, 그들의 요구를 충족시키는 보다 총체적인 접근 방식이 필요하다는 것을 인식하는 게 중요하다(Pitcher, 2006).

영국에서 거리 매춘과 관련된 징역형은 1980년대 초반에 중단되었지만 성노동자, 특히 거리 성노동자는 명령 위반, 벌금 체납, 약물 사용 관련 위반 행위 등 여러 이유로 징역형을 받기도 한다. 앞부분에 언급된 바와 같이 거리 성노동자는 특히 재정착의 문제, 즉 노숙, 약물 의존, 폭력적인 관계 경험 등으로 큰 어려움에 직면해 있다. 이 때문에 성노동자는 수감 중이거나 출소한 경우 각각의 다양한 요구에 맞는 특별한 서비스를 필요로 한다. 영국의 전문가 프로젝트는 여성 성노동자를 지원하고 상담을 제공하는 과정에서 그들의 광범위한 요구를 해결하고자 한다. 교도관에게도 의식 전환 교육이 필요하고, 사후 관리를 위한 지원과 접근을 보장하는 보다 통합된 접근 방법이 필요하다(Clark, 2006).

이주 [성]노동자 대책

경제적 필요에 의해 부유한 나라로 노동력이 이주하는 현상에는 비공식적이면서 규제를 받지 않는 부문인 성노동도 포함된다. 상업적 성 산업에서의 노동에 대한 경제적 보상이 상대적으로 크기 때문에 영국과 유럽 국가로 이주 여성이 몰려든다(Augustin, 2006; Gaffney, 2007; Mai, 2009). 영국과 그 외 지역의 많은 프로젝트는 이주 성노동자와 함께 일한다. 이를 위해서는 특별한 언어기술과 부가적인 서비스 대응책이 필요하다(Ayres, 2005). 그저 '인신매매의 피해자'만을 대상으로 안전한 집을 제공하는 서비스도 있다. 그러나 많은 이주 성노동자들은 인신매매를 당하는 것은 아니며, 따라서 성 건강과 안전 중재 및 아웃리치 활동 등 그들의 다양한 요구를 이해하며 서비스를 제공하는 것이 중요하다. 불법 이주의 범죄성과 인신매매된 사람들에 대한 인도주의적 접근 사이의 갈등에 대해서도 지적(Goodey, 2003)된 바 있다. 디트모어와 웨어스(Ditmore and Wijers, 2003: 87)는 성노동과 인신매매의 관계에 대한 유엔의 다양한 관점이 "이주민의 인권을 강화할 기회를 잃게" 했다고 강조한다.

탈매춘을 위한 지원과 전략

제3장에서 성노동을 떠나는 복잡한 과정, 특히 거리 성노동자가 성 산업에서 빠져나오지 못하게 하는 '덫'이 되는 요인을 언급했다. 성노동자는 경제적 필요, 약물 의존, 특히 전과로 인한 대안적인 고용 기회의 부족과 성노동자에게 부과되는 낙인 때문에 성노동에 남아 있거나 성노동으로 다시 돌아오게 된다. 따라서 그들이 추가적인 기술을 배워 보다 넓은 범위의 직업을 선택하도록 도와주는 서비스가 필요하다. 성노동자가 삶의 방식을 바꿀 수 있도

록 도움이 필요한 특정한 시기에 적절히 개입하는 총체적인 서비스를 제공해야 한다(Pitcher, 2006; Sanders, 2007; Huschke et al., 2014).

프로젝트의 초점이 스스로를 성노동자로 규정하는 사람에게 맞춰져 있기 때문에 많은 프로젝트가 '탈매춘' 서비스라고 이름 붙이지는 않는다. 그런데 일단 성노동자가 프로젝트를 선택한 경우에는 이 프로젝트를 통해 제공되는 여러 서비스로 많은 성노동자가 삶의 방식이 변화해 성노동에서 벗어나 더 나은 조건으로 나아가기도 한다. '탈매춘'에만 주안점을 두는 프로젝트도 있으며, 영국 내에서 성노동자를 지원하는 단체들은 주로 이러한 목표만 중시하는 경향이 두드러진다(Cusick et al., 2010). 그러나 탈매춘만을 '단일 목적'으로 하는 이 모델은 성 산업의 복합성, 성노동자의 생생한 경험, 그들의 사회적 배제 등 복합성을 제대로 인식하지 못한다고 비판받는다(Scoular and O'Neill, 2007). 성노동에 진입하고 탈퇴하는 것이 단일하고 단순한 과정이 아니라는 것은 제3장에서 언급한 바 있다. 성노동자의 진입과 탈퇴는 특정 조건에 따라 각각 서로 다른 생애의 국면에서 발생한다(Pitcher, 2006; Sanders, 2007). 어떤 성노동자는 다른 직업군에서 일하다가 경제적 이유로 고객을 계속 만나기도 한다(Thukral and Ditmore, 2003). 특히 거리 성노동자 중 일부는 현실적인 대안적 선택이 주어지면 성 산업에서 나오려고 하고, 또 다른 일부는 성노동에 대한 부정적 태도 때문이 아니라 장기적인 재정적 안정과 여러 우려 때문에 나오려고 한다. 또 일부 성노동자는 탈퇴를 계획하며 최소한의 지원을 필요로 하는 반면, 다른 성노동자는 노동 조건을 바꾸기 위해 더 지속적이고 집중된 도움을 필요로 하기도 한다. 일부는 성노동에 남아 있기를 원하면서도 여전히 지원 서비스를 필요로 한다. 성 판매가 '나쁘다'는 가정하에 일차적으로 탈퇴에만 초점을 맞추는 것은 비생산적이며, 성노동자를 지원 서비스에서 소외시킬 수 있다(Gaffney, 2007; Hardina and Hamilton, 2009).

편견 없는 접근이 더 긍정적인 결과를 가져온다는 점은 이미 강조되어 왔다(Mayhew and Mossman, 2007). 성 산업에서 일하는 사람의 다양성과 각기 다른 요구를 고려할 때, 성노동자와 함께 일하는 기관이 개입 목표를 적절히 설정해 서로 다른 생활 방식을 규명하는 것은 더 생산적 방식일 수 있다 (Harding and Hamilton, 2009; Williamson and Folaron, 2003). 그러나 무관용 원칙이라는 맥락에서 볼 때 '탈매춘'은 성노동자 삶의 단계에서 여러 가능성 중 하나이기보다는 모든 지원의 궁극적이고 최종적인 결과로 조망된다. 성노동자를 전문가의 도움을 필요로 하는 수동적 '피해자'로 구성하는 것은 그 자체로 개인의 주체성을 부정하는 것으로, 성노동자가 선택할 수 있는 가능한 기회를 제한해 성노동자를 더 힘든 상황으로 몰아가게 될 것이다.

Carline, A. and J. Scoular. 2015. "Saving fallen women now? Critical perspectives on engagement and support orders and their policy of forced welfarism." *Social Policy & Society*, 14(1), pp.103~112.
☞ 이 논문은 현 영국 성노동 정책의 한계에 대해 논의하기 위해 참여 지원 명령에 대해 평가한다.

Cusick, L., K. McGarry, G. Perry and S. Kilcommons. 2010. "Drug services for sex workers: approaches in England and Ireland." *Safer Communities*, 9(4), pp.32~39.
☞ 영국에서 마약 사용 성노동자를 위한 지원 서비스의 변화 및 그들의 복합적 요구를 해결할 총체적인 피해 감소 서비스의 필요성을 제안한다.

O'Neill, M. and J. Pitcher. 2010. "Sex work, communities and public policy in the UK." in M. Ditmore, A. Levy and A. Willman-Navarro(eds), *Sex Work Matters: Beyond Divides*. New York: Zed Press.
☞ 영국의 국가 정책과 지배적 담론에 대해 논의하며, 거리 성노동자 관련 두 연구를 인용하며 정책 개발을 위한 협의 과정이 더 포괄적이어야 한다고 주장한다.

Pitcher, J., R. Campbell, P. Hubbard, M. O'Neill and J. Scoular. 2006. *Living and working in Areas of Street Sex Work: From Conflict to Coexistence*. Bristiol: Policy Press[또한 조지프 라운트리 재단(Joseph Rowntree Foundation) 웹사이트(www.jrf.org.uk)도 확인할 수 있다].
☞ 여성 거리 성노동자가 이용해 온 영국의 5개 지역에서 주택가가 어떻게 지역사회의 서로 다른 분야들에 의해 공유되는지를 조사한 연구로, 정책 대응이 성노동자를 포함해 모든 이해 당사자들의 요구를 해결할 수 있을지 살펴본다

Sagar T. and J. Croxall. 2012. "New localism: implications for the governance of street sex work in England and Wales." *Social Policy & Society*, 11(4), pp.483~494.
☞ 거리 성노동자와 다른 지역사회 구성원에 대한 영향을 고려해 지방정부의 개혁 및 성노동 정책을 다룬다.

Sanders, T. 2007. "Becoming an ex-sex worker: making transitions out of a deviant career." *Feminist Criminology*, 2(1), pp.1~22.
☞ 여성의 변화를 가로막는 법적인 틀과 사회적 낙인을 비롯해, 여성 성노동자의 탈매춘과 연관된 서로 다른 과정 및 성 산업의 전환에 영향을 미치는 다양한 요소를 살펴본다.

생각해 볼 거리

① 거리 성노동이 발생하는 지역 주민들이 경험하는 주된 문제는 무엇일까? 지방정부가 이 문제
에 대응하는 가장 효과적인 방식은 무엇일까?

② 영국에서 마약 사용 성노동자를 위한 서비스 제공은 형사 사법제도와 연관되곤 한다. 이러한
접근 방식이 지니는 문제점이 있다면, 그것은 무엇이라고 생각하는가?

③ 성노동자에게 제공하는 서비스가 '탈매춘'에 초점을 두는 것은 어떤 의미를 갖고 있는가?

제 9 장

세계화와 성 거래

Globalization and the Sex Trade

이 장에서는 자발적으로 성 산업 분야에서 일하기 위해 전 세계를 이동하는 사람이 성 시장과 맺는 관계, 이와 맞물린 조금 더 복잡한 인신매매 개념을 함께 다룬다. 먼저 섹스 관광에 집중해 설명한 뒤, 영국의 2015년 '현대노예법Modern Slavery Act'의 맥락에서 인신매매나 매춘과 관련된 국제기구, 유럽 기구 및 단체를 살펴보려 한다.

국경을 넘나드는 이주

앞 장에서 살펴보았듯이, 역사적으로 성을 파는 행위는 하나의 문화적 관행으로 깊이 각인되어 오랫동안 매춘으로 분류되다가 최근 성노동으로 불리기 시작했다. 이에 대한 담론이 죄나 도덕성에서 법과 인권으로 전환되면서 성 산업에 종사하는 여성·남성·청소년에 대한 폭력과 착취라는 쟁점도 제대로 인식되기 시작했다. 폭력과 착취는 성을 판다는 것에 전제된 '도덕적 혐오'(Agustín, 2005: 618)를 감내해야 하는 상황, 그리고 매춘하는 사람의 역할에 대한 사회적 낙인에 기인한다. '세계화'라는 용어는 전 지구적으로 노동, 자본, 재화와 서비스, 기술과 커뮤니케이션, 사람의 이동 등 연계망과 움직임이 증가하는 현상을 설명하는 것으로, 매춘을 이해하기에 적절한 사회학적 개념이다.

저명한 사회학자 지그문트 바우만Zygmunt Bauman은 이렇게 설명한다. "이동성은 가장 강력하면서 가장 열망적으로 계층화의 요소가 되어가고 있다. …… 부자는 전 세계로 나아가고 빈자는 지역에 머문다"(Bauman, 2001). 지구화와 북반구-남반구 관계는 성노동의 '국제화', '주류화'와 맞물려 성노동으로의 유입을 추진·유인하는 요인이 되고 있다. 성 산업이라는 비공식 경제 부문의 일자리로 이동하는 사람들이 (중개업체에) 돈을 지불하고 있다. 강제 이주는 최근의 현상이 아니라 세계화와 북반구-남반구 관계라는 맥락에서 진행되었다. 이처럼 지역과 전 세계가 연계된 맥락은 단순하지 않다. 이에 대해 스티븐 캐슬스Stephen Castles는 다음과 같이 설명한다.

> 인신매매는 부유한 나라에서 이민정책을 통제하기 때문에 여전히 진행되고 있다. 노동에 대한 수요가 많은 상황에서 북반구가 입국을 강력하게 막기 때문에 새로운 '이주' 산업을 위한 사업 기회만 창출되고 있다. 이주 산업에는 '합법'적으로 참여하는 여행사, 선박 회사, 은행도 있지만 이를 불법적으로 운영하는 경우도 많다(Castles, 2003: 15).

성 산업의 세계화는 소비 자본주의와 성인 유흥 시장의 개장과 연계되어 있다. 특히 성 서비스는 지하 경제의 일부로 형성되므로 통계상 증거가 논란거리가 되곤 하지만, 성 산업은 국민국가의 상당한 수입원으로 큰 규모를 차지한다. 예를 들어, 2014년 통계청Office of National Statistics은 매춘이 2009년 영국 GDP 가운데 53억 파운드를 기여했을 것으로 추정했다(O'Connor, 2014). 그러나 이 수치는 영국 성 산업 및 성노동자의 평균 소득의 규모와 구성에서 잘못된 가정에 근거했는지와 관련해 논란거리가 되어왔다(Spiegelhalter, 2014). 미국 네바다주처럼 매춘업소가 규제되는 지역에서 세금과 매춘이 합법화된 국가에서 조세 수입은 매년 1000만 달러 이상에 달할 것으로 추정된다(Goldman, 2012).

국경을 넘나드는 초국가적 성노동에 관한 내용은 여러 이론가(Doezema, 1998; Kempadoo, 1998; Walkowitz, 1980)의 글을 참고할 수 있다. 여성은 역사적으로 비공식적인 성 경제에서 일하며 전 지구를 이동해 왔다. 이런 연구를 통해 1800년대에 벨기에와 유럽에서 일한 영국 여성의 존재, 19세기 후반 인도에서 일한 유럽 여성의 존재뿐 아니라, 일본 군대를 위해 '위안부'로 동원된 한국과 태국 여성의 존재도 알게 되었다.

전 지구적 성 산업은 사람과 자본의 흐름을 포함할 수밖에 없다. 그런데 최근 인신매매와 매춘이 서로 혼용되면서 이주와 인신매매의 관계가 모호해지고 있다. 자발적으로 혹은 강제로 이주하게 된 남녀의 수를 정확히 파악하기는 어렵다. 개별 국가나 유럽연합, 더 나아가 유엔조차 불법 이주의 범죄성과 '강제로' 성을 판매하도록 '인신매매'되는 피해자에게만 초점을 맞춘다. 어거스틴(Agustin, 2005)은 이를 통해 여성은 피해자, 수동적으로 감내하는 사람, 침묵으로 고통을 감내하며 구출되길 기다리는 존재로만 떠올려진다고 설명한다. 국가는 이민정책을 통해 국민국가의 국경을 보호하기도 하지만, 상업화된 성 시장을 위해 도구적 역할을 하기도 한다. 브리짓 앤더슨Bridget Anderson 은 이렇게 설명한다.

> 예를 들어 국가는 돌봄 제공을 위한 정책이라는 이름으로 개별 가정에 필요한 가사 노동자라는 수요를 창출하면서도, 다른 고용과 달리 가사 노동과 상업적 성은 인정하지 않고 있다. 이 때문에 성/가사 노동 시장에 큰 파장이 일고 있다. 즉, 이 부문의 노동자와 맺는 (암묵적인) 계약은 공식적으로 인정받지 못한다. 이를 통해 국가는 공식 부문 밖에, 글자 그대로 고삐 풀린 '자유 시장'을 창출하고 있는 것이다. 문제는 서비스 '판매자'와 '구매자'가 글자처럼 자유롭게 서로 동등한 존재가 아니라는 데 있다. 더군다나 이주민처럼 주변화된 집단은 그 위치 때문에 구매자에 비해 더 불평등한 입장에 놓이게 된다(Anderson, 2006: 2).

자발적 성노동과 인신매매를 혼동하는 문제

성 산업의 사회적·정치적·경제적 측면이 확대되면서 지구화와 이주뿐만 아니라 인신매매와 이주를 혼동하는 현상도 심해지고 있다.

성 산업은 경제, 인구, 이데올로기, 기술에 의해 새롭게 변화하고 있다. 지구화는 이런 변화를 포괄하는 개념이다. 지구화는 무역을 통해 국가 간의 경제적 상호 의존이 증가하고, 이제까지 고립적이었던 변방 영토에까지 세계시장이 확대되며, 사람과 자본의 흐름도 증가하고, 지구 전 부문에 걸쳐 새로운 기술과 미디어가 빠르고 넓게 확산되는 것 등을 포함한다(Ward and Aral, 2006: 345).

헬렌 워드Helen Ward와 세브지 옥텐 아랄Sevgi Okten Aral은 구소련의 경제사회적 구조 변화와 같은 경제적 전환이나 불안정성 때문에 실업이 더 증가하고 있으며, 점점 더 많은 사람이 성 산업을 비롯한 돌봄 노동, 가사 서비스, (과일 농장에서 일하는) 농업 노동 등 비공식 부문 일자리를 찾게 된다고 설명한다. 빈곤이나 절망스러운 경제 상황이 여성과 남성을 성 산업에 종사하도록 내몰지만, 일부는 강제로 성노동에 종사하게 된다. 워드와 아랄은 상업적 성 산업에 종사하는 사람이 증가하는 원인을 인구나 빈곤과 결합된 경제적 요인에서 찾는다. 이런 식으로 증가되는 성노동자 공급은 성 서비스 수요의 증가를 따라잡지 못한다.

이를테면 영국에서 성을 구매하는 남성의 비율은 1990년과 2000년, 10년 사이에 두 배로 증가했다. 전 지구적으로 추정하긴 어렵지만, 한 연구(Carael et al., 2006)에 따르면 조사된 국가 중 절반에서 지난 12개월 동안 성을 구매한 남성이 전체 남성 중 최소 9%에 달한다. 이혼율의 증가, 여행자의 증대, 대부분의 나라에서 혼자 사는 성인의 비율이 높아지면서 상업적 성에 관한 기회나 수요는 증대될 것으로 예측된다(Ward and Aral, 2006: 345).

어거스틴은 이런 상황을 조심스럽게 살펴보아야 한다며 "정부나 비정부기구의 활동가뿐 아니라 연구자가 성을 판매하는 여성에게만 시선을 고정하고 있기 때문에 …… 여러 쟁점이 간과되고 있다"(Agustín, 2005: 618)라고 지적한다. 사실 "사회 갈등의 대부분이 잘못된 인식에서 기인한다. 즉, 상업화된 섹스가 전 세계 주요 도시 공간에 전면적으로 번져 있으며, 여기에 국제적인 조직범죄와 불법 이주가 관련된 것처럼 잘못 인식되어 있는 것이 문제다"(Agustín, 2005: 620). 여러 이론가는 성을 팔기 위해 이주하는 것과 인신매매가 뒤섞여 이해되는 것에 깊은 우려를 표한다(Agustín, 2005; Butcher, 2003; Weitzer, 2007). 이 때문에 인신매매 문제나 그 심각성을 간과하지 않으면서, 또는 인신매매와 자발적 성노동이라는 두 가지 서로 다른 현상을 혼동하지 않으면서도 자발적 이주민의 성노동을 인정하고 정책을 논의할 수 있는 장이 필요하다(Outshoorn, 2005).

이런 맥락에서 브렌츠와 하우스벡(Brents and Hausbeck, 2007: 425)은 국내 시장을 연구하는 것이 도움이 된다고 제안한다. 즉, "점점 더 확산되는 전 지구적 관광 서비스를 고려할 때 후기 자본주의식 소비 행태가 특히 성 판매에 어떤 영향을 미치는지 검토할 필요"가 있다는 것이다. 이들은 네바다주에서 합법적으로 운영되는 비즈니스에 초점을 맞춰 성 산업의 '주류' 업종이 관광이나 감정 노동과 연계되는 맥락을 고려해 '글로벌한 관광 리조트로서 라스베이거스'를 분석한다. 이들은 성 산업이라는 사회구조가 실제로 변화한다고 설명한다. "성 산업은 고급화되고 있으며 서비스나 고객층, 시장 규모도 더 확대되고 있다. 그리고 관광 경제로 통합되기 위해 사업 형태도 기업형으로 전환하거나 다양화를 시도하는 등 일반 비즈니스 업계의 형태를 닮아간다"(Brents and Hausbeck, 2007: 435). 따라서 "성 산업을 후기 자본주의 산업의 '별종'처럼 취급하는 것은 더 이상 의미가 없다"(Brents and Hausbeck, 2007: 435)고 주장한다.

국제/유럽 수준에서 유럽연합과 유엔은 매춘에 대해 피해자 중심적인 접근으로 일관하고 있다. 다시 말해 상업적 성 산업에 대해 근절론의 입장을 취하는 것이다. 문제는 국민국가가 상업적 성 산업을 통해 막대한 재원을 확보하고, 이주 노동자가 고향에 보내는 돈으로 고향의 가족이 절대빈곤에 처한 상황을 모면하는 역설이 발생한다는 점이다.

이에 관한 문헌에서는 주로 개발도상국이나 빈곤국 여성에 대한 '인신매매'나 이들이 당하는 착취가 초점이 된다. 또 성병이나 폭력, 마약, 알코올 중독 등과 관련된 위험 등 인신매매된 여성의 건강에 관한 공중 보건 쟁점을 다룬다. 다른 한편으로 빈곤의 여성화, 지구화, 섹스 관광의 급증, '비공식 부문' 노동의 증가, "지구화가 야기한 억압적 지역 조건으로부터 탈출하기 위한" 이주(Kempadoo, 1998: 17) 등으로 많은 사람이 성 산업에 유입되는 측면도 다룬다. 다양한 저자들이 밝힌 것처럼(Agustín, 2003; Day, 2010; Zhang, 2009), 매춘/성노동은 가사 노동이나 농업 노동과 같이 다른 여성(과 남성)의 지위가 낮은 비공식 노동과 구분되어, 인신매매와 교환할 수 있는 것으로 다뤄지곤 한다. 성노동과 인신매매의 연계는 성노동의 불법적 지위를 유지하도록 하고 결국 성노동자를 기본적 사회권과 노동권에서 배제시킨다(Sanghera, 2012). 그러나 라스베이거스, 호주의 빅토리아 주, 뉴질랜드에서는 성 산업의 주류화가 진행되면서 매춘도 노동법, 노조 조직, 일반 경제구조로 통합되고 있다. 매춘을 폭력/착취로 바라보는 급진적 페미니즘은 이 모든 주제를 연결하면서도 특히 여성에 대한 폭력에만 초점을 맞춘다. 그러나 한 가지 분명히 해둘 점이 있다. 전 세계 대부분 지역에서 매춘에 종사하는 사람이 착취와 폭력에 취약한 것은 국제·국내 성 산업 노동자에 대한 보호 조처가 미흡하기 때문이다.

국제/유럽의 법안과 의정서

조 빈드먼Jo Bindman에 따르면 역사적으로 '백인 노예제' 보고서로 촉발된 1895년 파리회의를 통해 국제적인 입법화 과정이 시작되었다.•

• '백인 노예제'에 대한 더 많은 정보를 보려면 Self(2003) 참조.

유럽 여성은 고용이나 결혼을 빌미로 집에서 멀리 떨어진 매춘업소로 팔려간다. 서유럽에서 온 여성은 유럽의 다른 지역으로 팔려가고 영국 여성은 미국으로, 동유럽 여성은 라틴아메리카로 팔려간다(Bindman, 1997: 4).

1904년과 1949년 사이에 '인신매매trafficking'에 관한 국제 협약이 여러 건 체결되었다. 여기에는 강요된 혹은 강제로 모집되어 동의를 구하지 않고 "국경을 넘나드는 이동"에 관한 국제 협약이 포함되어 있다(Bindman, 1997: 2). 이렇게 '인신매매' 개념이 정리되면서 강제로 모집된 경우와 '합법적' 매춘에 대한 개념적 구분이 가능하게 되었다. 이 경우 '합법적' 매춘은 특정 조건하에서 허용할 수 있는 개념이 된 것이다. 뒤이은 관련 조치는 매춘을 목적으로 하는 인신매매에 초점을 맞추었고, 인권 보호를 위해 피해자 중심의 접근 방식을 활용했다(〈표 9-1〉 참고).

허버드 등(Hubbard et al., 2008)의 최근 연구에 따르면 네덜란드, 스웨덴, 잉글랜드/웨일스와 스코틀랜드의 '매춘법'은 [주로 여성이 하는] 젠더화된 성노동의 특징을 공통 전제로 했기 때문에, 자발적 성노동이라는 개념을 기각해 버렸다. 그러나 이 같은 유럽의 지배적인 헤게모니에 맞서 만들어진 2007년 「유럽평의회 결의안 1579」는 권리를 기반으로 성인 매춘을 바라보고, 자발적 매춘과 강요된 매춘을 구분하고 있다. 결의안의 요약 내용은 다음과 같다.

- 11-3. 자발적 성인 매춘: 유럽평의회 회원국은 매춘에 대한 분명한 정책을 공식화해야 한다. 회원국은 매춘을 음성화하거나 업주의 횡포를 가능하게 하는 이중적 기준이나 정책을 무효로 해야 한다. 이중적 기준이나 정책은 매춘을 더 취약한 상황으로 몰고 갈 뿐이다. 오히려 매춘인 스스로 힘을 기르는 방안이 마련되어야 한다.
- 11-3-1. 매춘인에 대한 범죄화나 처벌을 삼가고 매춘인이 이 직업을 그만두고 떠나고 싶을 때 이를 돕는 프로그램을 개발해야 한다.

표 9-1
인신매매와 관련된 국제/유럽 조치

연도	사안
1904	백인 노예제에 관한 제1회 국제 협약
1948	세계인권선언
1949	인신매매 금지 및 타인의 매춘 착취 금지에 관한 협약(12월 2일)
1957	노예제, 노예무역, 노예제 유사 제도와 관행의 폐지에 관한 추가 협약(4월 30일)
1979	유엔 여성차별철폐협약(CEDAW)
1999	「유엔 여성차별철폐협약 선택 의정서」(10월 6일)
2000	「유엔 아동권리협약과 아동 매매, 아동 매춘, 아동 음란물에 관한 아동권리협약 선택 의정서」(5월 25일)
2000	• 「유엔 국제조직범죄방지협약: 협약을 보충하는 인신매매, 특히 여성 및 아동의 매매 예방·억제·처벌 의정서」(11월 15일)주) • 의정서의 목적 (a) 인신매매, 특히 여성과 아동의 인신매매를 예방하고 퇴치하는 것 (b) 인신매매 피해자의 인권을 충분히 존중하고 이를 보호·지원하는 것 (c) 상기 목적을 달성하기 위해 당사국 간의 협력을 증진하는 것
2002	'인신매매를 예방하고 맞서 싸우는 것'에 관한 유럽회의와 브뤼셀 선언
2007	「유럽평의회 결의안 1579」
2014	1930년 강제 노동 협약 보완을 위한 의정서 및 권고(ILO, 2014)

주: 제3조 용어 설명. 이 의정서의 목적에 따라 '인신매매'란 착취를 목적으로 위협이나 무력의 행사 또는 그 밖의 형태의 강박, 납치, 사기, 기만, 권력의 남용이나 취약한 지위 이용, 타인에 대한 통제력을 가진 사람의 동의를 얻기 위한 보수 및 이익의 제공이나 수령에 의해 사람을 모집·운반·이송·은닉·인수하는 행위를 의미한다. 착취는 최소한 타인에 대한 매춘의 착취나 그 밖의 형태의 성적 착취, 강제 노동 또는 강제 고용, 노예제도 또는 노예제도와 유사한 관행, 예속 또는 장기의 적출을 포함한다.
자료: UN(2000).

- 11-3-2. 매춘인이 겪는 취약한 상황, 예를 들면 약물 남용뿐만 아니라 정신 건강 문제, 낮은 자존감, 어린 시절 학대나 홀대 등에 대처해야 한다.
- 11-3-3. 매춘인의 출신국을 포함하는 구조적 문제(빈곤, 정치 불안정/전쟁, 젠더 불평등, 차별적 기회, 교육이나 기술 학습의 부족)에 대처해, 매춘인 자신이 처한 상황으로 인해 매춘을 '강요'받지 않도록 해야 한다.

- 11-3-4. 매춘인이 고객과 안전한 성관계를 하도록 독립성을 확보하고 고객에 대한 접근이 가능하도록 해야 한다.
- 11-3-5. 매춘인으로 일하려고 조건 없이 선택한 경우, 그 권리를 존중하고 국가·지역·마을 단위에서 매춘 관련 모든 정책에 권리가 반영되도록 해야 한다.
- 11-3-6. 경찰이나 다른 공공 당국에 의한 권력 남용을 막기 위해 매춘인을 위한 특별한 훈련 프로그램을 개발해야 한다.

매춘에 대한 페미니스트의 입장과 이론적 접근(제1장 참고)에서는 인신매매와 매춘이라는 쟁점을 둘러싸고 입장이 나뉘어 있다. 하나는 인신매매 폭력과 성 착취로서 매춘이라는 입장이며, 다른 하나는 성인이라면 제공할 수도 있고 찾아 나설 수도 있는 (이 때문에 필연적으로 이주와 연결되는) 서비스 노동으로서 매춘이라는 입장이다.

성노동과 이주

먼저 매춘과 이주에 대해 살펴보자. 2008년 4월 독일 함부르크에서 성노동과 이주에 관한 세미나가 열렸다. 독일과 오스트리아에서 성노동자, 성노동조직, 성노동을 지지하는 사람들과 전문가들이 참석했다. 이들은 성노동의 국제화를 인지하면서 증가하는 독일 내 이주민 성노동자를 강조했다. 이틀 동안 열린 세미나의 초점은 다음과 같다.

- 국내와 이주민 성노동자의 노동 조건, 사회보장이나 건강보험에 대한 접근권, 생활 여건 등 유사점과 차이점에 관한 정보를 주고받으며 경험을 공유한다.

- 인종차별주의와 차별 주제에 대해 논의하는 자리를 마련한다.
- 성노동자, 특히 이주민 성노동자의 권리 요구에 도움이 될 정치적 문서로 활용하기 위해 모든 참가자와 여러 관련된 사람의 서명을 받은 문서를 결론으로 도출한다. 이를 바탕으로 「세인트 파울리 의정서St. Pauli Protocol」가 성공적으로 만들어졌다(St. Pauli Protocol, 2008).

「세인트 파울리 의정서」는 성노동자 선언Sex Workers' Manifesto[•]의 메시지를 한층 더 강화한 것으로, 다음의 선언 내용을 포함한다.

- 성노동자의 권리는 인간의 권리다.
- 정책에 대한 논쟁, 대화, 지침, 입법화 및 정책 계발 과정에 성노동자는 마땅히 포함되어야 한다.
- 성노동자/이주민은 건강보험과 예방에 대한 접근권을 보장받아야 한다.
- 성노동자/이주민은 '문화적·언어적으로 적절한 정보'를 제공받아야 한다.
- 성노동자도 동등한 노동권을 누리며 동등한 노동 조건에서 일해야 한다.

이 원칙은 탐페프TAMPEP가 추진했다. 탐페프는 국제조직으로, 유럽 전역의 이주민 성노동자의 요구에 맞는 지원을 하기 위해 1993년에 설립되었다. 탐페프는 "중앙 유럽과 동유럽, 아시아, 아프리카, 라틴아메리카 여성 및 트랜스젠더 성노동자의 조건과 요구를 검토하고 이에 적절히 대응하는 데 초점

• https://www.sexworkeurope.org/sites/default/files/userfiles/files/join/manbrussels2005.pdf 참조 (검색일: 2021.5.11).

을 맞추고 있다"(TAMPEP, 2017).

탐페프의 핵심 목표는 다음과 같다.

- 성노동자에 대한 존중과 성노동자를 포함하는 원칙을 기반으로 총체적 전략을 증진한다.
- 여성과 트랜스젠더 이주 성노동자의 인간적 권리와 시민적 권리를 옹호한다.
- 유럽에서 모범적으로 진행되는 실천이나 지식, 경험을 공유해 출신국·과정국·목적국에서 성노동자에게 필요한 요구안이 잘 보장되도록 돕는다.
- 유럽 이주 성노동자에게 효과적이며 혁신적인 건강 증진, HIV 예방 전략, 효과적 개입 유형을 개발·제공한다.
- 유럽 전역의 탐페프 네트워크를 공고히 강화해서 이주 성노동자의 법적 필요, 건강, 사회보장에 적절하게 대응할 수 있도록 잘 조율한다.
- 다언어로 번역된 건강 증진 자료나 대외 봉사 활동 지침서를 마련하고 동료 교육과 문화적 개입을 원활히 하는 등 탐페프의 자료를 더 많이 개발·확산하는 데 주력한다.
- 유럽 내 성노동에 관한 양적·질적 자료를 수집해 이주 유형의 변화나 유럽 내 여성과 트랜스젠더 성노동자의 노동 조건과 생활 여건 등을 모니터하고 관련 자료를 작성한다.

탐페프는 조직 활동을 위해 인신매매와 자발적 성노동을 구분하는 틀을 매우 분명하게 제시한다. 탐페프는 1993년 비엔나 유엔인권회의에서 제시된 바에 따라 인신매매 현상을 여성에 대한 폭력의 한 유형이자, 관련 여성의 기본 인권을 부정하는 것으로 간주한다.

- (다른 NGO와 마찬가지로) 탐페프는 여성 이주가 여성에 대한 인신매매와 동일시되어서는 안 된다는 점에 동의한다. 그러나 여성에 대한 인신매매가 국제 이주 과정에 포함되어 있다는 점도 인정한다.
- 탐페프는 다음 사안에 따라 매춘과 여성 인신매매를 구별한다.
  - 인신매매는 국제범죄이자 기본적인 인권을 침해하는 것으로, 매춘보다는 그 외 노동 분야에서 발생한다.
  - 여성 인신매매는 여성 인권에 대한 분명한 침해다.
  - 폭력, 강제, 속임수 없는 매춘은 인권침해가 아니다.
  - 매춘을 선택하는 것은 개인의 권리이며 성 서비스 판매는 노동이다 (TAMPEP, 2005).

탐페프는 노동을 위해 이주하는 여성의 경험, 즉 젠더를 기반으로 한 불평등의 사안을 다루는 데 유럽과 국제조약이 충분한 기반을 제공하지 못한다고 주장한다. 무엇보다 여성 인신매매를 척결하기 위한 전략은 인권이라는 틀을 기반으로 해야 한다. 오늘날 "범죄 예방과 조직범죄 소탕, 혹은 형법의 적용이나 관련 분야에서의 상호 협력 등에 관련된 문서/조약" 대다수는 조직범죄와 범죄 예방에만 초점을 맞춘다. "권고안이나 결의안은 법적 구속력이 없다. 여성 인신매매는 매춘이라는 영역으로 축소되고 있다. 권고안과 결의안에서는 여성 인신매매와 인신밀매smuggling를 잘못 결부시키고 있다"(TAMPEP, 2005: 4). 더 나아가 (도착국에서) 체류 허가와 관련된 규정이 명확하지 않아, "경찰이나 사법 당국의 협조 여부에 따라 이들에 대한 보호, 돌봄, 체류 허가가 좌우되는 실정이다"(TAMPEP, 2005: 5).

국제 성노동 프로젝트 네트워크(www.nswp.org)는 스스로 선택해 성 산업에 종사하는 많은 사람을 법이 위험에 빠뜨린다고 주장한다. 서로 합의한 성인 사이의 섹스는 폭력이 아닌데도 성노동자가 이례적으로 많은 폭력을 경험하는 이유는 성노동자와 이 일에 덧씌워진 낙인 때문이다.

폭력이자 착취로서의 성노동

유럽성노동자권리국제위원회International Committee on the Rights of Sex Workers in Europe: ICRSE(2004년 창립, 네덜란드에 등록)는 성노동자와 이에 연대하는 사람을 유럽과 국제 수준에서 결합시킨다.

- 성노동자가 사회적으로 인정받고 존중받을 수 있도록 한다.
- 성노동자의 시민권과 인권을 증진한다.
- 함께 연대할 지지 세력을 조직한다(www.sexworkeurope.org/about/aims).

이 단체는 여성, 게이, 레즈비언, 트랜스젠더에 대한 낙인을 없애려고 노력한다. 또한 여성의 자기 결정권 증진을 도모한다. 이런 목표를 달성하기 위해 단체가 활용하는 방법은 다음과 같다.

- 성노동자와 이에 연대하는 사람 사이의 네트워킹을 강화해 법적 변화를 주창한다.
- 인터넷과 오프라인 문서를 활용해 서로 소통하며 정보를 공유할 수 있게 노력한다.
- 국제회의, 연구 모임, 회의 등을 개최·주관한다.

유럽성노동자권리국제위원회는 인권 중심 방식을 기반으로 성 산업에 종사하는 여성, 남성, 트랜스젠더를 지원한다.

반인신매매 의제

인신매매에 관한 담론이 정치적·도덕적 상상력을 사로잡았으며(Munro, 2008:

성노동자에 대한 폭력을 없애기 위한 국제공동의 날

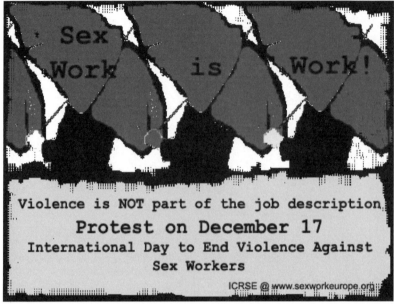

[옮긴이] 그림 속 영어 문구: "성노동은 노동이다. / 폭력은 직업 내용에 포함되지 않는다. / 12월 17일, 성노동자에 대한 폭력을 없애기 위한 국제공동의 날에 함께하자."
자료: Artist Petra Timmermans(www.sexworkeurope.org).

94) 특히 지난 10년 동안 그랬다는 점은 명백하다. 인신매매는 인권을 침해하는 중대한 범죄이며, 다울링 등(Dowling et al., 2007)과 먼로(Munro, 2008)는 이를 급성장하는 현상이라고 표현했다. 조직범죄 네트워크는 가사 노동, 농업 노동, 성 착취, 공장 노동와 같은 다양한 분야로 사람들을 인신매매해 불법적 이익을 획득하고자 한다. 유엔 총회는 인신매매를 방지하고 피해자를 지원하기 위해 '유엔 기구와 관련 국제기구 사이의 협력을 증진시키는' 정책 포럼으로서 '인신매매에 반대하는 기관 간 조정그룹Inter-Agency Coordination Group against Trafficking in Persons: ICAT'(http://icat.network)을 설립했다. 2016년 유엔 총회 의장은 인신매매 문제가 이주자 밀입국뿐 아니라 빈곤, 성폭력, 갈등, 테러리즘 같은 중요한 도전과 관련된다며 「2016 글로벌 인신매매 보고서」를 발표했다.

ICAT는 인신매매와 밀입국은 종종 결합되어 있으나 별개의 범죄이며 다음과 같이 권리에 기반한 접근이 필요함을 분명히 한다.

인신매매와 밀입국은 동일한 경로를 따라 일어나며 밀입국은 때로는 인신매매로 이어질 수 있다.

밀입국자는 여행이나 거주 증명서가 없으며 밀입국한 국가의 언어를 구사하지 못할 수 있고 그 국가에서 권리를 보증받을 수 없을 것이다. 또 이들은 국제적 보호를 필요로 하며 집으로 돌아갈 수도 없다.

이러한 취약한 조건은 밀입국한 사람이 착취와 인신매매에 더 취약한 환경을 만든다. 예를 들어, 한 개인이 자신의 목적국으로 밀입국한 후, 밀수업자는 부채를 상환하도록 노예와 비슷한 조건을 그에게 부과해 인신매매범이 될 수 있다. 밀입국한 사람은 '밀수 비용'으로 밀수업자에게 많은 돈을 빚지게 되므로 그 돈을 갚기 위해 밀수업자가 지정한 장소에서 일하고 생활하고 식사해야 한다고 말할 수 있다. 그 사람은 최초의 '부채'를 갚을 수 없는 비율로 임대료와 식비를 청구받을 수 있다. 그렇게 그는 채무 상태로 남겨져 인신매매의 피해자가 된다(ICAT, 2016: 2).

유엔 고등인권사무소Office of the United Nations High Commissioner for Human Rights: OHCHR는 인신매매를 다음과 같이 정의한다.

[인신매매는] 개인이 경제적 이득을 위해 착취적 상황에 놓이고 유지되는 과정이다. 인신매매는 한 국가 내에서 발생하거나 국경을 넘어 이동하는 것을 포함한다. 여성, 남성, 아동은 공장, 농장, 개인 가정에서의 강제·착취 노동을 포함해, 성적 착취, 강제 결혼 등 다양한 목적으로 인신매매된다. 인신매매는 전 세

계 모든 지역 및 국가에 영향을 미친다(OHCHR, 2014: vii).

유엔 총회 문헌과 OHCHR은 모두 인신매매가 밀입국과 같지 않고, 인신매매는 항상 이동이 요구되는 게 아니라 "그 사람이 착취 상황에 계속해서 놓이게 유지하는 것"까지 포함하며, 인신매매에 동의하는 것은 불가능하다는 점을 분명히 한다. 다른 한편, 이주 밀입국은 "이득을 위해 불법적으로 국경을 넘어 이동하는 것을 포함한다"(OHCHR, 2014).

문헌 자료를 통해 우리가 알 수 있는 점은 이익을 위한 착취와 인신매매는 오랜 역사를 가지고 있으며 이 복잡한 주제에 대한 신뢰할 만한 자료를 얻는 것은 어렵고, 이 현상은 사회 불평등, 제한적 이민정책, 값싼 노동에 대한 요구와 이윤 창출 가능성으로 뒷받침된다는 사실이다.

현재 인신매매에 대한 정확한 자료는 없다. 특히 그 규모를 추정하는 데 매우 큰 문제가 있기 때문이다(Goodey, 2008). 인신매매된 사람들은 '숨겨진 인구' 중 일부다. 그들은 강제추방당하는 게 두려워서 또는 자신 또는 가족들이 받을 잠재적 영향을 우려해, 자신들의 경험을 드러내고 보고하는 것을 두려워하거나 꺼릴 수 있다. 일부 국가에 존재하는 부패한 정책 같은 요소도 그러한 보고를 방해하는 요소가 될 수 있다. 인신매매에 관한 많은 연구가 있음에도, 인신매매된 사람들의 경험이나 수를 대표하지는 않으며 그러기엔 매우 작은 규모다. 방법론의 측면에서 탄탄하지 않으며 그러한 연구에서 얻은 자료의 출처를 확인하기가 어려울 수도 있다. 게다가 웨이처(Weitzer, 2014)가 지적한 것처럼, 인신매매, 특히 성적 인신매매가 급격히 증가하고 있다고 자주 주장되지만 아직까지 증거로 입증되지는 않는다. 신뢰할 만한 정보의 부족에도 불구하고, 정책 보고서와 대책은 결함 있는 자료에 계속 의지하게 된다. 웨이처(Weitzer, 2014: 14)는 (인신매매를 포함해) 노예 상태의 정도를 추정한 국가별 등수이자 '표준화되지 않아 비교불가한 출처가 혼합된 정보에서 뽑아낸' 워크프리재단Walk Free Foundation의 국제노예지수global slavery index를 인용한다.

따라서 주장된 추청치를 신중하게 다루는 것은 중요하다.

또한 한 나라에서 다른 나라로 이동하는 여성노동이 반드시 인신매매 피해자와 같은 것은 아니다. 부샤(Busza, 2006)는 베트남 성노동자의 사례를 통해 설명한다. 이들은 이웃나라 캄보디아의 매춘업소에서 일할 수 있도록 해달라며 소개비를 모집원에게 지불한다. 이들은 의식적으로, 또 자발적으로 캄보디아로 이주해 성노동자로 일한다. 최대 2년에 걸쳐 모집원과 중개인에게 진 빚을 모두 갚은 여성 중 일부는 성 산업에서 계속 일하고, 그렇지 않은 경우 또 다른 고용 기회를 찾아 나선다. 여성이 납치되거나 가족에 의해 팔리거나 인신매매 과정에서 사기당하는 경우에는 국제 조직범죄의 개입 때문에 문제로 다루어지지만(Busza, 2006), 자발적으로 이주해 스스로 성 산업에 종사하는 여성이 인신매매 피해자로 잘못 범주화되는 경우도 있다. 이주해서 다른 나라 성 산업 분야에 종사하는 모든 여성을 단순히 '인신매매되었다'고 범주화하는 것은 잘못이다. 대부분의 여성은 강요나 협박이 아니라 자신이 처한 나름의 상황, 이를테면 먹고 살기 위해 혹은 직계가족이나 먼 친척의 생계를 지원하기 위해 어떻게 돈을 벌 수 있는지 고민해서 내린 결정에 따라 일한다. 한 예로 중국에서 매춘으로 체포된 4235명의 (자국민, 외국인 모두 포함) 여성 중 대다수(90%)는 조직화된 범죄와 어떤 연관도 없이 혼자 일하는 사람이다(Ren 1999: 1415 참고).

영국으로 유입되는 인신매매

영국으로 인신매매되는 여성에 대해서는 그다지 알려진 바가 없다. 그러다가 2000년에 리즈 켈리Liz Kelly와 린다 리건Linda Regan이 『영국의 인신매매 대책: 성 착취를 위해 여성을 인신매매하는 현황과 그에 대한 대응 고찰Stopping Traffic: Exploring the Extent of, and Responses to, Trafficking in Women for Sexual Exploitation in UK』이라는 책을 펴낸다. 이 책에는 1998년 인신매매된 여성에 대한 기초 자료가 포함되어 있으며, 매춘을 위해 인신매매된 여성을 인권 중심적 접근으로 분석하고 있다.

> 연구는 1998년 영국에서 인신매매되어 매춘으로 유입된 여성이 71명이라고 밝혔다. 그런데 인신매매와 관련해 드러나지 않은 문제가 있기 때문에 당시 조사한 이 수치보다 훨씬 더 많은 수가 있을 것이다. 이를 감안해 다양한 자료를 동원해서 살펴보면 같은 해 영국에서 인신매매된 여성은 142~1420명으로 추산된다(Kelly and Regan, 2000: v).

인신매매된 사람에 대한 추정치는 통계적인 '어림짐작'이기 때문에 신중히 다뤄져야 한다. 켈리와 리건은 매춘으로 유입되는 인신매매를 줄일 수 있는 가장 효과적인 대안으로 상호 협력적 파트너십을 통한 대응책을 꼽는다. 저자는 무엇보다 인신매매된 여성의 경험에 대한 더 풍성한 연구와 지식이 필요하다고 강조한다. 또 경찰이 인신매매를 잘 조사해야 한다고 지적한다. 더 나아가 중앙정부 차원에서도 장기적인 안목으로 인신매매 반대 캠페인을 벌여야 한다고 조언한다.

인신매매 추방 작전은 2006년과 2007년에 영국에서 두 개의 경찰서 주도로 다기관 인신매매 반대 캠페인으로 진행되었으며, 마사지 업소와 매춘업소를 대상으로 성적 착취를 위한 인신매매 혐의를 입증하는 것을 목표로 했다. 그러나 이 작전은 매우 강하게 비판되었는데, ≪가디언≫(Davies, 2009)의 조사에 따르면 많은 건물을 급습했지만 매춘을 강요한 사람을 찾는 데 실패한 것으로 밝혀졌다. 또한 인신매매 추방 작전은 성 산업 내 인신매매의 정도에 대해 과장된 주장을 낳는 데 기여했고 성노동자의 요구를 고려하지 않았다고 비판받았다(Goodey, 2008).

최근 영국 내에서 '2015년 현대노예법'은 노예제, 노예 상태, 강제노동, 인신매매의 범죄에 대해 성적 착취와 강제 노동, 가내 노예 등 넓은 범주의 착취로 정의한다. 그리고 현대 노예 범죄에 대응하기 위해 영국 국가범죄국 Natioanl Crime Agency 내에 현대노예인신매매팀Modern Slavery Human Trafficking Unit: MSHTU 이 설립되었다(NCA, 2008).

영국과 전 세계에 걸쳐 많은 비정부기구가 인신매매 문제를 해결하기 위해 자금을 지원받으며 인신매매된 사람들을 지원하고 연구를 생산하는 활동을 한다. 예를 들어 런던에 본부를 둔 '국제인신매매근절연합STOP the TRAFFIK'은 최근 가장 빠르게 확산되는 지구적 범죄로서 인신매매를 근절하기 위해 전 지구적으로 활동하는 운동 단체다. 이 단체는 "세상 어느 곳에서나 남성, 여성, 아이가 상품처럼 취급받고 사고팔리며 노예화될 수 있는 것처럼 간주되"는 상황을 문제 삼아 활동하고 있으며, 50개국에 걸쳐 1000여 개의 조직으로 구성되어 있다(www.stopthetraffik.org). 그러나 많은 반反인신매매 산업의 이데올로기적 기초에 대한 우려가 존재해 왔는데, 일부에서는 많은 국가 및 국제 비정부기구들의 활동을 도덕적 십자군에 비유하고 이러한 조직들이 수행해 온 의심스러운 연구를 지적했다(Weitzer, 2012). 그래서 오코넬 데이비슨 (O'Connell Davidson, 2010)과 웨이처(Weitzer, 2014) 같은 학자들은 인신매매와 현대 노예제에 대한 정의 및 인신매매의 범위와 '피해자'의 수와 관련한 검증되지 않은 주장에 대해 보다 더 비판적으로 접근할 것을 요구했다. [*]

문헌 자료를 통해 알 수 있듯이 강요 또는 강제된 매춘, 매춘 목적의 여성과 아동 인신매매는 용납할 수 없으며, 이것이 개인의 기본적 인권에 위배된다는 점은 명백하다. 그러나 서로가 동의한 성인의 경우, 매춘이 용인될 수 있다는 입장과 매춘이 원래 착취적이고 여성에 대한 폭력의 표현이라는 또 다른 입장으로 쟁점이 나뉘면서 상황 판단이 애매해진다. 인신매매된 혹은 인신매매되지 않은 이주 여성 모두에게 적용되는 이주 지원 서비스가 인신매매 반대를 위한 조치와 적절하게 분리되지 못하는 점에 대한 우려도 존재한다

---

[*] www.blueblindfold.gov.ie/ 참조(검색일: 2021.5.12).

(Taylor, 2006). 영국은 「반인신매매 유럽평의회 협약Council of Europe Convention on action against trafficking in human beings」의 비준을 2007년에 이르러서야 승인했으며, 이 협약에 따르면 인신매매된 여성은 도착 국가에서 자동으로 거주가 허용된다. 영국에서는 (이유가 무엇이든) 성노동에 종사하는 여성의 인권이 이주민 신분, 전 지구적 빈곤, 전 세계에 걸친 노동의 여성화 사이에서 진행되는 복잡한 상황과 연결되어 있음을 인정하는 분위기가 더디게나마 형성되고 있다.

제1장에서 언급했다시피 일부 급진적인 페미니스트는 매춘을 단순히 여성에 대한 폭력으로 간주한다. 오닐(O'Neill, 2001)은 이런 접근이 매춘을 일탈 행위나 성적 노예로 바라보는 일종의 환원주의적 방식이라고 비판한다. 이러한 환원주의적 방식은 경제적·정치적 역동성과 서로 연결되어 있는 이주의 복합적 맥락을 놓치고 만다. 급진적인 페미니스트에게 매춘과 넓은 범위의 성 산업은 성적으로 서비스를 받을 남성의 권리를 전제하면서, 가부장적 제도로서 매춘을 강화하는 토대가 되어 모든 여성과 젠더 차별적인 관계에 영향을 미친다(Miriam, 2005). 그러나 지금까지 살펴보았듯이 성적 노동sexual labor은 이윤과 부를 만드는 일차적 자원으로서 "전 지구적 자본주의 경제 내 국가 경제와 초국가적 산업을 구성하는 일부"다(Kempadoo and Doezema, 1998: 8). 켐파두와 도즈마는 "지구적 성 산업의 구조적 제약과 지배적인 권력 관계 모두를 고려하는 맥락"에서 억압적이고 착취당하는 조건에 맞서 저항하는 개인의 행위성과 구조 사이의 복잡한 관계를 설명하려 한다(Kempadoo and Doezema, 1998: 8~9).

또한, 우리는 매춘을 경제적·정치적·사회적 요소와 분리해 고립된 것으로 접근해서는 안 된다. 한 예로 태국에서 일본으로 건너와 일하는 이주 성노동자는 태국과의 관계를 고려해 파악해야 하며, 코트디부아르에서 일하는 가나 여성도 이주 맥락을 연결해서 생각해야 한다. 또한 카리브해 출신 이주민의 경험이나 태국의 아동 매춘도 전체적인 매춘의 사회적 구조와 연관 지어 생각해야 한다.

켐파두와 도즈마(Kempadoo and Doezema, 1998)의 책이 다루는 중심 주제는 다음과 같다.

- 인종차별주의라는 특징
- 매춘 연구에서 일종의 '규범'처럼 여겨지는 연구
- 지구화의 영향
- 성병이 미치는 영향
- 매춘인의 전 지구적 권리 운동이 미치는 영향

인종차별주의는 특히 제3세계 성노동자와 관련되는데, 특히 두 가지 측면이 중요하다. ① 인종차별주의는 국가의 산업 구조에 각인되어 있다. ② 인종차별주의는 문화제국주의와 매춘에 대한 국제 담론과 연결되어 있다. 매춘 연구에서 '규범'처럼 존재하는 연구는 미국과 서유럽이라는, 이른바 '제1세계'의 문헌을 토대로 매춘과 매춘/성노동의 구조를 전제한다. 이 규범은 매춘에 대한 국제 담론을 서구화된 범주·주제·경험을 특화하는 경향으로 몰아가고 있다.

성노동, 소비, 관광

켐파두와 도즈마(Kempadoo and Doezema, 1988), 오코넬 데이비드슨과 샌체즈 테일러(O'Connell Davidson and Sanchez Taylor, 1999), 카베자스(Cabezas, 2004), 브레넌(Brennan, 2004), 브렌츠 등(Brents et al., 2009)은 지구화가 성 산업에 미친 영향을 언급하고, 주요 산업의 하나로 성장한 섹스 관광에 초점을 맞추어 성노동을 국제적으로 분석한다. 켐파두와 도즈마(Kempadoo and Doezema, 1998: 16)는 쿠바 사례를 통해 "지구화되는 기업자본주의의 이해관계에 국가의 경제적 존립이 좌우되는 상황"에서 성노동이 "국가의 주요한 재정적 자원이 된다"라고 강조한다. 이주는 국제 노동 이주의 여성화, 이주로 인한 위치 변화dislocation, 매춘을 금지하거나 규제하는 법/정책의 변화 속에서 여성과 아동이 경험하는 억압적 조건, 이주와 인신매매가 뒤섞인 상황 등과 관련해 접근해야 한다. 이 중에서 관련법은 합법적인 성노동과 이민에서 주된 장애 요소가 되고 있다(Kempadoo and Doezema, 1998: 14~19).

오코넬 데이비드슨과 테일러는 카리브해를 관광하는 서양 남녀 이성애 관광객을 중심으로 섹스 관광의 수요에 대한 연구를 진행했다. 연구는 이들의 '타자'에 대한 욕망에 대해 젠더 차별적·인종차별적, 경제 중심의 권력 관계, 대중적 담론 등을 고려해야만 설명이 가능하다고 결론 내렸다(O'Connell Davidson and Sanchez Taylor, 1999: 37).

카베자스(Cabezas, 2004)는 쿠바와 카리브해 섹스 관광 연구를 통해 섹스 관광의 성 경제에서 특히 성과 로맨스를 구매하는 관광객이나 제공하는 현지인 모두 '사회적·경제적 사업을 모두 성노동'으로 정의하지는 않을 때 '노동 관행과 낭만적 관계 사이의 경계가 침식됨'을 보여준다. 이는 성적 시민권의 문제와 참여자가 성노동의 낙인을 피하는 방법을 제기하며 놀이에서 작동하는 역학을 보다 잘 이해하도록 한다. 카베자스(Cabezas, 2004)는 쿠바 호텔산업에서 일하는 접대 노동자에 대한 연구에서 노동자들이 "우정과 로맨스, 다른 교환을 위해 애정과 섹슈얼리티를 어떻게 사용하는지 분석한다. 호텔 고객과 맺는 관계의 다양한 형태와 차이를 발전시키는 기회가 있다. 이는 비록 제한적이지만 창조적인 방법으로 섹슈얼리티를 이용하고" 저임금을 보충할 여지를 남겨둔다(Cabezas, 2004: 417). 그녀는 휴양지 고급 호텔에서 일하는 객실 담당종업원과 한 인터뷰에서 자신의 동료에 대해 말한 내용을 다음과 같이 적는다.

그녀는 그 달에 원하는 모두와 잤다. 만약 지불만 했더라면 샤워 커튼과도 잤을 것이다. 단기간에 그녀는 2000달러를 모았고 자신의 집을 지었다. 그녀는 더 이상은 그러지 않는데, 그 일은 위험하고 그녀는 원하던 것을 얻었기 때문이다(Cabezas, 2004: 517).

지구화와 성 산업, 섹스 관광과 성적 인신매매에 관한 연구들은 지구적·지역적 성 시장의 복잡성을 보여준다. 마이(Mai, 2012), 조브(Jobe, 2008), 번스타인(Bernstein, 2007), 찹키스(Chapkis, 2005)의 연구에 따르면, 무고한 인신매매 피해자에 대한 지배적 담론이나 기준에 맞지 않는 사람들은 추방에 직면하고 무허가의 불법 체류자, 범죄자라는 낙인이 찍힐 가능성이 높다.

매춘이 영국의 사회 정책에 미치는 영향

영국의 거리 성노동자는 수십 년 전에 비해 덜 가시화되고 있다. 수세기 동안 여성만이 규제의 유일한 대상이었지만, 현재 정책은 성 서비스에 대한 수요를 범죄화하는 방식을 통해 남성을 규제하는 것으로 초점을 바꾸고 있다. '2003년 성범죄법'은 매춘 범죄를 젠더 중립적으로 만들었다. 이론가와 활동가 일부는 이 정책을 적절하지 않은 대응책으로 여긴다. 다른 무엇보다, 이 정책으로 거리의 성노동자가 불법으로 몰려 위험한 지경에 놓이면서 피해를 최소화하는 접근 자체가 불가능해지기 때문이다. 이 정책은 다른 상황에서는 법에 연루되지 않을 '평범한 남성'을 범죄인 취급한다. 또 서로가 합의하는 경우 성을 사고파는 행위는 범죄가 아니다(제5장 참조). 더 나아가 비교적 성공 사례로 언급되는 뉴질랜드 유형, 즉 성노동이 비범죄화되어 성인 성노동의 비범죄화를 포함해 피해를 최소화하는 접근을 지지하는 경우도 있다(제7장 참조).

영국에서는 흔히 이주-인신매매 연계축migration-trafficking nexus으로 불리는 복합적 상황에 개입되지 않는 '인신매매' 담론을 특히 강조하는 경향이 있다.

한 예로 해리엇 하먼Harriet Harman이 쓴 2007년 신문 기사에 따르면, 당시 영국에는 2만 5000명의 성 노예가 존재했는데, '인신매매 추방 작전 1'로 실내 시설 515곳을 급습해 그중 단 8명을 '구출'했다. 착취/성 판매를 목적으로 하는 인신매매 담론의 도덕적 위기라 부를 만한 상황인 것이다. 그래서 인신매매를 둘러싼 전 국가적 관심 속에 인신매매 추방 작전 1을 통해 만들어진 영국 인신매매 센터는 현재 영국 국가범죄국 소속의 현대노예인신매매센터 Modern Slavery Human Trafficking Centre: MSHTC로 대체되었다.

현대노예인신매매센터와 국가범죄국의 활동은 '2015년 현대노예법'에 근거하며, 다음과 같이 국가범죄국 웹사이트가 설명하는 국제 결의안 및 규정을 재현하고 있다.

현대노예제는 영국에서 사용되는 용어이며 '2015년 현대노예법'에 정의되어 있다. 이 법은 (「팔레르모 의정서Palermo Protocol」에 나오는) 노예제도, 노예상태, 강제·강요 노동 및 인신매매 범죄를 범주화한다(NCA, 2017).

이러한 범죄는 누군가를 노예제도, 강제·강요 노동의 위치에 놓이게 하거나 조만간 착취할 목적으로 그들의 여행을 돕는 것을 포함한다. 인신매매에는 국제적 국경을 넘는 행위와 연관되지만, 자국 내 현대 노예제의 피해자 또한 포함될 수 있다.

심지어 이동에 동의했다고 하더라도 피해자가 될 수 있다.

아동은 착취에 동의할 수 없으므로 범죄를 입증하기 위해 강요나 속임수의 요소를 제시할 필요는 없다.

매춘 목적의 인신매매에는 남성과 소년도 포함되며 특정 성별에 국한되지 않는다는 사실을 인정한다.

인신매매와 관련된 착취 형태는 다음과 같이 정의된다.

성적 착취, 강제 노동, 가내 노예 상태, 장기 적출, 아동 성 착취, 강제 구걸, 불법 약물 재배, 조직 절도, 관련 사기 등 아동 관련 범죄, (기타 구성 요소가 존재하는) 강제 결혼과 불법 입양(NCA, 2017).

이주-인신매매 연계축 ───────────────

(성 산업이나 다른 비공식 고용 분야에서 강제로 일하는) 인신매매와 이주를 통해 성 노동/가내노동/농업/돌봄 서비스 등 비공식 경제로 편입되는 것 사이에 얽힌 혼란을 풀어야 한다고 느끼는 사람이 어거스틴(Agustín, 2007)만 있는 것은 아니다. 영국에서 이주 노동자의 인권에 대한 관심은 (성 착취로 특화되는) 성 산업으로의 인신매매라는 단일 초점으로 축소되고 있다.

  2012년 '푸른 안대blue blindfold' 캠페인(영국 인신매매센터UK Human Trafficking Centre에서 진행하는 캠페인, www.blueblindfold.gov.ie)은 농업/가내노동으로서 인신매매와 매춘을 구별한다. 그러나 쟁점을 피해자의 문제 또는 사악한 인신매매단(자신의 경제적 요구를 피해자의 안녕보다 앞세우는 사람)의 문제로 개별화하고 만다. 또한 영국 일반 시민이 범죄방지단crime stoppers에 전화해서 제보하는 방식으로 인신매매 '대세'에 맞설 수 있다고 간주한다. 그러나 이런 방법으로 문제를 개별화하는 것은 성적 노동이 '국가 경제와 초국적 산업의 구성 요소'를 의미하는 전 지구적이고 지역적인 성 시장의 맥락에서, 강제이자 자유이기도 한 이주민의 복합적인 삶과 여정에 대한 충분한 이해를 가로막는지도 모른다(Kempadoo and Doezema, 1998: 3).

2016년 10월 반反노예제 주간에 영국에 약 1만 3000명의 노예제 피해자가 있다고 언급하며 '제대로 해결하자Let's nail it' 캠페인(www.unseenuk.org)이 진행되었다. 이 캠페인을 통해 현대판 노예제의 피해자를 지원하기 위해 인식을 높이고 자금을 모금하고자 했다. 멜로디Melody의 사례를 보면 다음과 같다.

멜로디는 막 돌아가신 어머니의 죽음을 슬퍼하면서, 할머니를 찾기 위해 나이지리아에서 영국으로 오며 사기를 당했다. 도착하자마자 그녀는 한 사람을 만났는데, 그는 그녀를 매춘업소로 데려가서 비행기 표 비용을 갚을 때까지 거기서 일해야 한다고 말했다. 멜로디가 저항의 행위를 할 때마다 부채가 늘어났다.

멜로디는 끔찍한 고통을 겪은 지 4년 만에 경찰의 급습으로 마침내 구조되었으며, (에이번Avon과 서머싯Somerset 경찰 및 MHSTC의 협력단체로 브리스톨Bristol에 있는 단체)인 언신Unseen과 함께 갔다(Unseen, 2017). 독자는 영국 경찰과 언신이 어떻게 그녀 자신이나 고군분투하는 그녀 가족을 도왔는지, 그녀의 새로운 삶에 어떤 영향을 미쳤는지는 알지 못한다.

마이(Mai, 2009: 5)는 영국 성 산업에 있는 이주 노동자에 관한 영국 경제 및 사회 연구회Economic and Social Research Council 기금 지원 연구에서, 이주 여성·남성·트랜스젠더에 대한 인터뷰를 100건 정도 진행해 다음과 같은 결과를 얻어냈다.

- 영국 성 산업에서 일하며 인터뷰에 응한 이주 노동자들 대다수가 강요받거나 인신매매되지 않았다.
- 이민 신분은 직업과 사생활에서 그들의 권리를 행사할 능력을 제한하는 가장 중요한 요소다.
- 성 산업에서 일하는 것은 이주자들이 다른 일을 하며 착취적이거나 대

가를 못 받는 상황을 피하는 방법인 경우가 많다.

- 많은 인터뷰 참여자들은 성 산업에서 일함으로써 영국에서 괜찮은 생활 수준을 유지하며 본국 가족의 생활 조건도 크게 개선할 수 있다.
- 성노동에 대한 낙인화는 인터뷰 참여자들이 성산업에서 일하며 겪은 가장 큰 문제로 사생활과 직업 모두에 부정적 영향을 미쳤다.
- 인터뷰 참여자들은 성노동에 대한 낙인화와 합법적 이민 자격의 결여로 인해 폭력과 범죄에 더욱 취약해진다.
- 인터뷰 참여자들은 고용주와 고객과의 관계를 상호 동의 및 존중으로 특징지어진 것으로 설명하지만, 일부 문제적인 고객과 고용주는 무례하고 공격적이며 학대적이라고 말했다.
- 인신매매 피해자에게 영주권을 보장할 수 없음은 범죄 조직에 대한 경찰 및 기타 당국의 노력을 저해한다.
- 대부분의 인터뷰 참여자들은 고객의 범죄화는 성 산업을 근절시키지 않을 것이며 오히려 지하로 몰아넣고 영국 성 산업에서 일하는 이주자들이 고객과 고용주 모두와의 관계에서 권리를 주장하기 어렵게 만든다고 느낀다.
- 모든 인터뷰 참여자들은 성노동 및 관련된 사람들을 비범죄화하고 모든 이주자들을 더 쉽게 등록하게 하는 것이 그들의 생활과 노동 조건을 개선하고 더 충분한 권리를 행사할 수 있게 할 것이라고 생각했다.

'강제 노동'은 무엇인가

국제노동기구의 2005년 보고서는 전 지구적 경제 조건에서 강제 노동에 대해, 이와 같이 인정한다. "엄밀한 법적 의미에서 사용하는 강제 노동이라는 용어와 지극히 열악한 노동 조건이라는 상황을 뚜렷하게 구별하는 경계를 정하기가 매우 힘들다." 그리고 개념상의 문제가 해결되었다 해도 「인신매매의 정서「Trafficking Protocol」는 강제 노동이라는 일반적 문제를 해결하기에 여전히 제한적이다. 의정서 자체가 초국적 범죄조직에 관한 협약이라는 틀 속에서 정해졌기 때문에, 이를 기반으로 이민 관련 위반 사항이나 조직적 범죄 활동에 대해서만 개입할 수 있다. 이 점을 고려할 때, 이런 구분 방식은 매우 제한적이며 지엽적인 것에만 초점을 맞추는 접근이 된다(O'Connell Davidson, 2006: 5).

개념 정의에 관한 문제는 정부 대책의 모순과 맞물린다. 정부는 한편으로 국가의 안전/안전보장에 관한 담론과 연결해 인권을 보호하는 동시에, 영국 국경에 대한 통제 측면에서 이민 쟁점을 다루게 된다. 다른 한편으로 이민이나 비공식 부문 고용이라는 구조적 쟁점을 인정하지 않은 채 인신매매된 사람을 중개인/범죄 집단/사악한 고용인에 의한 단순한 피해자로 접근하게 된다. 그러나 이런 방식으로는 제대로 된 정책이 입안될 수 없다.

인신매매는 어떤 과정인가, 고려 쟁점은 무엇인가?

정치학, 경제학, 다른 사회과학 분과를 아우르는 연구를 통해 이주-인신매매 연계축은 지구화, 자본주의 시장의 힘, 성 산업의 주류화와 필수 불가결하게 결합된 강력한 시장의 힘이 작동한 결과라는 점이 분명해졌다. 그렇다면 성 노동을 일종의 '비공식 부문 고용'의 한 형태로 이해하면 되는가?

이를 위해 고려해야 할 핵심 쟁점은 다음과 같이 정리할 수 있다.

- 비공식 부문에서 일하는 여성, 남성, 청소년은 인권침해를 당하기 쉽다. 이런 상황에서는 수요를 범죄화해도 인권침해를 막을 수 없다. 불법화하면 상황이 더 위험해지고 현황 파악도 어려워져 범죄는 더 비가시화되고 손쓸 수 없게 되어버린다.
- 정부 정책으로 인해 의도한, 혹은 의도치 않은 결과가 비공식 고용에 어떤 영향을 미치는지 파악하는 것이 급선무다.

- 출신국countries of origin에서 이주를 야기하는 요인은 무엇인가? 이주-인신매매 연계축에 얽힌 여성의 출신국을 살펴보면 주로 경제적·정치적 문제가 주된 요인이며, 그중 빈곤이 가장 주요한 동기임을 알 수 있다.
- 전 지구적 네트워크는 어떤 역할을 하는가? 조직화된 범죄/범죄 네트워크 외에 다른 무엇이 가능한가?
- 이주민이 집으로 보내는 돈은 빈곤 국가/지역의 지역/국가 경제에 대단히 중요한 역할을 한다.

다시 말해, 관련 근거를 살펴보면 인신매매 피해자나 인신매매단/인신밀매단/인신매매 네트워크로 개별화하는 방식에 초점을 맞추는 정책은 효과가 없다. 오히려 다음과 같은 방식이 효과적이다.

- 정책 입안을 위해서는 상황의 단면에만 초점을 맞추는 것을 넘어 질적 연구가 뒷받침되어야 한다.
- 인권의 측면에서 사안에 접근해야 한다. 성 산업 종사자가 인간적으로 존중받으며 사회적 안녕을 보장받을 수 있어야 한다. 그뿐만 아니라 이주민의 권리도 고려되어야 한다. 인권을 고려한 접근은 사법적 정의만을 우선시하는 접근보다 훨씬 더 큰 효과를 볼 수 있다.
- 지역 및 전 지구적 성노동 조직과 협력해 수행되어야 한다.

우리는 이 분야에 관한 연구를 수행할 때 유념하면 좋을 방법론을 제안하려 한다. 참여 행동 연구 방법을 활용해 주요 집단이 함께 참여하되 독립적으로 진행해야 한다. 그렇지 않으면 성을 판매하는 여성과 남성에 대한 '타자화'를 궁극적으로 강화하는 이분법(제10장 참고)을 재생산할 수 있기 때문이다. 즉, 연구를 통해 생산된 지식은 주요 관련자가 함께 참여해 만든 자료를 기반으로 해야 한다. 국내[영국]적·유럽적·국제적 맥락의 이동 경로를 보여주는 이주-인신매매 연계축에 얽힌 여성과 남성도 예외는 아니다. 이렇게 하면 복잡하고 감정적 측면이 얽혀 있는 이 분야에 관한 효과적 정책을 마련할 수 있다. 이런 방식으로 더욱 건설적인 정책 입안을 위한 하나의 실마리가 풀려 갈 수 있다.

읽을거리

Agustín, L. 2007. *Sex at the Margins: Migration, Labour Markets and the Rescue Industry*. London: Zed Books.
☞ 이 책은 유럽 이주 성노동자의 경험과 지위를 살펴보고 인신매매와 이주를 결합시키는 담론과 관행을 도표화한 중요한 작업이다.

Goodey, J. 2008. 'Human trafficking: sketchy data and policy responses." *Criminology & Criminal Justice*, 8(4), pp.421~442.
☞ 이 논문은 인신매매와 관련된 수치를 계산하려는 시도와 관련된 몇 가지 방법론적 문제를 지적하고 이것이 정책 대응에 미치는 의미를 설명한다. 이 논문은 정책 담론에 큰 영향을 주는 탄탄한 계산법은 없으나 수치가 많을 때 중요하게 고려할 점을 제시한다.

ISET. 2009. *Migrant Sex Workers in the UK Sex Industry: Final Policy Relevant Report*. London: Institute for the study of European Transformations, London Metropolitan University.
☞ 이 연구보고서는 영국 이주 노동자에 대한 획기적인 작업으로 영국으로 이주해 성 산업에서 일하는 개인의 삶에 놓여 있는 복합성을 풀어내는 성공적 연구이다.

O'Connell Davidson, J. 2010. "New slavery, old binaries: human trafficking and the borders of 'freedom'." *Global Networks*, 10(2), pp.244~261.
☞ 이 논문은 미디어와 대중적 상상력, 정치적·법적 과정 등에서 지배적으로 작동하는 '현대판 노예로서 인신매매' 담론을 다룬다. 저자는 이 전통적 노예 개념이 소수의 '자격 있는 피해자'를 권리 및 자유의 자격이 없는 대다수의 사람들로부터 분리하기 위해 어떻게 적용되는지 탐구한다.

Weitzer, R. 2012. "Sex trafficking and the sex industry: the need for evidencebased theory and legislation." *Journal of Criminal Law and Criminology*, 101(4), pp.1337~1369.
☞ 이 논문은 성적 인신매매 정책에 근거가 거의 없는 이유와 이것이 왜 그렇게 위험하고 문제적인지를 설명한다. 양질의 연구와 증거에 기반한 정책 그리고 건전한 관행과 법 제정 사이에 연결 관계가 그려진다.

생각해 볼 거리

① '이주-인신매매 연계축'을 어떻게 이해할 것인가?
② 성 산업과 섹스 관광은 어떻게 연결되는가?

③ 성적 노동은 이윤과 부의 일차적 원천으로 규정되며, "전 지구적 자본주의 경제의 국가 경제와 초국적 산업의 구성 요소"(Kempadoo and Doezema, 1998: 8)다. 이에 대해 비판적으로 토론해 보자.

제 10 장

성 산업을 연구하려는
사람들에게

Researching the Sex Industry

마지막 장에서는 성 산업 연구에서 주요하게 고려되는 방법론적 쟁점 몇 가지를 살펴보려 한다. 먼저 페미니즘 인식론과 연구 방법론을 살펴보고, 민감한 주제와 잘 드러나지 않는 인구 집단을 연구 대상으로 삼을 때 고려되는 중요한 윤리 문제를 다룰 것이다. 대학교나 대학원에서 성 산업이 주요 논문의 주제가 되는 경향이 증가하고 있으므로, 이 장에서는 특히 논문 쓰는 사람이 유용하게 적절히 활용할 수 있는 연구를 소개하려고 한다.

페미니즘 인식론과 성 산업 연구 ─────────────

기존의 사회학이나 범죄학 분과를 객관적이며 거리 두기를 하는 연구로 전제하는 것과 달리, 페미니즘 이론가는 연구 주제, 방법, 연구 대상을 선택할 때 연구자의 입장이 성노동이나 매춘에 관한 사회 전반의 철학적 분위기에 영향을 받을 수밖에 없다고 논의했다. 젠더, 민족, 여타 개인적 요소는 연구자가 탐구하려는 쟁점, 그 쟁점 뒤에 깔린 이론적 배경, 그 연구의 접근 방식에 관한 인식에 영향을 미친다. 게일 레더비Gayle Letherby(Letherby, 2003: 5)는 이렇게 설명한다. "모든 연구는 이데올로기적일 수밖에 없다. 어느 누구도 세상, 세상의 판단이나 견해, 세상 사람이 읽는 책, 세상 사람과 본인이 나눈 대화에서 스스로를 분리할 수 없기 때문이다."

페미니즘 비평은 전통적인 '남성 주류' 사회과학 이론과 연구 방식이 남성 연구자와 사회가 세상과 맺는 관계에 입각한 관점을 기반으로 하는 점에 주목한다. 이로 인해 여러 사회 이론에서 '규범'은 '전형으로서' 남성과 남성의 관심사를 전제로 하며, 주로 공적 영역과 관련되었다. 반면 사적 영역 내의 여성, 이를테면 집안이나 사적 관계에 기반을 둔 관심사나 관련 쟁점은 주변적인 것으로 취급되거나 이론과 무관한 것으로 여겨졌다. 전통적인 사회

연구에도 특히 '사실'을 파헤쳐 이를 설명하는 것을 목표로 삼는 방법론과 가치중립성을 강조하는 '과학적' 접근을 최적의 기준으로 통용하는 분위기가 스며 있었다. 이 관점은 '근거주의foundationalist'(Stanley, 1996)나 '실증주의positivist' (Denzin and Lincoln, 1998; May, 1997)로 설명되었다. 이런 관점은 대개 양적 연구 방법론, 특히 설문 조사와 관련되지만 그렇다고 배타적으로 양적 연구에만 해당되는 것은 아니다. 파인(Fine, 1998: 139)의 지적대로 "질적 연구자도 자신의 연구가 타자화의 가능성을 내포하고 있음을 인식할 필요가 있다". 양적 방법론은 남성적이고 질적 방법론은 '여성의 연구'라며 양적 방법론과 질적 방법론에 대해 '성별화된' 구분을 두는 것은 도움이 된다고 볼 수 없다. 이런 구분 방식 자체가 여성 연구자가 선택한 방법론이 수치를 기반으로 한 '엄밀한' 접근에 비해 부차적이라는 잘못된 위계를 강화할 수 있기 때문이다 (Letherby, 2003). 양적/질적 연구를 둘러싼 논의에서는 연구 방법이 사회 현실에 대한 특정 관점으로 선택되는 경향이 있다고 한다. 그러나 브라이먼 (Bryman, 2008)이 지적하다시피 두 방법론 사이에는 차이뿐 아니라 유사점도 있으며, 연구 목표와 맥락에 따라 페미니즘 연구에서 어느 하나 또는 둘 다 사용될 수 있다. 연구자가 방법론을 택할 때 특정한 이론적 접근보다 '기술적' 접근을 원하는 경우, 연구 주제에 적절하다고 판단하면 질적 방법론과 양적 방법론의 통합은 가능하다.

앞서 설명했듯이 질적/양적 구분이 언제나 칼로 자르듯 분명하게 분리되지는 않는다. 그러나 이 두 가지가 서로 구별되는 뚜렷한 이데올로기적 기반을 바탕으로 사회를 탐구하며 그 사회에 대한 '앎'을 서로 다른 방식으로 구성한다는 것은 분명하다(Oakely, 2000). 그러므로 어떤 방법론이 선택되었는지보다 연구자가 선택한 방법에 대한 근거를 본인이 제대로 설명할 수 있는지가 더 중요한 사안이 된다. 비슷한 맥락에서 그 연구가 어떤 방식으로 분석되고 활용될 것인가에 대한 고려도 중요한데, 이 경우 주류 연구와 페미니즘 연구는 서로 조금 다르다. 페미니즘 연구는 인간의 생생한 경험을 바탕으로 도출된 지식 생산 또는 그 과정에서 연구자의 성찰성이나 연구자가 취하는 입장에 더 방점을 찍는 반면, 주류 연구에서는 연구의 일반화에 더 주력한다.

페미니즘 연구 유형

단일한 페미니즘 모델이란 존재하지 않는다. 마찬가지로 연구 유형에 대해서도 서로 다른 페미니즘 관점이 존재한다. 그렇다고 다양한 페미니즘 간에 공통점이 없는 것은 아니다. 특히 "여성의 다양한 상황과 그에 영향을 미치는 제도와 틀에 대한 연구에서 위치성의 중요성을 핵심적으로 인식하고, 그러고 나서 여성을 위한 사회정의를 실현하기 위한 이론·정책·실천 체계의 문제를 검토한다"(Olesen, 1998: 300)는 점에서 공통점이 있다. 그러나 제1장에서 살펴본 대로 일부 페미니즘 진영에서는 '사회정의'에 대한 해석을 둘러싸고 서로 입장이 나뉜다. 대부분의 페미니즘 연구는 여성의 경험과 지식을 토대로 연구하고 분석하는 데에 우선순위를 둔다는 특징을 갖는다. 하지만 페미니즘 입장을 갖는 연구자이면서 성노동 연구를 하는 경우, '피해자' 규범에 들어맞지 않는 성노동자의 행위성이나 경험적 지식에 대해서는 인정하지 않는 경우가 있다. 제1장에서 주지하다시피 벨(Bell, 1994)은 이를 다음과 같이 설명한다. 스스로 억압적인 가부장제에 맞서 싸우는 페미니스트로 확고하게 자리매김하는 이론가 중 일부는 행위성을 부인하는 방식으로 성노동 경험을 일반화하고 가정함으로써 여성의 피해자 지위를 사실상 영속화한다.

대부분 페미니즘 연구 방법론에서 연구 과정의 일환이자 그 과정에 영향을 미치는 연구자의 위치를 인식하는 것은 매우 중요한 핵심으로 강조된다. 이 때문에 페미니즘 연구자는 연구자와 연구 대상의 불평등한 권력 관계가 최소화될 수 있도록 주의를 기울인다(Oakley, 2002). 초기 페미니즘 이론가 중 몇몇은 여성이 공유하는 경험의 중요성을 강조했다. 그래서 연구 과정상 특정한 윤리적·방법론적 딜레마가 존재하긴 하지만, 여성에게 영향을 미치는 사안에 대해서는 남성 연구자에 비해 여성 연구자의 이해 폭이 훨씬 넓을 수 있다고 설명한다(Finch, 1984). 연구자와 연구 대상이 동일한 젠더라고 해도 젠더 이외 여러 요소, 이를테면 인종, 계급, 섹슈얼리티, 개인 배경도 고려해야 하며, 이런 요소가 연구 과정에 영향을 미친다(Kitzinger and Wilkinson, 1996). 따라서 공통점을 찾는 것만큼이나 차이를 탐문하고 인식하는 것이 중요하다 (bola, 1996). 연구자는 연구 대상이 되는 개인(들)과의 관계에서 필연적으로 특권적 지위를 가질 수밖에 없으며, 그렇게 얻어진 자료에 대한 해석과 재현 에 대해서도 통제력을 갖는다(Letherby, 2003; Oakley, 2002). 그러므로 연구자와 연구 참여자 사이에 존재하는 권력 불균형을 분명하게 하는 것은 연구 과정 에서 성찰성이 하는 역할 중 하나이다(Finlay, 2002).

페미니즘 인식론

지금까지 주류 연구 패러다임에 대한 페미니즘 비평, 페미니즘 관점을 토대 로 한 대안적 방법론과 연구 방식에 대해 살펴보았다. 이제부터는 페미니즘 연구에서 바탕이 되는 주요 인식론이나 지식론을 살펴보려 한다.

페미니즘 경험주의

페미니즘 경험주의empiricism는 과학적 연구의 타당성에 대해 문제를 제기하는 것이 아니라 대부분의 과학적 연구가 성차별적이며 남성 중심주의적 편견으 로 왜곡되어 있다는 점을 문제 삼는다. 즉, 객관성이라는 사실은 남성 관점에 서 재현된 세상을 반영하는 것이고, 이로 인해 여성의 경험이 주변화된다고 본다. 이 편견은 연구 설계를 통해 연구 문제를 규정하고 가설을 만드는 단계부터 자료의 해석까지 연구 과정 전반에 영향을 미친다. 그러므로 문제는 전통적 연구 방법 자체가 아니라 연구가 실행되는 방식과 연구자의 특성이다. 여성과 페미니즘 연구자(남성 또는 여성)는 이 같은 남성 중심적 편견이 어떤지 잘 파악하고 있기 때문에, 여성의 경험을 중심에 두는 관점을 포괄해 세상을 더욱 객관적으로 설명할 수 있는 입장에 있다. 따라서 '좋은 과학'은 경험주의와 그 목표의 타당성을 문제 삼는 것이 아니라, 오히려 과학적 연구가 가치중립적이라는 개념을 거부한다. 이에 대해 샌드라 하딩 Sandra Harding은 이렇게 설명한다.

> 페미니즘 경험주의는 과학이 편견에 덜 사로잡히며, 더 객관적인 주장을 펼치는 것을 목표로 한다는 생각을 지지한다. 그뿐만 아니라 경험주의에서 공공연하게 간과되어 온, 탐구자의 사회적 정체성에 대한 상이한 인식론적 가치를 분석하고 평가하는 것이 얼마나 중요한지도 강조한다(Harding, 1990: 93).

페미니즘 입장주의 인식론

페미니즘 입장론standpoint theory 혹은 페미니즘 입장주의 인식론은 '남성적인' 과학적 접근 방식으로 세상을 이해하는 것이 여성에게는 적합하지 않으며, 사회 세계에 대한 이론과 조사는 여성의 경험에 기초해야 한다고 주장한다. 입장론자는 페미니즘 경험주의와 의견을 같이한다. 즉, 지식은 경험을 기반으로 하지만 전통적으로 서구의 연구는 여성의 관점을 배제한다는 것이다. 그러나 입장론자는 페미니즘 경험주의와 달리 과학적 방법론의 중요성을 받아들이지 않는다. 오히려 입장론자는 모든 연구 방법이 원래 편견에 기반을 두기 때문에, 여성의 입장 혹은 페미니즘적 입장을 통해서만 그 편견이 극복될 수 있다고 본다. 입장론자에 따르면 여성 또는 다른 억압받는 집단의 개인은 자신이 처한 주변화된 상황에 대해서만 더 잘 이해할 수 있는 위치에 있는 것이 아니라, 자신을 억압하는 자에 대한 지식도 있기 때문에 세계에 대해 전반적으로 더 명확히 이해할 수 있다(Harding, 1990, 2004; Hartsock, 2006). 레더비(Letherby, 2003: 45)의 지적에 따르면 페미니즘 입장주의 인식론과 페미니즘 경험주의는 인식하는 주체knower와 상관없이 '진리'가 존재한다는 믿음을 공유한다. 이 이론에는 몇 가지 문제점이 있다. 예를 들어 페미니즘 입장주의 인식론은 권력과 억압에 대해 제한적인 개념 정의를 전개한다. 즉, 전적으로 남성 지배에만 초점을 맞추기 때문에 여성 사이의 서로 다른 권력 관계는 고려하지 않는다. 또 어느 한 집단의 관점이 다른 집단에 비해 더 '진실'하다고 간주한다. 많은 연구자가 강조하다시피, 현실에는 서로 다른 페미니즘이 존재한다. 어떤 이론가는 더욱 현실주의적인 입장에서 권력 관계가 개인 생활에 영향을 미치는 측면이나, 또 다른 권력과 관계된 입장 차이의 가능성에 주목한다. 반면 또 다른 연구자는 사회관계의 개념화에서 중요한 경험적 지식을 강조한다(Ramazanoglu and Holland, 2002).

페미니즘 입장주의 인식론은 백인 이성애 여성뿐 아니라 흑인 여성, 레즈비언, 다른 주변화된 집단에까지 관련된다. 그렇지만 여러 비평가는 불이익을 받을 수 있는 잠재적 위계에 대해 문제를 제기하며, 이처럼 파편화된 정체성을 어떻게 다룰지 분명하게 설명하지 못한다고 비판한다(Letherby, 2003; Olesen, 1998). 이런 한계에도 불구하고 페미니즘 입장주의 인식론은 진리와 연구 방법에 대한 전통적 관점에 도전하고 사회관계를 연구하고 이론화할 때 주변화된 집단의 경험을 설명 틀 안으로 포함해야 하는 중요성을 제기한다는 점에서 중대한 이론적 발전을 보여준다. 성노동에 대한 연구와 관련해 예컨대 오닐(O'Neil, 2001: 30)은 다음과 같이 지적한다. "성/사회적 불평등이 존재하는 맥락에서 '매춘인'으로 일하는 여성의 생생한 경험을 인정하는 비판적 페미니스트의 '여성 중심적woman-centred' 위치(입장주의 페미니즘의 개발/형태)에서 매춘에 접근할 필요가 있다."

포스트모더니즘과 페미니즘

1980년대와 1990년대에 접어들면서 포스트모던 이론가는 과학적 연구의 객관성과 보편성이라는 주장에 회의를 드러내기 시작했다. 즉, '진실'과 '거짓'을 구분하는 기준이 근대성과 계몽주의의 전통에서 작동했으므로 이런 기준을 계속 갖는 한 그 전통에서 분리될 수 없다는 것이다. 이런 경향 속에서 페미니즘 이론 역시 다른 근대성 이론과 마찬가지로 내던져 버려야 한다는 분위기도 형성되었다. 그러나 일부 페미니스트는 페미니즘이 오히려 근대성에 뿌리내린 보편주의를 거부하는 포스트모던 이론의 장점을 취할 기회가 생겼다며 새로운 페미니즘적 포스트모더니즘을 만들 수 있다고 보았다. 즉, 여성이 공유하는 공통점뿐 아니라 여성 욕구와 경험의 다양성을 인정하는 페미니즘적 포스트모더니즘이 가능하다고 보았다. "따라서 이 실천이 전제하는 것은 일부 여성이 몇몇 공통의 이해관계와 공통의 적을 공유하나 그 공통성은 결코 보편적이지 않으며 오히려 차이, 더 나아가 갈등과도 중첩되어 있다는 점이다"(Fraser and Nicholson, 1990: 35). 그렇다고 해서 우려되는 바가 없는 것은 아니다. 포스트모더니즘과 다른 페미니즘 이론에서 누구의 목소리를 들어야 하며 어떻게 여성의 경험을 기록할 것인지는 여전히 중요하게 남는 문제다(Olesen, 1998).

페미니즘 관점의 연구가 갖는 의미 ───────────

페미니즘 인식론이 내적 일관성이나 실천의 측면에서 문제가 없는 것은 아니지만, 특히 성노동 연구에서 전통적 관점의 사회 연구에 대해 중요한 비판을 제기했다. 그중 비판적 성찰성의 도입, 즉 객관성과 이분법적 사고라는 전통적 주장을 거부하는 대신 차이를 인정하며 맥락의 중요성을 강조한 것은 특히 주목할 만하다. 페미니즘 관점의 연구에서 핵심은 연구 참여자의 생생한 경험과 그 과정에서 연구자의 위치성과 연구가 참여자를 착취하거나 피해를 줘선 안 된다는 우려다. 이 과정에서 특히 실천적이고 윤리적인 측면에서 연구자가 고려해야 할 방법론적 문제에 대해서는 뒤에서 설명한다. 그 전에 페미니즘 이론의 원칙 중 성노동 연구에 적용할 수 있는 참여적 연구 방식을 먼저 살펴보려 한다.

참여 방법론과 시각적 방법론

참여 행동 연구는 사회 연구를 포괄하는 하나의 방법론으로, 지식의 생산과 교환 또는 행동과 개입을 의미한다(O'Neill, 2001, 2007b). 이 방법론은 흔히 전통적 연구 방법의 연구 주제로만 간주되던 개인이나 집단을 연구 과정에 참여하도록 하는 것이 주된 특징이다. 그리고 연구 결과만큼이나 연구 과정에도 초점을 맞춘다. 연구 쟁점이나 사안과 직결되는 당사자가 관련되어 있기 때문이다. 바로 이런 이유로 해당 지역이나 사안과 관련된 문제를 해결하거나 혹은 사회 변화를 목적으로 하는 지식으로 발전할 가능성이 크게 열려 있는 방법이기도 하다. 참여 연구의 여러 형식 중에는 인터뷰에서 연구자와 연구 대상자 간에 전통적인 위계를 무너뜨리는 시도를 하기도 한다. 즉, 연구자 본인의 개인적 정체성을 연구 관계에 투사해 '인터뷰'를 상호작용 과정으로 변화시켜 서로 주고받는 관계로 발전시킬 수 있다(Letherby, 2003에서 논의되었다). 또한 연구 대상이 되는 공동체 구성원이 동료 연구자로서 훈련을 거쳐 전체 연구 과정에 참여하며 그 과정에서 연구 결과를 발표하거나 조언할 수 있다. 참여 연구는 연구자의 관점에서 찾기 어려운 통찰력을 공동체 구성원과 동료에게 얻을 수 있다는 장점도 있다. 즉, 관련된 공동체의 구성원과 동료가 훈련받는 과정에서 지지를 얻고 추가 기술을 획득해 연구 주체로서 정서를 갖게 되면서 동료 연구자로서 통찰력을 발휘하게 되는 것이다(Clark et al., 2001).

어떤 참여 과정에는 '창조적 자문creative consultation'이 포함될 수도 있다. 이 과정은 참여 행동 연구와 참여 예술participatory arts: PA이 결합된 형태로도 연구가 가능하다. "창조적 자문은 연구와 자문을 위한 접근 방식으로, 정책 결정이나 해당 서비스를 적용하는 과정에 당사자 집단의 목소리와 관점을 직접 통합한다"(O'Neill and Webster, 2005: 2). 즉, 영상visual이나 다른 기술을 활용한 방법을 동원해 자문받을 수 있는 창조적이며 안전한 공간을 만들고, 이를 통해 연구 참여자가 각자의 방식으로 이야기할 수 있게 한다. 유동적이고 수행적인 방법은 사회과학 연구에서 자리를 잡고 있다. 오닐과 맥휴(O'Neil and McHugh, 2017)는 성노동자, 연구자, 실무 전문가와 함께 한 연구에서 걷기를 사용했는데, 예술에 기반한 참여 방법론으로서 걷기는 특히 시각과 자전적 형태를 결합해 연구를 진행할 때 매우 추천할 만하다고 밝힌다.

성노동과 관련해 한 지역에 대한 연구를 진행하던 오닐과 캠벨(O'Neill and Campbell, 2004)은 당사자 집단과 함께 연구할 수 있도록 공동 연구진 교육을 진행했다. 공동 연구진은 거리 성노동에 관한 공동 대응책을 어떤 식으로 고안할지 연구했다. 참여 행동 연구의 일환으로 한 예술가가 연구진의 지원을 받으며 창조적인 자문 워크숍을 진행했다. 이를 통해 인터뷰, 참여 관찰, 주요 집단과의 대화 등 전통적인 연구 방법과 창조적인 예술 워크숍이 병행되었다.* 오닐 등은 이 과정을 통해 얻은 장점을 이렇게 설명한다.

> 자문 연구의 주요 성과 중 하나는 (성노동자뿐 아니라 지역 공동체, 관련 업자, 주민과 더불어) 협력을 통해 (지역과 국가 차원의 정책 입안자를 포함하는) 더욱 큰 공동체에도 활용될 수 있는 '사회적 텍스트'가 만들어졌다는 것이다. 그뿐만 아니라 그에 대한 풍부한 이해가 도출되었다. 이를 통해 연구팀은 이 사안의 복잡성을 기록할 수 있었고, 여러 층위가 포함된 반응을 하나의 패키지로

---

* 오닐(O'Neill, 2001, 2007b)은 이 과정을 '에스노미메시스(ethno-mimesis)'라 이름 붙였다.

계발했다(그중 일부는 실행되기도 했다)(O'Neill et al., 2008: 83).

창조적 자문을 통해 만들어진 이미지인 "안전한 신문고: 서로 다른 우리 이야기를 공유해요Safety SoapBox: Sharing our true colours"는 www.safetysoapbox. co.uk에서 찾을 수 있다(〈그림 10-1〉). 오닐과 캠벨, 당사자 집단의 공동 연구 진이 내용을 함께 집필한(O'Neill et al., 2004 참고) 장에는 당사자 집단 대표들이 자신의 경험과 관심사를 제시했고 그 연구 과정과 결과를 통해 사람들의 관점이 어떻게 변해가는지 논의하는 내용이 담겨 있다.

성 산업 분야 연구에는 이와 같이 함께 참여하는inclusive 또 다른 연구 방법이 있다(Boynton, 2002; Pyett, 1998; O'Neill et al., 2016). 파이엇과 워(Pyett and Warr, 1997: 540)는 성 산업에 종사하는 여성이 인터뷰 진행자로 훈련받으며 함께하는 연구를 진행했다. '그 지역을 익숙히 알고 있는indigenous' 인터뷰 진행자를 활용하기 위해 이 연구는 호주 빅토리아주 매춘인연대Prostitutes Collective of Victoria를 통해 '주요 준거집단'을 확보했다. 훈련 과정에는 인터뷰 기술, 연구 과정, 윤리적 쟁점, 인터뷰 일정을 짜는 방식 등이 포함되었으며, 인터뷰 대상자 선정은 자기 역량 강화와 교육 과정의 일환으로 진행되었다.

참여 행동 연구라고 한계가 없는 것은 아니다. 몇몇 사람은 이 방법이 편파적인 입장을 반영할 수 있고, 그로 인해 자료의 타당성이 문제될 수 있다고 지적한다. 참가자와 긴밀한 관계를 맺으며 연구하는 경우 연구진이 공동체 내부 일원처럼 개입하게 될 위험이 있을 수 있으며, 그렇지 않다 해도 정서적으로 지나치게 개입되어 연구 결과에 영향을 미칠 수도 있다(O'Neill, 2001). 그러나 전통적인 연구나 평가 방식은 그것대로 정책과 실천에 부적절하다는 비판을 면하기 어렵다. 그러므로 연구자는 항상 동료와 연구 과정을 점검하며 연구의 엄밀함을 유지하도록 해야 한다. 이를테면 연구 혹은 평가 과정을 감독할 수 있는 자문 집단을 고려할 수 있다. 피처(Pitcher, 2006: 73)가 강조하듯 "참여 방법론은 면밀한 검토 과정을 거치면 평가자의 독립적 판단과 균형 감

그림 10-1

주민이 만든 성노동자 관련 이미지

이 주민은 프로젝트 진행 과정을 통해 관점이 변했다.

[옮긴이] 사진 속 문구: 만일 이 장면이 우리 아이들이 보는 것이라면, 이것이야말로 아이들이 알게 될 바로 그 현실이다.

각을 온전히 잘 유지할 수 있다."

또 다른 연구 방법도 주목할 수 있는데, 이주 성노동자 및 성노동과 관련된 이주자의 삶에 존재하는 복합성을 표현하기 위해 시각적 방법, 특히 영화제작과 질적·문화기술지적 방법을 결합해 큰 영향을 주었다. 예를 들어 니콜라 마이Nicola Mai의 작품, 특히 〈정상, 사미라, 여행Normal, Samira and Travel〉이라는 영화는 알바니아와 이탈리아, 영국에서 일하는 여성·남성·트랜스젠더 성노동자와 함께 한 연구에 기반해 창작된 다큐멘터리다. 이 영화는 이주, 성 산업, 성적 인신매매의 관계를 드러내는 이야기들을 보여준다.

일부 학자들이 성노동자의 경험과 상업적 성의 잘 알려지지 않은 측면을 탐구하기 위해 비전통적인 시각적 연구 방법을 사용하면서 성노동이 다시 이 야기되는 새롭고 혁신적인 방식이 나타나고 있다. 이 연구에는 참여 관찰, 사 진도출 인터뷰, 이메일 인터뷰와 인터넷 연구를 비롯해 다양한 기술이 포함 된다. 또한 앳킨스와 라잉(Atkins and Laing, 2012)은 인터뷰와 관찰뿐 아니라 지도 제작과 사진 촬영을 남성 성노동과 성노동의 공적 장소에 대해 탐색하 는 데 함께 이용한다.

오닐과 마이의 작품에서 설명된 예술과 영화, 다큐 같은 시각적 방법을 '앎'의 철학에 통합하는 것은 샌더스와 하디(Sanders and Hardy, 2014)가 영국에 서 스트리퍼로 일한 여성들과 함께 진행한 프로젝트에 영향을 주었다. 이 프 로젝트는 스트립 산업의 노동 조건에 주목하며 클럽 및 관리자가 새로운 성 적 유흥업소 허가 체계와 어떻게 상호작용하는지를 살펴본다. 이 프로젝트 는 스트립 댄서에 대한 대규모 설문조사, 클럽의 문화기술지적 관찰, (댄서, 관리자, 클럽 소유주, 규제기관 담당자에 대한) 심층 면접으로 이루어진 대규모 통 합연구 방법으로 설계되었다. 이 통합된 연구 방법이 다양한 결과가 다각적 으로 분석될 수 있도록 다양한 자료를 생산하면서, 그들의 경험을 시각적으 로 재현하는 것은 잘못 판단되곤 하는 일에 그들의 생생한 노동 경험을 표현 하는 강력한 매체가 될 것이라는 점이 점점 중요해지고 있다. 이는 우리가 클 럽에서 열악한 노동 조건과 대표성에 직면하며 일하는 여성들을 만나며 했던 말이기도 하다. 우리는 프로젝트의 중심에 댄서를 포함하는 게 중요함을 제 기했는데, 특히 정책 분야에 댄서들의 의견을 도입하는 정책 행위와 파급효 과를 염두에 두었다(Sanders et al., 2015 참고). 댄서들은 그들의 노동 조건을 드 러낼 수 있고, 댄서로서의 시각적 공연이 대중의 상상력에 퍼져 있는 스트리 퍼에 대한 정형화된 성애화가 아닌 노동자로서의 정체성과 노동, 일터라는 맥락에서 보여지기를 강력히 원했다. 샌더스와 하디는 이 스토리텔링 과정 이 용이하도록 하기 위해 사진작가 리즈 락Liz Lock와 프로젝트에 주요한 조언 자였던 소수의 댄서들과 긴밀하게 협력했다. 댄서들은 자신들의 장면을 연출했으며, 한 명의 댄서가 이 사진들에 대해 10분짜리 영화에서 말했다. 이 영화는 허가 담당자와 협회 규제기관 담당자가 댄서들의 노동 조건을 개선하도록 클럽에 보다 엄격한 조건을 요구하는 파급 수단으로서 자유롭게 접근되고 사용되도록 했다. 이 영화는 '규제 댄스The Regulatory Dance'(www.youtube.com/watch?v=MPqIhWD8UQk)에서 볼 수 있다.

성 산업 연구에서 방법론적·실천적으로 고려할 사항 ——————

조사 연구는 연구의 문제 제기로 시작해 연구자가 어떤 이론과 인식론을 선택할지 결정하는 것으로 연결된다. 어떤 집단을 대상으로 연구를 진행하더라도, 연구를 시작하기 전의 연구 기획 단계에서는 다음 사항을 고려해야 한다. 방법론을 선택하고, 해당 집단을 어떻게 정의하고 접근할 것인지 정해야 하며, 표본의 규모를 정하고, 연구의 최종 결과물에 대해서도 생각해 두어야 한다. 어떤 조사 연구를 진행하든 미리 기대되는 실천적·방법론적 쟁점을 염두에 두고 연구가 제 궤도대로 진행되는지, 활용된 방법론이 타당한지 확인하는 것이 연구에 도움이 된다.

방법론의 선택

페미니즘 연구가 순전히 질적 방법론만 활용할 필요는 없다고 논의했으며, 패러다임을 구분하는 위험도 지적되었다. 그러나 질적 방법론은 페미니즘 연구진 사이에서 여전히 가장 대중적으로 활용된다. 질적 연구에는 많은 방법이 존재한다. 연구자가 선택할 수 있는 방법론에는 생애사, 심층 면접, 구술 서사, 사례 연구뿐 아니라 앞에서 언급한 참여 행동 연구도 포함된다. 참여 관찰과 같은 문화기술지 방식도 한 예로 들 수 있다. 이 방식은 풍부한 자료를 얻어낼 가능성이 높은 만큼 장기간 연구에 더 적절하다. 비용도 연구를 기획하는 데 고려해야 한다. 연구자는 여러 방식을 아울러 활용해 자료를 제대로 판단하고, 이를 통해 개인의 반응과 행동을 사회적 맥락에 맞게 조건화할 수 있다. 더불어 이렇게 함으로써 "문제 삼고자 하는 현상에 대한 심층적 이해를 보장받을 수 있다"(Denzin and Lincoln, 1998: 4).

성 산업을 고려한 연구를 할 때 경찰 통계나 2차 통계자료가 유용한 점도 있다. 그러나 이런 보고 자료가 성 산업에 개입된 관련자 상당수를 누락하고 있다는 점도 고려할 필요가 있다(통계자료에 대한 논의는 제3장 참고). 그런 면에서는 질적 연구가 성 산업에 종사하는 사람의 특징과 경험에 대한 더 깊이 있는 자료를 제공할 여지가 많다. 성노동자의 인터넷 사용이 늘어나면서 온라인 설문조사는 특정 분야의 다양한 성노동자에게 접근하는 수단이기도 하다(Sanders et al., 2016). 어떤 하나의 방법론을 택하든 여러 방법론을 결합해 사용하든 중요한 점은 연구 주제를 잘 설명할 수 있는 적절한 방식을 선택하는 것이다. 주어진 상황에 보다 잘 들어맞을수록 좋고, 그럴 경우 선택한 방법론에 대한 근거를 제시하기도 수월하다.

성노동에 관한 연구를 계획할 때는 연구 기획 단계에서 이론적·윤리적·방법론적 쟁점에 덧붙여 건강과 안전에 관한 현실적 고려와 특정 연구 방법의 타당성에 대해 생각할 필요가 있다. 일례로 거리 성노동자를 대상으로 하는 연구는 종종 이들이 생활하는 환경이나 노동 시간을 고려해 진행하게 된다. 연구를 위해 만나는 것이 아주 잠깐이거나 만남 자체가 일을 방해할 수도 있다. 이를 고려하면 만남을 위주로 하는 전통적인 인터뷰 방식은 가장 적절한 방법론이 아닐 수 있다. 피처 등(Pitcher et al., 2008: 164)은 거리에서 일하는 성노동자와 접촉하며 연구하는 동안 겪은 복합적 상황을 이렇게 설명한다. 즉, 성노동자와 공식적인 인터뷰를 진행하는 데 그치지 않고 "복합적인 방법론을 채택했다. 이를테면 인터뷰도 하고, 참여 관찰도 진행하면서 전형적인 노동 시간(주로 야간)에는 해당 구역에서 시간을 같이 보내며 비공식적인 대화도 나누고 노동 환경을 관찰하기도 했다". 오닐(O'Neill, 2001: 74)은 성노동에 종사하는 여성에 대한 연구를 진행하며 맞닥뜨린 어려운 점을 기록하면서, 신뢰 관계를 쌓기 위해 상당 기간을 같이 보내야 한다고 조언한다.

처음에는 여성이 거리 밖에서 나를 만나 이야기하는 것을 달가워하지 않았다. 그러나 신뢰가 쌓여가면서 여성은 만남에 대해 협조하는 방향으로 변해갔고, 비록 녹음은 원하지 않았지만 이야기도 더 많이 들려주었다. 그리고 나중에 여성은 자신의 생애사를 들려주는 것에 동의하고 이 서사를 녹음하는 것도 승낙했다.

성 산업 내 시설의 관리자에 대한 연구를 수행할 때도 마찬가지로 신뢰와 접촉에 관한 쟁점이 문제가 된다. 샌더스는 한 가지 관련 사례를 다음과 같이 설명한다.

거리 폭력이나 취약함에 비하면 잘 포착되지 않지만, 주지하다시피 불법 업소라는 전제 조건이 있기 때문에 그 안으로 발을 들여놓는 것 자체가 매우 어렵다. 특히 연구자가 여성인 경우 더욱 그렇다. 업주, 관리자, 노동자 모두 익숙하지 않은 방문객을 의심하게 된다. 특히 건물에 들어오는 여성은 대부분 일할 거리(경쟁 상대)를 찾아오거나 아니면 경쟁 업소를 염탐하러 오기 때문이다. 연구자가 개입 초기에 제삼자의 소개 없이 성노동자에게 직접 본인을 소개하는 경우는 매우 드물다고 알려져 있다(Sanders, 2006: 476).

업주의 네트워크를 통해 알려지고 그 속에서 신뢰 관계를 쌓고 나면, 연구자는 남녀를 불문하고 매번 누군가를 같이 데려가지 않더라도 원할 때 현장 방문을 할 수 있게 된다.

성 산업에서 일하는 사람의 업무를 어떻게 규정할 것인지에 관한 현실적 사안도 문제가 될 수 있다. 이 책의 앞부분에서 언급했지만, 이를테면 업주 역할과 성노동자의 동업자 간 경계는 분명하지 않다. 메이 등(May et al., 2000)은 업주, 동업자, 관리자에 대한 연구를 서로 다른 네 지역을 중심으로 진행하면서, 이들의 업무를 미리 규정하지 않고 응답자가 본인 지위에 가장 잘 들어맞는 것을 선택하도록 유도했다. 이렇게 하면 특권화된 '외부자'인 연구자가 자기 생각대로 다른 사람의 경험을 잘못 범주화하는 오류를 극복할 수 있다. 그리고 대상자 스스로의 경험을 토대로 본인 스스로를 규정할 수 있다.

직접 접촉이 없는 성 서비스 산업 부문에서는 관찰과 인터뷰가 나란히 진행될 수 있다. 이미 성 산업에 종사하는 여성이 연구자가 되어 참여 관찰자 역할을 하는 전통은 오래전부터 있었다. 일례로 랩댄싱에 관한 훌륭한 문화기술지 연구 대부분은 연구자가 내부자 신분으로 참여했기에 가능했다. 로나이와 엘리스(Ronai and Ellis, 1989), 프랭크(Frank, 2006, 2007), 이건(Egan, 2003) 등의 학자는 내부자 지식을 둘러싼 찬반론을 이렇게 설명한다. 내부자 지식은 본인을 연구하는 역할과 노동, 상품화, 성적 노동 등과 같이 댄서로서 개인 삶을 형성하는 하나의 과정이라는 이중적 역할 사이에서 줄타기를 하는 것이다. 이런 점에서 이건과 프랭크(Egan and Frank, 2005)는 참여 관찰에서 관찰자 역할의 중요성을 강조한다. 이 역할을 통해 어떤 방식으로든 상업적 성 산업에서 개입이 이루어지는 상황을 성찰할 기회를 얻을 수 있다. 이는 연구자의 입장과 지점을 분명히 정하는 데 매우 중요하다.

성노동 연구라는 맥락에서 연구자의 젠더는 흥미롭고 중요한 활력소가 될 수 있다. 연구자의 사회적 정체성은 자료 수집과 그 가능성에 큰 영향을 미칠 수 있다. 오코넬 데이비드슨과 레이더(O'Connell Davidson and Layder, 1994: 219)는 연구자의 젠더 정체성이 실내 성 시장 내부로 진입하는 데 매우 중요한 특장점이 되었다고 회고한다. "오로지 내가 여자였기 때문에 접객원 receptionist으로 참여할 수 있었다." 남성 연구자는 원칙적으로 전화를 받을 수도 없고 손님을 환영할 수도 없기 때문이다. 그렇다고 해서 남성 연구자가 성 산업 연구를 할 수 없다는 이야기는 아니다. 허버드(Hubbard, 1999)는, 이를테면 남성 연구자가 성 건강 프로젝트를 활용해 접근을 시도하는 경우 극복해야 할 몇 가지 요구 조건과 어려움이 있을 수 있다고 말한다. 이런 요소는 연구자의 젠더와 관계없이 모든 연구자가 겪어야 하는 사안일 수 있다고 지적한다. 허버드(Hubbard, 1999: 233)는 성 산업에 대해 더 알고자 노력하는 연구자가 염두에 두어야 할 네 가지 주요 과제를 제시한다.

- 지식의 생산은 매춘을 둘러싼 낙인을 줄이는 방향으로 향해야 한다.
- 연구자는 성 산업의 현실에 대해 일정 정도 통찰력이 있어야 한다.
- 매춘은 언제나 피해에 관한 사안이 아니라 어떤 형태의 노동일 수 있다는 점을 인정할 수 있어야 한다.
- 건강과 안전에 관한 위험이 최소화되어야 한다는 신념에 기초해야 한다.

이 네 가지 기준안은 성 산업 연구를 기획하는 단계에 있는 연구자에게 유용한 정보가 될 것이다.

몇몇 저작들에서는 연구자가 연구를 진행하는 동안 어떤 위치에 놓였는지를 보여주는 연구들을 볼 수 있다. 해먼드와 킹스턴(Hammond and Kingston, 2014)은 성을 구매하는 남성과 거리 성노동에 대한 지역사회 반응을 조사하는 별도 프로젝트에서 예상치 못한 감정적 붕괴와 함께 연구 현장과 개인의 삶에서 낙인을 맞닥뜨렸음을 보여준다. 또 우리는 낯선 커뮤니티에 보다 가까이 다가가기 위해 연구자 가운데, 특히 학생 연구자가 하는 복잡한 역할에 대해서도 잘 알고 있다. 후웰(Whowell, 2010)은 연구를 진행하면서 동시에 남성 성노동 지원 기관을 통해 아웃리치 활동가로 일한 그녀 자신의 경험을 되돌아본다. 이 이중적 역할을 통한 접근은 불가피하게 윤리적 딜레마와 절충을 야기하지만, 학생이자 연구자가 자원봉사자로서 시간과 연구 교섭에 필요한 능력을 제공함에 따라 실무자/연구자 모델은 점점 일반적인 것이 되어가고 있다. 어떤 방식으로든 커뮤니티에 포함되는 과정은 우리가 '깊은' 접근이라고 부르는 것으로, 대중들에게는 숨겨져 있는 커뮤니티, 공간, 환경, 지식에 이르는 경로가 될 것이다.

양적 방법

성노동 연구자들은 물론 성 산업을 수량화하는 어려움을 알고 있지만(Cusick et al., 2009), 매춘의 양적 추세를 탐색하는 데 유용하다. 샌더스 등은 설문조사를 통해 일터와 폭력 경험의 관계를 밝혔으며(Sanders et al., 2016), 로버츠 등(Roberts et al., 2013)과 사거 등(Sagar et al., 2016)은 성노동에 참여하는 학생들을 조사하기 위해 방대한 지리적 거리에 걸친 큰 표본을 대상으로 설문조사를 실시했다. 비교적 지역 수준에서, 설문지는 특정한 지형 내에 있는 성노동자의 요구와 경험을 알아내는 데 유용한 자료가 되기도 한다. 예를 들어 벨리스 등(Bellis et al., 2007)은 영국 리버풀의 거리 성노동에 대한 관리 구역에 대한 태도를 살펴보기 위해 대규모 설문조사를 실시했다. 따라서 양적 연구는 성노동자의 특성, 라이프스타일, 노동 관행을 알아보는 데 유용하며, 이는 질적 연구에서 도출한 지식에도 기여할 수 있음을 나타낸다. 양적 연구는 연구자와 응답자 사이에 거리가 더 멀어도 가능하게 하며, 연구 표본의 개입과 방향이란 면에서는 결점을 낳지만 큰 표본이 사용되거나 접촉이 불가한 경우에는 유용하다. 온라인 조사를 하는 경우 특히 그러하다.

성 구매자에 대한 연구

성을 판매하는 사람에 비해 성을 구매하는 사람에 대한 연구와 관심이 훨씬 덜한 것이 사실이다(성 구매 남성보다 성 판매 여성이 주로 연구되는 것은 심각한 젠더 편견의 반영이다). 그러나 성 구매 남성에 대한 중요한 해외 연구가 전혀 없는 것은 아니다. 연구는 질적/양적 방법론을 넘나들며 진행된 것이지만 주로 인터뷰를 기반으로 한다. 고객에 대한 접근도 다양한 방식으로 진행되었다. 재활 프로그램이나 감옥(Monto, 2000)을 통한 방법부터 거리와 실내 성 시장 현장(Campbell, 1998), 미디어의 광고 활용(Barnard et al., 1993), 성 건강 클리닉 (Groom and Nandwini, 2006), 인터넷(Peng, 2007)을 활용하는 방법에 이르기까지 다양하다. 이 경우 여성 연구자는 젠더라는 역학 관계를 효과적으로 잘 조절해야 한다. 해먼드와 킹스턴(Hammond and Kingston, 2014), 그렌츠(Grentz, 2005) 등은 이 연구에서 성애화된sexualized 속성이 중요한 문제가 되며 다루기도 까다롭다는 점을 강조한다. 그러므로 연구자가 연구를 진행하는 맥락에서 참여자가 연구 과정에 어떻게 개입하는지 잘 관리하는 것이 중요하다. 또한 연구 기획 단계에서 신뢰와 비밀 보장 문제를 어떻게 해결할지도 중요하게 고려해야 한다. 성 구매 남성은 사생활 노출을 우려하며, 성노동을 팔거나 관리하는 사람에 대해서도 익명성을 유지한다. 덧붙여 주변 사람에게 알리지 않고 성 산업에 참여하는 여러 남성들에 대해서는, 치료적 특징을 포함한 인터뷰 과정이 진행되기도 한다.

인터넷을 기반으로 한 연구

우리가 연구자로서 바뀌는 성노동 추세에 주의를 기울여 준비하고 그에 맞춰 연구 질문과 연구 설계를 해야 한다. 지난 수년 동안 인터넷이 성 산업의 조직과 운영에 어떤 중대한 영향을 미쳤는지는 연구가 꽤 진행되었다. 하지만 우리가 아는 게 거의 없는 주제이자 성노동의 사회학이 앞으로 할 일이 많은 분야이기도 하다. 윤리적 문제와 함께 현재와 같은 새로운 기술을 따라 컴퓨터로 매개된 의사소통 작업의 중요성이 연구되기 시작되었는데(Sanders et al.,

2017), 이러한 방법론적 경계야말로 새로운 질문을 하고 대안적으로 떠오르는 극도로 숨겨진 성 시장을 탐구하기 위해 밀고 나가야 하는 지점이다. 예를 들어 젠킨스(Jenkins, 2010)는 새로운 기술이 독립적 웹사이트를 통해 에스코트로 일하는 남성·여성·트랜스젠더 성노동자에게 접근하는 데 특히 어떻게 유용한지를 설명한다. 인터넷을 활용하면 연구 분야에서 거의 알려지지 않은 시장을 확인하고 탐색할 수 있다. 예를 들어 타일러(Tyler, 2014)는 런던에서 온라인 남성 성노동자의 광고를 조사하고, 인터넷이 소셜미디어와 성노동 사이의 상호작용 방식을 볼 수 있게 하는 공간임을 보여준다. 이 새로운 기술은 연구자가 웹을 이용해 새로운 의사소통 방식을 만드는 혁신적인 기회를 제공한다. 온라인 커뮤니티는 더 많은 사람과 접촉할 공간이 되고 설문조사 도구를 사용해 기본 자료를 수집할 수 있게 하므로, 소규모의 질적 면접 형식을 뛰어넘을 충분한 가능성도 제공한다. 주지하다시피 익명성과 비밀 유지는 성 산업에서 중요한 고려 사항인데, 온라인 방식은 이메일과 메시지를 통한해 개인 신상을 드러내지 않고 상호소통할 수 있는 가능성을 제공한다.

하지만 인터넷을 이용한 연구는 방법론적 도전뿐 아니라 중대한 윤리적 문제를 가져온다(Hine, 2005; Ashford, 2009). 온라인상에서 연구 관계를 만들거나 가상공간에서 상호작용을 관찰하는 것은 연구자 정체성부터 스스로의 신분과 목적을 어느 정도 드러낼 것인지까지 폭넓은 범주의 사안을 포함한다(Sanders, 2005a 참조). 온라인 토론 집단은 공적인 것으로 보이지만, 회원들은 그들 상호작용을 개인적인 것으로 인식할 수 있다(Bryman, 2008). 인터넷연구자협회Association of Internet Researchers(Ess and AoIR, 2002)는 지침을 제공해 웹사이트가 준수해야 하는 윤리적 요구에서 출발해 자료 인용에 대한 승인 권한을 모색하고 그 자료를 어떻게 사용할지도 명확히 하도록 권유한다. 샌더스에 따르면 성노동 커뮤니티는 스스로 규정한 커뮤니티의 합법적인 구성원에 속하지 않는 타자와 온라인상 관계를 맺는 데 극히 회의적이다(Sanders, 2005a). 펑(Peng, 2007)은 이들이 성 구매 남성과 만나기 위해 활용하는 인터넷에서 다양한 종류의 성적 언급을 듣거나 부적절한 제안을 받았고, 결국 이로 인해 괴로움과 불안을 겪었다고 토로했다.

최근 우리가 참여하는 연구 사례는 성노동자가 만난 위험한 사람에 대한 보고 및 경고 서비스인 내셔널 어글리 머그 프로젝트(https://uknswp.org/um/)에 가입한 회원을 대상으로 한 설문조사로 노동의 질, 직업 만족도, 노동 경험을 조사한다. 이 시범 프로젝트는 웰컴트러스트Wellcome Trust에서 소규모 보조금 제도의 지원을 받아 진행되는데, 온라인 설문조사 도구를 사용해 온라인으로 일하는 성노동자의 일, 고객, 노동환경, 범죄와 안전 문제에 대한 경험과 개인의 행복감, 직업 만족, 성노동에 관한 전반적 생각을 묻는 70여 개의 질문으로 이루어진다. 이 온라인 설문조사는 8주 만에 영국에 기반을 둔 성노동자에게 240건의 설문 응답을 받았으며 접근하기 어려운 성노동자 집단에 관한 광범위한 자료를 확보하도록 했다(Sanders et al., 2016 참조). 만약 이 작업에 질적 면접을 선택했더라면, 많은 시간과 자원을 소비했어야 하는 폭넓은 경험인 것이다. 온라인 성 경제는 연구자들에게 새로운 현장을 제공한다. 이 현장은 아웃리치 프로젝트와 같은 전통적 경로를 통해서는 접근 불가능한 참여자에게 다가가고 관찰하며 문화기술지 연구를 진행하고 커뮤니티와 그 작동을 탐구할 수 있게 하는 장소이다. 이러한 새로운 분야는 대안적이고 창조적인 조사 방법을 이용하기 위해 방법론적 불모지를 개척하고자 하는 연구자라면 도달해야 할 곳이다.

사례 수집의 문제

성 산업에서 일하는 성노동자나 관련된 사람에게 접근하는 것은 어렵다. 그래서 인터뷰에 응한 사례는 전체를 대변하기보다 일부를 제한적으로만 대변하는 경우가 많다. 이를테면 '기도gatekeeper'를 통해 인터뷰에 응하는 사람과 만나는 경우, 성노동자와 함께 일하는 대행업자가 인터뷰 사례로 선정된다.

이런 방식만 활용하면 이 업체와 연결된 개인이라는 제한된 사례만 연구하게 되고, 전체 성노동자를 대변할 수 없게 된다(Shaver, 2005). 이와 같은 사례 수집을 통해 개발된 정책적 함의에 대해서는 나중에 살펴볼 것이다. 눈덩이 사례snowballing 수집 방법은 특정 서비스와 연관된 사람을 넘어 사례를 더 확대하는 데는 도움이 되지만, 적극 참여하는 사람이나 특정 사회집단에 포함된 사람만 포괄한다는 맥락에서 사례 자체에 편향이 있을 수 있다. 셰이버(Shaver, 2005: 296)는 편향된 사례가 정형화된 틀을 다시 반복하는 것으로 이어질 수 있다고 설명한다. "참여를 꺼리는 사람의 이야기나 위기 상황에 놓인 사람의 이야기는 거의 들을 수 없다. 목표를 설정한 사례 수집은 널리 활용되기는 하지만, 낙인찍힌 집단에 잘 융합될 수 있어야만 의미 있는 결과를 얻을 수 있다."

사례 수집의 편향이 불가피한 경우도 있다. 이 경우 연구자가 동일한 혹은 비슷한 조건이나 행동에 대해 설명이 서로 다를 수 있다는 점을 입증할 다층적 방법을 활용하면 이 한계를 어느 정도 보완할 수 있다. 그러나 다른 집단과 마찬가지로 성 산업 내의 다양성을 고려할 때, 한 연구가 전체를 대변하는 것은 거의 불가능한 일일 수밖에 없다. 그러므로 연구에 활용된 방법론에 대해 가능한 한계를 분명히 밝히는 것이 중요하다. 도시환경에 대한 사례 연구를 통해 뮈르(Muir, 2008: 126)가 고찰한 것처럼, "[사례가] 편중될 수밖에 없음을 인정하고 그런 편중에 미리 대비하며 그 한계 속에서 자료로 활용하는 것이 …… 지금으로서 가능한 교훈이다".

연구자의 건강과 안전

연구자에게 안전이라는 문제를 제기하는 연구 분야가 성노동 연구만은 아니다. 그러나 성 산업의 본질과 노동 시간을 인정한다면, 이 분야에 대한 연구를 수행할 때 몇 가지 사안을 중요하게 고려하는 것이 좋다(Boynton, 2002 참고). 연구자가 밤늦게 혹은 고립된 장소에서 인터뷰를 진행할 때는 되도록 짝을 지어 함께 있는 것이 좋다. 그러나 연구비 예산이 넉넉하지 않은 경우 이런 방식으로 연구를 진행하는 것은 쉽지 않다. 피처 등(Pitcher et al., 2008)은 연구자의 안전을 확보할 수 있는 여러 방안을 제시한다. 카페나 어느 정도 공적인 장소에서 인터뷰를 하거나, 프로젝트를 받아 인터뷰를 진행하거나, 혹은 아웃리치를 하는 차량에서 인터뷰를 진행해 비밀이 보장되도록 하는 방법도 있다. 또는 해당 장소에 들어가거나 나갈 때 다른 연구자와 함께 기록을 남기는 체계를 이용할 수도 있다. 샌더스(Sanders, 2006) 역시 기도 역할을 맡아 보호해 줄 사람을 찾는 등 연구자가 택할 수 있는 다양한 안전 절차를 알려준다.

이처럼 성 산업 연구를 계획하는 단계에서 신변 안전이라는 사안은 중요하다. 그뿐만 아니라 폭력, 트라우마 혹은 고통스러운 사건을 경험한 성노동자와 연구를 진행할 때 이들이 전하는 감정적 충격에 대해서도 연구자는 주의를 기울일 필요가 있다(O'Neill, 2001; Pearce et al., 2002; Sanders, 2005b 등). 강한 감정이 드러날 수 있는 주제에 접근하는 경우에도 분노나 불쾌감을 표출하는 데 조심할 필요가 있다. 샌더스(Sanders, 2008)는 여성 성노동자의 성을 구매하는 남성을 인터뷰하면서 분노와 절망의 감정을 느낀 적이 있다고 적었다. 레더비(Letherby, 2003)는 연구자가 감정을 조절해야 하지만, 한편으로 페미니즘 연구자 입장에서는 차별을 야기하는 관점에 맞서 문제 제기를 할 필요성도 느끼는 복잡한 심경이 있다고 토로한다. 피처 등(Pitcher et al., 2008: 163)은 거리 성노동 구역의 거주민을 연구한 경험을 언급한다. 연구를 진행하던 당시 거주민 중 일부가 성노동자에 대한 반감을 공격적 언어를 사용하며 적대적으로 표출할 때 특히 어려움을 겪었다고 설명한다. 그러나 결국 연구자는 "그런 관점에서 전문가로서 거리를 유지할 수 있도록 해야 한다"라고 조언한다. 레더비(Letherby, 2003)는 이에 동의하며 연구자가 인터뷰에 응한 사람의 관점에 문제를 제기하지 않으면서 오히려 그 편견의 본질이나 정도를 통찰하도록 유도할 수 있다고 강조한다. 만일 인터뷰에 응한 사람의 관점에 문제를 제기하면 이 역시 연구에 영향을 끼칠 수 있다. 사회복지나 상담 같은 분야에서는 그 나름의 공식 지원 체계가 있지만, 이 체계가 연구자의 연구 상황에 딱 들어맞는다고 보기는 어렵다. 연구진이 팀을 구성해 연구하는 경우 서로 정서적으로 지원하는 방법을 모색할 수도 있다. 그러나 혼자 연구하는 경우에는 현장에서 겪게 될 감정적 반응을 스스로 잘 관리할 방도를 찾아야 하기 때문에 상황이 좀 더 복잡할 수 있다.

적절하며 윤리적인 연구를 하려면?

페미니즘 연구는 어떤 연구와 실천이 윤리적인가라는 질문을 풍성하게 논의 하는 데 도움이 된다. 이 질문은 페미니즘 방법론에만 아니라 다른 질적 연구 방법을 활용한 연구에서도 제기된다. 특히 연구자와 연구 대상 사이의 권력 차이에 대한 인정과 성찰이 필요하다는 점은 이미 앞에서 언급했다. 영국사 회학회British Sociological Association와 사회연구협회Social Research Association에서는 사 전 동의나 연구 참여자에 대한 비밀 보장 등 연구 윤리 지침을 만들었다. 개 별 기관에도 나름의 연구 윤리 지침이 있으며, 이를 감독할 위원회도 있다. 여기서는 특히 성노동자에 관한 연구에서 고려할 윤리적 사안 몇 가지를 살 펴보려고 한다. 이 사안에는 어떤 방식으로 접근할지, 비밀 보장과 사전 동 의, 연구 진행 과정과 역할의 투명성, 연구 참여자의 요구에 민감하게 대처할 수 있는지 등이 포함된다. 학계의 연구진은 각자가 소속된 기관의 윤리위원 회로부터 승인을 받아야 한다. 그렇지 않으면 주제의 선택, 방법론, 안전 등 의 사안과 관련해 문제가 생길 수 있다(Sanders, 2006).

연구 대상에 대한 접근 문제와 연구 과정의 투명성

성노동자는 종종 '접근하기 어려운' 집단으로 간주된다. 그래서 처음 접근을 시도할 때는 종종 지원 단체의 기도 역할을 맡은 사람들을 통한 방법이 동원된다. 이를 통해 연구자는 해당 지역의 상황을 소개받고, 상대적으로 비공식적이며 다소 편안한 분위기에서 서비스 구매자와 친분을 만들 수 있다(Sanders, 2006; Shaver, 2005). 그러나 주지하다시피 이런 접근 방식은 제한된 사례만을 수집해 성 산업의 다양성을 온전히 반영하지 못할 수 있다. 이같이 제한된 사례만을 기반으로 하는 경우 그 지역 성노동자 집단에 대한 정보를 정책에 부정확하게 반영하는 한계로 이어질 수 있다(Agustín, 2007 참고). 피처 등은 이런 한계를 다음과 같이 설명한다.

> 특히 상대적으로 제한된 규모의 성노동자 사례를 반영한 연구를 토대로 한 정책에서 이런 한계는 두드러진다. 이러한 연구 사례는 최근 영국의 정책 자료에서 드러나듯, 어떤 특정한 도덕적·정치적 입장을 견지하며 그 입장을 토대로 거리에서 일하는 성노동자를 피해자화하거나 이에 대한 착취를 설명하는 데 집중하는 방식으로도 드러난다(Pitcher et al., 2008: 165).

그러므로 연구에 참여할 사람을 더 많이 구하거나 그들에게 접근 가능한 추가 수단을 고려하는 것이 매우 중요하다. 기도들을 통한 접근 방식에도 어려운 점이 없지는 않다. 이 경우에도 연구자는 먼저 연구의 타당성과 신뢰성을 입증해야 한다. 그리고 연구자의 개입으로 업소에서 일하는 사람과 서비스 구매자 사이의 신뢰 관계가 무너지지 않을 것이라고 해당 업소를 설득해야 한다. 그렇게 해서 연구에 응한 사람에게 해가 되지 않는다는 점을 보장해야 한다(Sanders, 2006).

연구자라는 입장

성노동자와 함께 일하는 사람을 통해 이 분야에 접근할 때 연구자는 성노동 상황과 분리되어 있지 않다는 것을 고려해야 한다. 이를 고려하지 않으면 관련된 사람들의 반응이 달라질 수 있다. 이 문제는 특히 연구자가 성노동자와 함께 일하는 단체에서 운영하는 아웃리치 과정을 관찰하거나 과정에 참여할 때 흔히 드러나는데, 연구자가 그 과정에서 역할을 혼동하기 때문이다(Pitcher et al., 2008; Sanders, 2006; Wahab, 2003). 따라서 연구 과정이나 연구 결과물에 대한 투명성, 특히 연구자 역할에 대한 투명성이 연구의 전 과정에 걸쳐 중요하다. 이를 제대로 보장해야 응답자는 본인이 기여한 부분이 어떻게 활용되고 제시될 것인지 분명히 알 수 있다. 연구 목적이나 기대되는 결과, 예상되는 청중은 어느 정도인지, 어떻게 비밀을 보장할 것인지, 기타 궁금한 점이 있을 경우의 연락처 등을 설명하는 안내지나 문서를 만들어 참가자에게 나누어주는 것도 좋은 방법이 될 수 있다.

흔히 연구자는 자신의 정체성이 뒤바뀌는 경험을 하거나 '외부인-내부자' 딜레마를 겪은 경험을 문화기술지 연구를 통해 토로하곤 한다. 와하브(Wahab, 2003: 628)는 시애틀의 성노동자 연구를 진행하던 당시 '사회복지사, 관찰자, 성노동을 할 수 있는 사람, 인권옹호가, 친구, 너무나 좋은 사람'이자 학문 공동체의 일원으로 성노동자를 지원하고 그들의 인권을 옹호하는 프로젝트와 결합해 일하던 중 느낀 복합적 정체성을 언급한다. 샌더스(Sanders, 2006)는 "완전히 관찰자 입장"에서만 실내 성노동자를 연구하면서 느낀 윤리적 갈등이 있고, 내부자 지위를 통해 역할의 경계를 허물며 얻게 된 장점과 단점이 있다고 말한다. 아울러 그로 인해 서로의 거리를 유지할 수 없게 된 측면도 언급한다. 또한 와하브(Wahab, 2003)는 성노동자에 대한 연구를 진행하면서 이들과 지내는 경험을 통해 스스로 성노동에 대한 관점과 접근 방식이 얼마나 극단적으로 바뀌었는지도 덧붙인다. 이 과정을 통해 성노동을 착취로 바라보던 자신의 관점이 여성의 개인적 상황이나 일하는 상황의 다양성을 더 잘 이해하는 쪽으로 바뀌었고, 이후 스스로 매춘인 권리 단체의 구성원이 되었다.

비밀 보장과 사전 동의

연구자는 인터뷰에 응한 사람의 이해관계를 보호할 책임이 있다. 즉, 참가자의 익명성을 보장해야 한다. 이를 보장하는 방법은 이름을 가명으로 처리하는 것에 국한되지 않는다. 인용 자료가 공적 문서로 활용될 때, 이를테면 인용이나 서술을 통해 개인의 정체성이 노출될 가능성이 있는지 여부에 대해서도 세심하게 고려해야 한다. 성노동자에 관한 연구를 진행할 때는 이들이 처한 상황이 법적·사회적으로 위태로운 조건임을 고려하고 개인의 신변을 노출시킬 만한 어떤 정보도 제공하지 않을 것임을 보장하는 것이 중요하다. 비밀 보장은 공적인 문서에 활용되는 경우에 국한되지 않으며 자료 보관 시에도 적용해야 한다.

　한 개인을 연구 대상자에 포함하기에 앞서 다음 사항을 충분히 검토하는 것이 좋다. 연구에 대한 협조는 자유로운 의사 결정에 따라 내린 동의이자, 연구 과정과 결과물 활용에 대해 충분한 정보를 듣고 난 이후 내린 결정이어야 한다. 언제든 거부하거나 중도에 그만둘 수 있다는 점도 미리 고지되어야 한다. 고지 내용에는 인터뷰와 집중 인터뷰 집단이 어떻게 구성되고, 수집된 자료는 어떻게 활용할 것인지에 관한 내용, 그 과정에서 반드시 비밀이 보장된다는 내용도 포함되어야 한다. 때로 인터뷰에 응한 사람과 인터뷰하는 사람 사이에 서명이 담긴 동의서가 작성되는데, 이 동의서를 보관하면서 정보에 대한 비밀 보장이 이루어지지 않을 수 있다는 점 때문에 동의서 작성에 대해서는 이견이 존재한다. 사회연구협회의 지침(SRA, 2003: 31)에 따르면 "취약한 집단에 대한 연구를 진행할 때는 이들의 권리 보호에 최대한 신중해야 하

며 이들의 동의가 전적으로 자유의사로 진행되었음이 보장되어야 한다"라고
되어 있다. 참여/비참여 관찰을 통해 자료를 수집하는 비공식적 방식에서는
'사전 동의'를 구하는 것 자체가 문제가 될 수 있다(Shaver, 2005). 이에 대해 뮈
르(Muir, 2008: 126)는 "경험을 돌이켜 볼 때, 특히 관찰하는 경우에는 사전 동
의를 구할 수 없다는 것이 거의 확실하다"라고 정리한다. 이에 대해 샌더스
(Sanders, 2006: 480)는 실내 업소에서의 연구 경험을 되살려 설명한다. 해당 공
간에서 미리 성노동자와 그녀의 기도에게 사전 동의를 구했지만, 성노동자의
요구가 있을 시 고객과 만날 때는 자신의 연구자 신분을 드러내지 않기로 했
다. 샌더스는 이것을 일종의 미묘한 '연구적 타협'이라고 설명한다.

　샌더스는 거래가 발생하는 상황에서 서로 다른 이해관계가 얽혀 있을 때
균형을 잡아야 할 필요성을 알려준다. 즉, 한 집단에 대해 본인 신분을 노출
하는 것이 또 다른 여러 집단에 거꾸로 영향을 미칠 수 있음을 고려해야 한
다. 이를테면 기도와 성노동자 집단의 경우, 고객에게 연구자를 노출하는 것
은 사업에 해악을 끼칠 수 있고, 고객-노동자 관계에 저촉될 수도 있다. 연구
의 일차적 주요 대상인 노동자 스스로 자신이 일하는 조건에서 연구 대상이
아닌 고객을 노출시키지 않겠다는 것은 글자 그대로 고객을 방어하는 것이
될 수 있다. 그러나 사회연구협회나 영국사회학회 같은 연구 기관에서는 숨
기는 방식을 취하지 말라고 권고한다. 사회연구협회의 윤리 지침(SRA, 2003:
34)에 따르면 "숨기면서 관찰하거나 속이는 방식을 활용한 연구가 정당화되
는 경우는 적절하게 자료를 수집할 윤리적이고 건전한 방도가 전혀 없을 때
뿐이다". 기존 연구를 고려하면 성노동자, 기도, 사업 동료, 고객을 대상으로
하는 연구의 경우, 방법론적 투명성이나 참여자의 동의를 통해 윤리적이고
안전한 연구를 실행할 수 있다고 본다. 따라서 숨기는 방식의 연구는 일반적
으로 부적절하거나 비윤리적인 것으로 간주된다. 모리스 펀치Maurice Punch는
이렇게 덧붙인다.

일반적으로 건전한 학문 공동체에서 진지하게 공부하는 연구자는 신뢰를 선호하며 속임수를 거부하고 해악을 꺼린다. 연구진은 원칙뿐만 아니라 본인의 이해관계를 고려하는 측면에서도 현장을 망치거나 연구에 방해되거나 전문인으로서 자신의 명성이 손해를 입지 않도록 충분히 경계할 것이다. 그렇지만 현장 상황이 매우 복잡다단하고 유동적임을 고려하면 전문가로서의 규범이나 건전한 충고가 그 상황에서 분명하게 적용되기는 어렵다는 점도 이해할 수 있다 (Punch, 1998: 180).

그러므로 아무리 신중을 기해도 연구 참여자를 속이는 방식은 일반적으로 좋지 않은 연구 관행으로 간주된다. 그러나 참여 관찰 같은 방법을 활용할 때는 신분을 노출하지 않는 게 불가피할 수도 있다.

참여자에 집중하는 방식

연구 지침은 '참여자에 집중하는' 연구를 중요하게 제시한다. 지침에는 인터뷰에 응하는 사람의 권리와 존엄을 존중하며, 이들의 안전을 위해 필요한 것을 인식하고 적절히 대응할 것, 비밀 보장 및 이들이 인터뷰에 참여할지 여부를 선택할 수 있도록 해야 한다는 점도 분명히 명기한다. 연구자는 사생활에 불필요할 정도로 깊이 개입하지 않도록 주의해야 하며, 어떤 질문은 스트레스를 야기할 수 있다는 점도 인식해야 한다. 따라서 인터뷰를 진행하는 동안 참여자의 정서적 반응도 민감하게 살필 수 있어야 한다. 덧붙여 인터뷰와 관련된 조언·지원·지침이 담긴 정보를 작성해 인터뷰에 응하는 사람이 필요한 경우 참고할 수 있도록 해야 한다. 성노동자를 연구하는 경우 이들의 사적 공간을 보장하는 데 주의를 더 기울여야 한다. 특히 일하는 시간에는 더 세심하게 배려해서 고객과 상호작용하는 데 방해되지 않도록 해야 할 뿐만 아니라 고객의 접근을 가로막아서도 안 된다. 이런 종류의 지침 문서는 현장에서 일하는 여러 연구자(Pearce et al., 2002; Sanders, 2006; Shaver, 2005; Wahab, 2003)뿐 아니라 성노동자와 함께 일하는 현장 활동 담당자의 프로젝트를 통해 작성된다.

본인의 연구가 연구 계획의 어느 단계에 어느 정도로 개입되어 있는지를 막론하고 연구자는 참여자에 비해 불가피하게 권력의 우위에 서 있다는 점은 앞서 언급했다. 물론 이런 권력의 불균형은 앞서 언급한 몇 가지 과정을 통해 최소화할 수 있다. 동시에 참여자의 목소리가 들릴 수 있도록 해야 한다. 특히 취약 집단의 경우 더 많은 특권을 누리는 지위의 집단과 동등한 무게로 목소리에 힘이 실릴 수 있게 해야 한다. 피처 등(Pitcher at al., 2008)은 이를테면 해당 지역 주민 대표자에 맞서 성노동자의 관점도 마찬가지로 균형 있게 제시되어야 한다고 지적한다. 이렇게 해야 거리 성노동자에 대한 통상적인 선입견을 극복할 대안을 제시할 수 있다. 또 본인이 일하는 주변 동네의 상황에 관심을 갖고 지역 주민에 대해서도 책임감을 느끼는 여러 성노동자의 현실을 드러내 보일 수 있다.

참여자와 인터뷰 내용을 상호 검토하는 방법은 연구에서 권력 차이의 불균형을 바로잡을 수 있는 또 다른 방식이 될 수 있다. 언급했듯이 이는 본인이 어떻게 인터뷰 내용에서 재현되는지를 인터뷰에 응한 사람과 의논함으로써 참여자를 연구 과정에 더 긴밀하게 개입하도록 유도하는 방안이다.

연구 결과에 대한 분석과 재현

연구 참여자에 대한 책임은 연구자가 현장을 떠난다고 해서 끝나지 않는다. 연구를 통해 맺는 관계의 속성은 일정 정도 방법론에 따라 결정되지만, 적어도 질적 연구의 경우 수집된 자료의 타당성을 응답자와 함께 검토하는 것이 중요하다. 물론 '당사자 검토'라는 이 과정을 통해 일부 참여자는 자신이 한 인터뷰 일부를 사용하지 못하도록 거부권을 행사할 수 있다. 오클리(Oakely, 2000)의 표현에 따르면 인터뷰 내용은 어느 정도 '가공'을 거친 자료로 만들어진다. 거리 성노동자처럼 주변화된 집단을 연구하는 경우에는 인터뷰 내용을 검증하는 것 자체가 어려울 수 있다. 한 예로 참여자가 잠시 머물다 떠나는 경우, 연구자는 어느 정도로 검증 과정을 진행해야 하는지 자의적으로 판단하게 된다. 특히 참여적 접근에서 연구자는 해당 참여자와 자료에 대한 해석을 둘러싸고 이견을 조율해야 할 수도 있다. 이 경우 서로 충돌하는 이해관계가 발생할 때, 연구자가 어떻게 처리해야 하는지 고민할 수 있다(Ramazanoglu and Hollan, 2002). 연구자가 자료를 해석하는 최종 결정자 역할을 맡는 경우, 과정과 방법론적 투명성에 대한 성찰은 매우 중요한 사안이 된다. "해석이 스스로의 권력을 기반으로 한 것이고, 따라서 이 결정에 따른 결과에 대해서도 본인 책임이라는 점을 가능한 한 충분히 인식하는 것이 중요하다"(Ramazanoglu and Holland, 2002: 161). 앞서 오닐 등이 설명한 참여행동 연구는 연구에 협력하는 참여자가 어떤 식의 통찰력을 발휘해서 협동 과정에 개입하게 되는지 잘 드러내는 사례다. 그러나 모든 연구 참여자가 이 정도의 개입을 원하는 것은 아니다. 그렇기 때문에 분석 과정이 어떠해야 하는지, 주체의 목소리가 어떻게 재현되어야 하는지 결정하는 것은 오로지 연구자의 몫이 된다(Letherby, 2003). 연구 참여자가 연구 결과물을 보고하는 과정에서 핵심적 역할로 참여하지 못하는 경우, 연구자는 연구에 참여한 사람과 이 결과물을 어떻게 공유해야 하는지 잘 생각해야 한다. 어느 정도 두께가 있는 연구 보고서나 논문은 학계 내 다른 구성원의 관심은 끌 수 있을지 모른다. 그러나 연구에 참여한 사람이나 지역 주민 대표도 그 보고서에 관심을 갖고 읽으리라 보장할 수 없다. 그렇다고 해서 연구자의 연구 결과물을 해당 지역에 알릴 방도가 전혀 없는 것은 아니다. 이를테면 연구의 핵심 결과를 짧게 요약문으로 작성해 발표문을 만들 수 있고, 서로 다른 청중(연구 과정에 도움을 준 프로젝트 단체나 성노동자 쉼터와 지역 주민 모임)을 불러 결과에 대해 토론하는 자리를 만들 수도 있다. 연구를 어떻게 정책 변화로 연결해야 할지 잘 모를 경우, 특히 지역이나 전국 차원에서 정책 개발 담당자를 찾아 연구 결과물을 공유하는 방법을 떠올려 볼 수 있다.

연구를 통한 정책 입안 ─────────────────

정책 개발에 참여하는 것은 연구자나 학자에게 비교적 새로운 시도다. 연구
결과를 정책에 반영하려는 연구자라면 연구 결과를 토대로 제안할 때 제안이
현실적으로 추진되도록 지역이나 국가 단위의 이해 당사자와 파트너십을 맺
어 더욱 협력적으로 일하려는 노력을 기울이는 것이 중요하다. 더욱이 협력·
참여하는 연구라면 최종 보고서를 내는 데 그치지 않고 결과물에 담긴 내용
이 제대로 전달되어 실천으로 이어지도록 해야 한다. 그러나 이것이 희망 사
항인 이유는 지금까지 정책 관련 연구조사 자체가 제한적일 뿐 아니라 다소
편파적으로 진행되어 온 측면도 있기 때문이다. 페미니즘 방법론을 통해 얻
은 교훈을 상기하면, 연구는 참여자의 목소리를 반영하고, 서로 다른 경험을
존중하며, 섣부르게 획일화된 일반화를 결론으로 내려서는 안 된다. 오히려
참여자의 삶의 질을 증진할 잠재력 있는 실천 활동을 결과로 이끌어낼 수 있
어야 한다.

　　질적 방법론을 활용한 대부분 연구 중 주로 문화기술지 방식에 초점을
맞춘 연구는 정책 개발과 연결되기에 부족한 면이 많다는 지적이 있다. 그러
나 피처 등(Pitcher at al., 2008)이 강조하듯 이 경우에도 여러 층의 청중이 들을
수 있도록 결과물을 폭넓게 제시하고, 이를 바탕으로 결과물을 전국 단위의
정책 결정자와 지역 내 해당 당사자와 공유하는 단계를 덧붙이면 가능성이
전혀 없지는 않다. 트루먼(Truman, 2002)은 페미니즘 평가 방식을 통해 정보
를 적극적으로 퍼뜨리는 방법을 활용하면 정책을 고안하고 서비스를 제공하
는 데 도움이 될 수 있다고 덧붙인다. 이를테면 연구 과정에 지역 관계자를
개입시켜 연구 자문단으로 같이 참여하게 할 수 있다. 또는 참여적 방식을 활

용해 정책 공동체 내의 결과물이나 제안에 대해 주인 의식을 갖고 대하도록 독려할 수 있다.

성 산업을 연구하려는 대학생에게

대학교에서 점점 더 많은 학생이 성 산업 연구에 관심을 기울이고 있다는 것은 고무적이다. 이 주제에 대한 프로젝트를 확대해 논문으로 끌고 가려는 경우에는 경험적 자료 수집을 할 수 있다는 기대도 커 보인다. 그렇지만 학부에서 이처럼 민감하며, 다소 취약한 처지 때문에 연구하기 어렵다고 간주되는 집단을 둘러싼 주제에 대해 직접 경험 연구를 하는 것은 적절하지 않을 수 있다. 그러므로 여기서는 먼저 왜 학부에서 성 산업에 대해 연구하는 것이 적절하지 않은지 설명하려 한다. 그러고 나서 2차 자료를 중심으로 성 산업을 연구할 수 있는 몇 가지 방안을 제시하고자 한다.

적절한 조사 연구

대학교 학부에서 성노동자 혹은 성 산업과 직결된 사람에 대한 '새로운' 경험적 연구를 계획하고 진행하는 것이 어째서 특히 문제가 되며, 왜 어려운지에 대해 세 가지 쟁점, 즉 윤리적·방법론적·실천적 어려움으로 정리하려 한다.

윤리적 어려움
- 경험적 연구를 진행하려면 정해진 윤리적 심의 절차를 거쳐야 한다. 이를 거쳐야 프로젝트가 적절히 기획된 것인지, 해당 기관이나 전문 분야의 행동 지침을 준수한 것인지 확인된다. 그리고 이를 통해서 궁극적으로 연구 참여자나 연구자 스스로에 대해 아무 문제가 없다는 것

이 보장될 수 있다. 이 절차는 공식적 과정을 거친다. 그러므로 행정 업무와 연결되어 시간이 많이 걸리고, 규정에 적힌 기준에 맞는 관련 서류나 여러 업무를 보완해야 한다. 더욱이 자선사업 단체, 공식 기관, 의료 서비스 기관처럼 기도로서의 역할을 하는 경우에도 비슷한 절차를 밟으라고 요구할 수 있다. 이런 심의 절차는 학부 과정 연구의 기대 수준이나 프로젝트의 목적을 넘어서는 것이라고 할 수 있다.

• 사회과학자는 진행한 연구가 유용하게 쓰이도록 힘써야 하며, 그 연구 결과를 통해 변화와 발전을 이끌어야 할 의무가 있다. 다시 말해 프로젝트가 그 자체로 결과에서 의미를 찾을 수 있도록 구성해야 하며, 그 결과물이 어떻게 해야 최대 효과를 거둘 수 있는지 고려하고 있어야 한다. 그런데 이런 측면은 학부 과정의 프로젝트에서는 감당하기 어려울 수 있다.

• 윤리적 책임이라는 문제를 고려할 수 있다. 특정 집단에 대한 연구는 과도한 관심을 불러일으킨다. 그러므로 반드시 해야 하는 것이 아니라면 오히려 연구하지 않는 것이 윤리적으로 책임 있는 선택일 수 있다. 지난 10여 년간 성 산업에 관한 연구는 양적으로 상당한 수준에서 축적되고 있다. 그런데 연구 대상은 예컨대 거리 성노동자, 약물 이용자, 형사제도 내 범죄인 등 대체로 동일하다. 전체 산업에서 거리 매춘이 차지하는 비중은 가장 적다. 현장 활동을 하는 단체도 전통적으로는 사업장의 기도들을 통해 연구를 진행했기 때문에(Agustín, 2007) 연구 대상이 지나치게 과잉 집중되어 있다. 온라인 광고를 하는 성노동자에게 접근하는 게 보다 용이할 수는 있지만, 앞서 본 것처럼 성노동자나 다른 집단를 대상으로 한 인터넷 기반 연구와 관련된 심각한 윤리적 문제가 있다는 점을 유념해야 있다. 연구조사는 주변화된 혹은 '일탈' 집단을 대상으로 하는 단순한 흥미 위주의 관심이 아니라 진지한 관심을 바탕으로 해야 한다.

방법론적 어려움

- 학부의 학위논문은 방법론을 배우는 첫걸음마 단계라고 할 수 있다. 이 단계는 좀 더 숙련된 연구자가 되기까지 필요한 오랜 훈련 기간의 시작인 셈이다. 논리상 그다음은 대학원, 이를테면 석사과정의 경험적 연구로 도약하기 위해 더욱 경쟁력 있고 전문적인 연구자로서 실력을 기르는 단계라고 할 수 있다. 사회적으로 주변화된 집단의 사람을 질적 방법론을 활용해 연구하려면 좀 더 다듬어진 기술이나 연구 경험이 필요하다. 이것을 학부 단계의 학생이 갖추어야 한다고 기대하는 것은 다소 무리가 있다.

- 윤리적 연구는 연구로 인해 사후 효과가 발생할 경우 해당하는 사람에게 제대로 된 적절한 지원 체계를 보장해야 한다는 뜻이다. 마찬가지로 학부생의 수준에게 이를 기대하는 것은 무리다.

실천적 어려움

- 시간: 경험적 연구 프로젝트를 진행하려면 상당한 시간이 필요하다. 흔히 제삼자에 의존해야 일이 진행되는 특정 단계가 있기 마련인데, 그런 경우 시간이 지연되는 일은 너무도 빈번히 발생한다. 예를 들면 기도들에게 접근하기까지 복잡한 윤리 심의 절차를 거치는 과정, 자료 수집을 위한 예비 조사 단계, 인터뷰 대상을 확보하는 것 등이 이미 시간이 많이 걸리는 일이다. 게다가 자료 수집 자체는 더 많은 시간을 필요로 한다. 그다음에는 녹취(또는 다른 형태의 분석)를 해야 하고, 이를 토대로 분석해야 하는데, 이 과정 역시 예상 외로 시간이 많이 걸린다. 이 모든 과정이 집필하기 이전 단계에 해당한다.

- 자원/돈: 참여자에 대해 본인이 할애한 시간만큼 비용으로 대가를 지불하는 것이 좋다. 그러나 학부생의 프로젝트에서는 비용을 감당하기 어렵다. 게다가 장시간에 걸쳐 인터뷰를 진행한 경우, 녹취록 작업 역시

상당한 부담이 된다(한 시간 분량의 인터뷰는 녹취하는 데 7시간 정도 걸린다).

- 대상 확보: 대학생이라고 해서 흥미로운 아이디어를 낼 수 없다거나, 성 산업과 연관점을 찾지 못한다고 볼 수는 없다. 그러나 대상을 확보하고 사전 동의 과정을 거쳐 연구를 진행하더라도 반드시 도움이 되는 관계로 이어간다고 보장할 수는 없다. 프로젝트가 성공을 거두려면 처음부터 다시 시작해야 할 수도 있고, 다른 방도를 모색해야 할 수도 있다. 그런데 학부 과정에서는 정해진 시간 내에 작업을 마쳐야 하는 경우가 많기 때문에 상황 변화에 따른 융통성을 발휘하기 어렵다.

2차 자료 활용하기

대학생은 2차 자료를 활용해 연구를 윤리적으로 진행하고 연구적 성과도 거둘 수 있다. 분석 주제로 선택할 많은 자료가 쌓여 있기 때문이다.

- 보고서, 개인적인 기록물, NGO 단체가 발행한 전단지나 책자 등의 '자료grey material'
- 정부 문서, 자문 보고서, 입법안, 홈페이지 내용, 보도 자료, 실행 문건, 수정안이나 지침서 등
- 한사드Hansard[영국 의회 보고 문서. 한국의 국회기록보존소(http://archives.nanet.go.kr/main.do)와 유사한 웹사이트]에서 검색 가능한 의회 회의록
- 소설이나 자서전 형태로 간행된 성노동자의 증언
- 신문이나 주간지 등 언론 자료
- 영화, 다큐멘터리, TV 프로그램 등
- 인터넷, 성 산업과 관련된 (그러나 불법행위와는 관련되지 않은) 웹사이트, 개별 광고 사이트, 지원 조직이나 단체 사이트, 관련된 사회운동 단체 사이트, 게시판, 채팅방, 블로그 등 정보화된 개별 자료 등. 그러나 앞

서 설명한 기밀 유지 문제로 정보가 공개적으로 이용 가능하지 않은 경우가 아니라면, 인터넷 포럼과 웹사이트 출처의 자료 사용에 대해서 동의를 받아야만 한다(Ess and AoIR, 2002 참조).

경험 연구를 위한 조언

대학생이 경험적 연구를 진행한다고 해서 여러 복잡한 절차가 생략될 수 있는 것은 아니다. 그렇다고 대학생이 경험적 연구를 진행할 가능성이 아예 없는 것도 아니다. 연구 주제와 연구 질문에 잘 들어맞는 적절한 연구 집단을 설정하면 가능하다. 최근 영국에서 매춘에 대한 관리나 정책을 둘러싼 관심이 집중되는 상황을 고려하면, 이를 기획하고 정책을 추진하는 것과 관련된 마을·도시 단위의 일부 기구를 참고할 수 있다(제8장 참고). 이러한 단체와 기구를 연구 대상으로 삼으면 연구 목적에 맞게 연구가 수행될 수 있다. 일례로 성 산업 분야에서 일하는 전문가, 정책을 기획·수행·전달하는 정책 결정자, 지역 내 행정 당국 담당자에 대한 질적 연구를 고안해 연구를 진행한다면, 충분히 의미 있는 연구 결과가 나올 수 있다. 더욱이 기초 단계의 서비스를 제공하는 종교 단체를 조사하는 것도 의미가 있을 수 있다.

자료와 문서 보관

영국 성노동 프로젝트 네트워크의 전문 자료

영국 성노동 프로젝트 네트워크는 영국복권기금Big Lottery Fund의 지원으로 성노동에 관한 자료를 수집할 수 있는 자료실을 만들었다. 이 자료실에는 책, 잡지나 논문, 연구 보고서, 프로젝트 보고서, 단체나 조직의 보고서 또는 전단지, 캠페인 관련 문서, 역사적 정보 등이 보관되어 있다. 무엇보다 자료실은 문서를 제대로 수집하고 공식적으로 한곳에 보관함으로써, 성 산업의 다양한 측면을 연구하며 배우려는 사람이 접근하고 이용할 수 있도록 설립되었다.

모든 문서는 웨스트 오브 스코틀랜드 대학교University of the West of Scotland의 페이즐리 캠퍼스Paisley Campus 내 로버트슨 트러스트 도서관Robertson Trust Library 과 학습 자원 센터Learning Resource Centre의 특별 자료실에 보관되어 있다. 도서 자료실에서 문서 대출은 간단하게 이루어지며 모두에게 개방되어 있다.

- 원하는 자료가 온라인 상태로 지원 가능하다고 되어 있는 경우, 비용을 지불할 필요 없이 이메일로 수신할 수 있다.
- 원하는 자료가 인쇄본으로만 되어 있는 경우 복사가 가능하며, 우편 송달이 가능하다. 이 경우에는 우편료와 복사 비용만 지불하면 된다.
- 몇몇 문서의 경우 정해진 기간에 인쇄본을 대출할 수 있으며, 역시 우편료만 지불하면 된다.
- 자료 대출 및 문의는 특별 자료실 사서 앨리슨 왓슨Allison Watson(e-mail: allison.watson@uws.ac.uk)에게 연락하면 된다.

Hammond, N. and S. Kingston. 2014. "Experiencing stigma as sex work researchers in pro-fessional and personal lives." *Sexualities*, 17(3), pp.329~347.

☞ 연구자들은 '매춘'에 관한 프로젝트를 진행하며 경험하게 된 관련자에게 따라오는 낙인 (courtesy stigma)과 또 연구를 통해 낙인을 다루는 감정 노동에 대해 성찰적으로 살펴본다.

O'Neill, M. 2001. *Prostitution and Feminism: Towards a Politics of Feeling.* Cambridge: Polity Press.

☞ 이 논문은 매춘과 성노동에 대한 이론적 논쟁을 거리 성노동을 하는 여성의 경험과 연관시켜 탐구하며, 문화기술지 연구와 시각적·예술적 형태의 자료 재현을 결합한 방법론적 접근을 개발한다.

O'Neill, M., R. Campbell, P. Hubbard, J. Pitcher and J. Scoular. 2008. "Living with the other: street sex work, contingent communities and degrees of tolerance." *Crime, Media and Culture*, 4(1), pp.73~93.

☞ 성노동자를 범죄화된 '타자'로 재현하는 미디어가 거리 성노동이 일어나는 지역사회 거주자의 반응에 어떤 영향을 미치는지 탐구하고, 갈등을 해결하기 위한 수단으로 참여 행동 연구를 하길 권한다.

Shaver, F. M. 2005. "Sex work research: methodological and ethical challenges." *Journal of Interpersonal Violence*, 20(3), pp.296~319.

☞ 성노동에 관한 연구 및 연구 방법의 도전과제에 대해 논의한 연구들을 살펴보고, 윤리적·비착취적인 연구 실행을 위한 지침을 제시한다.

Spanger, M. and M. Skilbrei. 2017. *Prostitution Research in Context.* Abingdon: Routledge.

☞ 이 책은 전 세계 성노동 연구에서 최근의 현황, 주제, 방법 등 다양한 내용을 담은 11개의 장으로 이루어져 있는데, 주요한 장으로는 감정, 현장에서 일하기, 성노동자와 함께 한 공동 연구, 예술에 기반한 방법론 등을 볼 수 있다.

생각해 볼 거리

① 성노동 연구와 페미니즘 방법론은 어떻게 관련되어 있는가?

② 성 산업 연구를 할 때, 연구자가 정체를 드러내지 않으면서 진행하는 연구 방법은 타당성을 보

장받을 수 있을까?

③ 성노동 고객에 관한 연구를 기획한다면 어떤 방법론을 활용해야 할까? 왜 그 방법론을 사용해
   야 하는가? 이 방법론을 선택·활용할 때 고려해야 할 실천적·윤리적 사안은 없을까?

용어 해설(가나다순)

가슴 애무 서비스 ------- 유방과 가슴골로 음경을 자극하는 성적 서비스의 일종이다.
breast relief

감정 노동 ------------ 대면 또는 음성 접촉으로 다른 사람의 감정 상태를 살펴야 하는 직
emotional labour   업에서 나타난다. 식당 노동자, 비행기 승무원 등이 전형적인 감정
노동 직업이다. 이 개념은 사회학자 앨리 혹실드(Arlie Hochschild)
가 제시했다.

규제 ---------------- (성노동과 관련해) 공식 기관이 허가제를 통해 합법적인 성 산업 장
regulation   소를 통제하는 수단이다.

그루밍 -------------- 나이 많은 성인이 청소년 또는 아동을 착취하는 행위로, 보통 '남자
grooming   친구'랍시고 청소년에게 성행위를 강요하고 종국에는 매춘을 하게
만든다.

남성 고객 ------------ 남성 고객을 일컫는 속어다.
punter

제비족 -------------- 직업적인 남성 에스코트. 나이 많은 여성이 주는 비용으로 살아가며
gigolo   그 대가로 성 접대를 하는 남성

랩댄서 -------------- 고객과 아주 가까이에서 춤을 추며 고객 무릎에 잠깐 앉기도 하는
lab dancer   나이트클럽 스트리퍼를 일컫는다.

렌트 보이 ------------ 거리에서 일하는 젊은 남성 성노동자를 일컫는 속어다.
rent boy

매춘 ---------------- 성 서비스를 거래하는 행위를 포괄적으로 지칭한다. 성노동(sexwork)
prostituttion   과 비슷한 의미로 사용한다.

매춘 허용 구역 --------- 거리 매춘이나 특정한 장소에서의 성 서비스 제공을 허용한 특별 구
tolerance zoning   역을 말한다. 성노동자들이 구역 이외에서 일하는 경우 체포된다.

접객원 -------------- 매춘업소, 마사지 업소, 사우나 등의 접수 담당자로 고객을 처음 응
maid   대하는 접객원을 말한다.

반사회행위법	(영국) 경찰, 지방정부, 등록된 집주인이 법원에 제기할 수 있는 민법
Anti-Social Behavior	명령. 이 명령의 목적은 고충과 괴롭힘을 초래하는 반사회적 행동으
Orders: ASBO	로부터 지역의 거주자를 보호하기 위함이다. 이 명령으로 성노동자
	가 특정 지역에 출입하는 것을 제한할 수 있다. 이 명령을 위반하는
	것은 범죄 행위이다.

복장전환자
travesti
성노동자로 일하며 여성으로 보이지만 성별 재지정 수술을 하지 않은 남성 복장 전환자를 일컫는 말

비범죄화
decriminalization
성인의 매춘과 관련된 형사 처벌을 없앰

섹스 관광
sex tourism
매춘에 관해 상대적으로 규제가 느슨한 국가의 법을 이용하려고 가는 관광

성노동
sexwork
매춘에서 수행되는 성 서비스 노동을 말한다.

성 시장
sex market
성 서비스를 사고파는 시장을 일컫는다.

매춘 목적의 거리 배회
loitering
(매춘인이) 매춘을 목적으로 거리나 공공장소에서 배회하는 행위

매춘업소
brothel
매춘을 목적으로 한 명 이상의 여성이 사용하는 집 또는 시설로, 마사지 업소라고 불리기도 한다.

성병
sexually transmitted
infections: STIs
콘돔 등 보호 장비를 사용하지 않는 성행위에서 감염되는 매독, 클라미디아 같은 전염병을 말한다.

결박
bondage
파트너가 신체의 구속이나 결박을 통해 추가적인 쾌락을 얻는 성행위의 일종이다.

알선업자
pimp
매춘인의 수입에 의존하는 사람 또는 매춘인이나 매춘업소를 위해 호객행위를 하고 알선에 대한 대가를 받는 사람

에스코트
escort
대행업소를 통해 일하거나 독립적으로 일하는 성노동자를 지칭한다.

이그조틱 댄스
exotic dance
클럽에서 볼 수 있는 성애화된 춤을 말하며 일반적으로 스트립쇼라고 한다.

진상 고객 ------------ 위험한 고객을 말하며, 성노동자들이 서로의 안전을 위해 잠재적 가
dodgy punters, 해자에 대한 정보를 수집·공유하는 프로젝트에서 위험하고 폭력적
ugly mugs 인 고객에 대한 보고체계와 연관이 있다.

유리방 성노동자 -------- 밖에서 볼 수 있도록 유리창 뒤에 앉아 있는 (대개 여성인) 성노동자
window sex worker 로, 암스테르담 같은 특정 도시에서 볼 수 있다.

인신매매 ------------- (이주자가 자발적으로 참여하는 것으로 여겨지는) 밀입국과는 달리,
trafficking 인신매매는 이주자들을 착취할 목적으로 목적지에 이동시킨다.

손작업 --------------- 손으로 성 서비스를 해주는 행위
hand relief

기소 유예 ------------- 체포 위탁 제도와 비슷한 제도로, 법원 전환 제도는 주로 성노동자
court diversion 같은 특정 집단을 변화시키기 위해 매춘 관련 범죄에 대해 벌금이나
다른 처벌 대신 서비스를 이수하도록 한다. 서비스 지원 프로젝트에
2회 참여와 같은 최소의 조건이 부과된다.

접객원 --------------- '메이드(maid)'를 참조하라.
receptionist

주사바늘 교체 --------- 감염 확산을 막기 위해 마약 사용자에게 사용한 피하 주사바늘을 교
needle exchange 체해 주는 공중 보건 프로그램이다.

차를 이용한 거리 성 구매 -- 성 구매를 목적으로 차를 천천히 몰면서 차 안으로 사람을 유인하는
kerb-crawling 행위를 말한다.

참여 예술 ------------- 참여 예술은 커뮤니티 예술로 불리기도 한다. 예술가 또는 예술 집단
Participatory Arts: PA 과 함께 어떤 주제에 대해 새롭거나 독창적인 것을 창조하는 활동을
포함하며, 사회 연구에 사용될 때 참여자가 독창적으로 자신의 관점
을 표현하는 데 도움이 된다.

참여 행동 연구 --------- 일반적으로 전통적인 연구 방법에서 대상인 개인이나 집단이 연구
Participatory Action 과정 자체에 참여하도록 하는 연구 방법론이다.
Research: PAR

창녀 낙인 ------------- 성노동을 여성의 섹슈얼리티에 바탕을 둔 '일탈적' 행위나 직업으로
'whore' stigma 바라보는 사회적 낙인을 말한다.

창조적 상담 ----------- 참여 예술과 참여 행동 연구를 통해 지역 주민의 의견과 관점을 정
creative consultation 책 입안과 서비스 전달 과정에 직접 통합하는 것을 목적으로 접근하
는 연구와 상담 방법

체포 위탁 -------------- 주로 문제 약물 사용자와 관련한 제도로, 체포 위탁 제도는 문제의
arrest referral 사용자가 형사 사법제도를 통과해 치료 기관으로 위탁되도록 한다.

카우치 테스트 ---------- 성노동에 적합한지 판별하기 위해 성행위 능력을 테스트하는 것이다.
couch testing

크루징 --------------- 섹스 파트너를 찾거나 만나기 위해 공공장소를 배회하는 행동을 말
cruising 한다.

펠라치오 ------------- 구강으로 음경을 자극하는 행위를 지칭한다.
fellatio

피해 최소화 ----------- 약물과 알콜 의존 같은 문제로 인한 개인의 피해를 줄이고 절제보다
harm minimization 는 보다 안전한 사용을 도모하는 고객 중심의 서비스 지원에 관한
원칙으로, 안전한 섹스(safe sex)를 장려하는 데도 적용된다.

합법화 --------------- 특정 조건에서 매춘을 합법적으로 만듦. 예를 들면 거리 매춘 허용
legalization 구역 설정 또는 시설 규제를 통한 방법이 있다. 합법화는 성노동자에
게 강제 건강 검진 같은 조건을 부과하기도 한다.

호객 행위 ------------- (매춘인이) 매춘을 목적으로 거리나 공공장소에 나아가는 행위를 말
soliciting, 한다.
Importuning

참고문헌

제1장
성노동의 사회학

Adkins, L. 1995. *Gendered Work: Sexuality, Family and Labour Market.* Buckingham: Open University.

Bassermann, L. 1993. *The Oldest Profession: A History of Prostitution.* New York: Dorset Press.

Barry, K. 1979. *Female Sexual Slavery.* New York: New York University Press.

_____. 1995. *Prostitution and Sexuality,* New York: New York University Press.

Bell, S. 1994. *Reading, Writing and Rewriting the Prostitute Body.* Bloomington, IN: Indiana University Press.

Bernstein, E. 1999. "What's wrong with prostitution? What's right with sex work? Comparing markets in female sexual labor." *Hastings Women's Law Journal,* 91, pp.119.

Brents, B. and Sanders, T. 2010. "The mainstreaming of the sex industry: economic inclusion and social ambivalence." Special Issue for *Journal of Law & Society,* Regulating Sex/Work: From Crime Control to Neo-liberalism, 37(1), pp.40~60.

Brewis, J. and Linstead, S. 1998. "Time after time: the temporal organization of red collar work." *Time and Society,* 7(2), pp.223~248.

_____. 2000. "'The worst thing is the screwing' (2): context and career in sex work." *Gender, Work and Organization,* 7(2), pp.168~180.

Brown, K. and Sanders, T. 2017. "Pragmatic, progressive, problematic: addressing vulnerability through a local street sex work partnership initiative." *Social Policy and Society,* 13(3), pp.371~387.

Butler, J. 1993. *Bodies That Matter: On the Discursive Limits of 'Sex'.* New York: Routledge.

Bungay, V., Halpin, M., Atchison, C. and Johnston, C. 2011. "Structure and agency: reflections from an exploratory study of Vancouver indoor sex workers." *Culture, Health and Sexuality,* 31(1), pp.15~29.

Campbell, C. 2000. "Selling sex in the time of AIDS: the psycho-social context of condom use by sex workers on a Southern African mine." *Social Science & Medicine,* 50(4), pp.479~494.

Chapkis, W. 1997. *Live Sex Acts: Women Performing Erotic Labour.* New York: Routledge.

Comte, J. 2014. "Decriminalisation of sex work: feminist discourses in light of research." *Sexuality & Culture,* 18, pp.196~217.

Corbin, A. 1990. *Women for Hire: Prostitution and Sexuality in France after 1850.* Cambridge: Harvard University Press.

Davis, K. 1937. "The sociology of prostitution." *American Journal of Sociology,* 2(5), pp.744~755.

Delacoste, F. and P. Alexander. 1988. *Sex Work: Writings by Women in the Sex Industry.* London: Virago.

Ditmore, M. H., A. Levy, and A. Willman(eds). 2010. *Sex Work Matters: Exploring Money, Power, and Intimacy in the Sex Industry.* London: Zed Books.

Dworkin, A. 1981. *Pornography: Men Possessing Women?* London: Women's Press.

_____. 1996. "Pornography." in S. Jackson and S. Scott(eds), *Feminism and Sexuality.* Edinburgh: Edinburgh University Press.

Eisler, R. 1995. *Sacred Pleasure: Sex, Myth, and the Politics of the Body*. London: HarperCollins.

Farley, M. 2004. "'Bad for the body, bad for the heart': Prostitution harms women even if legalized or decriminalized." *Violence Against Women*, 10(10), pp.1087~1125.

_____. 2005. "Prostitution harms women even if indoors." *Violence Against Women*, 11(7), pp.950~964.

Funari, V. 1997. "Naked, naughty and nasty." in J. Nagel(ed.), *Whores and Other Feminists*. London: Routledge.

Hanmer, J. and M. Maynard. 1987. *Women, Violence and Social Control*. Basingstoke: Macmillian.

Hart, G. and M. Barnard. 2003. "'Jump on top, get the job done': strategies employed by female prostitutes to reduce the risk of client violence." in E. A. Stanko(ed.), *The Meanings of Violence*. London: Routledge.

Harding, R. and P. Hamilton. 2008. "Working girls: abuse and choice in street-level sex work? A study of homeless women in Nottingham." *British Journal of Social Work Advanced Access*, 29 February, 1~20.

Hoigard, C. and L. Finstad. 1992. *Backstreets: Prostitution, Money and Love*. Cambridge: Polity.

Hubbard, P. 2002. "Sexing the self: geographies of engagement and encounter." *Social & Cultural Geography*, 3(4), pp.365~381.

Jeffreys, S. 1997. *The Idea of Prostitution*. Melbourne: Spinifex Press.

_____. 2008. *The Industrial Vagina: The Political Economy of the Global Sex Trade*. London: Routledge.

Jeal, N. and C. Salisbury. 2013. "Protecting the health of sex workers: will the real agenda please stand up." *Postgraduate Medical Journal*, 89(1053), pp.369~370.

Kempadoo, K. 1998. "The exotic dancers alliance: an interview with Dawn Prassar and Johanna Breyer." in K. Kempadoo and J. Doezema(eds), *Global Sex Workers: Rights, Resistance and Redefinition*. New York: Routledge.

Kempadoo, K. and J. Doezema(eds). 1998. *Global Sex Workers: Rights, Resistance and Redefinition*. New York: Routledge.

Kesler, K. 2002. "Is a feminist stance in support of prostitution possible? An exploration of current trends." *Sexualities*, 5(2), pp.219~235.

Kinnell, H. 2008. *Violence and Sex Work in Britain*. Cullompton: Willan.

Kotiswaran, P. 2010. "Labours of vice and virtue? Neo-liberalism, sexual commerce and the case of the India bar dancer." *Journal of Law and Society*, 37(1), pp.105~124.

Laing, M., K. Pilcher and N. Smith, (eds). 2015. *Queer Sex Work*. London: Routledge.

Laite, J. 2011. *Common Prostitutes and Ordinary Citizens: Commercial Sex in London, 1885-1960*. London: Palgrave Macmillian.

Law, L. 2000. *Sex Work in Southeast Asia: The Place of Desire in a Time of AIDS*. London: Routledge.

Lombroso, C. and G. Ferrero. 2004[1893]. *Criminal Woman, the Prostitute, and the Normal Woman*(trans. N. Hahn Rafter and M. Gibson). Durham, NC: Duke University Press.

MacKinnon, C. 1987. *Feminism Unmodified: Discourses on Life and Law*. Cambridge, MA: Harvard University Press.

_____. 1989. "Pornography: not a moral issue." in R. Klein and D. Steinberg(eds), *Radical Voices: A Decade of Feminist Resistance from Women's Studies International Forum*. Oxford: Pergamon.

Maher, L. 2000. *Sexed Work: Gender, Race and Resistance in a Brooklyn Drug Market*. Oxford: Oxford University Press.

Maher, J., S. Pickering and A. Gerard. 2012. "Privileging work not sex: flexibility and employment in the sexual services industry." *The Sociological Review*, 60, pp.654~675.

May, T. and G. Hunter. 2006. "Sex work and problem drug use in the UK: the links, problems and possible solutions." in R. Campbell and M. O'Neill(eds), *Sex Work Now*. Cullompton: Willan.

McDowell, L. 1997. *Capital Culture: Gender at Work in the City*. Oxford: Blackwell.

McIntosh, M. 1978. "Who needs prostitutes? The ideology of male sexual needs." in C. Smart and B. Smart(eds), *Women, Sexuality and Control*. London: Routledge and Kegan Paul.

McKay, C. 1999. "Is sex work queer?" *Social Alternatives*, 18(3), pp.48~53.

McLeod, E. 1982. *Working Women: Prostitution Now*. London: Croom Helm.

McNaughton, C. and T. Sanders. 2007. "Housing and transitional phases out of 'disordered' lives: a case of leaving homelessness and street sex work." *Housing Studies*, 22(6), pp.885~900.

Munro, V. and J. Scoular. 2012. "Abusing vulnerability? Contemporary law and policy responses to sex work in the UK." *Feminist Legal Studies*, 20, pp.189~206.

Nagel, J. 1997. *Whores and Other Feminists*. London: Routledge.

O'Connell Davidson, J. 1998. *Prostitution, Power and Freedom*. London: Polity.

_____. 2002. "The rights and wrongs of prostitution." *Hypatia*, 17(2), pp.84~98.

O'Neill, M. 2001. *Prostitution and Feminism*. Cambridge: Polity Press.

_____. 2007. "Community safety, rights and recognition: towards a coordinated prostitution strategy?" *Community Safety Journal*, 6(1), pp.45~52.

Pateman, C. 1988. *The Sexual Contract*. Oxford: Blackwells.

Pendleton, E. 1997. "Love for sale: queering heterosexuality." in J. Nagle(ed.), *Whores and Other Feminists*. New York: Routledge.

Pheterson, G.(ed.). 1989. *A Vindication of the Rights of Whores*. Seattle: Seal.

_____. 1993. "The whore stigma." *Social Text*, 37(1), pp.37~64.

Phoenix, J. 1999. *Making Sense of Prostitution*. London: Macmillan.

_____. 2007/08. "Sex, money and the regulation of women's 'choices': a political economy of prostitution." *Criminal Justice Matters*, 70(Winter), pp.25~26.

_____. (ed.). 2009. *Regulating Sex for Sale: Prostitution Policy Reform in the UK*. Bristol: Policy Press.

Phoenix, J. and S. Oerton. 2005. *Illicit and Illegal: Sex, Regulation and Social Control*. Cullompton: Willan.

Raymond, J. G. 1999. "Prostitution as violence against women." *Women's International Forum*, 21(1), pp.1~9.

Rosen, E. and S. Venkatesh. 2008. "A 'perversion' of choice: sex work offers just enough in Chicago's urban ghetto." *Journal of Contemporary Ethnography*, 37(4), pp.417~441.

Rubin, G. 1999. "Thinking sex: notes for a radical theory of the politics of sexuality." in P. Aggleton and R. Parker(eds), *Culture, Society and Sexuality: A Reader*. London: UCL Press.

Rusakova, M., A. Rakhmetova and S. Strathdee. 2014. "Why are sex workers who use substances at risk of HIV?" *Lancet*, 385, pp.211~212.

Sanders, T. 2005a. *Sex Work: A Risky Business*. Cullompton: Willan.

_____. 2005b. "It's just acting: sex workers' strategies for capitalising on sexuality." *Gender, Work and Organization*, 12(4), pp.319~342.

_____. 2008a. *Paying for Pleasure: Men Who Buy Sex*. Cullompton: Willan.

_____. 2008b. "Selling sex in the shadow economy." *International Journal of Social Economics*, 35(10), pp.704~728.

Scoular, J. 2004. "The 'subject' of prostitution: interpreting the discursive, symbolic and material position of sex/work in feminist theory." *Feminist Theory*, 5(3), pp.343~355.

Scoular, J. and M. O'Neill. 2007. "Regulating prostitution: social inclusion, responsibilization and the politics of politics of prostitution reform." *British Journal of Criminology*, 47(5), pp.764~778.

Segal, L. and M. McIntosh, (eds). 1992. *Sex Exposed: Sexuality and the Pornography Debate.* London: Virago Press.

Shannon, K., S. A. Strathdee, S. M. Goldenberg, P. Duff, P. Mwangi, M. Rusakova, S. Reza-Paul, J. Lau, K. Deering, M. R. Pickles and M. C. Boily. 2014. "Global epidemiology of HIV among female sex workers: influence of structural determinants." *Lancet,* 385(9962), pp.55~71.

Surratt, H. L., J. A. Inciardi, S. P. Kurtz and M. C. Kiley. 2004. "Sex work and drug use in a subculture of violence." *Crime and Delinquency,* 50(1), pp.43~59.

Weeks, K. 2011. *The Problem with Work.* Durham, NC: Duke University Press.

Weitzer, R. 2017. "Resistance to sex work stigma." *Sexualities,* 18 January.

_____. 2000. "Why we need more research on sex work." in R. Weitzer(ed.), *Sex for Sale.* London: Routledge.

West, J. 2000. "Prostitution: collectives and the politics of regulation." *Gender, Work and Organisation,* 7(2), pp.106~118.

West, J. and T. Austrin. 2002. "From work as sex to sex as work: networks, 'others' and occupations in the analysis of work." *Gender, Work and Organization,* 9(5), pp.482~503.

Wojcicki, J. and J. Malala. 2001. "Condom use, power and HIV/AIDS risk: sex-workers bargain for survival in Hillbrow/Joubert Park/Berea, Johannsburg." *Social Science and Medicine,* 53(1), pp.99~121.

제2장
상업과 성에 대한 문화적 맥락

Abel, G. 2014. "A decade of decriminalization: sex work 'down under' but not underground." *Criminology & Criminal Justice,* 14(5), pp.580~592.

Abel, G., Fitzgerald, L., Healy, C. with Taylor, A. 2010. *Taking the Crime Out of Sex Work: New Zealand Sex Workers' Fight for Decriminalization.* Bristol: Policy Press.

Agustín, L. M. 2005. "New research directions: the cultural studies of commercial sex." *Sexualities,* 8(5), pp.618~631.

Allen, J. S. 2007. "Means of desire's production: male sex labor in Cuba." *Identities,* 14(1), pp.183~202.

Armstrong, L. 2014. "Diverse risks, diverse perpetrators: violence risk perception among street-based sex workers in New Zealand." *International Journal for Crime, Justice and Social Democracy,* 3(3), pp.40~54.

Bernstein, E. 2001. "The meaning of the purchase: desire, demand and the commerce of sex." *Ethnography,* 2(3), pp.389~420.

_____. 2007. "Sex work for the middle classes." *Sexualities,* 10(4), pp.473~488.

Brents, B. and K. Hausbeck. 2005. "Violence and legalized brothel prostitution in Nevada: examining safety, risk and prostitution policy." *Journal of Interpersonal Violence,* 20(3), pp.270~295.

_____. 2007. "Marketing sex: US legal brothels and late capitalist consumption." *Sexualities,* 10(4), pp.425~439.

Brents, B. and T. Sanders. 2010. "The mainstreaming of the sex industry: economic inclusion and social ambivalence." *Journal of Law and Society,* Special Issue, Regulating Sex/Work: From Crime Control to Neo-liberalism.

Colosi, R. 2010. *Dirty Dancing: An Ethnography of Lap Dancing.* Cullompton: Willan.

Cusick, L., A. Martin and T. May. 2003. "Vulnerability and Involvement in Drug Use and Sex Work." Home Office Research Study 268. London: Home Office.

Day, S. 2007. *On the Game: Women and Sex Work*. London: Pluto Press.

Deshotels, T. and C. J. Forsyth. 2006. "Strategic flirting and the emotional tab of exotic dancing." *Deviant Behavior*, 27(2), pp.223~241.

Egan, D. 2003. "I'll be your fantasy girl, if you'll be my money man: mapping desire, fantasy and power in two exotic dance clubs." *Journal for the Psychoanalysis of Culture and Society*, 8(1), pp.277~296.

_____. 2005. "Emotional consumption: mapping love and masochism in an exotic dance club." *Body & Society*, 11(4), pp.87~108.

Frank, K. 1998. "The production of identity and the negotiation of intimacy in a 'gentleman's club'." *Sexualities*, 1(2), pp.175~201.

Hall, T. M. 2007. "Rent boys, barflies and kept men: men involved in sex with men for compensation in Prague." *Sexualities*, 10(4), pp.457~472.

Hammond, N. and F. Attwood. 2015. "Introduction: The cultural study of commercial sex: taking a policy perspective." *Social Policy and Society*, 14(1), pp.79~82.

Hardy, K. and T. Sanders. 2015. "The political economy of lap dancing: intersectional precarities and women's work in the stripping industry." *Work, Employment and Society*, 29(1), pp.119~136.

Harcourt, C., S. Egger and B. Donovan. 2005. "Sex work and the law." *Sexual Health*, 2, pp.121~128.

Harcourt, C. and B. Donovan. 2005. "The many faces of sex work." *Sexually Transmitted Infections*, 81(3), pp.201~206.

Hubbard, P. and R. Colosi. 2015. "Respectability, morality and disgust in the night-time economy: exploring reactions to 'lap dance' clubs in England and Wales." *Sociological Review*, 63(4), pp.782~800.

Jones, A. 2015a. "Sex work in a digital era." *Sociology Compass*, 9(7), pp.558~570.

_____. 2015b. "For black models scroll down: webcam modeling and the racialization of erotic labor." *Sexuality & Culture*, 19(4), pp.776~799.

Jones, P., P. Shears and D. Hillier. 2003. "Retailing and the regulatory state: a case study of lap dancing clubs in the UK." *International Journal of Retail and Distribution Management*, 31(4/5), pp.214~219.

Lee-Gonyea, J. A., T. Castle and N. E. Gonyea. 2009. "Laid to order: advertising on the Internet." *Deviant Behavior*, 30, pp.321~348.

Lewis, J., E. Maticka-Tyndale, F. Shaver and H. Schramm. 2005. "Managing risk and safety on the job: the experiences of Canadian sex workers." *Journal of Psychology & Human Sexuality*, 1(1/2), pp.147~167.

Lever, J. and D. Dolnick. 2000. "Clients and call girls: seeking sex and intimacy." in R. Weitzer(ed.), *Sex for Sale*. London: Routledge.

Lister, B. 2015. "'Yeah, their starting to get a bit fucking cocky …': Culture, economic change and shifting power relations within the Scottish lap-dancing industry." *Journal of Graduate Studies*, 11(2), pp.38~54.

Lupton, D.(ed.). 1999. *Risk and Sociocultural Theory: New Directions and Perspectives*. Cambridge: Cambridge University Press.

May, T., A. Harocopos and M. Hough. 2000. *For Love or Money: Pimps and the Management of Sex Work*. London: Home Office Policing and Reducing Crime Unit.

McClean, A. 2015. "'You can do it from your sofa': The increasing popularity of the Internet as a working site among male sex workers in Melbourne." *Journal of Sociology*, 51(4), pp.887~902.

Minichiello, V. and J. Scott, (eds). 2014. *Male Sex Work and Society*. New York: Harrington Park Press.

Monto, M. 2001. "Prostitution and fellatio." *Journal of Sex Research*, 38(1), pp.140~145.

O'Connell Davidson, J. 1998. *Prostitution, Power and Freedom*. London: Polity Press.

O'Neill, M. 2001. *Prostitution and Feminism*. Cambridge: Polity Press.

Orchiston, A. 2016. "Precarious or protected? Evaluating work quality in the legal sex industry." *Sociological Research Online*, 21(4), pp.12.

Pajnik, M., N. Kambouri, M. Renaukt and I. Sori. 2016. "Digitalising sex commerce and sex work: a comparative analysis of French, Greek and Slovenian websites." *Gender, Place and Culture: A Journal of Feminist Geography*, 23(3), pp.345~364.

Parsons, J. T. 2004. "The use of the Internet by gay and bisexual male escorts: sex workers as sex educators." *AIDS Care*, 16, pp.1~15.

Pilcher, K. 2011. "A 'sexy space' for women? Heterosexual women's experiences of a male strip show venue." *Leisure Studies*, 30(2), pp.217~235.

Pitcher, J. 2015a. "Direct sex work in Great Britain: reflecting diversity." *Graduate Journal of Social Sciences*, 11(2), pp.76~100.

_____. 2015b. "Sex work and modes of self-employment in the informal economy: diverse business practices and constraints to effective working." *Social Policy and Society*, 14(1), pp.133~123.

Pitcher, J. and M. Wijers. 2014. "The impact of different regulatory models on the labour conditions, safety and welfare of indoor-based sex workers." *Criminology & Criminal Justice*, 14(5), pp.549~564.

Prior, J. and P. Crofts. 2015. "Is your house a brothel? Prostitution policy, provision of sex services from home and the maintenance of respectable domesticity." *Social Policy and Society*, 14(1), pp.125~134.

Pruitt, M. 2005. "Online boys: male for male internet escorts." *Sociological Focus*, 38, pp.189~203.

Sanders, T. 2005. *Sex Work: A Risky Business*. Cullompton: Willan.

_____. 2009. "The sex industry, regulation and the Internet." in Y. Jewkes and M. Yar(eds), *Handbook of Internet Crime*. Collumpton: Willan.

Sanders, T. and R. Campbell. 2007. "Designing out violence, building in respect: violence, safety and sex work policy." *British Journal of Sociology*, 58(1), pp.1~18.

Sanders, T. and K. Hardy. 2012. "Devalued, deskilled and diversified: explaining the proliferation of striptease in the UK." *British Journal of Sociology*, 63(3), pp.513~532.

_____. 2013. "Students selling sex: marketisation, higher education and consumption." *British Journal of Sociology of Education*, 36(5), pp.747~765.

_____. 2014. *Flexible Workers: Labour, Regulation and the Political Economy of the Stripping Industry*. London: Routledge.

Sanders, T., L. Connelly and L. Jarvis-King. 2016. "On our terms: working conditions of internet-based sex workers in the UK." *Sociological Research Online*, 21(4), pp.15.

Sanders, T., J. Scoular, R. Campbell, J. Pitcher and S. Cunningham. 2017. *Beyond the Gaze: Internet Sex Work*. London: Routledge.

Scott, J., V. Minichiello, R. Marino, G. Harvey, M. Jamieson and J. Browne. 2005. "Understanding the new context of the male sex work industry." *Journal of Interpersonal Violence*, 20(3), pp.320~342.

Spivey, S. E. 2005. "Distancing and solidarity as resistance to sexual objectification in a nude dancing bar." *Deviant Behavior*, 26(4), pp.417~437.

Taormino, T., C. Shimizu Parrenas, C. Penly and M. Miller-Young. 2013. *Feminist Porn Book: The Politics of Producing Pleasure*. New York: The Feminist Press.

Thompson, W. and J. Harred. 1992. "Topless dancers: managing stigma in a deviant occupation." *Deviant Behaviour*, 13(2), pp.291~311.

Thompson, W., J. L. Harred and B. E. Burks. 2003. "Managing the stigma of topless dancing: a decade later." *Deviant Behavior*, 24(5), pp.551~570.

Veena, N. 2007. "Revisiting the prostitution debate in the technology age: women who use the Internet for sex work in Bangkok." *Gender, Technology and Development*, 11(1), pp.97~107.

Walby, K. 2012. *Sex, Work and Male-for-Male Internet Escorting*. Chicago, IL: University of Chicago Press.

Weitzer, R. 2017. "Resistance to sex work stigma." *Sexualities Online First*, 18 January.

Whittaker, D. and G. Hart. 1996. "Research note: Managing risks: the social organisation of indoor sex work." *Sociology of Health and Illness*, 18(3), pp.399~413.

제3장
성노동자와 성노동

Abel, G. M. 2011. "Different stage, different performance: the protective strategy of role play on emotional health in sex work." *Social Science & Medicine*, 72, pp.1177~1184.

Abel, G. and L. J. Fitzgerald. 2008. "On a fast-track into adulthood: an exploration of transitions into adulthood for street-based sex workers in New Zealand." *Journal of Youth Studies*, 11(4), pp.361~376.

Agustín, L. M. 2006. "The conundrum of women's agency: migrations and the sex industry." in R. Campbell and M. O'Neill(eds), *Sex Work Now*. Cullompton: Willan.

_____. 2007. *Sex at the Margins: Migration, Labour Markets and the Rescue Industry*. London: Zed Books.

Argento, A., M. Taylor, J. Jollimore, C. Taylor, J. Jennex, A. Krusi and K. Shannon. 2016. "The loss of boystown and transition to online sex work: strategies and barriers to increase safety among men sex workers and clients of men." *American Journal of Men's Health*, online 28 June.

Armstrong, L. 2016. "From law enforcement to protection? Interactions between sex workers and police in a decriminalized street-based sex industry." *British Journal of Criminology*, Online first.

Atkins, M. and M. Laing. 2012. "Walking the beat and doing business: exploring spaces of male sex work and public sex." *Sexualities*, 15(5/6), pp.622~643.

Becker, J. and C. Duffy. 2002. "Women drug users and drugs service provision: service level responses to engagement and retention." DPAS Briefing Paper No. 17. London: Home Office.

Bernstein, E. 2007a. "Sex work for the middle classes." *Sexualities*, 10(4), pp.473~488.

_____. 2007b. *Temporarily Yours: Intimacy, Authenticity and the Commerce of Sex*. Chicago, IL: University of Chicago Press.

Bimbi, D. S. 2007. "Male prostitution: pathology, paradigms and progress in research." *Journal of Homosexuality*, 53(1), pp.7~35.

Botti, F. and C. D'Ippoliti. 2016. "Sex work among trans people: evidence from Southern Italy." *Feminist Economics*.

Brents, B. G. and K. Hausbeck. 2005. "Violence and legalized brothel prostitution in Nevada: examining safety, risk and prostitution policy." *Journal of Interpersonal Violence*, 20(3), pp.270~295.

_____. 2010. "Sex work now: what the blurring of boundaries around the sex industry means for sex work, research, and activism." in M. H. Ditmore, A. Levy and A. Willman(eds), *Sex work Matters: Exploring Money, Power, and Intimacy in the Sex Industry*. London: Zed Books.

Brents, B. G. and C. Jackson. 2013. "Gender, emotional labour and interactive body work: negotiating flesh and fantasy in sex workers' labour practices." in C. Wolkowitz, R. L. Cohen, T. Sanders and K. Hardy(eds), *Body/Sex/Work: Intimate, Embodied and Sexualized Labour.* Basingstoke: Palgrave Macmillan.

Brents, B. G., C. A. Jackson and K. Hausbeck. 2010. *The State of Sex: Tourism, Sex, and Sin in the New American Heartland.* New York: Routledge.

Brewis, J. and S. Linstead. 2000. *Sex, Work and Sex Work: Eroticizing Organization.* London: Routledge.

Brooks-Gordon, B. 2006. *The Price of Sex: Prostitution, Policy and Society.* Cullompton: Willan.

_____. 2010. "Bellwether citizens: the regulation of male clients of sex workers." *Journal of Law and Society*, 37(1), pp.145~170.

Bruckert, C. and C. Parent. 2006. "The in-call sex industry: classed and gendered labour on the margins." in G. Balfour and E. Comack(eds), *Criminalizing Women: Gender and(In)Justice in Neo-Liberal Times.* Halifax: Fernwood.

Campbell, R. 2014. "Not getting away with it: linking sex work and hate crime in Merseyside." in N.A. Chakraborti and J. Garland(eds), *Hate Crime: Bridging the Gap Between Scholarship and Policy.* Bristol: Policy Press.

Carline, A.. 2011. "Criminal justice, extreme pornography and prostitution: protecting women or promoting morality?" *Sexualities*, 14(3), pp.312~333.

Church, S., M. Henderson, M. Barnard and G. Hart. 2001. "Violence by clients towards female prostitutes in different work settings: questionnaire survey." *British Medical Journal*, 322, pp.524~525.

Comte, J. 2014. "Decriminalization of sex work: feminist discourses in light of research." *Sexuality and Culture*, 18(1), pp.196~217.

Connell, J. and G. Hart. 2003. "An overview of male sex work in Edinburgh and Glasgow: the male sex work perspective." MRC Social and Public Health Sciences Unit, Occasional Paper, June.

Cooper, E. 2016. "'It's better than daytime television': questioning the sociospatial impacts of massage parlours on residential communities." *Sexualities*, 19(506), pp.547~566.

Coy, M. 2007. "Young women, local authority care and selling sex: findings from research." *British Journal of Social Work*, 20 August, Advanced Access.

Croxford, S., L. Platt, V. D. Hope, K. J. Cullen, J. V. Parry and F. Ncube. 2015. "Sex work amongst people who inject drugs in England, Wales and Northern Ireland: findings from a national survey of health harms and behaviours." *International Journal of Drug Policy*, 26(4), pp.429~433.

Cruz, K. 2013. "Unmanageable work,(un)liveable lives: the UK sex industry, labour rights and the welfare state." *Social and Legal Studies*, 22(4), pp.465~488.

Cunningham, S. and T. D. Kendall. 2011. "Prostitution 2.0: the changing face of sex work." *Journal of Urban Economics*, 69(3), pp.273~287.

Cusick, L. and L. Berney. 2005. "Prioritizing punitive responses over public health: commentary on the Home Office consultation document *Paying the Price*." *Critical Social Policy*, 25(4), pp.596~606.

Cusick, L. and M. Hickman. 2005. "'Trapping' in drug use and sex work." *Drugs: Education, Prevention and Policy*, 12(4), pp.369~379.

Cusick, L., A. Martin and T. May. 2003. *Vulnerability and Involvement in Drug Use and Sex Work.* Home Office Research Study 268. London: Home Office.

Cusick, L., H. Kinnell, B. Brooks-Gordon and R. Campbell. 2009. "Wild guesses and conflated meanings? Estimating the size of the sex worker population in Britain." *Critical Social Policy*, 29(4), pp.703~719.

Cusick, L., K. McGarry, G. Perry and S. Kilcommons. 2010. "Drug services for sex workers:

approaches in England and Ireland." *Safer Communities*, 9(4), pp.32~39.

Darch, T. 2004. "Terrence Higgins Trust West Street Team: working with young men." in M. Melrose with Barrett, D.(eds). *Anchors in Floating Lives: Interviews with Young People Sexually Abused Through Prostitution.* Lyme Regis: Russell House.

Day, S. 2007. *On the Game: Women and Sex Work.* London: Pluto Press.

_____. 2010. "The re-emergence of 'trafficking': sex work between slavery and freedom." *Journal of the Royal Anthropological Institute*, 16, pp.816~834.

Day, S. and H. Ward. 2004. "Approaching health through the prism of stigma." in S. Day and H. Ward(eds), *Sex Work, Mobility and Health in Europe.* London: Kegan Paul.

Deering, K. N., A. Amin, J. Shoveller, A. Nesbitt, C. Garcia-Moreno, P. Duff, E. Argento and K. Shannon. 2014. "A systematic review of the correlates of violence against sex workers." *American Journal of Public Health*, 104(5), pp.42~54.

Ditmore, M. H., A. Levy and A. Willman(eds). 2010. *Sex Work Matters: Exploring Money, Power, and Intimacy in the Sex Industry.* London: Zed Books.

Dixon, D. and J. Dixon. 1998. "She-male prostitutes: Who are they, what do they do and why do they do it?" in J. Elias, V. Bullough, V. Elias and G. Brewer(eds), *Prostitution: On Whores, Hustlers and Johns.* New York: Prometheus.

Dodsworth, J. 2013. "Sexual exploitation, selling and swapping sex." *Child Abuse Review* online.

Edelman, E. A. 2011. "'This area has been declared a prostitution free zone': Discursive forma-tions of space, the state, and trans 'sex worker' bodies." *Journal of Homosexuality*, 58(6-7), pp.848~864.

Ellison, G. and R. Weitzer. 2015. "The dynamics of male and female street prostitution in Manchester, England." *Men and Masculinities*, January: 1~23.

Farley, M., I. Baral, M. Kiremire and U. Sizgin. 1998. "Prostitution in five countries: violence and post-traumatic stress disorder." *Feminism & Psychology*, 8, pp.405~426.

Frank, K. 2007. "Thinking critically about strip club research." *Sexualities*, 10(4), pp.501~517.

Gaffney, J. 2007. "A coordinated prostitution strategy and response to *Paying the Price:* but what about the men?" *Community Safety Journal*, 6(1), pp.27~33.

Geibel, S., E. M. van der Elst, N. King'ola, S. Luchters, A. Davies, E. M. Getambu, N. Peshu, S. M. Graham, R. Scott McClelland and E. J. Sanders. 2007. "'Are you on the market?': a capture-recapture enumeration of men who sell sex to men in and around Mombasa, Kenya." *AIDS*, 21(10), pp.1349~1354.

Grenfell, P., J. Eastham, G. Perry and L. Platt. 2016. "Decriminalising sex work in the UK." *British Medical Journal*,(Clinical research edn), 354.

Hall, T. M. 2007. "Rent boys, barflies and kept men: men involved in sex with men for compensation in Prague." *Sexualities*, 10(4), pp.457~472.

Harcourt, C. and B. Donovan. 2005. "The many faces of sex work." *Sexually Transmitted Infections*, 81(3), pp.201~206.

Harding, R. and P. Hamilton. 2009. "Working girls: abuse or choice in street-level sex work? A study of homeless women in Nottingham." *British Journal of Social Work*, 39(6), pp.1118~ 1137.

Hester, M. and N. Westmarland. 2004. *Tackling Street Prostitution: Towards an Holistic Approach,* Home Office Research Study 279. London: Development and Statistics Directorate.

Hoang, K. K. 2010. "Economies of emotion, familiarity, fantasy, and desire: emotional labor in Ho Chi Minh City's sex industry." *Sexualities*, 13(2), pp.255~272.

Home Office. 2004. *Paying the Price: A Consultation on Prostitution.* London: Home Office.

Hossain, M. S. 2010. "Enforced ab/normalcy: the sex worker *hijras* and the(re. appropriation of s/he identity." in M. H. Ditmore, A. Levy and A. Willman(eds), *Sex Work Matters: Exploring Money, Power, and Intimacy in the Sex Industry.* London: Zed Books.

Hubbard, P. and T. Sanders. 2003. "Making space for sex work: female street prostitution and the production of urban space." *International Journal of Urban and Regional Research*, 27(1), pp.73~87.

Hwang, S. and O. Bedford. 2004. "Juveniles' motivations for remaining in prostitution." *Psychology of Women Quarterly*, 28(2), pp.136~146.

Irving, A. and M. Laing. 2013. *Peer: Exploring the Lives of Sex Workers in Tyne and Wear.* Newcastle: Gap Project and Northumbria University.

Jeal, N. and C. Salisbury. 2007. "Health needs and service use of parlour-based prostitutes compared with street-based prostitutes: a cross-sectional survey." *British Journal of Obstetrics and Gynaecology*, 114(March), pp.875~881.

Jeal, N., C. Salisbury and K. Turner. 2008. "The multiplicity and interdependency of factors influencing the health of street-based sex workers: a qualitative study." *Sexually Transmitted Infections*, 84, pp.381~385.

Jenkins, S. 2009. "Beyond gender: an examination of exploitation in sex work'. Unpublished PhD thesis, April, Keele University.

Katsulis, Y., A. Durfee, V. Lopez and A. Robillard. 2015. "Predictors of work-place violence among female sex workers in Tijuana, Mexico." *Violence Against Women*, 21(5), pp.571~597.

Kaye, K. 2003. "Male prostitution in the twentieth century: pseudohomosexuals, hoodlum homosexuals, and exploited teens." *Journal of Homosexuality*, 46(1/2), pp.1~77.

Kinnell, H. 2006. "Murder made easy: the final solution to prostitution?" in R. Campbell and M. O'Neill(eds), *Sex Work Now.* Cullompton: Willan.

_____. 2008. *Violence and Sex Work in Britain.* Cullompton: Willan.

Koken, J. 2010. "The meaning of the "Whore': how feminist theories on prostitution shape research on female sex workers." in M. H. Ditmore, A. Levy and A. Willman(eds), *Sex Work Matters: Exploring Money, Power, and Intimacy in the Sex Industry.* London: Zed Books.

Koken, J., D. Bimbi, J. Parsons and N. Halkitis. 2004. "The experience of stigma in the lives of male internet escorts." *Journal of Psychology and Human Sexuality*, 16(1), pp.13~32.

Kong, T. 2008. "Risk factors affecting condom use among male sex workers who serve men in China: a qualitative study." *Sexually Transmitted Infections*, 84, pp.444~448.

Kotiswaran, P. 2011. *Dangerous Sex, Invisible Labor: Sex Work and the Law in India.* Princeton, NJ: Princeton University Press.

Krüsi, A., J. Chettiar, A. Ridgway, J. Abbott, S. A. Strathdee and K. Shannon. 2012. "Negotiating safety and sexual risk reduction with clients in unsanctioned safer indoor sex work environments: a qualitative study." *American Journal of Public Health*, 102(6), pp.1154~1159.

Kulick, D. 1998. *Travesti: Sex, Gender and Culture among Brazilian Transgendered Prostitutes.* Chicago, IL: University of Chicago Press.

Laing, M. and J. Gaffney. 2014. "Health and wellness services for male sex workers." in V. Minichiello and J. Scott(eds), *Male Sex Work and Society.* New York: Harrington Park Press.

Lantz, S. 2005. "Students working in the Melbourne sex industry: education, human capital and the changing patterns of the youth labour market." *Journal of Youth Studies*, 8(4), pp.385~401.

Lee-Gonyea, J. A., T. Castle and N. E. Gonyea. 2009. "Laid to order: male escorts advertising on the Internet." *Deviant Behavior*, 30(4), pp.321~348.

Leichtentritt, R. and B. Davidson-Arad. 2004. "Adolescent and young adult male-to-female transsexuals: pathways to prostitution." *British Journal of Social Work*, 34(4), pp.349~374.

Lister, B. 2015. "'Yeah, they've started to get a bit fucking cocky …'": Culture, economic change and shifting power relations within the Scottish lap-dancing industry." *Graduate Journal of*

Social Sciences, 11(2), pp.38~54.

Logan, T. D. 2010. "Personal characteristics, sexual behaviors, and male sex work: a quantitative approach." *American Sociological Review*, 75(5), pp.679~704.

Mai, N. 2009. *Migrant Workers in the UK Sex Industry: Final Policy-relevant Report*, ESRC final project report. London: London Metropolitan University.

Mansson, S. A. and U. Hedin. 1999. "Breaking the Matthew effect: on women leaving prostitution." *International Journal of Social Welfare*, 8, pp.67~77.

Marlowe, J. 2006. "Thinking outside the box: men in the sex industry." in J. Spector(ed.), *Prostitution and Pornography: Philosophical Debate about the Sex Industry.* Stanford: Stanford University Press.

Matthews, R. 2005. "Policing prostitution: 10 years on." *British Journal of Criminology*, 45(1), pp.1~20.

May, T. and G. Hunter. 2006. "Sex work and problem drug use in the UK: the links, problems and possible solutions." in R. Campbell and M. O'Neill(eds), *Sex Work Now.* Cullompton: Willan.

May, T., A. Harocopos and M. Hough. 2000. *For Love or Money: Pimps and the Management of Sex Work.* London: Home Office Policing and Reducing Crime Unit.

May, T., A. Harocopos and P. Turnbull. 2001. *Selling Sex in the City: An Evaluation of a Targeted Arrest Referral Scheme for Sex Workers in Kings Cross.* London: Home Office.

McKeganey, N. and M. Barnard. 1996. *Sex Work on the Streets.* Buckingham: Open University Press.

McLean, A. 2015. "'You can do it from your sofa': The increasing popularity of the Internet as a working site among male sex workers in Melbourne." *Journal of Sociology*, 51(4), pp.887~902.

Melrose, M. 2010. "What's love got to do with it? Theorising young people's involvement in prostitution." *Youth & Policy*, 104, pp.12~31.

Minichiello, V. and J. Scott(eds). 2014. *Male Sex Work and Society.* New York: Harrington Park Press.

Minichiello, V., J. Scott and D. Callander. 2013. "New pleasures and old dangers: reinventing male sex work." *Journal of Sex Research*, 50(3-4), pp.263~275.

Nadal, K. L., K. C. Davidoff and W. Fujii-Doe. 2014. "Transgender women and the sex work industry: roots in systemic, institutional, and interpersonal discrimination." *Journal of Trauma & Dissociation*, 15(2), pp.169~183.

Nureña, C. R., M. Zúñiga, J. Zunt, C. Mejía, S. Montano and J. L. Sánchez. 2011. "Diversity of commercial sex among men and male-born *trans* people in three Peruvian cities." *Cultural Health and Sexuality*, 13(10), pp.1207~1221.

O'Connell Davidson, J. 1998. *Prostitution, Power and Freedom.* London: Polity Press.

_____. 2006. "Will the real sex slave please stand up." *Feminist Review*, 83(1), pp.4~23.

O'Neill, M. 2001. *Prostitution and Feminism.* Cambridge: Polity Press.

O'Neill, M. and R. Campbell. 2001. *Working Together to Create Change: Walsall Prostitution Consultation Research.* Walsall: Staffordshire University/Liverpool Hope University/Walsall Health Authority. www.staffs.ac.uk/schools/art_and_design/safetysoapbox/menu.htm(검색일: 2021.5.12).

O'Neill, M. and J. Pitcher. 2010. "Sex work, communities and public policy in the UK." in M. Ditmore, A. Levy and A. Willman-Navarro(eds), *Sex Work Matters: Beyond Divides.* New York: Zed Press.

O'Neill, M., A. Jobe, C. Bilton, K. Stockdale, K. Hannah and Community Researchers. 2016. "Peer talk: hidden stories. A participatory research project with women who sell or swap sex in Teesside'. Unpublished research paper.

Outshoorn, J. 2004. "Pragmatism in the Polder: changing prostitution policy in the Netherlands." *Journal of Contemporary European Studies*, 12(2), pp.165~176.

Overs, C. and B. Loff. 2013. "Towards and legal framework that promotes and protects sex workers' health and human rights." *Health and Human Rights*, 15(1), pp.186~196.

Owens, T. 2015. "Disability and sex work." in M. Laing, K. Pilcher and N. Smith(eds), *Queer Sex Work*. London: Routledge.

Padilla, M., D. Castellanos, V. Guilamo-Ramos, A. Matiz Reyes, L. E. Sánchez Marte and M. Arredondo Soriano. 2008. "Stigma, social inequality, and HIV risk disclosure among Dominican male sex workers." *Social Science & Medicine*, 67(3), pp.380~388.

Pearce, J. with M. Williams and C. Galvin. 2002. *'It's Someone Taking a Part Of You': A Study of Young Women and Sexual Exploitation*. London: National Children's Bureau for Joseph Rowntree Foundation. www.jrf.org.uk/report/choice-and-opportunity-project-young-women-and-sexual-exploitation(검색일: 2021.5.12).

Perkins, R. and F. Lovejoy. 2007. *Call Girls: Private Sex Workers in Australia*. Crawley: University of Western Australia Press.

Pitcher, J. 2006. "Support services for women working in the sex industry." in R. Campbell and M. O'Neill(eds), *Sex Work Now*. Cullompton: Willan.

_____. 2015a. "Direct sex work in Great Britain: reflecting diversity." *Graduate Journal of Social Sciences*, 11(2), pp.76~100.

_____. 2015b. "Sex work and modes of self-employment in the informal economy: diverse business practices and constraints to effective working." *Social Policy and Society*, 14(1), pp.113~123.

Pitcher, J. and Wijers, M. 2014. "The impact of different regulatory models on the labour conditions, safety and welfare of indoor-based sex workers." *Criminology and Criminal Justice*, 14(5), pp.549~564.

Pitcher J., R. Campbell, P. Hubbard, M. O'Neill and J. Scoular. 2006. *Living and Working in Areas of Street Sex Work: From Conflict to Coexistence*. Bristol: Policy Press. www.jrf.org.uk/report/living-and-working-areas-street-sex-work(검색일: 2021.5.12).

Platt, L., P. Grenfell, C. Bonell, S. Creighton, K. Wellings, J. Parry and T. Rhodes. 2011. "Risk of sexually transmitted infections and violence among indoor-working female sex workers in London: the effect of migration from Eastern Europe." *Sexually Transmitted Infections*, 87(5), pp.377~384.

Roberts, R., S. Bergström and D. La Rooy. 2007. "Commentary: UK students and sex work: current knowledge and research issues." *Journal of Community and Applied Social Psychology*, 17(1), pp.141~146.

Roberts, R., A. Jones and T. Sanders. 2013. "Students and sex work in the UK: providers and purchasers." *Sex Education*, 13(3), pp.349~363.

Sagar, T., D. Jones, K. Symons, J. Tyrie and R. Roberts. 2016. "Student involvement in the UK sex industry: motivations and experiences." *British Journal of Sociology*, Online first.

Sanchez Taylor, J. 2006. "Female sex tourism: a contradiction in terms?" *Feminist Review*, 83(1), pp.42~59.

Sanders, T. 2004. "The risks of street prostitution: punters, police and protesters." *Urban Studies*, 41(8), pp.1703~1717.

_____. 2005a. *Sex Work: A Risky Business*. Cullompton: Willan.

_____. 2005b. "It's just acting: sex workers' strategies for capitalising on sexuality." *Gender, Work and Organization*, 12(4), pp.319~342.

_____. 2007. "Becoming an ex-sex worker: making transitions out of a deviant career." *Feminist Criminology*, 2(1), pp.1~22.

_____. 2008. *Paying for Pleasure: Men Who Buy Sex*. Cullompton: Willan.

_____. 2009. "UK sex work policy: eyes wide shut to voluntary and indoor sex work." in J. Phoenix(ed.), *Regulating Sex for Sale: Prostitution Policy Reform in the UK*. Bristol: Policy Press.

Sanders, T. and R. Campbell. 2007. "Designing out vulnerability, building in respect: violence, safety and sex work policy." *British Journal of Sociology*, 58(1), pp.1~19.

Sanders, T. and K. Hardy. 2015. "Students selling sex: marketisation, higher education and consumption." *British Journal of Sociology of Education*, 36(5), pp.747~765.

Satz, D. 2006. "Markets in women's sexual labor." in J. Spector(ed.), *Prostitution and Pornography: Philosophical Debates About the Sex Industry*. Stanford: Stanford University Press.

Scambler, G. 2007. "Sex work stigma: opportunist migrants in London." *Sociology*, 41(6), pp.1079~1096.

Scoular, J. 2004. "The 'subject' of prostitution: interpreting the discursive, symbolic and material position of sex/work in feminist theory." *Feminist Theory*, 5(3), pp.343~355.

Shannon, K., M. Rusch, J. Shoveller, D. Alexson, K. Gibson and M. W. Tyndall. 2008. "Mapping violence and policing as an environmental-structural barrier to health service and syringe availability among substance-using women in street-level sex work." *International Journal of Drug Policy*, 19, pp.140~147.

Singh, J. P. and S. A. Hart. 2007. "Sex workers and cultural policy: mapping the issues and actors in Thailand." *Review of Policy Research*, 24(2), pp.155~173.

Smith, M., C. Grov and D. Seal. 2008. "Agency-based male sex work: a descriptive focus on physical, personal and social space." *The Journal of Men's Studies*, 16(2), pp.193~210.

Strathdee, S., A-L. Crago, J. Butler, L-G. Becker and C. Beyrer. 2015. "Dispelling myths about sex workers and HIV." *The Lancet*, 385(9962), pp.4~7.

Surratt, H. L., J. A. Inciardi, S. P. Kurtz and M. C. Kiley. 2004. "Sex work and drug use in a subculture of violence." *Crime and Delinquency*, 50(1), pp.43~59.

TAMPEP International Foundation. 2007. *TAMPEP VII Final Report: Activity Report*. Amsterdam: TAMPEP International Foundation.

Tewkesbury, R. and D. Lapsey. 2017. "'Male escorts' construction of the boyfriend experience: how escorts please their clients." *International Journal of Sexual Health*, online 24 March.

Thukral, J. and M. Ditmore. 2003. *Revolving Door: An Analysis of Street-based Prostitution in New York City*. New York: Urban Justice Center/Sex Workers Project.

Trautner, M. L. 2005. "Doing gender, doing class: the performance of sexuality in exotic dance clubs." *Gender and Society*, 19(6), pp.771~788.

Vanwesenbeeck, I. 2005. "Burnout among female indoor sex workers." *Archives of Sexual Behavior*, 34(6), pp.627.

Walby, K. 2012. *Touching Encounters: Sex, Work, and Male-for-Male Internet Escorting*. Chicago, IL: University of Chicago Press.

Ward, H., C. H. Mercer, K. Wellings, K. Fenton, B. Erens, A. Copas and A. M. Johnson. 2005. "Who pays for sex? An analysis of the increasing prevalence of female commercial sex contacts among men in Britain." *Journal of Sexually Transmitted Infections*, 81(6), pp.467~471.

Weitzer, R. 2005. "New directions in research on prostitution." *Crime, Law and Social Change*, 43, pp.211~235.

_____. 2010. "The mythology of prostitution: advocacy research and public policy." *Sexuality Research and Social Policy*, 7, pp.15~29.

Whowell, M. and J. Gaffney. 2009. "Male sex work in the UK: forms, practice and policy implications." in J. Phoenix(ed.), *Regulating Sex for Sale: Prostitution Policy Reform in the UK*. Bristol: Policy Press.

Agustín, L. M. 2007. *Sex at the Margins: Migration, Labour Markets and the Rescue Industry*. London: Zed Books.

Allnock, D. and P. Miller. 2013. "No one noticed, no one heard: a study of childhood disclosures of abuse'. London: NSPCC. https://learning.nspcc.org.uk/research-resources/2013/no-one-noticed-no-one-heard(검색일: 2021.5.12).

Allnock, D. and N. Wager. 2016. *Victim Support's Adult Survivors Of Child Sexual Abuse Project: An Evaluation of a Co-Created Service Delivery Model*. Luton: University of Bedfordshire.

Barrett, D. 1997. *Child Prostitution in Britain*. London: The Children's Society.

Barrett, D. and P. Ayre. 2000. "Young people and prostitution: an end to the beginning?" *Children and Society*, 14(1), pp.48~59.

Basis. 2016. *Breaking Through: Moving on from Child Sexual Exploitation*. York: The University of York. http://basisyorkshire.org.uk/wp-content/uploads/2016/11/Breaking-through-final-A4-internet-pdf.pdf(검색일: 2021.5.12).

Beitchman, J. 1992. "A review of the long-term effects of child sexual abuse." *Child Abuse and Neglect*, 16(1), pp.101~118.

Berelowitz, S., C. Firmin, G. Edwards and S. Gulyurtlu. 2012. "'I thought I was the only one. The only one in the world": The Office of the Children's Commissioner's Inquiry into Child Sexual Exploitation in Gangs and Groups: Interim Report. London: Office of the Children's Commissioner.

Brown, A. 2004. "Mythologies and panics: twentieth century constructions of child prostitution." *Children & Society*, 18(3), pp.344~354.

Brown, A. and Barrett, D. 2002. *'Knowledge of Evil': Child Prostitution and Child Sexual Abuse in Twentieth Century England*. Cullompton: Willan.

Campbell, R. and M. O'Neill. 2004. *Sex, Lies and Love? An Evaluation Report for Walsall Youth Offending Team*. Stoke-on-Trent: NACRO and Staffordshire University.

Children's Commissioner for Wales. 2012. *Missing Voices*. Swansea: Children's Commissioner for Wales.

Children's Commissioner for Wales. 2015. *Learning the Lessons: Operation Pallial*. Swansea: Children's Commissioner for Wales.

Christys, P. 2016. "Thousands of slaves in BRITAIN are forced into sex and drug industries, report reveals." *Daily Express*, 1 June. www.express.co.uk/news/uk/675674/Slaves-report-UK-Britain-sex-workers-cannabis-Albania(검색일: 2021.5.12).

Council of Europe. 2007. *Council of Europe Convention on the Protection of Children Against Sexual Exploitation and Sexual Abuse*, 12 July, CETS No. 201. Strasbourg: Council of Europe. www.refworld.org/docid/4d19a904615b.html(검색일: 2021.5.12).

Coy, M. 2007. "Young women, local authority care and selling sex: findings from research." *British Journal of Social Work*, 20 August.

Cusick, L., A. Martin and T. May. 2003. "Vulnerability and involvement in drug use and sex work." Home Office Research Study 268. London: Home Office.

Delap, L. 2015. "Child welfare, child protection and sexual abuse, 1918-1990'. London: History and Policy. www.historyandpolicy.org/policy-papers(검색일: 2021.5.12).

Department for Children, Schools and Families. 2009. *Safeguarding Children and Young People from Sexual Exploitation*. Norwich: The Stationery Office.

Department for Education. 2011a. *National Action Plan on CSE*. London: DfE.

Department for Education. 2011b. *Tackling Child Sexual Exploitation: Action Plan*. London: DfE.

Department of Health, National Assembly for Wales, Home Office and Department for Education and Employment. 2000. *Safeguarding Children Involved in Prostitution: Supplementary Guidance to Safeguarding Children*. London: HMSO.

ECPAT. 2006. *Global Monitoring Reports on the Status of Action against Commercial Sexual Exploitation of Children*. London: ECPAT.

ECPAT. 2014a. *The Commercial Sexual Exploitation of Children in South East Asia*. London: ECPAT.

ECPAT. 2014b. *The Commercial Sexual Exploitation of Children in Europe*. London: ECPAT.

Faulkner, W. 1961. *The Wild Palms*. London: Vintage Press.

Gaffney, J. 2007. "A coordinated prostitution strategy and response to paying the price: but what about the men?" *Community Safety Journal*, 6(1), pp.27~33.

Gaffney, J. and K. Beverley. 2001. "Contextualising the construction and social organisation of the commercial male sex industry in London at the beginning of the twenty-first century." *Feminist Review*, 67(Spring), pp.133~141.

Gray, D. and P. Watt. 2013. *Giving Victims a Voice: A Joint MPS and NSPCC Report into Allegations of Sexual Abuse Made Against Jimmy Savile Under Operation Yewtree*. London: MPS and NSPCC.

Gur, M. and D. Barrett. 2004. *Anchors in Floating Lives: Interventions with Young People Sexually Abused through Prostitution*. London: Russell House.

Gur, M., D. Barrett and I. Brodie. 1999. *One-Way Street: Retrospectives on Childhood Prostitution*. London: The Children's Society.

Hébert, M., M. Tourigny, M. Cyr, P. McDuff and J. Joly. 2009. "Prevalence of childhood sexual abuse and timing of disclosure in a representative sample of adults in Quebec." *Canadian Journal of Psychiatry*, 54(9), pp.631~639.

Hester, M. and N. Westmarland. 2004. "Tackling street prostitution: towards an holistic approach." Home Office Research Study 279. London: Development and Statistics Directorate.

Hill, G. 2015. "How child sex abuse cases from the past are putting huge pressure on the police." *The Conversation*, 3 September. https://theconversation.com/how-child-sex-abuse-cases-from-the-past-are-putting-huge-pressure-on-the-police-46714(검색일: 2021.5.12).

HMIC. 2013. "'Mistakes were made': HMICs review into allegations and intelligence material concerning Jimmy Savile between 1964 and 2012'. HMIC: London. www.justicein spectorates.gov.uk/hmic/media/review-into-allegations-and-intelligence-material-concerni ng-jimmy-savile.pdf(검색일: 2021.5.12).

Home Office. 2003. *Every Child Matters*. Norwich: The Stationery Office.

Home Office. 2004. *Paying the Price: A Consultation Paper on Prostitution*. London: Home Office Communication Directorate.

Home Office. 2006. *A Coordinated Prostitution Strategy*. London: HMSO.

Hunter, G. and T. May. 2004. *Solutions and Strategies: Drugs Problems and Street Sex Markets, Guidance for Partnerships and Providers*. London: Home Office.

Jay, A. 2014. *Independent Inquiry Into Child Sexual Exploitation in Rotherham 1997-2013*. Rotherham: Rotherham Metropolitan Borough Council. https://www.rotherham.gov.uk/ downloads/download/31/independent-inquiry-into-child-sexual-exploitation-in-rotherham-1997---2013(검색일: 2021.5.12).

Kempadoo, K.(ed.). 1999. *Sun, Sex and Gold: Tourism and Sex Work in the Caribbean*. London: Sage.

Lee, M. and R. O'Brien. 1995. *The Game's Up: Redefining Child Prostitution*. London: The Children's Society.

Lim, Lean L. 1998. *The Sex Sector: The Economic and Social Bases of Prostitution in Southeast Asia*. Geneva: International Labour Office.

London, K., M. Bruck, S. J. Ceci and D. W. Shuman. 2005. "Disclosure of child sexual abuse:

what does the research tell us about the ways that children tell?" *Psychology, Public Policy and Law*, 11(1), pp.194~226.

Mai, N. 2007. "Errance, migration and male sex work: on the socio-cultural sustainability of a third space." in S. Ossman(ed.), *Places We Share: Migration, Subjectivity, and Global Mobility*. Lanham, MD: Lexington Books.

Matthews, R. 2005. "Policing prostitution: 10 years on." *British Journal of Criminology*, 45(1), pp.1~20.

Mayorga, L. and P. Velásquez. 1999. "Bleak pasts, bleak futures: life paths of thirteen young prostitutes in Cartagena, Columbia." in K. Kempadoo(ed.), *Sun, Sex, and Gold: Tourism and Sex Work in the Caribbean*. London: Rowman and Littlefield.

Melrose, M., D. Barrett and I. Brodie. 1999. *One-Way Street: Retrospectives on Childhood Prostitution*, London, The Children's Society.

Melrose, M. and D. Barrett. 2004. *Anchors in Floating Lives: Interventions with Young People Sexually Abused through Prostitution*, London, Russell House.

Muntarbhorn, V. 1996. *Sexual Exploitation of Children*. Geneva: UN Centre for Human Rights.

NSPCC. 2013. "Would they actually have believed me?" London: NSPCC. https://www.basw.co.uk/resources/would-they-actually-have-believed-me(검색일: 2021.5.12).

O'Connell Davidson, J. 2005. *Children in the Global Sex Trade*. Cambridge: Polity Press.

O'Neill, M. 2001. *Prostitution and Feminism*. Cambridge: Polity Press.

_____. 2016. "Independent Evaluation Supporting 'Historic' Victims/Survivors of Child Sex Exploitation(CSE. in Leeds." a pilot project administered by the Office of the Norfolk Police & Crime Commissioner. York and Durham Universities. http://basisyorkshire.org.uk/wp-content/uploads/2015/12/FINAL-Evaluation-Report-Historic-CSE-Pilot.pdf(검색일: 2021.5.12).

O'Neill, M. and R. Campbell. 2001. *Working Together to Create Change: Walsall Prostitution Consultation Research*. Walsall: Staffordshire University/Liverpool Hope University/Walsall Health Authority.

Office of the Children's Commissioner. 2013. *Reports on Sexual Exploitation*. London: Office of the Children's Commissioner.

Palmer, T. 2001. *No Son of Mine! Children Abused Through Prostitution*. Barkingside: Barnardo's.

Pearce, J. 2006. "Finding the 'I' in sexual exploitation: young people's voices within policy and practice." in R. Campbell and M. O'Neill(eds), *Sex Work Now*. Cullompton: Willan.

Pearce, J. with M. Williams and C. Galvin. 2003. *The Choice and Opportunity Project: Young Women and Sexual Exploitation*. York: Joseph Rowntree Foundation. www.jrf.org.uk/report/choice-and-opportunity-project-young-women-and-sexual-exploitation(검색일: 2021.5.12).

Roberts, N. 1992. *Whores in History: Prostitution in Western Society*. London: Harper Collins.

Sanders, T., M. O'Neill and J. Pitcher. 2009. *Prostitution: Sex Work, Policy and Politics*. London: Sage.

Self, H. 2003. *Prostitution, Women and Misuse of the Law: The Fallen Daughters of Eve*. London: Frank Cass.

Shaw, I. and I. Butler. 1998. "Understanding young people and prostitution: a foundation for practice?" *British Journal of Social Work*, 28(2), pp.177~196.

Smith, D. W., E. J. Letourneau, B. E. Saunders, H. S. Kilpatrick, H. S. Resnick and C. L. Best. 2000. "Delay in disclosure of childhood rape: results from a national survey." *Child Abuse and Neglect*, 24(2), pp.273~287.

Swann, S. 1998. *Whose Daughter Next? Children Abused Through Prostitution*. Ilford: Barnardo's.

UNICEF. 2017. *A Deadly Journey for Children: The Central Mediterranean Route. A Child Alert*. New York: UNICEF.

Voices Heard Group, L. Seebohm and S. Smiles. 2008. *Hidden for Survival*. Newcastle upon

Tyne: Tyneside Cyrenians. www.changing-lives.org.uk/wp-content/uploads/2014/01/TC-02-Hidden-for-Survival-Sex-Worker-Report1.pdf(검색일: 2021.5.12).

Walkowitz, J. 1980. *Prostitution and Victorian Society.* Cambridge: Cambridge University Press.

제5장
성 서비스 구매

Aggleton, P.(ed.). 1999. *Men Who Sell Sex: International Perspectives on Male Prostitution and HIV/AIDS.* London: Taylor and Francis.

Barton, B. 2002. "Dancing on the mobius strip: challenging the sex war paradigm." *Gender and Society*, 16(5), pp.585~602.

Bernstein, E. 2007. "Sex work for the middle classes." *Sexualities*, 10(4), pp.473~488.

Bimbi, D. 2007. "Male prostitution: pathology, paradigms and progress in research." *Journal of Homosexuality*, 53(1/2), pp.7~35.

Birch, P. 2015. *Why Men Buy Sex: Examining Sex Worker's Clients.* London: Routledge .

Boden, D. 2007. "The alienation of sexuality in male erotic dancing." *Journal of Homosexuality*, 53(1/2), pp.129~152.

Brents, B. and K. Hausbeck. 2007. "Marketing sex: US legal brothels and late capitalist consumption." *Sexualities*, 10(4), pp.425~439.

Brents, B. and T. Sanders. 2010. "The mainstreaming of the sex industry: economic inclusion and social ambivalence." Special Issue for *Journal of Law & Society*, Regulating Sex/Work: From Crime Control to Neo-liberalism, 37(1), pp.40~60.

Brewis, J. and S. Linstead. 2000a. "'The worst thing is the screwing' (1), pp.Consumption and the management of identity in sex work." *Gender, Work and Organization*, 7(2), pp.84~97.

_____. 2000b. "'The worst thing is the screwing'(2): context and career in sex work." *Gender, Work and Organization*, 7(2), pp.168~180.

Brewster, Z. 2003. "Behavioural and interactional patterns of strip club patrons: tipping techniques and club attendance." *Deviant* Behaviour, 24(2), pp.221~243.

Brooks, S. 2010. *Unequal Desires: Race and Erotic Capital in the Stripping Industry* New York: State University of New York Press.

Brooks-Gordon, B. 2006. *The Price of Sex: Prostitution, Policy and Society.* Cullompton: Willan.

_____. 2010. "Bellwether citizens: the regulation of male clients of sex workers." *Journal of Law and Society*, 37(1), pp.145~170.

Browne, J. and V. Minichiello. 1995. "The social meanings behind male sex work: implications for sexual interactions." *British Journal of Sociology*, 46(4), pp.598~622.

Campbell, R. 1998. "Invisible men: making visible male clients of female prostitutes in Merseyside." in J. Elias, V. Bullough, V. Elias and G. Brewer(eds), *Prostitution: On Whores, Hustlers and Johns.* New York: Prometheus.

Campbell, R. and M. Storr. 2001. "Challenging the kerb crawler rehabilitation programme." *Feminist Review*, 67(Spring), pp.94~108.

Colosi, R. 2010. *Dirty Dancing: An Ethnography of Lap-Dancing.* Cullompton: Willan.

Comella, L. 2008. "Its sexy. It's big business. And it's not just for men." *Contexts*, 7(3), pp.61~63.

Connelly, L. 2015. "The 'rescue industry': the blurred lines between help and hindrance." *Graduate Journal of Social Science*, 11(3), pp.154~160.

Cook, I. 2015. "Making links between sex work, gender and victimization: the politics and pedagogies of John schools." *Gender, Place and Culture*, 22(6), pp.817~832.

Coy, M., M. Horvath and L. Kelly. 2007. *'It's Just Like Going to the Supermarket': Men Buying Sex in East London.* London: Child & Woman Abuse Studies Unit, London Metropolitan University.

Davies, P. and R. Feldman. 1999. "Selling sex in Cardiff and London." in P. Aggleton(ed.), *Men Who Sell Sex: International Perspectives on Male Prostitution and HIV/AIDS*. London: Taylor and Francis.

Day, S. 2007. *On the Game: Women and Sex Work*. London: Pluto Press.

Deshotels, T. and Forsyth, C. J. 2006. "Strategic flirting and the emotional tab of exotic dancing." *Deviant Behavior*, 27(2), pp.223~241.

Dworkin, A. 1981. *Pornography: Men Possessing Women?* London: Women's Press.

Egan, D. 2003. "'I'll be your fantasy girl, if you'll be my money man': Mapping desire, fantasy and power in two exotic dance clubs." *Journal for the Psychoanalysis of Culture and Society*, 8(1), pp.277~296.

_____. 2005. "Emotional consumption: mapping love and masochism in an exotic dance club." *Body & Society*, 11(4), pp.87~108.

Egan, D. and K. Frank. 2005. "Attempts at a feminist and interdisciplinary conversation about strip clubs." *Deviant Behavior*, 26(2), pp.297~320.

Egan, D., K. Frank and M. Johnson(eds). 2006. *Flesh for Fantasy: Producing and Consuming Exotic Dance*. New York: Thunder's Mouth Press.

Ekberg, G. 2004. "The Swedish law that prohibits the purchase of sexual services: best practices for prevention of prostitution and trafficking in human beings." *Violence Against Women*, 10(10), pp.1187~1218.

Ellison, G. 2016. "Criminalising the payment for sex in Northern Ireland: sketching the contours of a moral panic." *British Journal of Criminology*, 57(1), pp.194~214.

Ellison, G. and R. Weitzer. 2016. "The dynamics of male and female street prostitution in Manchester, England." *Men and Masculinities*, 8 January.

Erickson, D. and R. Tewkesbury. 2000. "The 'gentleman' in the club: a typology of strip club patrons." *Deviant Behaviour*, 21(3), pp.271~293.

Escoffier, E. 2007. "Porn star/stripper/escort: economic and sexual dynamics in a sex work career." *Journal of Homosexuality*, 53(1), pp.173~200.

Frank, K. 1998. "The production of identity and the negotiation of intimacy in a 'gentleman's club'." *Sexualities*, 1(2), pp.175~201.

_____. 2002. *G-strings and Sympathy*. Durham, NC: Duke University Press.

Gaffney, J. and K. Beverley. 2001. "Contextualising the construction and social organisation of the commercial male sex industry in London at the beginning of the twenty-first century." *Feminist Review*, 67(Spring), pp.133~141.

Groom, T. and R. Nandwini. 2006. "Characteristics of men who pay for sex: a UK sexual health clinic survey." *Sexually Transmitted Infections*, 82(5), pp.364~367.

Garrick, D. 2005. "Excuses, excuses: rationalisation of western sex tourists in Thailand." *Current Issues in Tourism*, 8(6), pp.497~509.

Gould, A. 1999. *Punishing the Punter: The Politics of Prostitution in Sweden*. Loughborough: Department of Social Science, Loughborough University.

Hallgrimsdottir, H., R. Phillips and C. Beniot. 2006. "Fallen women and rescued girls: social stigma and media narratives of the sex industry in Victoria, BC from 1980 to 2005." *The Canadian Review of Sociology and Anthropology*, 43(3), pp.265~282.

Hammond, N. 2015. "Men who pay for sex and the sex work movement? Client responses to stigma and increased regulation of commercial sex policy." *Social Policy and Society*, 14(1), pp.93~102.

Hausbeck, K. and B. Brents. 2002. "McDonaldization of the sex industries? The business of sex." in G. Ritzer(ed.), *McDonaldization: The Reader*. Thousand Oaks, CA: Pine Forge Press.

Hawkes, G. 1996. *A Sociology of Sex and Sexuality*. Buckingham: Open University Press.

Home Office. 2004. *Paying the Price: A Consultation on Prostitution*. London: Home Office.

_____. 2006. *A Coordinated Prostitution Strategy*. London: Home Office.

Howell, P. 2001. "Sex and the city of bachelors: sporting guidebooks and urban knowledge in nineteeth-century Britain and America." *Cultural Geographies*, 8(1), pp.20~50.

Hubbard, P., R. Matthews and J. Scoular. 2008. "Regulating sex work in the EU: prostitute women and the new spaces of exclusion." *Gender, Place and Culture*, 15(2), pp.137~152.

Huff, A. 2011. "Buying the girlfriend experience: an exploration of the consumption experiences of male customers of escorts." *Research in Consumer Behavior*, 13, pp.111~126.

Jeffreys, S. 2003. "Sex tourism: do women do it too?" *Leisure Studies*, 22(3), pp.223~238

Jones, K. G., A. M. Johnson, K. Wellings, P. Sonnenberg, N. Field, C. Tanton, B. Erens, S. Clifton, J. Datta, K. R. Mitchell, P. Prah and C. H. Mercer. 2014. "The prevalence of, and factors associated with paying for sex among men resident in Britain: findings from the third National Survey of Sexual Attitudes and Lifestyles(Natsal-3)." *Sexually Transmitted Infections*, 91, pp.78~79.

Kantola, J. and J. Squires. 2004. "Discourses surrounding prostitution policies in the UK." *European Journal of Women's Studies*, 11(1), pp.77~101.

Katsulis, Y. 2010. "'Living like a king': Conspicuous consumption, virtual communities and the social construction of paid sexual encounters by US sex tourists." *Men and Masculinities*, 13(2), pp.210~230.

Khan, U. 2015. "'Johns' in the spotlight: anti-prostitution efforts and the surveillance of clients." *Canadian Journal of Law and Society*, 30(1), pp.9~29.

Kingston, K. 2010. "Intent to criminalize: men who buy sex and prostitution policy in the UK." in K. Hardy, K. Kingston and T. Sanders(eds), *New Sociologies of Sex Work*. Farnham: Ashgate, pp.23~38.

Kingston, S. and T. Thomas. 2014. "The Police, sex work, and Section 14 of the Policing and Crime Act 2009." *Howard Journal of Criminal Justice*, 53(3), pp.255~269.

Kingston, S., N. Hammond and S. Redman. 2020. *Women Who Buy Sex: Intimacy, Companionship and Pleasure*. London: Routledge.

Kinnell, H. 2006. "Murder made easy: the final solution to prostitution?" in R. Campbell and M. O'Neill(eds), *Sex Work Now*. Cullompton: Willan.

Korn, J. 1998. "My sexual encounters with sex workers: the effects on a consumer." in J. Elias, V., Bullough, V. Elias and G. Brewer(eds), *Prostitution: On Whores, Hustlers and Johns*. New York: Prometheus.

Kulick, D. 2005. "Four hundred thousand Swedish perverts." *GLQ: A Journal of Lesbian and Gay Studies*, 11(2), pp.205~235.

Leander, K. 2005. "Reflections on Sweden's measures against men's violence against women." *Social Policy & Society*, 5(1), pp.115~125.

Lee-Gonyea, J. A., T. Castle and N. E. Gonyea. 2009. "Laid to order: advertising on the Internet." *Deviant Behavior*, 30, pp.321~348.

Levy, J. and P. Jackobssen. 2014. "Sweden's abolitionist discourse and law: effects on the dynamics of Swedish sex work and on the live's of Sweden's sex workers." *Criminology and Criminal Justice Studies*, 14(2), pp.593~607.

Lowman, J. and C. Atchison. 2006. "Men who buy sex: a survey in the Greater Vancouver regional district." *Canadian Journal of Sociology and Anthropology*, 43(3), pp.281~296.

Lucas, A. 2005. "The work of sex work: elite prostitutes' vocational orientations and experiences." *Deviant Behavior*, 26(5), pp.513~546.

Malina, D. and R. A. Schmidt. 1997. "'It's a business doing pleasure with you': Sh! A women's sex shop case." *Marketing Intelligence and Planning*, 15(7), pp.352.

McKeganey, N. and M. Barnard. 1996. *Sex Work on the Streets*. Buckingham: Open University Press.

McNair, B. 2002. *Striptease Culture: Sex, Media and the Democratization of Desire*. London:

Routledge.

Mendoza, C. 2013. "Beyond sex tourism: gay tourists and male sex workers in Puerto Vallenta (Western Mexico)." *International Journal of Tourism Research*, 15, pp.122~137.

Milrod, C. and M. Monto. 2012. "The hobbyist and the girlfriend experience: behaviors and preferences of male customers of internet sexual service providers." *Deviant Behavior*, 33(10), pp.792~810.

_____. 2016. "Older male clients of female sex workers in the United States." *Archives of Sexual Behaviour*, 5 April.

Minichiello, V., J. Scott and D. Callander. 2015. "A new public health context to understand male sex work." *BMC Public Health*, 15(282), pp.1~11.

Monto, M. 2010. "Sex works' customers: motives and misconceptions." in R. Weitzer(ed.), *Sex For Sale: Prostitution, Pornography and the Sex Industry*(2nd edn). New York: Routledge, pp.233~254.

Monto, M. A. and S. Garcia. 2001. "Recidivism among the customers of female street prostitutes: do intervention programs help?" *Western Criminology Review*, 3(2).

Monto, M. and N. Hotaling. 2001. "Predictors of rape myth acceptance among male clients of female street prostitutes." *Violence Against Women*, 7(3), pp.275~293.

Murphy, A. G. 2003. "The dialectical gaze: exploring the subject-object tension in the performances of women who strip." *Journal of Contemporary Ethnography*, 32(3), pp.305~335.

Murray, L., L. Moreno, S. Rosario, J. Ellen, M. Sweat and D. Kerrigan. 2007. "The role of relationship intimacy in consistent condom use among female sex workers and their regular paying partners in the Dominican Republic." *AIDS Behaviour*, 11, pp.463~470.

Nencel, L. 2001. *Ethnography and Prostitution in Peru*. London: Pluto Press.

Neville, N. 2015. "Male gays in the female gaze: women who watch m/m pornography." *Porn Studies*, 2(2-3), pp.192~207.

O'Connell Davidson, J. 1998. *Prostitution, Power and Freedom*. London: Polity Press.

O'Neill, M. 2001. *Prostitution and Feminism*. Cambridge: Polity Press.

Owens, T. 2014. "Disability and sex." in M. Laing, K. Pilcher and N. Smith(eds), *Queer Sex Work*. London: Routledge, pp.108~114.

Padilla, M. 2007. *Caribbean Pleasure Industry: Tourism, Sexuality and AIDS in the Dominican Republic*. Chicago, IL: University of Chicago Press.

Pettinger, L. 2011. "'Knows how to please a man': studying customers to understand service work." *Sociological Review*, 59(2), pp.225~241.

_____. 2015. "The judgement machine: markets, internet technologies and policies in commercial sex." *Social Policy and Society*, 14(1), pp.135~143.

Phoenix, J. 2007/08. "Sex, money and the regulation of women's 'choices': a political economy of prostitution." *Criminal Justice Matters*, 70(Winter), pp.25~26.

Phoenix, J. and S. Oerton. 2005. *Illicit & Illegal: Sex, Regulation and Social Control*. Cullompton: Willan.

Pilcher, K. 2011. "A 'sexy space' for women? Heterosexual women's experiences of a male strip show venue." *Leisure Studies*, 30(2), pp.217~236.

_____. 2012. "Dancing for women: subverting heteronormativity in a lesbian erotic dance space?" *Sexualities*, 15(5/6), pp.521~537.

_____. 2016. *Erotic Performance and Spectatorship: New Frontiers in Erotic Dance*. London: Routledge.

Piscitelli, A. 2007. "Shifting boundaries: sex and money in the North-East of Brazil." *Sexualities*, 10(4), pp.489~500.

Redman, S. 2016. "Male and female escorts in the UK: a comparative analysis of working practices, stigma and relationships." PhD Thesis, University of Leeds.

Rivers-Moore, M. 2016. *Gringo Gulch: Sex, Tourism and Social Mobility in Costa Rica*. Chicago, IL: University of Chicago Press.

Ronai, C. and C. Ellis. 1989. "Turn-on's for money: interactional strategies of the table dancers." *Journal of Contemporary Ethnography*, 18(3), pp.271~298.

Ryan, C. and M. Hall. 2001. *Sex Tourism: Marginal People and Liminalities*. London: Routledge.

Sanchez Taylor, J. 2001. "Dollars are a girl's best friend? Female tourists' sexual behaviour in the Caribbean." *Sociology*, 35(3), pp.749~764.

_____. 2006. "Female sex tourism: a contradiction in terms." *Feminist Review*, 83(1), pp.42~59.

Sanders, T. 2005. "It's just acting: sex workers' strategies for capitalising on sexuality." *Gender, Work and Organization*, 12(4), pp.319~342.

_____. 2007. "The politics of sexual citizenship: commercial sex and disability." *Disability & Society*, 22(5), pp.439~455.

_____. 2008a. *Paying for Pleasure: Men Who Buy Sex*. Cullompton: Willan.

_____. 2008b. "Male sexual scripts: intimacy, sexuality and pleasure in the purchase of commercial sex." *Sociology*, 42(1), pp.400~417.

_____. 2009. "Kerbcrawler rehabilitation programmes: curing the 'deviant' male and reinforcing the 'respectable' moral order." *Critical Social Policy*, 29(1), pp.77~99.

Sanders, T. and Campbell, R. 2007. "Designing out violence, building in respect: violence, safety and sex work policy." *British Journal of Sociology*, 58(1), pp.1~18.

Sanders, T. and K. Hardy. 2014. *Flexible Workers: Labour, Regulation and the Political Economy of the Stripping Industry*. London: Routledge.

Scott, J., V. Minichiello, R. Marino, G. Harvey, M. Jamieson and J. Browne. 2005. "Understanding the new context of the male sex work industry." *Journal of Interpersonal Violence*, 20(3), pp.320~342.

Scott, J., D. Callander and V. Minichiello. 2015. "Clients of male sex workers' in V. Minichiello and J. Scott(eds), *Male Sex Work and Society*. New York: Harrington Park Press.

Scoular, J. 2004. "Criminalising 'punters': evaluating the Swedish position on prostitution." *Journal of Social Welfare and Family Law*, 26(2), pp.195~210.

Scoular, J. and M. O'Neill. 2007. "Regulating prostitution: social inclusion, responsibilization and the politics of politics of prostitution reform." *British Journal of Criminology*, 47(5), pp.764~778.

Scoular, J., J. Pitcher, R. Campbell, P. Hubbard and M. O'Neill. 2007. "What's anti-social about sex work? The changing representation of prostitution's incivility." *Community Safety Journal*, 6(1), pp.11~17.

Simmons, C., P. Lehmann and S. Collier-Tenison. 2008. "Linking male use of the sex industry to controlling behaviours in violent relationships: an exploratory analysis." *Violence Against Women*, 14(4), pp.206.

Smith, C. 2002. "Shiny chests and heaving g-strings: a night out with the Chippendales." *Sexualities*, 5(11), pp.67~89.

Soothill, K. and T. Sanders. 2005. "The geographical mobility, preferences and pleasures of prolific punters: a demonstration study of the activities of prostitutes' clients." *Sociological Research Online*, 10, p.1.

Storr, M. 2003. *Latex and Lingerie: The Sexual Dynamics of Ann Summers Parties*. Oxford: Berg.

Sullivan, E. and W. Simon. 1998. "The client: a social, psychological and behavioural look at the unseen patron of prostitution." in J. E. Elias, V. L. Bullough, V. Elias and G. Brewer(eds), *Prostitution: On Whores, Hustlers and Johns*. Amsherst, NY: Prometheus.

Svanström, Y. 2004. "Criminalising the John: a Swedish gender model?" in J. Outshoorn(ed.), *The Politics of Prostitution*. Cambridge: Cambridge University Press.

Thompson, W. and J. Harred. 1992. "Topless dancers: managing stigma in a deviant occupation." *Deviant Behaviour*, 13(2), pp.291~311.

Thompson, W., J. L. Harred and B. E. Burks. 2003. "Managing the stigma of topless dancing: a decade later." *Deviant Behavior*, 24(5), pp.551~570.

Tucker, J. D. and X. Ren. 2008. "Sex worker incarceration in the People's Republic of China." *Sexually Transmitted Infections*, 84, pp.34~35.

Tyler, A. 2015. "Gaydar: queering social networks." in M. Laing, K. Pilcher and N. Smith(eds), *Queer Sex Work*. London: Routledge, pp.140~150.

Van Brunschot, E. G. 2003. "Community policing and 'John schools'." *Canadian Review of Sociology and Anthropology*, 40(2), pp.215~232.

Voeten, H., O. Egesah, C. Varkevisser and J. Habbema. 2007. "Female sex workers and unsafe sex in urban and rural Nyanza, Kenya: regular partners may contribute more to HIV transmission than clients." *Tropical Medicine and International Health*, 12(2), pp.174~182.

Walby, K. 2012. *Touching Encounters: Sex, Work, and Male-for-Male Internet Escorting*. Chicago, IL: University of Chicago Press.

Ward, H., C. H. Mercer, K. Wellings, K. Fenton, B. Erens, A. Copas and A. M. Johnson. 2005. "Who pays for sex? An analysis of the increasing prevalence of female commercial sex contacts among men in Britain." *Journal of Sexually Transmitted Infections*, 81(6), pp.467~471.

Warr, D. and P. Pyett. 1999. "Difficult relations: sex work, love and intimacy." *Sociology of Health and Illness*, 21(3), pp.290~309.

Weitzer, R. 2006. "Moral crusade against prostitution." *Society*, 43(March-April), pp.33~38.

Wood, E. 2000. "Working in the fantasy factory: the attention hypothesis and the enacting of masculine power in strip clubs." *Journal of Contemporary Ethnography*, 29(1), pp.5~31.

제6장
성노동자, 노동권과 노동조합

Bassermann, L. 1993. *The Oldest Profession: A History of Prostitution*. New York: Dorset Press.

Bindman, J. 1997. "Redefining prostitution as sex work on the international agenda." *Anti-Slavery International*. Vancouver: Commercial Sex Information Service. www.walnet.org/csis/papers/redefining.html(검색일: 2021.5.12).

Chun, S. 1999. "An uncommon alliance: finding empowerment for exotic dancers through labour unions." *Hastings Women's Law Journal*, 10(1), pp.231~252.

Ditmore, M. 2008. "'Punishing sex workers won't curb HIV/AIDS,' says Ban-KiMoon." *RH Reality Check*, 24 June. www.rhrealitycheck.org/blog/2008/06/23/sex-workers-grateful-banki-moon(검색일: 2021.5.12).

Fischer, C. 1996. "Employee rights in sex work: the struggle for dancers' rights as employees, law and inequality." *A Journal of Theory and Practice*, 14(5), pp.521~554.

Gall, G. 2006. *Sex Worker Union Organising: An International Study*. London: Palgrave Macmillian.

_____. 2007. "Sex worker unionisation: an exploratory study of emerging collective organisation." *Industrial Relations Journal*, 38(1), pp.70~88.

_____. 2016. *Sex Worker Unionisation: Global Developments, Challenges and Possibilities*. Basingstoke: Palgrave.

Hardy, K. 2010. "If you shut up, they kill you: sex worker resistance in Argentina." in in K. Hardy, S. Kingston and T. Sanders(eds), *New Sociologies of Sex Work*. Farnham: Ashgate.

Hinchberger, B. 2005. "Sex workers don't mourn, they organize." *Brazil Max*, 19 October. www.brazilmax.com/news.cfm/tborigem/fe_society/id/23(검색일: 2021.5.12).

Jenness, V. 1990. "From sex as sin to sex as work: COYOTE and the reorganization of prostitution as a social problem." *Social Problems*, 27(3), pp.403~420.

Kempadoo, K. 1998. "The exotic dancers alliance: an interview with Dawn Prassar and Johanna

Breyer." in K. Kempadoo and J. Doezema(eds), *Global Sex Workers: Rights, Resistance and Redefinition*. New York: Routledge.

Kempadoo, K. and J. Doezema(eds). 1998. *Global Sex Workers: Rights, Resistance, and Redefinition*. London: Routledge.

Levi-Minzi, M. and M. Shields. 2007. "Serial sexual murderers and prostitutes as their victims: difficulty profiling perpetrators and victim vulnerability as illustrated by the Green River Case." *Brief Treatment and Crisis Intervention*, 7(1), pp.77~89.

Lewis, T. 2008. "Tax sex workers." *Jamaica Observer*, 19 June. www.jamaicaobserver.com/news/html/20080619T000000-0500_136918_OBS_TAX_SEX_WORKERS.asp(검색일: 2021.5.12).

Lim, Lean L. 1998. *The Sex Sector: The Economic and Social Bases of Prostitution in Southeast Asia*. Geneva: International Labour Office.

Mathieu, L. 2003. "The emergence and uncertain outcomes of prostitutes' social movements." *The European Journal of Women's Studies*, 10(1), pp.29~50.

Marie Claire. 2007. "From red light to runway." 26 July. www.marieclaire.co.uk/news/168050/from-red-light-to-runway.html(검색일: 2021.5.12).

Nagel, J. 1997. *Whores and Other Feminists*. London: Routledge.

Nath, M. B. 2000. "Women's health and HIV: experience from a sex workers' project in Calcutta." *Gender and Development*, 8(1), pp.100~108.

O'Connell Davidson, J. 1998. *Prostitution, Power and Freedom*. London: Polity.

Oldenburg, V. T. 1990. "Lifestyle as resistance: the case of the courtesans of Lucknow, India." *Feminist Studies*, 16(2), pp.259~287.

Panchanadeswaran, S., G. Vijayakumar, S. Chacko and A. Bhanot. 2016. "Unionizing sex workers: the Karnataka experience." in A. Sarat(ed.), Special Issue: Problematizing Prostitution: Critical Research and Scholarship, *Studies in Law, Politics and Society*, 17, pp.139~156.

Pheterson, G.(ed.). 1989. *A Vindication of the Rights Of Whores*. Seattle: Seal.

Poel, S. 1995. "Solidarity as boomerang: the fiasco of the prostitutes' rights movement in the Netherlands." *Crime, Law and Change*, 23(1), pp.41~65.

United Nations Development Program(UNDP). 2003. *From Challenges to Opportunities: Responses to Trafficking and HIV/AIDS in South Asia*. Geneva: UNDP, pp.31~37. www.unodc.org/documents/hiv-aids/publications/FromChallengestoOpportunities.pdf(검색일: 2021.5.12).

UN Office of the High Commissioner for Human Rights(UNHCHR). 1999. "Concluding observations of the Committee on the Elimination of Discrimination Against Women: China." A/54/38, paragraphs 288~289, 3 February. www.unhchr.ch/tbs/doc.nsf/(Symbol)/1483ffb5a2a626a980256732003e82c8?Opendocument(검색일: 2021.5.12).

_____. 2000. "Concluding observations of the Committee on the Elimination of Discrimination Against Women: Germany." A/55/38, paragraphs 325 and 326, 2 February. www.unhchr.ch/tbs/doc.nsf/(Symbol)/64d8644ed9ea3f788025688c0054c3f4?Opendocument(검색일: 2021.5.12).

_____. 2001. "Concluding observations of the Committee on the Elimination of Discrimination Against Women: Sweden." A/56/38, paragraph 355, 31 July. www.unhchr.ch/tbs/doc.nsf/(Symbol)/80bb4b9d34212c1fc1256acc004f72e2?Opendocument(검색일: 2021.5.12).

Walsh, J. 1996. "The world's first prostitutes union." *Marie Claire*, January, pp.48~51. www.walnet.org/csis/news/world_96/mclaire-9601.html(검색일: 2021.5.12).

Weitzer, R. 1991. "Prostitutes rights in the US: the failure of a movement." *The Sociological Quarterly*, 32(1), pp.23~41.

Weitzer, R.(ed.). 2000. *Sex for Sale*, Routledge, London.

West, J. 2000. "Prostitution: collectives and the politics of regulation." *Gender, Work and Organisation*, 7(2), pp.106~118.

제7장
성 산업과 범죄, 사회정의

Bartley, P. 2000. *Prostitution, Prevention and Reform in England 1860-1914.* London: Routledge.

Benson, C. and R. Matthews. 2000. "Police and prostitution vice squads in Britain." in R. Weitzer(ed.), *Sex for Sale.* London: Routledge.

Boff, A. 2012. "Silence on violence: improving the safety of women." Report from the Lord Mayor of London's Office.

Brookes-Gordon, B. 2006. *The Price of Sex: Prostitution, Policy and Society.* Cullompton: Willan.

Campbell, R. 2014. "Not getting away with it: linking sex work and hate crime." in N. Chakraborti and J. Garland(eds), *Responding to Hate Crime: The Case to Connecting Policy & Research.* Bristol: Policy Press, pp.57~72.

_____. 2016. "Not getting away with it: addressing violence against sex workers as hate crime in Merseyside." PhD thesis, University of Durham.

Carline, A. and J. Scoular. 2015. "Saving fallen women now? Critical perspectives on engagement and support orders and their policy of forced welfarism." *Social Policy and Society,* 14(1), pp.103~112.

Coy, M., M. Horvath and L. Kelly. 2007. *'It's Just Like Going to the Supermarket': Men Buying Sex in East London.* London: Child & Woman Abuse Studies Unit, London Metropolitan University.

Crown Prosecution Service(CPS). n.d.. "Prostitution and exploitation of prostitution." legal guidance. London: CPS. https://www.cps.gov.uk/legal-guidance/prostitution-and-exploitation-prostitution(검색일: 2021.5.12).

Diduck, A. and W. Wilson. 1997. "Prostitutes and persons." *The Journal of Law and Society,* 24(4), pp.504~525.

Edwards, S. 1998. "Abused and exploited: young girls in prostitution." in A. Van Meeuwen, S. Swann, D. McNeish and S. S. M. Edwards(eds), *Whose Daughter Next? Children Abused Through Prostitution.* Ilford: Barnardo's.

Foucault, M. 1979. *The History of Sexuality*(trans. R. Hurley). London: Penguin.

Gaffney, J. 2007. "A coordinated prostitution strategy and response to paying the price: but what about the men?" *Community Safety Journal,* 6(1), pp.27~33.

Harcourt, C. and B. Donovan. 2005. "Sex work and the law." *Sexual Health,* 2, pp.121~128.

Hénriques, F. 1962. *Prostitution and Society.* London: MacGibbon and Kee.

Hester, M. and N. Westmarland. 2004. *Tackling Street Prostitution: Towards an Holistic Approach,* Home Office Research Study 279. London: Development and Statistics Directorate.

Home Affairs Committee. 2016. *Prostitution: Third Report of Session 2016-2017.* London: House of Commons.

Home Office. 2004. *Paying the Price: A Consultation Paper on Prostitution.* London: Home Office Communication Directorate.

_____. 2006. *A Coordinated Prostitution Strategy.* London: Home Office.

_____. 2011. *A Review of Effective Practice in Responding to Prostitution.* London: Home Office.

Hunter, G. and T. May. 2004. *Solutions and Strategies: Drugs Problems and Street Sex Markets, Guidance for Partnerships and Providers.* London: Home Office.

Johnson, P. 2007. "Ordinary folk and cottaging: law, morality and public sex." *Journal of Law and Society,* 34(4), pp.520~543.

Jordan, J. 2005. *The Sex Industry in New Zealand.* Wellington: Ministry of Justice. Kantola, J. and Squires, J. 2004. "Discourses surrounding prostitution policies in the UK." European Journal of Women's Studies, 11(1), pp.77~101.

Kinnell, H. 2006. "Murder made easy: the final solution to prostitution?" in R. Campbell and M.

O'Neill(eds), *Sex Work Now*. Cullompton: Willan.

Kishtainy, K. 1982. *The Prostitute in Progressive Literature*. London: Allison and Busby.

Laing, M., K. Pilcher and N. Smith(eds). 2015. *Queer Sex Work*. London: Routledge.

Laite, J. A. 2008. "The Association of Moral and Social Hygiene: abolitionism and Prostitution Law in Britain(1915-1959)." *Women's History Review*, 17(2), pp.207~223.

Levy, J. and P. Jakobsson. 2014. "Sweden's abolitionist discourse and law: effects on the dynamics of Swedish sex work and on the lives of Sweden's sex workers." *Criminology and Criminal Justice*, 14(5), pp.593~607.

Lowman, J. 2000. "Violence and outlaw status of street prostitution in Canada." *Violence Against Women*, 6(9), pp.987~1011.

Matthews, R. 2003. "Beyond Wolfenden: prostitution, politics and the law." in R. Matthews and M. O'Neill(eds), *Prostitution*. Farnham: Ashgate.

_____. 2005. "Policing prostitution: 10 years on." *British Journal of Criminology*, 45(1), pp.1~20.

Matthews, R. and M. O'Neill(eds). 2003. *Prostitution*. Farnham: Ashgate.

Mazo-Karras, R. 1989. "The regulation of brothels in later Medieval England." *SIGNS: Journal of Women in Culture and Society*, 14(2).

McLeod, E. 1982. *Working Women: Prostitution Now*. London: Croom Helm.

Melrose, M. 2009. "Out on the streets and out of control? Drug-using sex workers and the prostitution strategy." in J. Phoenix(ed.), *Regulating Sex for Sale*. Bristol: Policy Press.

Minichiello, V. and J. Scott(eds). 2014. *Male Sex Work and Society*. New York: Harrington Park Press.

National Police Chiefs Council(NPCC). 2016. *National Policing Sex Work Guidance*. London: NPCC.

National Ugly Mugs. 2016. "National Ugly Mugs(UKNSWP. submission of written evidence to the Home Affairs Select Committee's Prostitution Inquiry'. https://uknswp.org/um/uploads/National-Ugly-Mugs-HASC-response.pdf(검색일: 2021.5.12).

Newman, J. 2003. "New Labour, governance and the politics of diversity." in J. Barry, J. Dent and M. O'Neill(eds), *Gender and the Public Sector: Professionals and Managerial Change*. London: Routledge, pp.15~26.

O'Neill, M. 2001. *Prostitution and Feminism*. Cambridge: Polity Press.

_____. 2010. "Cultural criminology and sex work: resisting regulation through radical democracy and participatory action research(PAR)." *Journal of Law & Society*, 37(1), pp.210~232.

O'Neill, M. and A. Jobe. 2016. "Policy Briefing: Adult sex work, law and policy: new horizons in the 21st century." *Discover Society*, 6 December. http://discoversociety.org/2016/12/06/policy-briefing-adult-sex-work-law-and-policy/(검색일: 2021.5.12).

O'Connell Davidson, J. 1998. *Prostitution, Power and Freedom*. London: Polity Press.

Östergren, P. 2003. "Synden ideologiserad. Modern svensk prostitutionspolicy som identitets- och trygghetsskapare'(The ideological sin: the modern Swedish prostitution policy as creating a sense of identity and safety). Master's Thesis, The Department for Social Anthropology, Stockholm University(unpublished).

Palmer, T. 2002. *No Son of Mine!* Basildon: Barnardo's.

Phoenix, J. 1999. *Making Sense of Prostitution*. London: Macmillan.

_____. (ed.). 2009. *Regulating Sex for Sale: Prostitution Policy Reform in the UK*. Bristol: Policy Press.

Pitcher, J. 2006. "Support services for women working in the sex industry." in R. Campbell and M. O'Neill(eds), *Sex Work Now*. Cullompton: Willan.

_____. 2015. "Sex work and modes of self-employment in the informal economy: diverse business practices and constraints to effective working." *Social Policy and Society*, 14(1), pp.113~123.

Pitcher, J. and Wijers. 2014. "The impact of different regulatory models on the labour conditions, safety and welfare of indoor-based sex workers." *Criminology and Criminal Justice*, 'The Governance of Commercial Sex: Global Trends of Criminalisation, Punitive Enforcement, Protection and Rights." 14(5), pp.549~564.

Pitcher J., R. Campbell, P. Hubbard, M. O'Neill and J. Scoular. 2006. *Living and Working in Areas of Street Sex Work: From Conflict to Coexistence*. Bristol: Policy Press.

Platvoet, L. 2007. "Prostitution: which stance to take?" Report of the Committee on Equal Opportunities for Women and Men. The Hague: Parliamentary Assembly. www.assembly. coe.int/nw/xml/XRef/X2H-Xref-ViewHTML.asp?FileID=11596&Lang=EN(검색일: 2021.5.12).

Roberts, N. 1992. *Whores in History: Prostitution in Western Society*. London: HarperCollins.

Sagar, T. 2007. "Tackling on-street sex work: anti-social behaviour orders, sex workers and inclusive inter-agency initiatives." *Criminology and Criminal Justice*, 7(2), pp.153~168.

Sanders, T. 2008. *Paying for Pleasure: Men Who Buy Sex*. Cullompton: Willan.

Sanders, T. and R. Campbell. 2008. "Why hate men who pay for sex? Investigating the shift to tackling demand and the calls to criminalise paying for sex." in V. Munro(ed.), *Demanding Sex? Critical Reflections on the Supply/Demand Dynamic in Prostitution*. London: Ashgate.

Scottish Executive. 2005. "Being outside: constructing a response to street prostitution." Report of the Expert Group on Prostitution in Scotland. Edinburgh: Scottish Executive.

Scoular, J. and M. O'Neill. 2007. "Regulating prostitution: social inclusion, responsibilization and the politics of prostitution reform." *British Journal of Criminology*, 47(5), pp.764~778.

Self, H. 2003. *Prostitution, Women and Misuse of the Law: The Fallen Daughters of Eve*. London: Frank Cass.

_____. 2004. "History repeating itself: the regulation of prostitution and trafficking." paper published online. http://lawcrimehistory.org/fcrn/documents/paper001.pdf(검색일: 2021.5.12).

Swedish Ministry of Justice. 2010. "Evaluation of the ban on purchase of sexual services(1999-2008), English Summary'. www.government.se/articles/2011/03/evaluation-of-the-prohibi tion-of-the-purchase-of-sexual-services/(검색일: 2021.5.12).

Walkowitz, J. 1977. "The making of an outcast group: prostitutes and working women in nineteenth-century Plymouth and Southampton." in M. Vicinus(ed.), *A Widening Sphere: Changing Roles of Victorian Women*. London: Methuen.

_____. 1980. *Prostitution and Victorian Society*. Cambridge: Cambridge University Press.

_____. 1992. *City of Dreadful Delight: Narratives of Sexual Danger in Late-Victorian London*. London: Virago.

Weitzer, R. 2000. "Why we need more research on sex work." in R. Weitzer(ed.), *Sex for Sale*. London: Routledge.

Whowell, M. 2008. *Escorts, Porn Stars, Strippers and Rent Boys: Exploring Forms and Practices of Male Sex Work*. Manchester: UK Network of Sex Work Projects.

Whowell, M. and J. Gaffney. 2009. "What about men." in J. Phoenix(ed.), *Regulating Sex for Sale*. Bristol: Policy Press.

Wilkinson, R. 1955. *Women of the Streets*. London: Secker and Warburg.

Wolfenden, Sir J. 1957. *Report of the Departmental Committee on Homosexual Offences and Prostitution*. London: Her Majesty's Stationery Office.

Agustín, L. M. 2006. "The conundrum of women's agency: migrations and the sex industry." in R. Campbell and M. O'Neill(eds), *Sex Work Now.* Cullompton: Willan.

Ayres, J. 2005. "Developing services for migrant sex workers'. Presentation to UKNSWP conference Working with Diversity in Sex Work, Liverpool, 25 February.

Bellis, M. A., F. L. D. Watson, S. Hughes, P. A. Cook, J. Downing, P. Clark and R. Thomson. 2007. "Comparative views of the public, sex workers, businesses and residents on establishing managed zones for prostitution: analysis of a consultation in Liverpool." *Health & Place*, 13, pp.603~616.

Bright, V. and K. Shannon. 2008. "A participatory-action and interventional research approach to HIV prevention and treatment among women in survival sex work." *Research for Sex Work*, 10, pp.9~10.

Brown, K. and T. Sanders. 2017. "Pragmatic, progressive, problematic: addressing vulnerability through a local street sex work partnership initiative." Special issue of *Social Policy and Society*, 6 February: 1~13.

Bryce, A., R. Campbell, J. Pitcher, M. Laing, A. Irving, J. Brandon, K. Swindells and S. Safrazyan. 2015. "Male escorting, safety and National Ugly Mugs: queering policy and practice on the reporting of crimes against sex workers." in M. Laing, K. Pilcher and N. Smith(eds), *Queer Sex Work.* London: Routledge.

Campbell, R. 2014. "Not getting away with it: linking sex work and hate crime in Merseyside." in N. A. Chakraborti and J. Garland(eds), *Hate Crime: Bridging the Gap Between Scholarship and Policy.* Bristol: Policy Press.

Carline, A. and J. Scoular. 2015. "Saving fallen women now? Critical perspectives on engagement and support orders and their policy of forced welfarism." *Social Policy & Society*, 14(1), pp.103~112.

Clark, L. 2006. "Provision of support for imprisoned adult female street-based sex workers." Research Paper 2006/01. London: Griffins Society.

Connell, J. and G. Hart. 2003. "An overview of male sex work in Edinburgh and Glasgow: the male sex work perspective." MRC Social and Public Health Sciences Unit, Occasional Paper, June.

Cooper, E. 2016. "'It's better than daytime television': Questioning the sociospatial impacts of massage parlours on residential communities." *Sexualities*, 19(506), pp.547~566.

Cusick, L., K. McGarry, G. Perry and S. Kilcommons. 2010. "Drug services for sex workers: approaches in England and Ireland." *Safer Communities*, 9(4), pp.32~39.

Ditmore, M. and M. Wijers. 2003. "The Negotiations on the UN Protocol on Trafficking in Persons." *Nemesis*, 4, pp.79~88.

Dodsworth, J., P. Sorensen and B. Larsson. 2014. *A Study of the Support Needs of Sex Workers Across Norfolk, UK.* Norwich: University of East Anglia, Centre for Research on Children and Families.

Elder, K. 2008. "The PEPFAR 'Anti-Prostitution Pledge': a case study from Nigeria." *Research for Sex Work*, 10, pp.15~18.

Gaffney, J. 2007. "A coordinated prostitution strategy and response to paying the price: but what about the men?" *Community Safety Journal*, 6(1), pp.27~33.

Goodey, J. 2003. "Migration, crime and victimhood: responses to sex trafficking in the EU." *Punishment and Society*, 5(4), pp.415~431.

Grenfell, P., J. Eastham, G. Perry and L. Platt. 2016. "Decriminalising sex work in the UK." *British Medical Journal*(Clinical research edn), pp.354.

Hancock, L. and R. Matthews. 2001. "Crime, community safety and toleration." in R. Matthews and J. Pitts(eds), *Crime, Disorder and Community Safety.* London: Routledge.

Harcourt, C., I. van Beek, J. Heslop, M. McMahon and B. Donovan. 2001. "The health and welfare needs of female and transgender street sex workers in New South Wales." *Australian and New Zealand Journal of Public Health,* 25(1), pp.84~89.

Harcourt, C., S. Egger and B. Donovan. 2005. "Sex work and the law." *Sexual Health,* 2, pp.121~128.

Harcourt, C., J. O'Connor, S. Egger, C. K. Fairley, H. Wand, M. Y. Chen, L. Marshall, J. M. Kaldor and B. Donovan. 2010. "The decriminalisation of prostitution is associated with better coverage of health promotion programs for sex workers." *Australian and New Zealand Journal of Public Health,* 34(5), pp.482~486.

Harding, R. and P. Hamilton. 2009. "Working girls: abuse or choice in street-level sex work? A study of homeless women in Nottingham." *British Journal of Social Work,* 39(6), pp.1118~1137.

Hester, M. and N. Westmarland. 2004. "Tackling street prostitution: towards an holistic approach." Home Office Research Study 279. London: Development and Statistics Directorate.

Home Office. 1957. *The Wolfenden Committee's Report on Homosexual Offences and Prostitution.* London: HMSO.

_____. 2004. *Paying the Price: A Consultation on Prostitution.* London: Home Office.

_____. 2011. *A Review of Effective Practice in Responding to Prostitution.* London: Home Office.

House of Commons Home Affairs Committee. 2016. *Prostitution: Third Report of Session 2016-17.* London: House of Commons. www.publications.parliament.uk/pa/cm201617/cmselect/cmhaff/26/26.pdf(검색일: 2021.5.12).

Hubbard, P. 2002. "Maintaining family values? Cleansing the streets of sex advertising." *Area,* 34(4), pp.353~360.

_____. 2006. "Out of touch and out of time? The contemporary policing of sex work." in R. Campbell and M. O'Neill(eds), *Sex Work Now.* Cullompton: Willan.

Hubbard, P. and T. Sanders. 2003. "Making space for sex work: female street prostitution and the production of urban space." *International Journal of Urban and Regional Research,* 27(1), pp.73~87.

Hubbard, P., R. Campbell, J. Pitcher, M. O'Neill and J. Scoular. 2007. "An urban renaissance for all?" in R. Atkinson and G. Helms(eds), *Securing an Urban Renaissance: Crime, Community and British Urban Policy.* Bristol: Policy Press.

Hunter, G. and T. May. 2004. *Solutions and Strategies: Drugs Problems and Street Sex Markets: Guidance for Partnerships and Providers.* London: Home Office.

Huschke, S., P. Shirlow, D. Schubotz, E. Ward, U. Probst and C. Ní Dhónaill. 2014. *Research into Prostitution in Northern Ireland.* Belfast: Department of Justice.

Jeal, N. and C. Salisbury. 2004. "Self-reported experiences of health services among female street-based prostitutes: a cross-sectional survey." *British Journal of General Practice,* 54(504), pp.515~519.

Jeal, N. and C. Salisbury. 2007. "Health needs and service use of parlour-based prostitutes compared with street-based prostitutes: a cross-sectional survey." *British Journal of Obstetrics and Gynaecology,* 114(March), pp.875~881.

Kantola, J. and J. Squires. 2004. "Discourses surrounding prostitution policies in the UK." *European Journal of Women's Studies,* 11(1), pp.77~101.

Kingston, S. 2014. *Prostitution in the Community: Attitudes, Action and Resistance.* London: Routledge.

Kinnell, H. 2008. *Violence and Sex Work in Britain.* Cullompton: Willan.

Krüsi, A., K. Pacey, L. Bird, C. Taylor, J. Chettiar, S. Allan, D. Bennett, J. S. Montaner, T. Kerr and K. Shannon. 2014. "Criminalisation of clients: reproducing vulnerabilities for violence and poor health among street-based sex workers in Canada: a qualitative study." *BMJ Open*, 4(6). http://bmjopen.bmj.com/content/4/6/e005191(검색일: 2021.5.12).

Laing, M. and J. Pitcher with A. Irving. 2013. *National Ugly Mugs Pilot Scheme: Evaluation Report*. Manchester: UKNSWP.

Levy, J. and P. Jakobsson. 2014. "Sweden's abolitionist discourse and law: effects on the dynamics of Swedish sex work and on the lives of Sweden's sex workers." *Criminology and Criminal Justice*, 14(5), pp.593~607.

Lowman, J. 2000. "Violence and the outlaw status of(street. prostitution in Canada." *Violence Against Women*, 6(9), pp.987~1011.

Mai, N. 2009. *Migrant Workers in the UK Sex Industry: Final Policy-Relevant Report*. London: ESRC.

Matthews, R. 2005. "Policing prostitution: 10 years on." *British Journal of Criminology*, 45(1), pp.1~20.

_____. 2008. *Prostitution, Politics and Policy*. Abingdon: Routledge-Cavendish.

May, T., M. Edmunds and M. Hough. 1999. "Street business: the links between sex and drug markets." Crime Detection and Prevention Series, Paper 118. London: Home Office.

Mayhew, P. and E. Mossman. 2007. *Exiting Prostitution: Models of Best Practice*. Wellington: Ministry of Justice.

Melrose, M. 2009. "Out on the streets and out of control? Drug-using sex work- ers and the prostitution strategy." in J. Phoenix(ed.), *Regulating Sex for Sale: Prostitution Policy Reform in the UK*. Bristol: Policy Press.

Munro, V. and J. Scoular. 2012. "Abusing vulnerability? Contemporary law and policy responses to sex work in the UK." *Feminist Legal Studies*, 20, pp.189~206.

O'Neill, M. and R. Campbell. 2006. "Street sex work and local communities: creating discursive space for genuine consultation and inclusion." in R. Campbell and M. O'Neill(eds), *Sex Work Now*. Cullompton: Willan.

O'Neill, M., R. Campbell, P. Hubbard, J. Pitcher and J. Scoular. 2008. "Living with the other: street sex work, contingent communities and degrees of tolerance." *Crime, Media and Culture*, 4(1), pp.73~93.

O'Neill, M. and J. Pitcher. 2010. "Sex work, communities and public policy in the UK." in M. Ditmore, A. Levy and A. Willman-Navarro(eds), *Sex Work Matters: Beyond Divides*. New York: Zed Press.

Overs, C. and B. Loff. 2013. "Towards and legal framework that promotes and protects sex workers' health and human rights." *Health and Human Rights*, 15(1), pp.186~196.

Perkins, R. and F. Lovejoy. 2007. *Call Girls: Private Sex Workers in Australia*. Crawley: University of Western Australia Press.

Phoenix, J. and S. Oerton. 2005. *Illicit and Illegal: Sex, Regulation and Social Control*. Cullompton: Willan.

Pitcher, J. 2006. "Support services for women working in the sex industry." in R. Campbell and M. O'Neill(eds), *Sex Work Now*. Cullompton: Willan.

_____. 2015. "Direct sex work in Great Britain: reflecting diversity." *Graduate Journal of Social Sciences*, 11(2), pp.76~100.

Pitcher, J. and M. Wijers. 2014. "The impact of different regulatory models on the labour condi- tions, safety and welfare of indoor-based sex workers." *Criminology and Criminal Justice*, 14(5), pp.549~564.

Pitcher, J., R. Campbell, P. Hubbard, M. O'Neill and J. Scoular. 2006. *Living and Working in Areas of Street Sex Work: From Conflict to Coexistence*. Bristol: Policy Press.

Platt, L., P. Grenfell, C. Bonell, S. Creighton, K. Wellings, J. Parry and T. Rhodes. 2011. "Risk of sexually transmitted infections and violence among indoor-working female sex workers in London: the effect of migration from Eastern Europe." *Sexually Transmitted Infections*, 87(5), pp.377~384.

Prior, J. and P. Crofts. 2015. "Is your house a brothel? Prostitution policy, provision of sex services from home, and the maintenance of respectable domesticity." *Social Policy & Society*, 14(1), pp.125~134.

Quassoli, F. 2004. "Making the neighbourhood safer: social alarm, police practices and immigrant exclusion in Italy." *Journal of Ethnic and Migration Studies*, 30(6), pp.1163~1181.

Sagar, T. 2005. "Street watch: concept and practice." *British Journal of Criminology*, 45(1), pp.98~112.

Sagar, T. 2007. "Tackling on-street sex work: anti-social behaviour orders, sex workers and inclusive inter-agency initiatives." *Criminology and Criminal Justice*, 7(2), pp.153~168.

_____. 2009. "Anti-social powers and the regulation of street sex work." *Social Policy & Society*, 9(1), pp.101~109.

Sagar, T. and J. Croxall. 2012. "New localism: implications for the governance of street sex work in England and Wales." *Social Policy & Society*, 11(4), pp.483~494.

Sagar, T. and D. Jones. 2012. "Priorities for the minority? Street-based sex work and partnerships and communities together(PACT)." *Criminology and Criminal Justice*, 13(4), pp.431~445.

Sanders, T. 2004. "The risks of street prostitution: punters, police and protesters." *Urban Studies*, 41(8), pp.1703~1717.

_____. 2005. *Sex Work: A Risky Business*. Cullompton: Willan.

_____. 2007. "Becoming an ex-sex worker: making transitions out of a deviant career." *Feminist Criminology*, 2(1), pp.1~22.

_____. 2009. "Controlling the 'anti sexual' city: sexual citizenship and the disciplining of female street sex workers." *Criminology and Criminal Justice*, 9(4), pp.507~525.

Scoular, J. and A. Carline. 2014. "A critical account of a 'creeping neo-abolitionism': regulating prostitution in England and Wales." *Criminology and Criminal Justice*, 14(5), pp.608~626.

Scoular, J. and M. O'Neill. 2007. "Regulating prostitution: social inclusion, responsibilization and the politics of politics of prostitution reform." *British Journal of Criminology*, 47(5), pp.764~778.

Scoular, J., J. Pitcher, R. Campbell, P. Hubbard and M. O'Neill. 2007. "What's anti-social about sex work? The changing representation of prostitution's incivility." *Community Safety Journal*, 6(1), pp.11~17.

Shannon, K., M. Rusch, J. Shoveller, D. Alexson, K. Gibson and M. W. Tyndall. 2008. "Mapping violence and policing as an environmental-structural barrier to health service and syringe availability among substance-using women in street-level sex work." *International Journal of Drug Policy*, 19(1), pp.140~147.

Shelter. 2004. *Off the Streets: Tackling Homelessness Among Female Sex Workers*. London: Shelter.

Sloan, L. and S. Wahab. 2000. "Feminist voices on sex work: implications for social work." *Affilia*, 15(4), pp.457~479.

Strathdee, S., A-L. Crago, J. Butler, L-G. Bekker and C. Beyrer. 2014. "Dispelling myths about sex workers and HIV." *The Lancet*, published online 21 July. www.thelancet.com/pdfs/journals/lancet/PIIS0140-6736(14)60980-6.pdf(검색일: 2021.5.12).

Symons, K. and K. Gillis. 2014. "Talking about prostitution and the representation of a(problematic. group: identifying frames in Flemish news coverage on prostitution." in N. Peršak and G. Vermeulen(eds), *Reframing Prostitution: From Discourse to Description, from Moralisation to Normalisation?* Antwerp: Maklu.

Thukral, J. and M. Ditmore. 2003. *Revolving Door: An Analysis of Street-Based Prostitution in*

New York City. New York: Urban Justice Center/Sex Workers Project.

Van Doorninck, M. and R. Campbell. 2006. "'Zoning' street sex work: the way forward?" in R. Campbell and M. O'Neill(eds), *Sex Work Now.* Cullompton: Willan.

Wahab, S. and M. Panichelli. 2013. "Ethical and human rights issues in coercive interventions with sex workers." *Affilia: Journal of Women and Social Work,* 28(4), pp.344~349.

Ward, H. and S. Day. 2006. "What happens to women who sell sex? Report of a unique occupational cohort." *Sexually Transmitted Infections,* 82, pp.413~417.

Whitaker, T., P. Ryan and G. Cox. 2011. "Stigmatization among drug-using sex workers accessing support services in Dublin." *Qualitative Health Research,* 21(8), pp.1086~1100.

Whowell, M. and J. Gaffney. 2009. "What about men." in J. Phoenix(ed.), *Sex for Sale.* Bristol: Policy Press.

Williamson, C. and G. Folaron. 2003. "Understanding the experience of street-level prostitutes." *Qualitative Social Work,* 2(3), pp.271~287.

제9장
세계화와 성 거래

Agustín, L. M. 2003. "A migrant world of services." *Social Politics: International Studies in Gender, State and Society,* 10(3), pp.377~396.

_____. 2005. "New research directions: the cultural studies of commercial sex." *Sexualities,* 8(5), pp.618~631.

_____. 2007. *Sex at the Margins: Migration, Labour Markets and the Rescue Industry.* London: Zed Books.

Anderson, B. 2006. "A very private business: migration and domestic work." Centre on Migration, Policy and Society, Working Paper No. 28, University of Oxford.

Bauman, Z. 2001. *Community: Seeking Safety in an Insecure World.* Cambridge: Polity Press.

Bernstein, E. 2007. "Sex work for the middle classes." *Sexualities,* 10(4), pp.473~488.

_____. 2010. "Militarized humanitarianism meets carceral feminism: the politics of sex, rights, and freedom in contemporary antitrafficking campaigns." *Signs,* 36(1), pp.45~71.

Bindman, J. 1997. "Redefining prostitution as sex work on the international agenda." *Anti-Slavery International.* www.walnet.org/csis/papers/redefining.html(검색일: 2021.5.12).

Brennan, D. 2004. *What's Love Got to Do With It? Transnational Desires and Sex Tourism in the Dominican Republic.* Durham, NC: Duke University Press.

Brents, B. and K. Hausbeck. 2007. "Marketing sex: US legal brothels and late capitalist consumption." *Sexualities,* 10(4), pp.425~439.

Brents, B. G., C. A. Jackson and K. Hausbeck. 2009. *The State of Sex: Tourism, Sex and Sin in the New American Heartland.* London: Routledge.

Busza, J. 2006. "Having the rug pulled from under your feet: one project's experience of the US policy reversal on sex work." *Health Policy and Planning,* 21(4), pp.329~332.

Butcher, K. 2003. "Confusion between prostitution and sex trafficking." *The Lancet,* 361(7 June), pp.1983.

Cabezas, A. L. 2004. "Between Love and Money: Sex, Tourism and citizenship in Cuba and the Dominican Republic." *Signs: Journal of Women in Culture and Society,* 29(4), pp.987~1015.

Carael, M., E. Slaymaker, R. Lyerla and S. Sarkar. 2006. "Clients of sex workers in different regions of the world: hard to count." *Sexually Transmitted Infections,* 82, p.26.

Castles, S. 2003. "Towards a sociology of forced migration and social transformation." *Sociology,* 37(1), pp.13~34.

Chapkis, W. 2005. "Soft glove, punishing fist: the trafficking victims protection act of 2000." in E. Bernstein and L. Schaffner(eds), *Regulating Sex: The Politics of Intimacy and Identity*. New York: Routledge, pp.51~66.

Council of Europe. 2007. *Council of Europe Convention on the Protection of Children Against Sexual Exploitation and Sexual Abuse*, 12 July, CETS No. 201. Strasbourg: Council of Europe. www.refworld.org/docid/4d19a904615b.html(검색일: 2021.5.12).

Davies, N. 2009. "Inquiry fails to find single trafficker who forced anybody into prostitution." *Guardian*, 20 October. www.theguardian.com/uk/2009/oct/20/government-trafficking-enquiry-fails(검색일: 2021.5.12).

Day, S. 2010. "The re-emergence of 'trafficking': sex work between slavery and freedom." *Journal of the Royal Anthropological Institute*,(N.S.) 16, pp.816~834.

Dowling, S., K. Moreton and L. Wright. 2007. "Trafficking for the purposes of labour exploitation: a literature review." Home Office Report 10/07. London: Home Office.

Goldman, D. 2012. "'You can't get rid of it so you might as well tax it': The economic impact of Nevada's legalized prostitution." Law School Student Scholarship, Paper 13. http://scholarship.shu.edu/student_scholarship/13(검색일: 2021.5.12).

Goodey, J. 2008. "Human trafficking: sketchy data and policy responses." *Criminology & Criminal Justice*, 8(4), pp.421~442.

Hubbard, P., R. Matthews and J. Scoular. 2008. "Regulating sex work in the EU: prostitute women and the new spaces of exclusion." *Gender, Place and Culture*, 15(2), pp.137~152.

ICAT. 2016. "What is the difference between trafficking in persons and smuggling of migrants?" Issue Brief 01, October. http://icat.network/sites/default/files/publications/documents/UNODC-IB-01-draft4.pdf(검색일: 2021.5.12).

International Labour Office. 2005. *A Global Alliance Against Forced Labour*. Geneva: ILO. www.ilo.org/wcmsp5/groups/public/---ed_norm/---declaration/documents/publication/wcms_081882.pdf(검색일: 2021.5.12).

ISET. 2009. *Migrant Sex Workers in the UK Sex Industry: Final Policy Relevant Report*. London: Institute for the study of European Transformations, London Metropolitan University.

Jobe, A. 2008. "Sexual trafficking: a new sexual story?" in K. Throsby and F. Alexander(eds), *Gender and Interpersonal Violence: Language, Action and Representation*. Basingstoke: Palgrave Macmillan, pp.66~82.

Kapur, R. 2003. "The 'other' side of globalization: the legal regulation of cross-border movements." *Canadian Women's Studies/Les Cahiers de la Femme*, 22(3, 4), pp.6~15.

Kelly, L. and L. Regan. 2000. "Stopping traffic: exploring the extent of, and responses to, trafficking in women for sexual exploitation in the UK." Police Research Series Paper 125. London: Home Office.

Kempadoo, K. and J. Doezema(eds). 1998. *Global Sex Workers: Rights, Resistance and Redefinition*. New York: Routledge.

Mai, N. 2009. "Migrant Workers in the UK Sex Industry: Full Research Report ESRC End of Award Report." RES-062-23-0137. Swindon: ESRC. http://www.researchcatalogue.esrc.ac.uk/grants/RES-062-23-0137/outputs/read/969bd499-4954-41ff-8d08-391e1a6c932b

Mai, N. 2012. "Embodied cosmopolitanisms: the subjective mobility of migrants working in the global sex industry." *Gender, Place & Culture*, 20(1), pp.107~124.

Miriam, K. 2005. "Stopping the traffic in women: power, agency and abolition in feminist debates over sex-trafficking." *Journal of Social Philosophy*, 36(1), pp.1~17.

Munro, V. 2008. "Of rights and rhetoric: discourses of degradation and exploi- tation in the context of sex trafficking." *Journal of Law and Society*, 35(2), pp.240~264.

National Crime Agency(NCA). 2008. "Modern Slavery Human Trafficking Unit(MSHTU)'. https://www.nationalcrimeagency.gov.uk/what-we-do/crime-threats/modern-slavery-andhuman-trafficking(검색일: 2021.5.12).

National Crime Agency. 2017. "Modern slavery and human trafficking". http://www.national crimeagency.gov.uk/crime-threats/human-trafficking(검색일: 2021.5.12).

O'Connell Davidson, J. 2006. "Will the real sex slave please stand up." *Feminist Review*, 83(1), pp.4~23.

_____. 2010. "New slavery, old binaries: human trafficking and the borders of 'freedom'." *Global Networks*, 10(2), pp.244~261.

O'Connell Davidson, J. and J. Sanchez Taylor. 1999. "Fantasy islands: exploring the demand for sex tourism." in K. Kempadoo(ed.), *Sun, Sex and Gold: Tourism and Sex Work in the Caribbean*. London: Rowman and Littlefield.

O'Connor, S. 2014. "Drugs and prostitution add £10bn to UK economy." *Financial Times*, 27 May. www.ft.com/content/65704ba0-e730-11e3-88be-00144feabdc0(검색일: 2021.5.12).

OHCHR. 2014. "Human rights and human trafficking." Fact Sheet No. 36. New York: United Nations. www.ohchr.org/Documents/Publications/FS36_en.pdf(검색일: 2021.5.12).

O'Neill, M. 2001. *Prostitution and Feminism*. Cambridge: Polity Press.

Outshoorn, J. 2005. "The political debates on prostitution and trafficking of women." *Social Politics*, 12(1), pp.141~155.

Ren, X. 1999. "Prostitution and economic modernization in China." *Violence Against Women*, 5(12), pp.1411~1436.

Sanghera, J. 2012. "Unpacking the trafficking discourse." in K. Kempadoo(ed.), *Trafficking and Prostitution Reconsidered: New Perspectives on Migration, Sex Work and Human Rights*. London: Taylor and Francis.

Self, H. 2003. *Prostitution, Women and Misuse of the Law: The Fallen Daughters of Eve*. London: Frank Cass.

Spiegelhalter, D. 2014. "Is prostitution really worth £5.7 billion a year?" *The Conversation*, 27 October. http://theconversation.com/is-prostitution-really-worth-5-7-billion-a-year-33497 (검색일: 2021.5.12).

St. Pauli Protocol. 2008. "Sex work and migration." *No-racism*, 3 June. http://no-racism.net/ article/2583/(검색일: 2021.5.12).

TAMPEP. 2005. "Position paper on trafficking in women." TAMPEP International Foundation. https://tampep.eu/positionpaper_traffickinginwomen/(검색일: 2021.5.12).

_____. 2017. "Welcome." European Network for HIV/STI Prevention and Health Promotion among Migrant Sex Workers, Amsterdam. http://tampep.eu/(검색일: 2021.5.12).

Taylor, D. 2006. "Sex workers are a soft target in the asylum figures battle." *Guardian*, 22 June, London.

United Nations. 2000. "United Nations convention against transnational organized crime: protocol to prevent, suppress and punish trafficking in persons, especially women and children." 15 November. New York: United Nations.

Unseen. 2017. "Case Study: Melody's story." www.unseenuk.org/our-impact/case-studies2(검색일: 2021.5.12).

Ward, H. and Aral, O. 2006. "Globalisation, the Sex Industry, and Health." *Sexually Transmitted Infections*, 82, pp.345~347.

Walkowitz, J. 1980. *Prostitution and Victorian Society*. Cambridge: Cambridge University Press.

Weitzer, R. 2007. "The social construction of sex trafficking: ideology and institutionalization of a moral crusade." *Politics & Society*, 35(3), pp.447~475.

_____. 2012. "Sex trafficking and the sex industry: the need for evidence-based theory and legislation." *Journal of Criminal Law and Criminology*, 101(4), pp.1337~1369.

_____. 2014. "New directions in research on human trafficking." *Annals of the American Academy*, 653, pp.6~24.

Zhang, S. X. 2009. "Beyond the 'Natasha' story: a review and critique of current research on sex trafficking." *Global Crime*, 10(3), pp.178~195.

제10장
성 산업을 연구하려는 사람들에게

Agustín, L. M. 2007. "Questioning solidarity: outreach with migrants who sell sex." *Sexualities*, 10(4), pp.519~534.

Ashford, C. 2009. "Queer theory, cyber-ethnographies and researching online sex environments." *Information & Communications Technology Law*, 18(3), pp.297~314.

Atkins, M. and M. Laing. 2012. "Walking the beat and doing business: exploring spaces of male sex work and public sex." *Sexualities*, 15(5~6), pp.622~643.

Barnard, M., N. McKeganey and A. Leyland. 1993. "Risk behaviours among male clients of female prostitutes." *British Medical Journal*, 307(6900), pp.361~362.

Bell, S. 1994. *Reading, Writing and Rewriting the Prostitute Body*. Bloomington, IN: Indiana University Press.

Bellis, M. A., F. L. D. Watson, S. Hughes, P. A. Cook, J. Downing, P. Clark and R. Thomson. 2007. "Comparative views of the public, sex workers, businesses and residents on establishing managed zones for prostitution: analysis of a consultation in Liverpool." *Health and Place*, 13(3), pp.603~616.

Bola, M. 1996. "Questions of legitimacy?: The fit between researcher and researched." in S. Wilkinson and C. Kitzinger(eds), *Representing the Other: A Feminism and Psychology Reader*. London: Sage.

Boynton, P. 2002. "Life on the streets: the experiences of community researchers in a study of prostitution." *Journal of Community and Applied Social Psychology*, 12(1), pp.1~12.

Bryman, A. 2008. *Social Research Methods*(3rd edn). Oxford: Oxford University Press.

Campbell, R. 1998. "Invisible men: making visible male clients of female prostitutes in Merseyside." in J. Elias, V. Bullough, V. Elias and G. Brewer(eds), *Prostitution: On Whores, Hustlers and Johns*. New York: Prometheus.

Clark, J., A. Dyson, N. Meagher, E. Robson and M. Wootten. 2001. *Young People as Researchers: Possibilities, Problems and Politics*. Leicester: Youth Work Press.

Cusick, L., H. Kinnell, B. Brooks-Gordon and R. Campbell. 2009. "Wild guesses and conflated meanings? Estimating the size of the sex worker population in Britain." *Critical Social Policy*, 29(4), pp.703~719.

Denzin, N. K. and Y. S. Lincoln. 1998. *The Landscape of Qualitative Research: Theories and Issues*. Thousand Oaks, CA: Sage.

Egan, D. 2003. "'I'll be your fantasy girl, if you'll be my money man': mapping desire, fantasy and power in two exotic dance clubs." *Journal for the Psychoanalysis of Culture and Society*, 8(1), pp.277~296.

Egan, D. and K. Frank. 2005. "Attempts at a feminist and interdisciplinary conversation about strip clubs." *Deviant Behavior*, 26(2), pp.297~320.

Ess, C. and Association of Internet Researchers. 2002. "Ethical decision-making and internet research: recommendations from the AoIR ethics working committee'. www.aoir.org/reports/ethics.pdf(검색일: 2021.5.12).

Finch, J. 1984. "'It's great to have someone to talk to': The ethics and politics of interviewing women." in C. Bell and H. Roberts(eds), *Social Researching: Politics, Problems, Practice*. London: Routledge.

Fine, M. 1998. "Working the hyphens: reinventing self and other in qualitative research." in N. K.

Denzin and Y. S. Lincoln(eds), *The Landscape of Qualitative Research: Theories and Issues.* Thousand Oaks, CA: Sage.

Finlay, L. 2002. "Negotiating the swamp: the opportunity and challenge of reflexivity in research practice." *Qualitative Research,* 2(2), pp.209~230.

Frank, K. 2006. "Observing the observers: reflections on my regulars." in D. Egan, K. Frank and M. Johnson(eds), *Flesh for Fantasy.* New York: Thunder's Mouth Press.

_____. 2007. "Thinking critically about strip club research." *Sexualities,* 10(4), pp.501~517.

Fraser, N. and L. J. Nicholson. 1990. "Social criticism without philosophy: an encounter between feminism and postmodernism." in L. J. Nicholson(ed.), *Feminism/Postmodernism.* New York: Routledge.

Grentz, S. 2005. "Intersections of sex and power in research on prostitution: a female researcher interviewing male heterosexual clients." *SIGNS: Journal of Women in Culture and Society,* 30(4), pp.2091~2113.

Groom, T. and R. Nandwini. 2006. "Characteristics of men who pay for sex: a UK sexual health clinic survey." *Sexually Transmitted Infections,* 82(5), pp.364~367.

Hammond, N. and S. Kingston. 2014. "Experiencing stigma as sex work researchers in professional and personal lives." *Sexualities,* 17(3), pp.329~347.

Harding, S. 1990. "Feminism, science and the anti-Enlightenment critiques." in L. J. Nicholson(ed.), *Feminism/Postmodernism.* New York: Routledge.

_____. 2004. "A socially relevant philosophy of science? Resources from stand-point theory's controversiality." *Hypatia,* 19(1), pp.25~47.

Hartsock, N. 2006. "Experience, embodiment and epistemologies." Hypatia, 21(2), pp.178~183.

Hine, C. 2005. "Virtual methods and the sociology of cyber-social-scientific knowledge." in C. Hine(ed.), *Virtual Methods: Issues in Social Research on the Internet.* Oxford: Berg.

Hubbard, P. 1999. "Researching female sex work: reflections on geographical exclusion, critical methodologies and 'useful' knowledge." *Area,* 31(3), pp.229~237.

Jenkins, S. 2010. "New technologies, new territories: using the Internet to connect with sex workers and sex industry organizers." in K. Hardy, S. Kingston and T. Sanders(eds), *New Sociologies of Sex Work.* Farnham: Ashgate, pp.91~108.

Kitzinger, C. and S. Wilkinson. 1996. "Theorizing representing the other." in S. Wilkinson and C. Kitzinger(eds), *Representing the Other: A Feminism and Psychology Reader.* London: Sage.

Letherby, G. 2003. *Feminist Research in Theory and Practice.* Buckingham: Open University Press.

May, T. 1997. *Social Research: Issues, Methods and Process.* Buckingham: Open University Press.

May, T., A. Harocopos and M. Hough. 2000. *For Love or Money: Pimps and the Management of Sex Work.* London: Home Office Policing and Reducing Crime Unit.

Monto, M. 2000. "Why men seek out prostitutes." in R. Weitzer(ed.), *Sex for Sale.* London: Routledge: London, pp.67~83.

Muir, J. 2008. "'Are you taking notes on us?' Reflections on case study research in urban environments." in P. J. Maginn, S. Thompson and M. Tonts(eds), *Qualitative Urban Analysis: An International Perspective.* Oxford: Elsevier.

Oakley, A. 2000. *Experiments in Knowing: Gender and Method in the Social Sciences.* Cambridge: Polity.

_____. 2002. *Gender on Planet Earth.* Oxford: Polity.

Olesen, V. 1998. "Feminisms and models of qualitative research." in N. K. Denzin and Y. S. Lincoln(eds), *The Landscape of Qualitative Research: Theories and Issues.* Thousand Oaks, CA: Sage.

O'Connell Davidson, J. and D. Layder. 1994. *Methods, Sex and Madness.* London: Routledge.

O'Neill, M. 2001. *Prostitution and Feminism.* Cambridge: Polity.

_____. 2007. "Feminist knowledge and socio-cultural research: ethno-mimesis, feminist praxis and the visual turn." in T. Edwards(ed.), *Cultural Theory*. London: Sage.

O'Neill, M. and R. Campbell. 2004. "Working together to create change. Walsall prostitution consultation research'. A participatory action research project, Staffordshire University and Liverpool Hope University College.

O'Neill, M. and C. McHugh. 2017. "Walking with Faye from a direct access hostel to her special place in the city: walking, body and image space. A visual essay." *Journal of Social Work Practice*, 31(2), pp.207~223. http://dx.doi.org/10.1080/02650533.2017.1298576

O'Neill, M. and M. Webster. 2005. "Creativity, community and change: creative approaches to community consultation." in J. Thompson and C. Turner(eds), *Rise Up and Become: A Toolkit to Put Learners at the Heart of RISE*. Leicester: NIACE.

O'Neill, M., R. Campbell, P. Hubbard, J. Pitcher and J. Scoular. 2008. "Living with the other: street sex work, contingent communities and degrees of tolerance." *Crime, Media and Culture*, 4(1), pp.73~93.

O'Neill, M., R. Campbell, A. James, M. Webster, K. Green, J. Patel, N. Akhtar and W. Saleem. 2004. "Red lights and safety zones." in D. Bell and M. Jayne(eds), *City of Quarters: Urban Villages in the Contemporary City*. Aldershot: Ashgate.

O'Neill, M., A. Jobe, C. Bilton, K. Stockdale, K. Hannah and Community Researchers. 2016. "Peer talk: hidden stories. A participatory research project with women who sell or swap sex in Teesside'. Unpublished research paper.

Pearce, J. with M. Williams and C. Galvin. 2002. *'Its Someone Taking a Part of You': A Study of Young Women and Sexual Exploitation*. London: National

Children's Bureau for Joseph Rowntree Foundation. www.jrf.org.uk/report/choice-and-opportunity-project-young-women-and-sexual-exploitation(검색일: 2021.5.12).

Peng, Y. W. 2007. "Buying sex: domination and difference in the discourses of Taiwanese ' Piao-ke." *Men and Masculinities*, 9(3), pp.315~336.

Pilcher, K. 2012. "performing in a night-time leisure venue: a visual analysis of erotic dance." *Sociological Research Online*, 17(2), pp.19.

Pitcher, J. 2006. "Evaluating community safety programmes and community engagement: the role of qualitative methods and collaborative approaches to policy research." *Urban Policy and Research*, 24(1), pp.67~82.

Pitcher, J., R. Campbell, P. Hubbard, M. O'Neill and J. Scoular. 2008. "Diverse community responses to controversial urban issues: the contribution of qualitative research to policy development." in P. J. Maginn, S. Thompson and M. Tonts(eds), *Qualitative Urban Analysis: An International Perspective*. Oxford: Elsevier.

Punch, M. 1998. "Politics and ethics in qualitative research." in N. K. Denzin and Y. S. Lincoln(eds), *The Landscape of Qualitative Research: Theories and Issues*. Thousand Oaks, CA: Sage.

Pyett, P. 1998. "Doing it together: sex workers and researchers." *Research for Sex Work*, 1, pp.11~13.

Pyett, P. and D. Warr. 1997. "Vulnerability on the streets: female sex workers and HIV risk." *AIDS Care*, 9(5), pp.539~547.

Ramazanoglu, C. and J. Holland. 2002. *Feminist Methodology: Challenges and Choices*. London: Sage.

Roberts, R., A. Jones and T. Sanders. 2013. "Students and sex work in the UK: providers and purchasers." *Sex Education: Sexuality, Society and Learning*, 13(3), pp.349~363.

Ronai, C. and C. Ellis. 1989. "Turn-ons for money: interactional strategies of the table dancers." *Journal of Contemporary Ethnography*, 18(3), pp.271~298.

Sagar, T., D. Jones, K. Symons, J. Tyrie and R. Roberts. 2016. "Student involvement in the UK sex industry: motivations and experiences." *The British Journal of Sociology*, 67(4), pp.697~718.

Sanders, T. 2005a. "Researching the online sex work community." in C. Hine(ed.), *Virtual Methods in Social Research on the Internet*. Oxford: Berg.

_____. 2005b. *Sex Work: A Risky Business*. Cullompton: Willan.

_____. 2006. "Sexing up the subject: methodological nuances in researching the female sex industry." *Sexualities*, 9(4), pp.449~468.

_____. 2008. *Paying for Pleasure: Men who Buy Sex*. Cullompton: Willan.

_____. 2009. "The sex industry, regulation and the Internet." Y. Jewkes and M. Yar,(eds), *Handbook of Internet Crime*. Cullompton: Willan, pp.302~319.

Sanders, T. and K. Hardy. 2014. *Flexible Workers: Labour, Regulation and the Political Economic of the Stripping Industry*. London: Routledge.

Sanders, T., L. Connelly and L. Jarvis King. 2016. "On our own terms: the working conditions of internet-based sex workers in the UK." *Sociological Research Online*, 21(4), pp.15.

Sanders, T., K. Hardy and R. Campbell. 2015. "Regulating strip-based entertainment: sexual entertainment venue policy and the ex/inclusion of dancers' perspectives and needs." *Social Policy and Society*, 14(1), pp.83~92.

Sanders, T., J. Scoular, R. Campbell, J. Pitcher and S. Cunningham. 2017. *Internet-based Sex Work: Beyond the Gaze*. London: Palgrave.

Shaver, F. M. 2005. "Sex work research: methodological and ethical challenges." *Journal of Interpersonal Violence*, 20(3), pp.296~319.

Social Research Association(SRA). 2003. *Ethical Guidelines*. London: SRA. https://the-sra.org.uk/common/Uploaded%20files/ethical%20guidelines%202003.pdf(검색일: 2021.5.12).

Truman, C. 2002. "Doing feminist evaluation with men: achieving objectivity in a sexual health needs assessment." in D. Seigart and S. Brisola(eds), *Feminist Evaluation: Explorations and Experiences, New Directions for Evaluation No. 96*. San Francisco, CA: Wiley.

Tyler, A. 2014. "The cash nexus: money, worth and price for men who sell sex to men in the UK." in P. Aggleton and R. Parker(eds), *Men Who Sell Sex: Global Perspectives*. London: Routledge, pp.202~214.

Wahab, S. 2003. "Creating knowledge collaboratively with female sex workers: insights from a qualitative, feminist and participatory study." *Qualitative Inquiry*, 9, pp.625~642.

Whowell, M. 2010. "Male sex work: exploring regulation in England and Wales." *Journal of Law and Society*, 37(1), pp.125~144.

찾아보기

지은이

틸라 샌더스(Teela Sanders)는 레스터대학교 범죄학 교수로, 젠더와 범죄, 정의에 관한 교차분석을 전문으로 한다. 그녀는 15년 동안 성산업 관련 분야를 연구해 여덟 권의 저서와 다수의 논문을 썼다. 현재는 성노동자를 위한 안전 및 네트워크 연결과 관련되어 큰 영향을 미치는 의제와 함께 디지털 기술과 성산업 문제를 살펴보고 있다(www.beyond-the-gaze.com). 그녀는 참여행동연구 방법론으로 성노동 커뮤니티와 함께 작업하며 그들의 권리를 정책과 의제에 반영하도록 노력해 왔다. 또 다른 작업은 성노동자의 정신 건강과 살인 문제에 맞춰져 있다. 그녀는 풀뿌리 활동에 영향을 미치는 단체인 '내셔널 어글리 머그'와 함께 협력하여 연구 활동을 하고 있다.

매기 오닐(Maggie O'Neill)은 요크대학교 사회학과에서 사회학/범죄학 분야 학과장으로 활동했으며, 1989년부터 성노동자, 실무자, 커뮤니티, 예술가, 연구자들과 함께 성노동에 관해 참여적이고 페미니즘적인 작업을 진행해 왔다. 그녀는 문화·범죄학·페미니즘 이론 등 세 분야의 학제 간 연구를 진행해 왔으며, 시각적이고 수행적인 방법론 등 혁신적인 사회조사 방법론을 개발해 왔다. 그녀는 로지 캠벨, 틸라 샌더스와 함께 성노동연구(Sex Work Research) 허브를 공동 창립해 공동의장을 맡고 있다. 또한 그녀는 요크대학교 이주연구네트워크 공동의장이며 북동성노동포럼 (North East Sex Work Forum)의 이사이기도 하다.

제인 피처(Jane Pitcher)는 러프버러대학교 사회과학 박사 학위를 취득했으며, 이 과정에서 영국 내 여성, 남성, 트랜스젠더 성노동자를 심층 면접해 다양한 실내 환경에 놓인 성노동자 경험을 연구했다. 그녀는 2010년에서 2015년까지 영국 성노동프로젝트 네트워크 이사회 공동학술 대표였다. 또, 인터넷 기반 성노동 연구 작업으로 레스터대학교 연구자 등과 함께하는 '비욘드더게이즈 (Beyond the Gaze)'를 비롯해 20년 이상의 관련 연구자이자 전문가로 활동하면서, 『인터넷 성노동: 비욘드 더 게이즈(Internet Sex Work: Beyond the Gaze)』의 공동 집필을 맡기도 했다. 그녀는 성노동, 성노동자를 위한 지원 서비스, 사법제도, 커뮤니티 안전, 노동시장의 불이익 등에 관해 연구를 수행하고 책을 저술해 왔으며, 친밀한 노동, 노동시장 구조, 젠더, 성노동에 관한 정책 대응 등에 관심을 갖고 연구하고 있다. 최근 저서로는 피처, 캠벨, 허버드, 오닐, 스쿨러와 함께 저작한 『거리 성노동 지역에서 살기와 일하기: 갈등에서 공존으로(Living and Working in Areas of Street Sex Work: From Conflict to Coexistence)』가 있다.

옮긴이

고경심은 의학 박사이다. 산부인과 전문의로 수십 년간 진료 활동을 해왔다. 성폭력 피해 여성과 아동의 건강, 여성의 재생산 건강과 관련한 활동에 적극적으로 연대해 왔으며, 최근에는 여성 건강에 대한 번역과 저술 활동을 주로 하고 있다. 주요 역서로『아기의 탄생』,『인간의 성에 관한 50가지 신화』(공역)이 있다.

문현아는 정치학 박사이다. 현재 서울대학교 '국제이주와 포용사회센터' 책임연구원이자 연구공동체 '건강과대안' 연구위원으로 활동하고 있다. 세계화와 여성이주, 돌봄노동, 가족 정책에 관심을 갖고 연구하고 있다. 주요 저서로『성노동』(공저),『돌봄노동자는 누가 돌봐주나』(공저),『페미니즘의 개념들』(공저),『엄마도 때론 사표 내고 싶다』가 있고, 역서로『경계 없는 페미니즘』,『세계화의 하인들』,『자본주의의 병적 징후들』(공역),『커밍 업 쇼트』(공역) 등이 있다.

박주영은 보건정책관리학을 공부했으며, '민중의료연합', '병원노동자희망터', 연구공동체인 '건강과대안'에서 활동했다. 불안정노동과 건강, 여성노동과 건강에 관심이 있다.

오김숙이는 현재 '여성문화이론연구소'에서 공부하고 있으며 '청년진보당', '여성해방연대', '성노동자권리모임 지지' 등에서 활동했다. '매춘 여성'에 대한 낙인을 균열시키고 여/성노동자의 삶을 다층적으로 재현하는 문화연구에 관심이 있다. 논문으로「매춘의 사회적 낙인과 의미를 둘러싼 문화적 실천」,「성서비스 노동과 경계 넘기 전략」등이 있다. 역서로는『젠더, 정체성, 장소』(공역)가 있다.

천명자는 여성학을 전공했으며, '여성문화이론연구소' 사무국장을 역임했다. 젠더와 나이 듦에 대한 논문을 썼으며, 여성의 목소리로 담론을 구성하는 데 관심이 있다.

한울아카데미 2363

매춘의 사회학
매춘, 성노동, 페미니즘 정치

지은이 **틸라 샌더스·매기 오닐·제인 피처**
옮긴이 **고경심·문현아·박주영·오김숙이·천명자**
펴낸이 **김종수** ǀ 펴낸곳 **한울엠플러스(주)**

편집책임 **조수임** ǀ 편집 **임혜정**

초판 1쇄 인쇄 **2022년 5월 25일** ǀ 초판 1쇄 발행 **2022년 6월 24일**

주소 **10881 경기도 파주시 광인사길 153 한울시소빌딩 3층**
전화 **031-955-0655** ǀ 팩스 **031-955-0656** ǀ 홈페이지 **www.hanulmplus.kr**
등록번호 **제406-2015-000143호**

Printed in Korea.
ISBN **978-89-460-7363-0 93330**(양장)
　　　978-89-460-8168-0 93330(무선)

* 책값은 겉표지에 표시되어 있습니다.
* 이 책은 강의를 위한 학생용 교재를 따로 준비했습니다.
　강의 교재로 사용하실 때에는 본사로 연락해 주시기 바랍니다.